Diogenes Taschenbuch 24767

de
te
be

PATRICIA HIGHSMITH, geboren 1921 in Fort Worth / Texas, wuchs in Texas und New York auf und studierte Literatur und Zoologie. Erste Kurzgeschichten schrieb sie an der Highschool, den ersten Lebensunterhalt verdiente sie als Comictexterin, und den ersten Welterfolg erlangte sie 1950 mit ihrem Romanerstling *Zwei Fremde im Zug*, dessen Verfilmung von Alfred Hitchcock sie über Nacht weltberühmt machte. Patricia Highsmith starb 1995 in Locarno.

MATTHIAS JENDIS, geboren 1959 in Rotenburg, übersetzte u. a. Werke von Alice McDermott und Joey Goebel. Für seine Neuübersetzung von Herman Melvilles *Moby-Dick oder Der Wal* wurde er mit dem Heinrich Maria Ledig-Rowohlt-Preis und dem Nicolas-Born-Förderpreis ausgezeichnet. Er starb 2009 in Göttingen.

Patricia Highsmith

Der Junge, der Ripley folgte

ROMAN

Herausgegeben von Paul Ingendaay
und Anna von Planta

Aus dem amerikanischen Englisch
von Matthias Jendis

Mit einem Nachwort von
Paul Ingendaay und
einer editorischen Notiz von
Anna von Planta

Diogenes

Herausgegeben in
Zusammenarbeit mit Ina Lannert,
Barbara Rohrer und Kate Kingsley Skattebol
Titel der 1980 bei Lippincott & Crowell, New York,
erschienenen Originalausgabe:
›The Boy Who Followed Ripley‹
Die vorliegende Übersetzung erschien erstmals 2004
im Diogenes Verlag
Die auf den Seiten 368–369 zitierten Songs ›Make-up‹ und
›Satellite of Love‹ sind aus der LP ›Transformer‹ von
Lou Reed (registered RCA Records, New York;

Covermotiv: Illustration von Michel Casarramona

Veröffentlicht im Diogenes Taschenbuch, 2004, 2024

www.diogenes.ch
50/24/36/1
ISBN 978 3 257 24767 1

Für Monique Buffet

Inhalt

Der Junge, der Ripley folgte 9

Anhang
Nachwort 459
Editorische Notiz 477

Der Junge,
der Ripley folgte

I

Tom schlich über das Parkett in sein Badezimmer, blieb stehen und horchte: *Sss-sss---ss-ss----sss-sss.* Die eifrigen kleinen Biester waren schon wieder am Werk, dabei konnte er noch das Xylamon riechen, das er am Nachmittag mühsam in jedes ihrer Schlupflöcher (oder was immer die waren) gespritzt hatte. Sie sägten immer weiter, als sei seine Mühe vergebens gewesen. Ein Blick auf ein gefaltetes rosa Handtuch unter einem Holzregal zeigte ihm, schon wieder, ein winziges Häufchen feinsten Sägemehls.

»Ruhe!« Tom schlug mit der Faust gegen den Schrank.

Sie verstummten tatsächlich. Stille. Tom sah die kleinen Mistviecher vor sich, wie sie innehielten, die Sägen in den Händchen, und einander sorgenvolle Blicke zuwarfen, aber womöglich auch nickten, als wollten sie sagen: »Das kennen wir schon. Ist wieder mal unser Herr und Gebieter, aber der verschwindet bald.« Auch Tom kannte das schon: Wenn er nicht betont leise ins Bad ging und nicht einmal an Holzameisen dachte, konnte er sie manchmal emsig nagen hören, bevor sie ihn bemerkten – doch wenn er nur einen weiteren Schritt tat oder den Wasserhahn aufdrehte, verstummten sie für eine Weile.

Héloïse fand, er nehme das alles zu ernst. »Die brauchen doch Jahre, bis der Schrank in sich zusammenfällt!«

Aber Tom gefiel es gar nicht, dass ihn die Ameisen besiegt hatten, dass er jedes Mal, wenn er einen frisch gewaschenen, ordentlich gefalteten Pyjama aus dem Regal nahm, ihr Sägemehl wegpusten musste, dass er umsonst ein französisches Mittel namens Xylophène (beschönigend für Kerosin) gekauft und ins Holz gespritzt und erfolglos in seinen beiden Konversationslexika nachgeschlagen hatte: *Camponotus* nagt Gänge ins Holz und legt dort seinen Bau an. Siehe *Campodea:* Flügellose, blinde, wurmförmige, lichtscheue Insekten; leben unter Steinen. Tom konnte sich seine Plagegeister nicht als Würmer vorstellen, und unter Steinen lebten sie auch nicht. Gestern hatte er sich eigens aus Fontainebleau das gute alte Xylamon besorgt und seinen Blitzkrieg begonnen. Heute war der zweite Angriffstag, und noch immer hatte er sie nicht besiegt. Allerdings war es auch schwierig, das Pestizid nach oben zu spritzen; weil die Löcher auf der Unterseite der Regalbretter lagen, ging es aber nicht anders.

Das *Ss-ss-ss* setzte genau in dem Moment wieder ein, als unten im Wohnzimmer, wo *Schwanensee* auflag, die Musik anmutig in einen eleganten Walzer überging – so als verhöhne sie ihn, genau wie die Ameisen.

Na gut, gib's auf, sagte sich Tom, wenigstens für heute. Eigentlich hatte er diesen Tag ebenso gut nutzen wollen wie den gestrigen – er hatte den Schreibtisch aufgeräumt, alte Zeitungen weggeworfen, das Gewächshaus ausgefegt und Geschäftsbriefe geschrieben, darunter einen wichtigen an Jeff Constants Londoner Privatadresse. Diesen Brief, den er Jeff sofort zu vernichten bat, hatte Tom bis gestern immer wieder aufgeschoben. Er riet Jeff darin strikt von weiteren »Entdeckungen« gefälschter Bilder oder Zeichnungen Derwatts ab und stellte die rhetorische Frage, ob denn die Gewinne aus der nach wie vor florierenden Firma für Künstlerbedarf und aus der Kunstakademie in Perugia nicht reichten. Die beiden Teilhaber und Betreiber der Galerie Buckmaster, der Journalist Edmund Banbury und insbesondere Jeff Constant, ursprünglich von Beruf Fotograf, hatten mit der Idee gespielt, weitere misslungene Bilder Bernard Tufts' zu verkaufen – weniger überzeugende Derwatt-Fälschungen also. Bislang war alles gut gegangen, doch nun wollte Tom, dass sie damit aufhörten, der Sicherheit halber.

Er beschloss, spazieren zu gehen und in Georges' Bar einen Kaffee zu trinken, um auf andere Gedanken zu kommen. Erst halb zehn: Héloïse war im Wohnzimmer, sie unterhielt sich auf französisch mit ihrer Freundin. Noëlle war verheiratet und lebte in Paris. Sie würde über Nacht bleiben, allerdings ohne ihren Mann.

»Succès, chéri?« fragte Héloïse gut gelaunt und setzte sich auf dem gelben Sofa auf.

Tom rang sich ein Lachen ab. *»Non!«* Er fuhr auf französisch fort: »Ich gebe mich geschlagen. Die Holzameisen haben mich besiegt.«

»Aaah«, seufzte Noëlle mitfühlend. Gleich darauf lachte sie glucksend. Sicher war sie in Gedanken woanders und wollte lieber mit Héloïse weiterreden. Die beiden planten für Ende September oder Anfang Oktober eine Abenteuerkreuzfahrt, in die Antarktis vielleicht, und wollten, dass er mitkam. Noëlles Mann hatte bereits abgelehnt, aus geschäftlichen Gründen.

»Ich mache einen kleinen Spaziergang. Nur eine halbe Stunde. Braucht jemand Zigaretten?«, fragte Tom.

»Ah oui!« sagte Héloïse. Marlboros, meinte sie.

»Ich habe aufgehört!«, verkündete Noëlle.

Mindestens zum drittenmal, wenn er sich recht erinnerte. Tom nickte und verließ das Haus durch die Vordertür.

Madame Annette hatte das Einfahrtstor noch nicht geschlossen. Er würde es nachher tun. Tom wandte sich nach links und ging in Richtung Villeperce. Für Mitte August war es ziemlich kühl. In den Vorgärten seiner Nachbarn standen die Rosen hinter Drahtzäunen in voller Blütenpracht. Wegen der Sommerzeit war es noch ziemlich hell, dennoch dachte Tom, er hätte für den Rückweg lieber eine Taschenlampe mitnehmen sollen. Richtige Gehwege gab es neben dieser Straße nicht. Er atmete tief durch: Denk an morgen, an Scarlatti, an das Cembalo statt an die Holzameisen. Denk daran, dass du vielleicht Ende Oktober mit Héloïse nach Amerika fliegst. Es wäre ihre zweite Reise in die Staaten. New York hatte sie geliebt, San Francisco wunderschön gefunden, den blauen Pazifik auch.

Gelbliches Licht brannte schon in einigen Häuschen des Dorfes. Und da war Georges' *tabac*-Talisman, der schräge rote Neonbalken über der Tür, der warme Lichtschein darunter. Die Bar war hell erleuchtet.

Tom trat ein. »Marie.« Er nickte der Wirtin zu, die einem Gast gerade schwungvoll ein Bier vorsetzte. In ihrem *tabac* trafen sich Arbeiter, einfache Leute, doch er lag näher an Belle Ombre als die andere Bar des Dorfes, und oft war hier mehr los.

»Monsieur Tomme! Ça va?« Marie warf kokett ihre

schwarzen Locken zurück und schenkte ihm ein verwegenes Lächeln ihres breiten, grellroten Mundes. Sie war keinen Tag jünger als fünfundfünfzig. »*Dis donc!*« rief sie und warf sich wieder in die Unterhaltung mit zwei Männern, die über ihrem Pastis an der Theke hockten. »So ein Arschloch – so ein Riesenarschloch!«, rief sie, als hoffe sie, sich mit diesem Wort, das hier täglich oftmals fiel, Gehör zu verschaffen. Die beiden Männer, die beide zugleich lauthals aufeinander einredeten, beachteten sie nicht, als sie fortfuhr: »Dieses Arschloch plustert sich auf wie eine Nutte mit mehr Freiern, als sie bedienen kann. Er kriegt nur, was er verdient!«

Tom fragte sich, ob sie Giscard d'Estaing meinte oder einen Maurer aus dem Dorf. »*Café!*« warf er ein, als er für einen winzigen Augenblick Maries Aufmerksamkeit erlangte. »Und eine Schachtel Marlboro.« Georges und Marie, das wusste er, waren für Chirac, den sogenannten Faschisten.

»*Eh,* Marie!« Zu Toms Linken versuchte Georges in seinem dröhnenden Bariton, seine Frau zu beruhigen. Der Mann, ein Dicker mit fleischigen Händen, polierte gerade langstielige Gläser und stellte sie behutsam in das Regal rechts von der Kasse. Hinter Tom war ein lärmendes Tischfußballmatch im Gang: Vier Jugendliche kurbelten an den Stangen; kleine Bleimännchen in bleiernen Shorts traten, vorwärts und rückwärts wirbelnd, gegen einen murmelgroßen Ball. Auf einmal bemerkte Tom ganz links von ihm, am Ende der geschwungenen Theke, einen Jungen, der ihm schon vor ein paar Tagen auf der Straße vor seinem Haus aufgefallen war. Der Junge hatte braunes Haar, er trug eine

Arbeitsjacke im üblichen französischen Blau und Blue jeans, erinnerte sich Tom. Er hatte ihn zuerst gesehen, als er eines Nachmittags das Tor öffnete, weil er Besuch erwartete: Da war der Junge unter der großen Kastanie auf der anderen Straßenseite hervorgetreten, wo er gestanden hatte, und davongegangen, weg von Villeperce. Hatte er Belle Ombre beschattet, die Gewohnheiten der Hausbewohner ausgespäht? Eine kleine Sorge mehr, dachte Tom, so wie die Holzameisen. Denk an etwas Anderes. Er rührte in seinem Kaffee, nippte daran und sah kurz zu dem Jungen hinüber, der ihn anschaute, doch sofort den Blick senkte und sein Bierglas hob.

»'coutez, Monsieur Tomme!« Marie beugte sich über die Theke vor und wies mit dem Daumen auf den Jungen. *»Américain«*, zischte sie gegen das ohrenbetäubende Dröhnen der Jukebox an, das gerade einsetzte. »Sagt, er ist rübergekommen, weil er den Sommer hier arbeiten will. Ha-ha-ha!« Sie lachte rau, als sei die Vorstellung eines arbeitenden Amerikaners komisch, vielleicht aber auch, weil sie glaubte, in Frankreich finde man keinen Job – daher die vielen Arbeitslosen. »Soll ich Sie vorstellen?«

»*Merci, non*. Wo arbeitet er?«, fragte Tom.

Marie zuckte die Achseln. Jemand rief nach einem Bier, und sie wandte sich ab. »Ach, du weißt schon, wo du dir *das* hinstecken kannst!«, rief sie einem anderen Gast fröhlich zu, während sie Bier zapfte.

Tom dachte an Héloïse, an die geplante Reise nach Amerika. Diesmal sollten sie in den Norden fliegen, nach Neuengland, nach Boston: der Fischmarkt, die Independence Hall, Milk Street und Bread Street. Dort war er zu

Hause gewesen, auch wenn er die Stadt heute wohl kaum wiedererkennen würde. Tante Dottie mit ihren widerwilligen 11,79-Dollar-Geschenken, damals noch in Form von Schecks, war gestorben und hatte ihm 10 000 Dollar hinterlassen, nicht aber ihr muffiges Häuschen in Boston, das Tom gern gehabt hätte. Wenigstens konnte er Héloïse das Haus zeigen, in dem er aufgewachsen war, von außen jedenfalls. Da Dottie kinderlos gestorben war, dürften die Kinder der Schwester seiner Tante das Haus geerbt haben. Tom legte sieben Franc auf die Theke, für Kaffee und Zigaretten, warf dem Jungen in der blauen Jacke noch einen Blick zu und sah, dass auch er zahlte. Er drückte seine Zigarette aus, rief *»'soir!«* in die Runde und ging.

Es war dunkel geworden. Im schwachen Licht einer Straßenlaterne überquerte er die Hauptstraße und betrat die noch dunklere Straße, an der ein paar hundert Meter weiter sein Haus lag – sie verlief fast gerade, war zweispurig und asphaltiert, und Tom kannte sie gut; dennoch war er froh, als sich von hinten ein Wagen näherte und er im Licht der Scheinwerfer die linke Straßenseite sehen konnte, auf der er ging. Kaum hatte das Auto ihn überholt, hörte er hinter sich schnelle, leise Schritte und fuhr herum.

Die Gestalt trug eine Taschenlampe. Tom sah Jeans und Tennisschuhe: der Junge aus der Bar.

»Mr. Ripley!«

Tom fragte angespannt: »Ja?«

»Guten Abend.« Der Junge blieb stehen, spielte mit der Taschenlampe herum. »Ich heiße Billy – Billy Rollins. Könnte ich Sie nach Hause begleiten, da ich doch eine Taschenlampe habe …?«

Undeutlich konnte Tom ein kantiges Gesicht ausmachen, dunkle Augen. Der Junge war kleiner als er und hatte ihn höflich angesprochen. Sollte das hier ein Überfall werden, oder war er heute Abend überängstlich? Tom hatte nur ein paar Zehnfrancscheine dabei, doch keine Lust auf ein Handgemenge. »Ich komme schon klar, danke. Wohne ganz in der Nähe.«

»Ich weiß. – Na ja, wir haben denselben Weg.«

Tom warf einen besorgten Blick in die Dunkelheit vor ihm und ging weiter. »Amerikaner?«, fragte er.

»Ja, Sir.« Der Junge leuchtete sorgsam so, dass beide sehen konnten, blickte aber mehr auf Tom als auf die Straße.

Tom hielt Abstand von dem Jungen. Er war bereit: Die Hände hingen frei herunter. »Machst du hier Urlaub?«

»Irgendwie schon. Ein bisschen arbeite ich auch. Als Gärtner.«

»So? Wo denn?«

»In Moret. Ein Privathaus.«

Tom hoffte auf ein weiteres Auto – er wollte den Ausdruck auf dem Gesicht des Jungen besser sehen können, weil er eine Spannung spürte, die gefährlich werden könnte. »Wo in Moret?«

»*Chez* Madame Jeanne Boutin, Rue de Paris achtundsiebzig«, antwortete der Junge prompt. »Ihr Garten ist ziemlich groß. Obstbäume. Vor allem aber jäte ich Unkraut und mähe den Rasen.«

Nervös ballte Tom die Fäuste. »Du schläfst in Moret?«

»Ja. Madame Boutin hat ein kleines Gartenhaus. Ein Bett und ein Waschbecken. Kaltes Wasser, aber im Sommer geht's schon.«

Nun war Tom wirklich überrascht. »Ungewöhnlich für einen Amerikaner, aufs Land zu gehen statt nach Paris. Woher kommst du?«

»New York.«

»Und wie alt bist du?«

»Bald neunzehn.«

Tom hätte ihn für jünger gehalten. »Hast du eine Arbeitserlaubnis?« Zum ersten Mal sah er den Jungen lächeln. »Nein. Wir haben eine formlose Absprache – fünfzig Franc pro Tag. Ich weiß, das ist wenig, doch dafür lässt Madame Boutin mich frei wohnen. Einmal hat sie mich zum Lunch eingeladen. Natürlich kann ich mir Brot und Käse kaufen und in dem Häuschen essen. Oder in einem Café.«

Aus der Gosse kam er nicht, das merkte Tom an seiner Wortwahl, und wie er Madame Boutins Namen aussprach, zeigte, dass er ein bisschen Französisch konnte. »Wie lange machst du das schon?«, fragte er auf französisch.

»Cinq, six jours«, erwiderte der Junge, den Blick noch immer auf Tom gerichtet.

Tom war froh, als die hohe, zur Straße geneigte Ulme in Sicht kam: noch rund fünfzig Schritte bis zu seinem Haus. »Was hat dich in diesen Teil Frankreichs verschlagen?«

»Ach, vielleicht der Wald von Fontainebleau. Ich gehe gern im Wald spazieren. Und Paris ist nicht weit. Dort bin ich eine Woche geblieben – hab mich nur mal umgeschaut.«

Tom ging langsamer. Warum war der Junge so an ihm interessiert, dass er wusste, wo er wohnte? »Gehen wir hinüber.«

Jetzt sah er im Licht der Türlaterne den beigen Kies von Belle Ombres Vorhof. Nur noch wenige Meter. »Woher weißt du, wo ich wohne?«, fragte Tom. Er spürte die Verlegenheit des Jungen am Ducken des Kopfes, am Zucken des Lichtstrahls. »Ich habe dich hier auf der Straße gesehen – vor zwei, drei Tagen, nicht?«

»Ja«, erwiderte Billy mit tieferer Stimme. »Ich hatte Ihren Namen in den Zeitungen gelesen, drüben in den Staaten. Da ich nicht weit von Villeperce wohne, dachte ich mir, ich würde gern Ihr Haus sehen.«

In den Zeitungen? Wann? Und warum? Tom wusste allerdings, dass es ein Dossier über ihn gab. »Du hast ein Rad im Dorf stehen?«

»Nein«, sagte der Junge.

»Wie kommst du dann heute Abend nach Moret zurück?«

»Ach, per Anhalter. Oder zu Fuß.«

Sieben Kilometer. Warum sollte jemand, der in Moret wohnte, nach neun Uhr abends sieben Kilometer nach Villeperce laufen? Tom sah einen schwachen Lichtschein links der Bäume: Madame Annette war noch wach, aber auf ihrem Zimmer. Er legte die Hand auf einen Flügel des angelehnten Eisentors. »Wenn du willst, kannst du gern auf ein Bier hereinkommen.«

Der Junge runzelte die Stirn, biss sich auf die Lippe und sah bedrückt zu Belle Ombres beiden Vordertürmen auf, als stelle ihn das vor eine schwere Entscheidung. »Ich …«

Sein Zögern verblüffte Tom noch mehr. »Mein Wagen steht hier. Ich kann dich nach Moret fahren.« Unschlüssiges Schweigen. Ob der Junge wirklich in Moret wohnte und arbeitete?

»Na gut. Vielen Dank. Ich komme kurz mit hinein«, sagte er.

Sie gingen durchs Tor, und Tom zog die Flügel zu, ohne jedoch abzuschließen. Der große Schlüssel steckte innen im Schloss. Nachts lag er unter einem Rhododendronbusch unweit des Tors versteckt.

»Meine Frau hat heute Abend eine Freundin zu Besuch«, sagte Tom, »aber wir können in der Küche ein Bier trinken.«

Die Haustür war nicht abgeschlossen. Im Wohnzimmer brannte noch Licht, eine Lampe nur, doch Héloïse und Noëlle waren wohl nach oben gegangen. Oft unterhielten sich die beiden noch bis in die Nacht, entweder im Gästezimmer oder bei Héloïse.

»Bier? Kaffee?«

»Was für ein schönes Haus!« Der Junge stand nur da und sah sich um. »Sie spielen Cembalo?«

Tom lächelte. »Ich nehme Unterricht, zweimal die Woche. Gehen wir in die Küche.«

Sie gingen links durch den Flur. In der Küche machte Tom Licht, öffnete den Kühlschrank und nahm ein Sechserpack Heineken heraus.

»Hast du Hunger?«, fragte Tom. Ein Rest Roastbeef lag auf einem Servierteller, unter Alufolie.

»Nein, danke, Sir.«

Im Wohnzimmer betrachtete der Junge das Bild *Mann im Sessel* über dem Kamin, dann den etwas kleineren, dafür echten Derwatt *Die roten Stühle* an der Wand neben der Flügeltür: blitzschnelle Blicke nur, die Tom aber nicht entgingen. Warum die Derwatts und nicht der größere Soutine in auffälligem Rot und Blau, der über dem Cembalo hing?

Tom wies auf das Sofa.

»Da kann ich nicht sitzen, meine Jeans sind zu schmutzig.«

Das Sofa war mit gelbem Satin bezogen. Im Wohnzimmer standen auch ein paar ungepolsterte Stühle, doch Tom sagte: »Gehen wir zu mir nach oben.«

Sie stiegen die geschwungene Treppe hinauf; Tom trug die Bierflaschen und einen Öffner. In Noëlles Zimmer brannte Licht, die Tür war angelehnt. Héloïses Tür auch: Tom hörte Stimmen und Gelächter, ging nach links in sein Zimmer und machte Licht.

»Nimm den Stuhl. Ist nur Holz.« Tom drehte den Schreibtischstuhl mit den Armlehnen zur Mitte des Zimmers und öffnete zwei Heineken.

Der Blick des Jungen ruhte auf der eckigen Wellington-Kommode. Holz, Messingecken und eingelassene Schubladengriffe hatte Madame Annette wie immer auf Hochglanz poliert. Er nickte beifällig. Ein gut aussehendes, eher ernstes Gesicht mit einem markanten, noch bartlosen Kinn. »Ein schönes Leben haben Sie hier, oder?«

Der Ton hätte spöttisch sein können oder auch wehmütig. Hatte der Junge die Berichte über ihn gelesen und ihn als Gauner abgestempelt? »Warum auch nicht?« Er gab dem Jungen eine Flasche. »Tut mir leid, Gläser hab ich vergessen.«

»Könnte ich mir wohl erst mal die Hände waschen?«, fragte der Junge ernsthaft und höflich.

»Aber natürlich. Gleich hier.« Tom machte Licht in seinem Bad.

Der Junge beugte sich über das Waschbecken und schrubbte eine ganze Weile an sich herum. Die Tür hatte er offen gelassen. Lächelnd kam er zurück: weiche Lippen, kräftige Zähne und glattes, dunkelbraunes Haar. »Schon besser. Heißes Wasser!« Er lächelte, wegen seiner Hände, nahm dann die Bierflasche wieder auf. »Wonach riecht es dort drin? Terpentin? Malen Sie?«

Tom lachte kurz. »Manchmal schon, aber heute hab ich die Holzameisen in den Regalen bekämpft.« Über die Ameisen wollte Tom nun wirklich nicht sprechen. Als der Junge Platz genommen hatte, fragte Tom, der auf einem zweiten Holzstuhl saß: »Wie lange willst du in Frankreich bleiben?«

Der Junge überlegte. »Vielleicht noch etwa einen Monat.«

»Und dann zurück aufs College? Du gehst doch aufs College?«

»Noch nicht. Ich weiß gar nicht, ob ich dorthin will. Muss mich noch entscheiden.« Er fuhr sich mit den Fingern durchs Haar, strich es nach links. Auf seinem Kopf standen noch ein paar widerborstige Strähnen hoch. Toms Musterung war ihm sichtlich peinlich, er trank einen Schluck Bier.

Jetzt fiel Tom ein kleines Muttermal auf der rechten Wange des Jungen auf. Beiläufig bemerkte er: »Du kannst gerne heiß duschen. Macht gar keine Umstände.«

»Ach nein, vielen Dank. Vielleicht sehe ich dreckig aus, aber ich kann mich auch mit kaltem Wasser waschen. Wie jeder andere auch.« Ein zaghaftes Lächeln lag auf seinen vollen jungen Lippen. Als der Junge die Bierflasche auf den Boden stellte, bemerkte er etwas in dem Papierkorb neben seinem Stuhl. Er sah genauer hin. *»Auberge Réserve des*

Quatre Pattes«, las er laut von einem weggeworfenen Briefumschlag vor. »Das ist ja komisch! Waren Sie mal dort?«

»Nein. Ab und zu schicken sie mir fotokopierte Bettelbriefe. Warum?«

»Weil ich gerade diese Woche spazieren gegangen bin, irgendwo im Wald östlich von Moret, und da traf ich auf dem Weg ein Paar – die beiden fragten mich, ob ich wüsste, wo diese *Réserve* wäre, angeblich läge sie bei Veneux-les-Sablons. Sie sagten, sie suchten schon seit Stunden danach, hätten ein paar Mal Geld geschickt und wollten sich das Heim einmal anschauen.«

»In ihren Mitteilungen schreiben sie, Besucher wären dort unerwünscht, sie würden die Tiere nervös machen. Sie versuchen, für die Tiere per Post ein neues Heim zu finden – und dann schreiben sie Erfolgsgeschichten darüber, wie glücklich der Hund oder die Katze dort ist.« Tom lächelte bei dem Gedanken, wie sentimental manche dieser Geschichten waren.

»Haben Sie ihnen Geld geschickt?«

»Ach, ab und zu dreißig Franc.«

»Und wohin?«

»An eine Pariser Adresse. Ich glaube, ein Postfach.«

Nun lächelte Billy. »Wäre es nicht komisch, wenn es das Tierheim gar nicht gäbe?«

Die Möglichkeit fand auch Tom amüsant. »Ja. Nur eine Wohltätigkeitsmasche. Warum bin ich nicht selber darauf gekommen?« Tom machte zwei neue Flaschen auf.

»Kann ich ihn mir mal anschauen?« Billy meinte den Umschlag im Papierkorb.

»Sicher.«

Der Junge fischte auch die fotokopierten Blätter heraus, die in dem Umschlag gesteckt hatten. Er überflog die Seiten und las vor: »›... ein allerliebstes Geschöpf. Es verdient das paradiesische Heim, das ihm eine gütige Vorsehung beschert hat.‹ Ein Kätzchen. ›Nun ist uns ein abgemagerter braunweißer Hund zugelaufen, ein Fuchsterrier, der Penicillin und andere Schutzimpfungen braucht ...‹« Der Junge sah zu Tom auf. »Ich frage mich nur, wohin ›zugelaufen‹? Was, wenn das alles *Betrug* ist?« Er betonte das Wort fast genießerisch. »Wenn es dieses Tierheim gibt, mache ich mir gern die Mühe, es zu suchen. Ich bin neugierig.«

Tom betrachtete ihn interessiert: Billy – Rollins, nicht? – war mit einem Mal zum Leben erwacht.

»Poste restante, case deux-cent quatre-vingt-sept, dix-huitième arrondissement«, las der Junge weiter. »Welches Postamt im Achtzehnten, frage ich mich? Kann ich das behalten? Sie wollten es ja offenbar wegwerfen.«

Der Eifer des Jungen beeindruckte Tom. Und woher kam, in so jungen Jahren, diese Begeisterung, einen Betrug aufzudecken? »Natürlich kannst du das behalten.« Tom setzte sich wieder. »Bist du womöglich selbst einmal betrogen worden?«

Billy lachte kurz auf, dann wurde er nachdenklich, als versuche er sich zu erinnern. »Nein, eigentlich nicht. Kein echter Betrug.«

Vielleicht eine Art Täuschung, dachte Tom, beschloss aber, nicht weiterzubohren. »Wäre es nicht amüsant, diesen Leuten unter falschem Namen einen Brief zu schicken: ›Wir sind Ihnen auf die Schliche gekommen, Sie machen Ihr Geld mit Tieren, die es gar nicht gibt, rechnen Sie also damit, dass die Polizei Ihrem – Postfach einen Besuch abstatten wird.‹«

»Wir sollten sie nicht warnen, wir sollten herausfinden, wo die wohnen, und sie dort überrumpeln. Mal angenommen, es sind ein paar harte Jungs in einem schicken Pariser Appartement! Wir müssten ihnen vom Postamt folgen.«

In dem Moment klopfte es. Tom ging zur Tür.

Héloïse stand in der Diele, im Pyjama und einem Hausmantel aus rosa Seersucker-Leinen. »Oh, *Tomme,* du hast Besuch! Ich dachte, die Stimmen kämen aus dem Radio.«

»Ein Amerikaner, den ich vorhin im Dorf kennengelernt habe. Billy –« Tom drehte sich um, nahm sie an der Hand, zog sie ins Zimmer. »Meine Frau Héloïse.«

»Billy Rollins. *Enchanté,* Madame.« Billy war aufgestanden und deutete eine Verbeugung an.

Auf französisch fuhr Tom fort: »Billy arbeitet als Gärtner in Moret. Er kommt aus New York. – Bist du ein guter Gärtner, Billy?« Er lächelte.

»Jedenfalls habe ich gute Absichten«, erwiderte Billy. Er zog den Kopf ein und stellte die Bierflasche erneut vorsichtig auf dem Boden neben Toms Schreibtisch ab.

»Ich hoffe, du verlebst angenehme Tage in Frankreich«, sagte Héloïse leichthin, doch ihr schneller Blick hatte den Jungen schon taxiert. »Ich wollte nur Gute Nacht sagen, *Tomme*. Morgen Vormittag fahren Noëlle und ich zu dem Antiquitätengeschäft in Le Pavé du Roi und dann weiter nach Fontainebleau, zum Mittagessen im Aigle Noir. Willst du dorthin kommen?«

»Danke, aber ich glaube nicht, Liebes. Amüsiert euch. Wir sehen uns morgen Früh, bevor ihr fahrt, oder? Gute

Nacht, schlaf gut.« Er küsste sie auf die Wange. »Ich fahre Billy nach Hause, also erschrick nicht, wenn du mich später hereinkommen hörst. Ich schließe ab, wenn ich gehe.«

Billy meinte, er könne per Anhalter fahren, kein Problem, doch Tom bestand darauf, ihn hinzufahren. Er wollte sehen, ob es das Haus in Moret an der Rue de Paris wirklich gab.

Im Wagen sagte Tom zu Billy: »Deine Familie lebt in New York? Was macht dein Vater beruflich, wenn du die Frage gestattest?«

»Er ist – in der Elektronikbranche. Die Firma stellt Messgeräte her. Für alle möglichen elektronischen Messungen. Er ist einer der Geschäftsführer.«

Tom spürte, dass Billy log. »Kommst du gut mit deinen Eltern aus?«

»Na klar. Sie …«

»Schreiben sie dir?«

»Ja, sicher. Sie wissen, wo ich bin.«

»Und *nach* Frankreich, was dann? Zurück nach Hause?«

Pause. »Vielleicht Italien. Weiß noch nicht.«

»Ist das die Straße? Soll ich hier abbiegen?«

»Nein – die andere Richtung«, sagte der Junge gerade noch rechtzeitig. »Doch die Straße stimmt.«

Kurz darauf zeigte der Junge, wo Tom halten sollte: Ein bescheidenes, mittelgroßes Haus, alle Fenster schon dunkel, davor ein Garten, eine niedrige weiße Mauer zum Gehweg hin, seitlich ein geschlossenes Einfahrtstor.

»Mein Schlüssel.« Billy zog einen langen Schlüssel aus der Innentasche seiner Jacke. »Vielen Dank, Mr. Ripley.« Er stieß die Wagentür auf.

»Lass mich wissen, was du über das Tierheim herausbekommst.«

Der Junge lächelte. »Ja, Sir.«

Tom sah zu, wie er zum dunklen Tor ging, den Strahl der Taschenlampe auf das Schloss richtete, den Schlüssel umdrehte. Billy ging hinein, winkte Tom zu und schloss hinter sich ab. Als Tom zum Wenden zurücksetzte, konnte er auf dem amtlichen blauen Metallschildchen neben der Haustür deutlich die Nummer 78 lesen. Seltsam, dachte er: Warum sollte ein Junge so eine langweilige Arbeit annehmen, selbst für kurze Zeit – es sei denn, er lief vor etwas davon und musste sich verstecken? Aber Billy kam ihm nicht vor wie ein jugendlicher Krimineller. Wahrscheinlich hatte er Krach mit seinen Eltern gehabt. Oder ein Mädchen hatte mit ihm gebrochen, und in seiner Enttäuschung hatte er ein Flugzeug genommen, um zu vergessen. Toms Gefühl sagte ihm, dass der Junge reich war und es nicht nötig hatte, für fünfzig Franc am Tag im Garten zu arbeiten.

2

Drei Tage später, an einem Freitag, saßen Tom und Héloïse an dem Tisch in der Wohnzimmernische beim Frühstück. Sie sahen die Post und die Zeitungen durch, die der Bote um halb zehn gebracht hatte. Tom trank seinen zweiten Kaffee; den Ersten hatte Madame Annette gegen Acht serviert, zusammen mit dem Tee für Héloïse. Draußen braute sich etwas zusammen, ein Sturm zog auf, und in der Luft lag eine Spannung, die Tom um Acht hatte aufwachen lassen, noch bevor Madame Annette mit dem Kaffee kam. Jetzt war es bedrohlich dunkel draußen und völlig windstill. In der Ferne grollte Donner.

»Eine Karte von den Cleggs!« Héloïse hatte sie unter Briefen entdeckt. »Aus Norwegen, von ihrer Kreuzfahrt. Du erinnerst dich, *Tomme*? Sieh mal, ist das nicht schön?«

Tom sah von seiner *International Herald Tribune* auf und nahm die Postkarte, die Héloïse ihm reichte: Ein weißes Schiff zwischen den tiefgrünen Bergen eines Fjords, im Vordergrund ein paar Häuschen, die sich in eine schmale Einbuchtung der Steilküste duckten. »Sieht tief aus«, sagte Tom. Plötzlich musste er ans Ertrinken denken, ohne zu wissen, warum. Tiefes Wasser machte ihm Angst; Schwimmen war ihm zuwider, er versuchte es nicht einmal und dachte oft, er werde im Wasser enden.

»Lies vor«, sagte Héloïse.

Der Text der Karte war englisch. Howard und Rosemary Clegg, ihre englischen Nachbarn, die rund fünf Kilometer entfernt wohnten, hatten beide unterschrieben. »›Herrlich erholsame Kreuzfahrt. Wir hören Sibelius-Kassetten, passend zur Stimmung. Alles Liebe von Rosemary. Schade, dass Ihr beiden nicht hier mit uns die Mitternachtssonne erleben könnt …‹« Tom hielt inne. Krachender Donner grummelte wie ein bissiger Hund. »Das gibt heute noch was«, sagte Tom. »Hoffentlich bleiben die Dahlien stehen.« Allerdings hatte er sie an Stöcke gebunden.

Héloïse nahm die Karte wieder an sich. »Du bist so unruhig, *Tomme*. Das ist doch nicht unser erstes Gewitter. Ich bin froh, dass es gleich losgeht, nicht erst heute Abend um sechs. Ich muss ja noch zu Papa.«

Tom hatte es nicht vergessen. Chantilly. Freitags aß sie mit ihren Eltern zu Abend, ein *jour fixe,* den sie gewöhnlich einhielt. Manchmal kam er mit, manchmal nicht. Lieber nicht, denn ihre Eltern waren langweilige Spießer, ganz abgesehen davon, dass sie ihn nie besonders gemocht hatten. Er fand es bezeichnend, dass Héloïse immer sagte, sie müsse »zu Papa«, nicht zu »den Eltern«: Papa hielt die Hand auf dem Geldbeutel; Mama war von Natur wesentlich großzügiger, doch Tom bezweifelte, dass sie in einer echten Krise – bei einem echten Fehltritt von ihm, wie damals beinah in der Derwatt-Affäre, als er wegen Bernard und des Amerikaners Murchison in der Klemme saß – nennenswerten Einfluss hätte, falls Papa Héloïse das Geld streichen wollte. Nur mit diesem Zuschuss ließ sich Belle Ombre standesgemäß unterhalten. Tom zündete sich eine

Zigarette an und wappnete sich wohlig schaudernd gegen den nächsten Blitzschlag. Er dachte an Jacques Plisson, Héloïses Vater, einen korpulenten Wichtigtuer, der die Fäden des Schicksals (oder die Schnüre des Geldbeutels) in den Händen hielt wie ein Wagenlenker die Zügel. Schade, dass Geld solche Macht hatte, aber so war es nun einmal.

»*Monsieur Tomme, encore du café?*« Auf einmal stand Madame Annette an seiner Seite. Die Silberkanne zitterte kaum merklich.

»Nein, danke, Madame Annette, aber lassen Sie die Kanne hier, für später vielleicht.«

»Dann seh ich nach den Fenstern.« Madame Annette stellte die Kanne auf einen Untersetzer mitten auf dem Tisch. »So dunkel! Das wird ein Unwetter geben.« Für einen Augenblick traf ihn ein Blick ihrer blauen Augen unter normannischen Lidern, dann eilte sie zur Treppe. Tom nahm an, dass sie alle Fenster schon einmal überprüft, womöglich gar einige Fensterläden geschlossen hatte, doch es gefiel ihr, noch einmal nachzuschauen. Tom ebenfalls. Rastlos stand er auf, trat ans Fenster, wo es ein wenig heller war, und überflog die »Leute«-Kolumne auf der letzten Seite der *Tribune:* Frank Sinatra gab wieder einmal seinen allerletzten Auftritt, diesmal in einem Film, der bald anlaufen würde. Der sechzehnjährige Frank Pierson, Lieblingssohn von John Pierson, dem verstorbenen Lebensmittelmagnaten, war aus dem Haus der Familie in Maine verschwunden, und nach fast drei Wochen ohne ein Wort von ihm war die Familie in großer Sorge. Der Tod des Vaters im Juli hatte den Jungen zutiefst erschüttert.

Tom erinnerte sich an einen Pressebericht über John Piersons Tod. Selbst die Londoner *Sunday Times* hatte ihm eine kurze Spalte gewidmet. John Pierson war an den Rollstuhl gefesselt gewesen, so wie Gouverneur George Wallace aus Alabama, und zwar aus dem gleichen Grund, wegen eines missglückten Attentats. Er war ungeheuer reich gewesen, nicht ganz so reich wie Howard Hughes, doch mit einem Vermögen, das immer noch in die hunderte von Millionen Dollar ging und das er mit Nahrungsmitteln gemacht hatte: Delikatessen, Gesundheitskost und Diätprodukte. Tom erinnerte sich an den Nachruf deshalb so genau, weil nie geklärt werden konnte, ob er sich selbst von der Klippe auf seinem Anwesen hinabgestoßen und somit Selbstmord begangen hatte oder ob es ein Unfall gewesen war. John Pierson hatte sich auf der Klippe gern den Sonnenuntergang angeschaut und ein Geländer dort nicht haben wollen, weil es die Aussicht gestört hätte.

Kaa-rack!

Tom schrak von der Flügeltür zurück, riss die Augen weit auf und spähte hinaus – er wollte sehen, ob die Glasfenster seines Gewächshauses heil geblieben waren. Dann setzte der Wind ein, und etwas rasselte die Dachziegel hinab, hoffentlich nur ein Zweig.

Héloïse las eine Zeitschrift und achtete nicht auf das Unwetter.

»Ich muss mich umziehen«, sagte Tom. »Du bist nicht zum Essen verabredet, oder?«

»*Non, chéri.* Ich gehe nicht vor fünf. Du wirst aber auch immer wegen der falschen Sachen nervös. Das Haus ist sehr stabil gebaut!«

Tom konnte noch nicken, aber es schien nur natürlich,

nervös zu sein, wenn überall Blitze einschlugen. Er nahm die *Tribune* vom Tisch, ging nach oben, duschte, rasierte sich und träumte vor sich hin. Wann würde der alte Plisson sterben – eines natürlichen Todes, versteht sich? Nicht dass er und Héloïse Geld brauchten, noch mehr Geld, das ganz und gar nicht. Aber der Mann saß ihm im Nacken, ein klassischer Fall, wie die böse Schwiegermutter. Selbstverständlich war Jacques Plisson auch Anhänger Chiracs. Als er angekleidet war, öffnete Tom das Seitenfenster seines Zimmers: Wind und Wasser peitschten sein Gesicht; er sog die regennasse Luft tief ein, fand sie erfrischend und erregend, schloss aber das Fenster sofort wieder. Was für ein guter Geruch, Regen auf trockener Erde! Er ging in Héloïses Zimmer und versicherte sich, dass die Fenster geschlossen waren. Der Regen rann zischend die Scheiben hinab. Madame Annette zog gerade die Überdecke ordentlich über die Kissen des Doppelbetts, in dem Héloïse und er geschlafen hatten.

»Alles ist sicher, *Monsieur Tomme*«, sagte sie, klopfte zum Schluss ein Kissen glatt und richtete sich auf. Ihr kleiner, stämmiger Körper schien vor Energie zu sprühen, wie bei einer viel jüngeren Frau. Sie war Ende sechzig, doch sie hatte noch viele Jahre vor sich. Der Gedanke beruhigte Tom.

»Ich schau mal schnell nach dem Garten«, sagte er, drehte sich um und verließ das Zimmer.

Er lief die Treppe hinunter, zur Haustür hinaus und nach hinten zum Rasen. Die Stöcke mit den Bindfadenschlingen standen noch, die Sonnenblumen, *Crimson Sunbursts*, nickten wie verrückt mit den Köpfen, aber der Wind würde sie nicht umwehen, ebenso wenig wie die fransigen orangeroten Dahlien, seine Lieblingsblumen.

Blitze zuckten aus dem schiefergrauen Himmel im Südwesten. Tom stand da, das Gesicht nass vom Regen, und wartete auf den Donner, der hochmütig dahinrollte, ein hohles Grollen, als reiße etwas.

Was, wenn der Junge von neulich abend Frank Pierson wäre? Sechzehn Jahre, das passte schon eher als die neunzehn, die Billy ihm genannt hatte. Aus Maine, nicht aus New York. Als Pierson senior starb, hatte die *Tribune* da nicht ein Foto der ganzen Familie gebracht? Zumindest eines vom Vater, obwohl Tom sein Gesicht nicht mehr vor sich sah. Oder war das in der *Sunday Times* gewesen? Aber an den Jungen von vor drei Tagen erinnerte er sich genauer als sonst an Menschen. Sein Gesicht war ernst, fast grüblerisch; er lächelte nur selten. Ein fester Mund und gerade, dunkle Brauen. Und der Leberfleck auf der rechten Wange, vielleicht nicht groß genug, um auf einem gewöhnlichen Foto aufzufallen, doch immerhin ein Kennzeichen. Der Junge war höflich gewesen, aber auch vorsichtig.

»*Tomme!* Komm herein!« Héloïse stand in der Flügeltür.

Tom rannte zu ihr.

»Willst du, dass dich der Blitz erschlägt?«

Tom trat die Schnürstiefel auf dem Türvorleger ab. »Ich bin gar nicht nass. Mir ist etwas eingefallen!«

»Was denn? Trockne dein Haar.« Sie reichte ihm ein blaues Handtuch aus der Toilette im Erdgeschoss.

»Roger kommt heute Nachmittag um drei.« Tom wischte sich über das Gesicht. »Ich muss meinen Scarlatti üben. Heute Vormittag und auch nach dem Essen.«

Héloïse lächelte. Im Regenlicht zeigten sich in ihren blaugrauen Augen lavendelblaue Linien, die wie Radspeichen von den Pupillen ausliefen. Tom fand das hinreißend. Er fragte sich, ob sie für diesen Tag bewusst ein lavendelblaues Kleid gewählt hatte. Wahrscheinlich nichts weiter als ein ästhetischer Glücksfall.

»Ich wollte gerade selber üben«, erwiderte Héloïse spitz, »als ich dich wie einen Idioten auf dem Rasen herumstehen sah.« Sie ging zum Cembalo, setzte sich kerzengerade hin und schüttelte die Hände aus – wie ein Profi, dachte Tom.

Er ging in die Küche. Madame Annette räumte den Schrank über der Anrichte rechts neben der Spüle aus. Hoch auf dem dreibeinigen Schemel stehend, wischte sie mit einem Staubtuch eine Gewürzdose nach der anderen sauber. Es war zu früh, das Mittagessen vorzubereiten, und ihren Einkaufsgang ins Dorf hatte sie wohl auf den Nachmittag verschoben, wegen des Gewitters.

»Wollte nur mal einen Blick in die alten Zeitungen werfen«, sagte Tom. Er stand auf der Schwelle zum nächsten Flur, der nach rechts zu Madame Annettes Zimmer führte, und beugte sich über einen Korb mit zwei Griffen, ursprünglich für Feuerholz, in dem sie die alten Zeitungen aufbewahrten.

»Suchen Sie etwas Bestimmtes, *Monsieur Tomme*? Kann ich helfen?«

»Danke, nein – ich hab's gleich. Amerikanische Zeitungen suche ich. Das schaffe ich schon«, sagte Tom zerstreut, während er die *Tribunes* vom Juli durchblätterte. Nachrufe oder Nachrichten, das war die Frage. Allerdings meinte er sich zu erinnern, die Pierson-Meldung sei auf der rechten

Seite in einer Spalte oben links erschienen, mit einem Foto. Er brauchte nur rund zehn Zeitungen durchzusehen, die anderen hatte sie schon weggeworfen. Tom ging auf sein Zimmer. Dort fand er mehr Zeitungen, doch nicht den Bericht über John Pierson.

Von hier oben klang Héloïses Bach-Invention nicht schlecht. War er etwa eifersüchtig? Fast hätte er laut gelacht. Würde sein Scarlatti heute Nachmittag (in Roger Lepetits Ohren natürlich) womöglich nicht so gut klingen wie Héloïses Bach? Nun musste Tom tatsächlich lachen; er stemmte die Hände in die Hüften und betrachtete enttäuscht das Häuflein Zeitungen auf dem Fußboden. Der *Who's Who,* dachte er, und ging über den Flur zu einem der beiden vorderen Turmzimmer, ihrer Bibliothek. Tom nahm das Buch aus dem Regal, fand aber keinen Eintrag über John Pierson. Er versuchte es mit der amerikanischen Ausgabe, die älter war als die britische, doch ohne Ergebnis. Beide Bände waren etwa fünf Jahre alt. Und ein Mann wie John Pierson hatte unter Umständen keine Genehmigung für einen Eintrag erteilt.

Héloïse hatte die Invention zum drittenmal gespielt und schloss mit einem zart ausklingenden Akkord.

Würde der Junge, der sich Billy nannte, wieder vorbeikommen? Vermutlich schon.

Nach dem Mittagessen übte er seinen Scarlatti. Er konnte jetzt ohne eine Pause im Garten mehr als dreißig Minuten lang konzentriert spielen, ein Fortschritt verglichen mit der Viertelstunde, als er vor Monaten angefangen hatte. Roger Lepetit (alles andere als *petit,* dachte Tom, ein großer, untersetzter junger Mann, Typ französischer Schubert mit Brille und Lockenkopf) sagte, Gartenarbeit ruiniere die Hände, wenn man Klavier oder Cembalo spiele, doch Tom zog einen Kompromiss vor: Er wollte die Gartenarbeit nicht ganz aufgeben, aber vielleicht konnte er das Ausrupfen von Kreuzblumen und anderem Unkraut ihrem Aushilfsgärtner Henri überlassen. Schließlich hatte er nicht vor, Konzertcembalist zu werden. Das ganze Leben war ein Kompromiss.

Um Viertel nach fünf sagte Roger Lepetit gerade: »Das hier ist Legato. Auf dem Cembalo kostet das Legato wirklich Mühe.«

Das Telefon klingelte.

Tom hatte versucht, die richtige Mischung aus Spannung und Entspannung zu finden, um das einfache Stück richtig zu spielen. Nun atmete er tief durch, stand auf und entschuldigte sich. Héloïse war oben, zog sich nach ihrem Unterricht für den Besuch bei den Eltern um. Tom hob unten ab.

Héloïse hatte schon auf ihrem Zimmer abgenommen, sie sprach französisch. Tom erkannte Billys Stimme und unterbrach sie.

»Mr. Ripley«, sagte Billy. »Ich war in Paris. Sie wissen, wegen dieser Sache mit der *auberge*. Es war – interessant.« Der Junge klang schüchtern.

»Hast du was herausgefunden?«

»Ein bisschen ... Und ich dachte, das könnte Sie amüsieren. Wenn Sie heute Abend gegen sieben kurz Zeit hätten?«

»Heute abend passt gut«, sagte Tom.

Sie legten auf, so schnell, dass Tom nicht mehr fragen konnte, wie der Junge herkommen würde. Nun, es war ja nicht das erste Mal. Tom reckte die Schultern, ging wieder ans Cembalo und setzte sich gerade hin. Diesmal klang seine Scarlatti-Sonatine besser, fand er.

Roger Lepetit nannte sie »flüssig«. Ein hohes Lob.

Gegen Mittag hatte sich das Gewitter ausgetobt, und am späten Nachmittag strahlte der Garten hell und rein im selten klaren Sonnenlicht. Bevor Héloïse fuhr, sagte sie, dass sie spätestens um Mitternacht zurück sein werde. Die Fahrt nach Chantilly dauerte eineinhalb Stunden. Nach dem Essen unterhielt sie sich immer noch mit ihrer Mutter; ihr Vater dagegen ging nie später als halb elf zu Bett.

»Der junge Amerikaner kommt heute um sieben«, sagte Tom. »Du hast ihn getroffen. Billy Rollins.«

»Ach ja, neulich abend.«

»Ich werd ihn zum Essen einladen. Kann sein, dass er noch hier ist, wenn du zurückkommst.«

Es war nicht weiter wichtig, Héloïse ging nicht darauf ein. »Bis bald, *Tomme*!«, sagte sie und nahm den Strauß aus langstieligen Chrysanthemen und der einen roten Pfingstrose, fast ihrer letzten. Vorsorglich trug sie einen Regenmantel über Rock und Bluse.

Tom hörte die 7-Uhr-Nachrichten, als es draußen am Tor klingelte. Er hatte Madame Annette gesagt, er erwarte um sieben Besuch, und fing sie im Wohnzimmer mit den Worten ab, er werde seinen Freund selbst hereinlassen.

Billy Rollins kam über den Kies zwischen dem offenen Tor und der Haustür auf ihn zu, diesmal in grauen Flanellhosen, Hemd und Jackett. Unter dem Arm trug er etwas Flaches in einer Plastiktüte.

»Guten Abend, Mr. Ripley.« Er lächelte.

»Guten Abend. Komm herein. So pünktlich – wie bist du hergekommen?«

»Taxi. Heute war's mir egal.« Der Junge trat die Schuhe auf der Fußmatte ab. »Für Sie.«

Tom zog eine Platte aus der Plastiktüte: Schubert-Lieder, gesungen von Fischer-Dieskau, eine neue Aufnahme, von der er schon gehört hatte. »Vielen Dank. Genau getroffen, wie man so sagt. Aber ich meine es so, Billy.«

Die Kleidung des Jungen war makellos sauber, anders als an jenem Abend neulich. Madame Annette kam herein und fragte, was sie trinken wollten. Tom machte sie bekannt.

»Setz dich, Billy. Ein Bier? Oder einen Drink?«

Billy nahm auf dem Sofa Platz. Madame Annette ging Bier holen, das der Barwagen nicht zu bieten hatte.

»Meine Frau ist bei ihren Eltern«, sagte Tom. »Sie besucht sie jeden Freitagabend.«

Madame Annette versuchte sich diesmal an Toms Gin-Tonic, mit einer Zitronenscheibe. Je mehr Arbeit sie bekam, desto glücklicher war sie. Und Tom fand an den Drinks, die sie für ihn mixte, nichts auszusetzen.

»Sie hatten heute Unterricht?« Die Noten auf dem aufgeklappten Cembalo waren Billy nicht entgangen.

Ja, sagte Tom, Scarlatti, seine Frau auch, eine Bach-Invention. »Macht viel mehr Spaß als eine Partie Bridge am Nachmittag.« Gott sei Dank bat Billy ihn nicht, etwas vorzuspielen. »Also, deine Fahrt nach Paris. Unsere vierbeinigen Freunde.«

»Ja.« Billy legte den Kopf in den Nacken, als müsse er sich seine Antwort genau überlegen. »Am Mittwoch habe ich den ganzen Vormittag damit verbracht, mich zu vergewissern, dass es das Tierheim tatsächlich nicht gibt. In einem Café habe ich gefragt, auch in einer Autowerkstatt. Dort sagten sie, damit wären schon einige vor mir gekommen. Sogar bei der Polizei von Veneux bin ich gewesen – die meinten, sie hätten noch nie davon gehört. Nicht mal auf einem genauen Stadtplan konnten sie es finden. Dann bin ich zu einem großen Hotel in dem Viertel gegangen, und selbst die wussten nichts davon.«

Wahrscheinlich das Hotel Grand-Veneux, ein Name, bei dem Tom immer an venerische Krankheiten denken musste. Jetzt war ihm das peinlich. »Also bist du am Mittwoch schon früh ganz schön fleißig gewesen?«

»Ja, und am Nachmittag musste ich arbeiten, meine täglichen fünf, sechs Stunden für Madame Boutin.« Billy hob sein Glas und nahm einen Schluck Bier. »Gestern, am Donnerstag, bin ich dann nach Paris gefahren, ins achtzehnte Arrondissement. Zuerst die Métro-Station Les Abbesses, dann Place Pigalle. Ich bin zu den Postämtern gegangen und habe nach dem Postfach 287 gefragt. Sie sagten, das wäre vertraulich. Ich hatte gefragt, wer die Post abholte, verstehen Sie?« Billy lächelte dünn. »Ich trug Arbeitszeug, sagte, ich wollte einer Tierschutzorganisation zehn Franc spenden – ob ich die richtige Adresse hätte? Die haben mich angeschaut, als ob *ich* der Betrüger wäre!«

»Aber hast du im richtigen Postamt gefragt?«

»Das weiß ich nicht, weil alle Ämter im Achtzehnten – wenigstens die vier, wo ich war – nicht sagen wollten, ob sie überhaupt ein Postfach 287 hätten. Also habe ich das Nächstliegende getan, was mir logisch erschien.« Billy sah ihn an, als erwarte er, Tom werde die Antwort erraten.

Das konnte Tom nicht. Noch nicht. »Was?«

»Ich habe Schreibpapier und eine Briefmarke gekauft, bin ins nächste Café gegangen und habe einen Brief an das Tierheim geschrieben: ›Sehr geehrte Damen und Herren, Ihre laut Fotokopie existierende Einrichtung gibt es nicht. Ich bin einer von vielen Düpierten‹ – *trompés,* nicht?«

Tom nickte.

»– ›und habe mich mit anderen wohlmeinenden Freunden Ihres wohltätigen … *Betrugsunternehmens* zusammengetan. Rechnen Sie also mit einer Durchsuchung durch die Behörden.‹« Billy beugte sich vor. Seine Miene verriet, dass in ihm Belustigung mit gerechtem Zorn rang. Seine Wangen waren gerötet, er lächelte und blickte finster zugleich. »Ich habe noch geschrieben, dass ihr Postfach überwacht wird.«

»Sehr gut«, sagte Tom. »Hoffentlich haben sie Angst bekommen.«

»In einem vielversprechenden Postamt bin ich tatsächlich länger geblieben. Wie oft das Postfach geleert würde, habe ich das Fräulein am Schalter gefragt. Sie wollte nichts sagen. Was ja typisch französisch ist und nicht unbedingt heißt, dass sie irgendwen schützen will.«

Tom verstand. »Woher weißt du so viel über die Franzosen? Außerdem sprichst du ihre Sprache ganz gut, oder?«

»Ach, wir hatten es natürlich in der Schule. Und dann war ich vor einigen Jahren mit der Familie einen Sommer lang in Frankreich. Unten im Süden.«

Toms Gefühl sagte ihm, dass der Junge schon mehrmals in Frankreich gewesen war, erstmals vielleicht schon im Vorschulalter. In einer normalen amerikanischen High-School lernte man einfach kein anständiges Französisch.

Tom öffnete am Barwagen ein zweites Heineken und stellte die Flasche auf den Couchtisch. Er beschloss, gleich zur Sache zu kommen: »Hast du vom Tod dieses Amerikaners gehört? John Pierson, etwa vor einem Monat?«

Verblüffung blitzte in den Augen des Jungen auf, dann schien es ihm zu dämmern. »Ich glaube, irgendwo habe ich etwas darüber gelesen.«

Nach einer kurzen Pause sagte Tom: »Einer der beiden Söhne ist verschwunden. Frank heißt er. Seine Familie macht sich Sorgen.«

»So? Das wusste ich nicht.«

War der Junge blass geworden? »Mir kam gerade der Gedanke, dass – du es sein könntest«, sagte Tom.

»Ich?« Billy beugte sich vor, das Bierglas in der Hand. Er blickte weg, zum Kamin. »Ich würde wohl kaum als Gärtner arbeiten, wenn ich …«

Tom sagte ein Weile lang nichts. Der Junge schwieg beharrlich. »Sollen wir deine Platte auflegen? Woher wusstest du, dass ich Fischer-Dieskau mag? Wegen des Cembalos?« Er lachte, dann stellte er die Stereoanlage an, die im Regal links vom Kamin stand.

Erst ertönte Klavierspiel, danach setzte Fischer-Dieskaus heller Bariton ein. Er sang auf deutsch. Sofort lebte Tom auf, er war glücklich und lächelte bei dem Gedanken an einen fürchterlichen tiefen Bariton, den er gestern Abend erst auf seinem Kofferradio gehört hatte – einen Engländer, der auf englisch gesungen hatte. Sein Gestöhn hatte Tom an einen verendenden Wasserbüffel erinnert, der rücklings im Schlamm lag und alle viere von sich streckte, dabei ging es in dem Lied um eine zierliche Maid aus Cornwall, die der Mann vor Jahren geliebt und verloren hatte, vor vielen Jahren schon, nach der reifen Stimme zu urteilen. Plötzlich lachte Tom laut los. Er merkte, wie angespannt er war.

»Was ist so komisch?«, fragte der Junge.

»Mir ist gerade der Titel für ein Schubert-Lied eingefallen. Auf deutsch klingt es besser: *Seit Donnerstagnachmittag ist meine Seele nicht mehr dieselbe, denn ich fand beim Durchblättern eines Gedichtbands von Goethe eine alte Wäscheliste.*«

Jetzt lachte auch der Junge – genauso angespannt? Er schüttelte den Kopf. »Viel Deutsch kann ich nicht, aber das ist komisch. Seele – ha!«

Die liebliche Musik erklang weiter. Tom steckte sich eine Gauloise an und schlenderte im Wohnzimmer auf und ab. Wie sollte er vorgehen? Sollte er Druck ausüben, indem er den Jungen aufforderte, seinen Pass zu zeigen oder einen an ihn adressierten Brief, um die Sache zu klären?

Als das Lied zu Ende war, sagte Billy: »Wenn es Ihnen nichts ausmacht, würde ich den Rest der Seite lieber nicht hören.«

»Kein Problem.« Tom stellte den Plattenspieler ab und steckte die Platte in die Hülle zurück.

»Sie haben mir eine Frage gestellt – nach einem Mann namens Pierson.«

»Ja.«

»Was, wenn ich sagen würde ...« – der Junge sprach leise, als wäre sonst noch jemand im Raum oder als könnte gar Madame Annette in der Küche ihn hören –, »... dass ich sein Sohn bin, der weggelaufen ist?«

»Oh«, erwiderte Tom gelassen, »ich würde sagen, das ist

deine Sache. Inkognito nach Europa zu reisen haben schon andere getan.«

Der Junge wirkte erleichtert, ein Mundwinkel zuckte, aber er sagte nichts und rollte sein halb volles Glas zwischen den Handflächen.

»Aber die Familie scheint sich Sorgen zu machen«, fuhr Tom fort.

Madame Annette kam herein. »*Pardon, Monsieur Tomme*. Soll ich –«

»Ja, ich glaube schon«, sagte Tom. Sie hatte fragen wollen, ob sie für zwei servieren sollte. »Billy, du isst doch mit, oder?«

»Ja, gern. Danke.«

Madame Annette lächelte dem Jungen zu, mehr mit den Augen als mit dem Mund. Sie mochte es, ihre Gäste zu verwöhnen. »In einer Viertelstunde, *Monsieur Tomme*?«

Als Annette gegangen war, rutschte der Junge auf die Sofakante und fragte: »Könnten wir uns kurz Ihren Garten anschauen, bevor es dunkel wird?«

Tom stand auf. Sie gingen durch die Flügeltür die wenigen Stufen zum Rasen hinab. Zur Linken stand die Sonne noch knapp über dem Horizont, sie leuchte rosa und gelbrot durch die Kiefern. Tom spürte, dass der Junge wegdrängte, außer Hörweite der Haushälterin, doch im Moment war er vom Anblick des Gartens wie gebannt.

»Das hat Stil, wie er angelegt ist. Schön, aber nicht zu streng.«

»Der Entwurf ist nicht mein Verdienst, der Garten war schon so. Ich versuche nur, ihn zu bewahren.«

Der Junge beugte sich über ein paar verwelkte Bartnelken, er kannte ihren Namen, *London Pride*, was Tom wunderte. Dann wandte er sich dem Gewächshaus zu.

Hier gab es Blätter in allen Farben, Blüten, Pflanzen, die für Freunde bestimmt waren, alles richtig bewässert und in fruchtbare Pflanzenerde gesetzt. Der Junge atmete tief ein, so als liebe er den Geruch. War dies wirklich der Sohn von John Pierson, der in Luxus aufgewachsen war und die Leitung der Firma übernehmen sollte (falls diese Pflicht nicht dem älteren Sohn zufiel)? Warum redete er nicht, jetzt und hier, in der Abgeschiedenheit des Gewächshauses? Doch der Junge besah sich weiter die Töpfe, berührte eine Pflanze sanft mit der Fingerspitze.

»Gehen wir zurück.« Tom wurde langsam ungeduldig.

»Ja, Sir.« Frank stand gerade, als habe er etwas falsch gemacht, und folgte Tom hinaus.

Welche Schule verlangte dieser Tage noch ein »Ja, Sir«? Eine Anstalt mit militärischem Drill?

Sie aßen in der Wohnzimmernische zu Abend. Als Hauptgang gab es Hühnchen mit Klößen, die Madame Annette auf Toms Bitte zubereitet hatte, nach dem Anruf des Jungen am Nachmittag. Er hatte ihr beigebracht, Klöße auf amerikanische Art zu kochen. Der Junge aß mit Appetit, auch den Montrachet genoss er offenbar. Er fragte höflich nach Héloïse, wo ihre Eltern wohnten, wie sie so seien. Tom hielt sich zurück, statt ihm zu sagen, was er wirklich von den Plissons hielt, vor allem vom Vater.

»Spricht Ihre – spricht Madame Annette Englisch?«

Tom lächelte. »Sie sagt nicht mal ›Guten Morgen‹ auf englisch. Ich glaube, sie mag die Sprache nicht. Warum?«

Der Junge fuhr sich mit der Zunge über die Lippen und

beugte sich vor. Mehr als ein Meter Tisch trennte sie noch. »Was, wenn ich sagen würde, dass ich der bin, von dem Sie gesprochen haben – Frank.«

»Ja, das hast du schon gefragt.« Tom merkte, dass der Alkohol bei Frank Wirkung zeigte. Umso besser. »Du bist nur hier, weil du für eine Weile von zu Hause wegwolltest, nicht?«

»Ja«, sagte Frank ernsthaft. »Sie werden mich nicht verraten, oder? Das hoffe ich wenigstens.« Fast flüsterte er, versuchte, Tom in die Augen zu sehen, doch sein Blick verschwamm.

»Bestimmt nicht. Du kannst mir vertrauen. Wahrscheinlich hattest du deine Gründe –«

»Allerdings«, unterbrach ihn der Junge. »Ich wäre gern jemand anders, denn vielleicht –« Er brach ab. »Tut mir leid, dass ich einfach so weggelaufen bin, aber … aber …«

Tom spürte beim Zuhören, dass Frank nur einen Teil der Wahrheit preisgab und an diesem Abend wohl nicht viel mehr verraten würde. Er dankte dem mächtigen *vino* und seiner *veritas:* Man konnte unter seinem Einfluss nur begrenzt lügen, jedenfalls wenn man so jung war wie Frank Pierson. »Erzähl mir von deiner Familie. Ist da nicht auch ein John junior?«

»Ja, Johnny.« Frank drehte den Stiel des Weinglases zwischen den Fingern. Er starrte jetzt auf die Mitte des Tisches. »Hab seinen Pass genommen. Gestohlen, aus seinem Zimmer. Er ist achtzehn, fast neunzehn. Ich kann seine Unterschrift fälschen – gut genug jedenfalls, um damit durchzukommen. Nicht dass ich das je zuvor probiert hätte. War das erste Mal.« Frank verstummte und wiegte den Kopf hin und her, als gingen ihm verwirrend viele Gedanken gleichzeitig durch den Kopf.

»Und dann? Was hast du getan, nachdem du weggelaufen warst?«

»Ich bin nach London geflogen und dort geblieben, fünf Tage lang, glaub ich. Danach war ich in Frankreich. Paris.«

»Verstehe. Geld hattest du genug? Hast keine Reiseschecks gefälscht?«

»O nein, ich hab ein bisschen Bargeld mitgenommen, zwei- oder dreitausend. Aus dem Haus. Das war leicht. Ich kann ja den Safe öffnen.«

In diesem Moment trat Madame Annette ein, räumte das Geschirr ab und servierte *tarte aux fraises des bois* – mit Schlagsahne.

»Und Johnny?« Tom nahm den Faden wieder auf, kaum dass Madame Annette gegangen war.

»Der ist in Harvard. Jetzt sind natürlich Semesterferien.«

»Wo liegt das Haus?«

Wieder verschwamm Franks Blick, als müsse er nachdenken. Welches Haus? »In Kennebunkport, Maine – meinen Sie das?«

»Die Beerdigung war in Maine, nicht? Das weiß ich noch. Also bist du von dort weggelaufen?« Überrascht sah Tom, dass der Junge bei der Frage zusammenzuckte.

»Von Kennebunkport, ja. Da sind wir gewöhnlich um diese Jahreszeit. Die Beerdigung war dort – die Einäscherung.«

Glaubst du, dass dein Vater Selbstmord begangen hat, wollte Tom fragen, aber er fand die Frage geschmacklos: Sie würde nur seine Neugier befriedigen, also stellte er sie nicht. »Und wie geht es deiner Mutter?«, fragte er stattdessen, wie nach dem Befinden einer Bekannten.

»Ach, sie ... Meine Mutter ist ganz hübsch, für über vierzig. Blond.«

»Verstehst du dich gut mit ihr?«

»Ja, klar. Sie ist fröhlicher, als mein Vater – war. Sie mag Gesellschaften. Und Politik.«

»Politik? Welche?«

»Die der Republikaner.« Jetzt lächelte Frank und sah Tom an.

»Sie ist die zweite Frau deines Vaters, glaube ich.« Tom meinte das im Nachruf gelesen zu haben.

»Ja.«

»Und du hast ihr gesagt, wo du bist?«

»Na ja ... Nein. Hab eine Nachricht hinterlassen, ich würde nach New Orleans gehen, weil sie wissen, dass ich die Stadt mag. Im Hotel Monteleone habe ich schon mal übernachtet, alleine. Ich musste vom Haus bis zur Bushaltestelle laufen, denn wenn mich Eugene, unser Chauffeur, zum Bahnhof gefahren hätte – ich weiß auch nicht, dann hätten sie womöglich gemerkt, dass ich nicht nach New Orleans wollte. Ich wollte einfach weg, allein, ohne fremde Hilfe, also bin ich zu Fuß los und mit dem Bus nach Bangor und von dort nach New York und hab einen Flug nach Europa erwischt. – Darf ich?« Frank langte nach einer Zigarette in einem silbernen Becher. »Bestimmt hat meine Familie im Monteleone angerufen und herausgefunden, dass ich nicht dort war – das erklärt dann ... Ich weiß es, hab in der *Tribune* davon gelesen, die kaufe ich mir manchmal.«

»Wann nach der Beerdigung bist du fort?«

Frank mühte sich um eine genaue Antwort: »Sieben, acht Tage danach.«

»Also, warum telegrafierst du deiner Mutter nicht, es ginge dir gut, du wärst in Frankreich und wolltest noch ein bisschen bleiben? Ist doch langweilig, dieses Versteckspiel, oder?« Andererseits fand Frank unter Umständen Vergnügen an dem Spiel, dachte Tom.

»Im Augenblick will ich eigentlich keinen Kontakt zu ihnen. Ich will allein sein. Frei.« Er klang fest entschlossen.

Tom nickte. »Mindestens weiß ich jetzt, warum dein Haar hochsteht. Du trugst es früher links gescheitelt.«

»Stimmt.«

Madame Annette brachte ein Tablett mit dem Kaffee herein. Beide standen auf, Tom sah auf seine Uhr: noch nicht einmal zehn. Warum war Frank Pierson davon ausgegangen, dass er bei ihm Verständnis finden würde? Weil er, Tom Ripley, nach den Zeitungsberichten, die Frank womöglich hatte einsehen können, einen zwielichtigen Ruf hatte? Ob auch der Junge etwas Unrechtes getan hatte? Etwa seinen Vater getötet, ihn von der Klippe gestoßen?

»Ähem.« Tom räusperte sich – warum, wusste er auch nicht – und schlenderte zum Couchtisch. Ein beunruhigender Gedanke. War er ihm wirklich erst jetzt gekommen? Tom wusste es nicht. Doch damit sollte der Junge herausrücken, wenn und wann er wollte. »Kaffee!«, verkündete er entschieden.

»Vielleicht sollte ich lieber gehen?« Toms Blick auf die Uhr war dem Jungen nicht entgangen.

»Nein, nein, ich dachte nur an Héloïse. Sie wollte vor Mitternacht zurück sein, doch bis dahin ist noch lange Zeit.

Setz dich.« Tom holte den Brandy vom Barwagen. Je mehr Frank heute Abend redete, desto besser; außerdem würde er ihn ja heimfahren. »Cognac.« Tom schenkte dem Jungen ein und sich selbst genauso viel, obwohl er das Zeug nicht mochte.

Frank sah auf seine Armbanduhr. »Ich werde gehen, bevor Ihre Frau kommt.«

Héloïse war für den Jungen wohl eine weitere Person, die seine wahre Identität entdecken könnte. »Leider werden sie die Suche ausweiten, Frank. Wissen sie nicht bereits, dass du in Frankreich bist?«

»Keine Ahnung.«

»Setz dich. Ganz bestimmt wissen sie das. Sobald sie mit Paris durch sind, könnten sie dich sogar in einem kleinen Ort wie Moret aufspüren.«

»Nicht wenn ich alte Klamotten trage, Arbeit habe – und einen anderen Namen.«

Eine Entführung, dachte Tom, könnte als Nächstes kommen, möglich war es auf jeden Fall. Er wollte Frank nicht an die Entführung des Getty-Sohnes erinnern, an eine Suche wie mit der Lupe, die doch vergeblich geblieben war: Die Entführer hatten dem Jungen ein Ohrläppchen abgeschnitten, zum Beweis, dass sie ihn hatten, und die drei Millionen Dollar Lösegeld kassiert. Auch Frank Pierson wäre ein dicker Fisch. Sollten ihn Gauner irgendwo wiedererkennen (und sie würden genauer hinschauen als andere Leute), wäre es profitabler, den Jungen zu entführen, als der Polizei einen Hinweis zu geben. »Warum hast du den Pass deines Bruders genommen? Hast du keinen eigenen?«

»Doch. Einen ganz neuen.« Frank hatte auf dem Sofa

Platz genommen, in derselben Ecke wie zuvor. »Weiß auch nicht. Kann sein, weil Johnny älter ist, das schien mir sicherer. Und wir sehen uns in etwa ähnlich. Nur dass er blonder ist.« Frank schien sich vor Scham zu winden.

»Kommst du mit Johnny aus? Magst du ihn?«

»Ach ja, schon. Klar mag ich ihn.« Frank sah Tom an.

Eine ehrliche Antwort, Tom spürte das. »Und wie war das mit deinem Vater?«

Frank sah weg, zum Kamin. »Ist schwer, über ihn zu sprechen, seit …«

Tom ließ ihn mit sich ringen.

»Zuerst wollte er, dass sich Johnny für Pierson interessiert – für die Firma, meine ich. Dann wollte er dasselbe von mir. Johnny schafft es in Harvard nicht auf die Business School, oder er will es nicht. Er interessiert sich für *Fotografie*.« Frank betonte das Wort wie etwas Groteskes und sah Tom kurz an. »Also hat Dad angefangen, mich zu bearbeiten. Das war – ach, über ein Jahr geht das schon so. Ich habe wieder und wieder gesagt, ich wüsste es nicht. Der Konzern ist nämlich sehr groß, und warum sollte ich ihm mein ganzes Leben opfern?« Zorn blitzte in seinen braunen Augen auf.

Tom wartete weiter.

»Also – Nein, ehrlich gesagt, so gut haben wir uns wohl nicht verstanden.« Frank nahm die Kaffeetasse. Den Brandy hatte er nicht angerührt, brauchte ihn vielleicht auch nicht, denn er war ja jetzt in Fahrt.

Die Sekunden vergingen, aber vom Jungen kam kein Wort mehr. Tom spürte, dass noch mehr Schmerz in ihm steckte, erbarmte sich und sagte: »Ich habe gesehen, dass dir der Derwatt aufgefallen ist.« Er nickte zum *Mann im Sessel* über dem Kamin. »Gefällt er dir? Mein Lieblingsbild.«

»Ich kenne es nicht. Das dort aber, aus einem Katalog.«

Er meinte *Die roten Stühle*, einen echten Derwatt. Tom wusste auch gleich, wo er es gesehen haben könnte – in -einem Katalog der Galerie Buckmaster. Inzwischen bemühten sie sich dort, keine Fälschungen mehr aufzunehmen.

»Waren einige Bilder wirklich gefälscht?«, fragte Frank.

»Keine Ahnung.« Tom gab sich alle Mühe, ehrlich zu klingen. »Bewiesen wurde das nie. Nein, ich meine mich zu erinnern, dass Derwatt nach London gekommen wäre, um die Echtheit bestimmter Gemälde zu bestätigen.«

»Ja, ich dachte, Sie könnten dort gewesen sein, weil Sie die Besitzer der Galerie kennen, nicht?« Er lebte etwas auf. »Mein Vater hat nämlich einen Derwatt.«

Tom war froh, ablenken zu können: »Welchen denn?«

»Das Bild heißt *Der Regenbogen*. Kennen Sie es? Beigetöne als Untergrund, darüber ein Regenbogen, vor allem in Rot. Alles verwischt und gezackt. Man weiß nicht, welche Stadt gemeint ist, Mexico-City oder New York.«

Tom kannte es. Eine von Bernard Tufts' Fälschungen. »Jetzt weiß ich wieder«, sagte Tom, wie in liebevoller Erinnerung an ein echtes Bild. »Dein Vater mochte Derwatt?«

»Wer nicht? Seine Bilder haben etwas Warmes – etwas Menschliches, besser gesagt –, das man in der modernen Malerei nicht immer findet. Ich meine, wenn man Wärme will. Francis Bacon ist hart und realistisch, doch das Bild dort ist das auch, selbst wenn es nur zwei kleine Mädchen zeigt.« Der Junge warf einen Blick über die Schulter auf die beiden kleinen Mädchen auf den roten Stühlen vor einem flammend roten Feuer – ein Gemälde, das man schon wegen des Sujets warm nennen konnte, aber Tom wusste, dass Frank mit Wärme Derwatts innere Einstellung meinte, die sich immer wieder in seinen Konturen von Körpern und Gesichtern zeigte.

Seltsamerweise war Tom persönlich gekränkt, weil der Junge offensichtlich nicht dem *Mann im Sessel* den Vorzug gab – einem Bild, das die gleiche Wärme des Malers ausstrahlte, auch wenn weder Mann noch Sessel in Flammen stand. Das Werk war aber nicht echt. Deshalb gefiel es Tom auch besser. Wenigstens hatte Frank noch nicht gefragt, ob es gefälscht sein könnte, denn falls er das täte, musste er etwas gehört oder gelesen haben. »Ich sehe, Gemälde gefallen dir.«

Der Junge wand sich ein wenig. »Rembrandt mag ich sehr. Vielleicht finden Sie das seltsam. Mein Vater besitzt einen. Er zeigt ihn nicht, hat ihn irgendwo in einem Safe liegen. Aber ich habe das Bild ein paar Mal gesehen. Nicht sehr groß.« Frank räusperte sich, setzte sich auf. »Allerdings zum Vergnügen …«

Darum ging es doch bei der Malerei, dachte Tom, ganz gleich, ob Picasso meinte, Bilder malen heiße Krieg zu führen.

»Ich mag Vuillard und Bonnard. Die sind so anheimelnd. Dieses moderne Zeug, die Abstrakten … Eines Tages werd ich sie vielleicht verstehen.«

»Dann hattest du mindestens eines mit deinem Vater gemein: Ihr mochtet beide Bilder. – Hat er dich zu Ausstellungen mitgenommen?«

»Na ja, ich bin allein hingegangen. Gern sogar, wirklich. Seit ich zwölf Jahre alt war, das weiß ich noch. Aber mein Vater saß im Rollstuhl, seit ich etwa fünf war. Jemand hat auf ihn geschossen, wissen Sie?«

Tom nickte. Auf einmal wurde ihm klar, dass Franks Mutter wegen John Piersons Zustand in den letzten elf Jahren ein seltsames Leben geführt haben musste.

»Aus geschäftlichen Gründen. Nett, nicht?«, fuhr Frank zynisch fort. »Mein Vater wusste, wer dahinter stand: ein anderer Lebensmittelkonzern. Ein bezahlter Killer. Aber mein Vater hat die Leute nie verfolgt – gerichtlich, meine ich –, weil er wusste, sonst würden sie noch einen schicken. Verstehen Sie, so ist das nun mal in den Staaten.«

Tom glaubte es gern. »Probier deinen Cognac.« Der Junge nahm das Glas, nippte und verzog das Gesicht. »Wo ist deine Mutter jetzt?«

»In Maine, denke ich. Oder in der New Yorker Stadtwohnung. Keine Ahnung.«

Tom blieb bei dem Thema, weil er hoffte, Frank werde etwas Neues sagen: »Ruf sie an, Frank. Die beiden Nummern hast du sicher im Kopf. Da ist das Telefon.« Es stand auf einem Tisch neben der Haustür. »Ich gehe nach oben, dann kann ich nicht hören, was du sagst.« Er stand auf.

»Ich will nicht, dass sie herausfinden, wo ich bin.« Der Blick des Jungen war jetzt fester. »Ich würde ein Mädchen anrufen, wenn ich könnte, doch nicht mal *sie* soll wissen, wo ich bin.«

»Wie heißt sie?«

»Teresa.«

»Und wohnt in New York?«

»Ja.«

»Dann ruf doch sie an! Macht sie sich nicht Sorgen? Du brauchst ihr nicht zu sagen, wo du bist. Ich gehe trotzdem nach oben ...«

Aber Frank schüttelte langsam den Kopf. »Sie könnte merken, dass der Anruf aus Frankreich kommt. Das kann ich nicht riskieren.«

War er wegen des Mädchens weggelaufen? »Hast du Teresa erzählt, dass du weg wolltest?«

»Ich hab ihr erzählt, ich wollte kurz verreisen.«

»Hattet ihr Streit?«

»Ach nein, das nicht.« Stille Freude lag auf seinem Gesicht, ein verträumter Ausdruck, den Tom an dem Jungen noch nicht kannte. Dann sah er auf seine Uhr und stand auf. »Tut mir leid.«

Erst kurz vor elf. Aber Frank wollte nicht, dass Héloïse ihn wiedersah, das wusste Tom. »Hast du ein Foto von Teresa?«

»O ja!« Wieder strahlte er vor Freude. Aus der Innentasche des Jacketts zog er seine Brieftasche hervor. »Das hier. Mein Lieblingsfoto, auch wenn's nur Polaroid ist.« Er reichte Tom einen kleinen, quadratischen Schnappschuss in einer durchsichtigen, genau passenden Hülle: Ein Mädchen mit braunen Haaren, wachen Augen und einem verschmitzten Lächeln, den Mund geschlossen, die Augen ein wenig zusammengekniffen. Halblanges, glattes, glänzendes Haar und ein Gesicht, das eher vergnügt als verschmitzt wirkte, als sei das Foto beim Tanzen entstanden. »Sie hat Charme«, sagte Tom.

Frank nickte stumm und glücklich. »Macht es Ihnen

auch nichts aus, mich zurückzufahren? Diese Schuhe sind bequem, aber …«

Tom lachte. »Kein Problem.« Der Junge trug schwarze Glattledermokassins von Gucci, die er frisch geputzt hatte. Sein Jackett aus hell- und dunkelbraunem Harristweed wies ein interessantes Karomuster auf, das Tom vielleicht auch für sich gewählt hätte. »Ich sehe mal nach, ob Madame Annette noch wach ist, und sag ihr, dass ich kurz wegfahre und dann wiederkomme. Motorengeräusche machen sie manchmal nervös, andererseits rechnet sie ja mit Héloïses Rückkehr. Geh hier unten auf die Toilette, wenn du willst.« Tom zeigte auf eine schmale Tür in der Diele.

Der Junge ging dorthin, Tom durch die Küche zu Madame Annettes Zimmer. Ihr Zimmer war dunkel, das sah er durch den Spalt unter der Tür. Auf dem Telefontisch schrieb er hastig: »Fahre einen Freund nach Hause. Bin wohl so gegen Mitternacht zurück. T.« Tom legte den Zettel auf die dritte Treppenstufe von unten, wo Héloïse ihn sicher finden würde.

3

Heute Abend wollte Tom das »kleine Gartenhaus« des Jungen sehen. Auf der Fahrt bat er beiläufig: »Kann ich sehen, wie du wohnst? Oder würde das Madame Boutin stören?«

»Ach, die geht gegen zehn ins Bett. Klar, können Sie.«

Soeben hatten sie Moret erreicht. Tom kannte jetzt die Strecke, bog links in die Rue de Paris ein und fuhr langsam bis zur Nummer 78 vor. Vor dem Boutin-Haus zu seiner Linken stand ein Wagen in Fahrtrichtung geparkt. Da die Straße leer war, hielt Tom auf der linken Straßenseite, gegenüber vom anderen Wagen. Im Licht seiner Scheinwerfer konnte Tom die letzten Ziffern des vorderen Nummernschildes lesen: 75, ein Pariser Kennzeichen.

Im selben Moment erstrahlten die Frontscheinwerfer des Fremden, gleißend helles Licht fiel durch Toms Windschutzscheibe. Das Pariser Auto setzte rasch zurück. Tom meinte, vorne zwei Männer auszumachen.

»Was war das?« Frank klang beunruhigt.

»Genau das hab ich mich auch gerade gefragt.« Der Wagen rollte zurück bis zur nächsten Abzweigung, wendete und fuhr schnell davon. »Pariser Nummernschild.« Toms Wagen stand, doch die Scheinwerfer brannten noch. »Ich parke um die Ecke.«

Er hielt in der noch dunkleren, schmaleren Seitenstraße, in der das Pariser Auto gewendet hatte, schaltete die Fahrtlichter aus und drückte die Knöpfe aller drei Beifahrertüren hinunter, sobald Frank ausgestiegen war. »Wahrscheinlich kein Grund zur Sorge«, sagte er, aber ein bisschen besorgt war er schon, wenn er sich vorstellte, dass nun ein oder zwei Mann in Madame Boutins Garten auf sie lauern könnten. »Taschenlampe.« Tom nahm sie aus dem Handschuhfach, schloss die Fahrertür ab, und sie gingen zum Haus.

Frank holte den langen Schlüssel aus der Innentasche seines Jacketts und schloss das Einfahrtstor auf, das in den Garten führte.

Angespannt wappnete sich Tom für ein Handgemenge gleich hinter dem Tor – die Flügel waren knapp drei Meter hoch und nicht schwer zu überklettern, trotz der eisernen Spitzen darauf. Das Vordertor wäre noch leichter zu bewältigen.

»Schließ wieder ab«, flüsterte Tom, als sie drinnen standen.

Frank schloss ab. Er hatte jetzt die Taschenlampe, und Tom folgte ihm durch Weinstöcke und etliche Obstbäume, Äpfel womöglich, zu einem Häuschen auf der Rechten. Madame Boutins Haus zur Linken lag in völliger Dunkelheit. Tom hörte nichts, nicht einmal den Fernseher eines Nachbarn. In französischen Dörfern konnte es nach Mitternacht totenstill sein.

»Vorsicht!«, flüsterte der Junge und leuchtete auf drei zusammenstehende Eimer, denen Tom ausweichen sollte. Er holte einen kleineren Schlüssel hervor, schloss die Tür des Gartenhauses auf und knipste das Licht an. Dann gab er Tom die Taschenlampe zurück. »Klein, aber mein!«, verkündete er fröhlich und schloss die Tür hinter ihnen.

Der Raum war nicht besonders groß: ein Einzelbett, ein weißgestrichener Holztisch, darauf ein paar Taschenbücher, eine französische Zeitung, etliche Kugelschreiber, ein halb voller Becher Kaffee. Über einer Stuhllehne hing ein blaues Arbeitshemd. Am anderen Ende ein Waschbecken und ein kleiner Holzofen, ein Papierkorb und ein Handtuchhalter. Oben auf einem Regal ein nicht mehr ganz neuer brauner Lederkoffer, darunter eine Kleiderstange, etwa einen Meter lang. Tom sah ein paar Hosen, Jeans und einen Regenmantel.

»Sitzt sich bequemer auf dem Bett als auf dem Stuhl hier«, sagte Frank. »Ich kann Ihnen Nescafé anbieten, hab aber nur kaltes Wasser.«

Tom lächelte. »Du brauchst mir gar nichts anzubieten. Ich finde dein Zimmer durchaus – angemessen.« Die Wände wirkten frisch gestrichen, von Frank vielleicht. »Und das da ist hübsch«, sagte Tom. Ein Aquarell auf weißer Pappe war ihm aufgefallen (Pappe von der Rückseite eines Schreibblocks), das auf Franks Nachttisch an der Wand lehnte. Auf dem Tisch, einer Holzkiste, stand auch ein Glas mit einer roten Rose und ein paar Wildblumen. Das Aquarell zeigte das Tor, durch das sie gerade gekommen waren, doch nun standen die Flügel ein Stück weit offen. Klar und kühn war es, roh und wie hingeworfen.

»Ach das, ja. In der Tischschublade habe ich Tusche gefunden, für Kinder.« Der Junge schien jetzt eher schläfrig als angetrunken.

»Ich werde mal gehen«, sagte Tom, die Hand schon auf

dem Türknauf. »Ruf mich wieder an, wenn du willst.« Er hatte die Tür schon halb geöffnet, als in Madame Boutins Haus gleich gegenüber, etwa zwanzig Meter weiter, ein Licht anging.

Auch Frank hatte es gesehen. »Was ist denn jetzt?«, fragte er gereizt. »Wir waren doch ganz leise.«

Tom wollte schon weglaufen, doch dann meinte er plötzlich, Schritte in der Stille zu hören, auf Kies und schon recht nahe. »Ich versteck mich im Gebüsch«, flüsterte er und schlich dabei schon nach links davon, wo es dunkel war – in den Schatten der Gartenmauer oder eines Baumes.

Die alte Dame leuchtete sich den Weg mit dem schwachen, bleistiftdünnen Lichtstrahl einer Taschenlampe. *»C'est Billy?«*

»Mais oui, Madame!«, erwiderte Frank.

Tom hockte rund sechs Meter vom Gartenhaus, eine Hand auf dem Boden. Madame Boutin sagte, gegen zehn seien zwei Männer gekommen und hätten nach ihm gefragt.

»Nach mir? Wer denn?«, fragte Frank.

»Ihre Namen haben sie nicht genannt. Sie wollten meinen Gärtner sprechen, sagten sie. Fremde Männer! Seltsam, fand ich – um zehn Uhr abends einen Gärtner besuchen zu wollen!« Madame Boutin klang missmutig und argwöhnisch.

»Ist nicht meine Schuld«, sagte Frank. »Wie sahen sie aus?«

»Ach, ich habe nur einen sehen können. Etwa dreißig war der. Er fragte, wann Sie zurück wären. Wie sollte *ich* das wissen?«

»Pardon, Madame, dass die Sie gestört haben. Ich suche keine andere Arbeit, da können Sie sicher sein.«

»Das will ich hoffen! Ich mag es gar nicht, wenn solche Leute bei mir klingeln, noch dazu nachts.« Dann wandte sie sich zum Gehen, eine kleine, gebückte Gestalt. »Ich halte meine beiden Tore stets verschlossen. Aber ich bin den ganzen Weg zum Eingangstor gegangen, nur um mit ihnen zu reden.«

»Wir sollten die Sache vergessen, Madame Boutin. Tut mir leid.«

»Gute Nacht, Billy, und schlafen Sie gut.«

»Danke, gleichfalls, Madame!«

Tom wartete, bis sie das Haus erreicht hatte. Er hörte Frank seine Tür schließen, dann endlich auch Madame Boutins Schlüssel im Schloss, hörte das leise Quietschen eines zweiten Schlüssels, dann ein dumpfes Klappern, als rasch ein Riegel vorgeschoben wurde. Oder war sie noch immer nicht fertig? Keine Schließgeräusche mehr, aber Tom wartete ab. Ein Licht ging an im ersten Stock, ein trüber Schein durch Milchglasscheiben. Dann erlosch es. Frank wartete offenbar darauf, was er selber tun würde – Tom fand das klug von dem Jungen. Er kroch aus den Büschen, ging zur Tür des Häuschens und klopfte, nur mit den Fingerspitzen.

Frank öffnete die Tür einen Spaltweit; Tom schlüpfte hinein.

»Hab alles mitgehört«, flüsterte er. »Ich glaube, du musst weg. Heute Nacht noch.«

»Meinen Sie wirklich?«, fragte der Junge erschrocken. »Ich weiß, ich weiß, Sie haben recht.«

»Los, pack deine Sachen. Über Nacht bleibst du bei mir, und morgen sehen wir weiter. Ist das dein einziger Koffer?«

Tom holte ihn von dem hohen Regal, klappte ihn auf dem Bett auf.

Sie arbeiteten zügig. Tom reichte Frank die Sachen: Hosen, Hemden, Sportschuhe, Bücher, Zahnbürste und Zahnpasta. Der Junge hielt den Kopf gesenkt; Tom spürte, dass er den Tränen nah war.

»Kein Grund zur Sorge, wenn wir den Typen heute Nacht entkommen«, sagte Tom leise. »Und morgen erhält die nette alte Dame einen Brief – ungefähr so: Du hättest am Abend deine Familie angerufen, müsstest sofort zurück in die Staaten. Etwa in der Art. Aber dafür haben wir jetzt keine Zeit.«

Frank drückte den Regenmantel hinunter und klappte den Koffer zu.

Tom nahm seine Taschenlampe vom Tisch. »Sekunde noch, ich will nachsehen, ob sie zurückgekommen sind.«

Tom schlich über den frischgemähten Rasen zum Tor. Ohne Licht sah er nur knapp drei Meter weit, doch die Taschenlampe wollte er nicht benutzen. Immerhin, vor dem Haus stand kein Auto. Ob sie um die Ecke warteten, bei seinem Wagen? Kein schöner Gedanke. Beide Tore waren verschlossen, er konnte also nicht sofort nachsehen. Tom kehrte zu Frank zurück, der schon mit dem Koffer dastand, bereit zum Aufbruch. Er schloss die Tür ab, ließ den Schlüssel stecken, und sie gingen zum Tor.

»Warte mal kurz hier«, sagte Tom, als Frank aufgeschlossen hatte. »Ich will einen Blick um die Ecke werfen.«

Frank stellte den Koffer ab und wollte schon mitkommen, so nervös war er, doch Tom stieß ihn zurück, zog das Tor hinter sich zu und ging zur Straßenecke. Er fühlte sich einigermaßen sicher, denn hinter *ihm* waren die beiden Männer bestimmt nicht her.

Nur sein Wagen war zu sehen, und das beruhigte ihn. In diesem Ort hatten die Leute Garagen, niemand parkte am Bordstein. Tom hoffte nur, dass die beiden Männer sich nicht sein Kennzeichen gemerkt hatten, sonst könnten sie nämlich über die Polizei Namen und Adresse herausfinden, indem sie sich irgendetwas ausdachten, ein Verkehrsvergehen etwa oder eine Beleidigung. Er ging zu Frank zurück, der noch hinter dem Tor wartete, winkte ihm, und der Junge kam heraus.

»Was soll ich mit dem Schlüssel machen?«, fragte er.

»Wirf ihn über das Tor«, flüsterte Tom. Frank hatte hinter sich abgeschlossen. »Wir schreiben es ihr morgen in dem Brief.«

Sie gingen um die Ecke – Frank trug den Koffer, Tom eine kleine Reisetasche – und stiegen in den Wagen. Ein sicherer Hafen, so kam es Tom vor, kaum dass sie die Türen zugezogen hatten. Er konzentrierte sich auf die Fahrt durch Moret, denn er wollte den Ort auf einer anderen Route verlassen. Soweit er sehen konnte, folgte ihnen niemand. Im Ortszentrum jenseits der alten Brücke mit den vier Türmen brannten noch einige wenige Lichter; eine Bar schloss gerade, und zwei, drei Autos fuhren vorbei, ohne ihn zu beachten. Tom nahm die breite N 5 und bog bald nach rechts ab, auf eine Landstraße, die erst nach Obélique führte, einem winzigen Dorf, und irgendwann nach Villeperce.

»Keine Sorge«, sagte Tom. »Ich weiß, wie ich fahren muss. Und verfolgen werden die uns nicht, denke ich.«

Der Junge wirkte gedankenverloren.

Seine kleine Welt bei Madame Boutin war zerstört, dachte Tom, und Frank wusste nicht, was nun werden sollte. »Ich muss Héloïse sagen, dass du bei uns schläfst«, sagte Tom. »Doch vor ihr bleibst du Billy Rollins. Ich werd ihr erzählen, dass du für uns im Garten arbeiten willst und …« (wieder sah er in den Rückspiegel) »… dass du eine Aushilfsarbeit suchst. Mach dir keine Sorgen.« Er warf einen Blick auf den Jungen: Frank starrte durch die Windschutzscheibe und biss sich auf die Unterlippe.

Sie waren zu Hause: Tom sah den sanften Schein von Belle Ombres Hoflaterne, die Héloïse für ihn hatte brennen lassen. Er fuhr durch das offene Tor in die Garage rechts vom Haus. Héloïse hatte den roten Mercedes rechts geparkt. Tom stieg aus, bat Frank, einen Moment zu warten, holte den großen Schlüssel unter dem Rhododendron hervor und schloss das Tor ab.

Frank stand schon mit Koffer und Reisetasche neben dem Wagen. Im Wohnzimmer brannte eine Lampe. Tom schaltete das Licht auf der Treppe an, das im Wohnzimmer aus, ging zurück und winkte Frank herein. Oben wandten sie sich nach links. Tom machte im Gästezimmer Licht. Héloïses Tür war geschlossen.

»Fühl dich wie zu Hause«, sagte er zu dem Jungen. »Das hier ist der Schrank …« Er öffnete eine cremeweiße Tür. »Und das die Kommode. Nimm heute Nacht mein Bad, das da ist nämlich Héloïses. Ich werde wohl noch eine Stunde wach sein.«

»Vielen Dank.« Frank hatte seinen Koffer auf die kurze Eichenbank vor einem der beiden Betten gelegt.

Tom ging auf sein Zimmer, schaltete das Licht an, auch in seinem Bad. Dann erlag er der Versuchung, trat an das Fenster zur Straße, dessen Vorhänge Madame Annette zugezogen hatte, und spähte hinaus, ob ein Wagen vorbeifuhr oder irgendwo parkte: nichts, nur Dunkelheit, vom Lichtkegel einer Straßenlaterne zur Linken abgesehen. Natürlich konnte dort draußen irgendwo ein Auto stehen, ohne Licht, aber daran wollte Tom lieber nicht denken.

Frank klopfte an die angelehnte Tür und trat ein, barfuß, im Pyjama, die Zahnbürste in der Hand. Tom zeigte zum Bad.

»Dein Reich«, sagte er, »und lass dir Zeit.« Tom sah lächelnd zu, wie der todmüde Junge – er hatte Ringe unter den Augen – ins Badezimmer wankte und die Tür schloss. Tom schlüpfte in seinen Schlafanzug. Er war gespannt, was die *Trib* in den nächsten Tagen über Frank Piersons Verschwinden bringen würde. Die Suche dürfte nun in eine heißere Phase treten. Tom ging über den Flur zu Héloïses Zimmer und lugte durch das Schlüsselloch. Wenn bei ihr noch Licht brannte, sah er es immer, selbst wenn der Schlüssel von innen steckte. Alles dunkel.

Er kehrte in sein Zimmer zurück und lag im Bett, in einer französischen Grammatik blätternd, als Frank aus dem Bad kam. Er lächelte, sein Haar war noch feucht.

»Eine heiße Dusche – toll!«

»Geh ins Bett. Und schlaf dich aus.«

Dann ging er sich waschen. Er dachte an den Wagen vor Madame Boutins Haus. Wer die beiden Männer auch waren, einen lauten Kampf hatten sie vermeiden wollen, auch bloß die Begegnung mit Frank und Begleiter. Trotzdem verhieß das Ganze nichts Gutes. Andererseits könnte es auch reine Neugier gewesen sein und nicht weiter wichtig: Vielleicht hatte jemand in Moret erzählt, er habe ein neues Gesicht gesehen, einen amerikanischen Jungen, der Frank Pierson sein könne. Und vielleicht hatte dieser Jemand einen Freund in Paris. Die Männer hatten ja anscheinend nicht nach »Frank« gefragt, nur nach Madame Boutins »Gärtner«. Tom beschloss, den Brief des Jungen an Madame Boutin morgen allein hinzubringen, und zwar so früh wie möglich.

4

Ein einsamer Vogel – nicht die Lerche – weckte Tom mit einem sechstönigen Lied. Was für ein Vogel? Die Stimme klang fragend, fast schüchtern, aber auch neugierig und lebensfroh. Dieser Vogel, oder einer seiner Artgenossen, weckte Tom im Sommer häufig. Die Augen noch halb geschlossen, sah er dunkelgraue Schatten gegen graue Wände, wie eine Tuschezeichnung. Tom gefiel das: der massige Schatten der messingbeschlagenen Kommode, der dunklere Schatten seines Schreibtischs. Seufzend kuschelte er sich ins Kissen, um noch ein Weilchen zu dösen.

Frank!

Plötzlich war er hellwach; ihm fiel ein, dass der Junge im Haus war. 7:35 auf seiner Uhr. Er musste Héloïse sagen, dass Frank hier schlief – oder besser, Billy Rollins. In Hausschuhen und Morgenmantel ging er nach unten. Ihm war es angenehmer, zuerst mit Madame Annette zu sprechen, und er würde ihr zuvorkommen, bevor sie ihm seinen 8-Uhr-Kaffee bringen konnte. Gäste machten Madame Annette nichts aus, sie fragte nie, wie lange sie bleiben würden, außer wenn es um die nächsten Mahlzeiten ging.

Der Kessel summte, als Tom die Küche betrat. »*Bonjour*, Madame!«, begrüßte er sie gut gelaunt.

»*Monsieur Tomme! Vous avez bien dormi?*«

»Bestens, danke. Heute Morgen haben wir einen Gast, den jungen Amerikaner, den Sie gestern Abend kennengelernt haben. Billy Rollins. Schläft im Gästezimmer, bleibt vielleicht ein paar Tage. Er arbeitet gern im Garten.«

»Ach ja? So ein *netter* junger Mann!«, sagte Madame Annette mit beifälligem Unterton. »Und wann möchte er frühstücken? – Ihr Kaffee, *Monsieur Tomme*.«

Sein Kaffee war schon durchgelaufen; das Kesselwasser sollte für Héloïses Tee sein. Er sah zu, wie Madame Annette schwarzen Kaffee in eine weiße Tasse goss. »Machen Sie sich keine Umstände. Ich hab ihm gesagt, er soll sich ausschlafen. Vielleicht kommt er herunter. Ich kümmere mich darum.« Héloïses Tablett war fertig, Madame Annette nahm es auf. »Ich komme mit«, sagte Tom und folgte ihr mit seinem Kaffee nach oben.

Er wartete, während sie klopfte und Héloïses Tablett hineintrug: Tee, Grapefruit, Toast. Dann trat er in die offene Tür.

»Ach, *Tomme,* herein! Gestern Abend war ich so müde …«

»Aber wenigstens nicht zu spät zu Hause. Bei mir war es Mitternacht, glaub ich. Hör mal, Liebes, ich habe den jungen Amerikaner gebeten, über Nacht zu bleiben. Im Gästezimmer. Er wird uns im Garten aushelfen. Billy Rollins. Du hast ihn kennengelernt.«

»Oh.« Héloïse nahm ein Stück Grapefruit mit dem Löffel. Nicht sonderlich überrascht, fragte sie nur: »Hat er denn keine Bleibe? Und kein Geld?«

Tom antwortete vorsichtig. Sie sprachen englisch. »Geld hat er sicher, genug für ein Zimmer irgendwo, doch gestern

Abend sagte er mir, er wäre nicht so zufrieden mit seiner Unterkunft, also hab ich ihm angeboten, er könnte über Nacht bei uns bleiben. Dann haben wir seine Sachen geholt. – Ein wohlerzogener Junge«, fügte Tom hinzu, »achtzehn, mag Gartenarbeit und scheint sich damit auch auszukennen. Wenn er eine Weile für uns arbeiten will: Die Jacobs haben billige Zimmer.« Die Jacobs, ein Ehepaar aus Villeperce, betrieben ein *bar-restaurant* mit »Hotel« – drei Zimmer im ersten Stock.

Héloïse knabberte eine Scheibe Toast und wurde langsam wach. »Du bist so impulsiv, *Tomme*! Einen amerikanischen Jungen in unser Haus einzuladen, einfach so! Was, wenn er ein Dieb ist? Du bietest ihm an, hier zu übernachten – woher willst du wissen, dass er noch hier ist?«

Tom senkte kurz den Kopf. »Du hast recht. Doch dieser Junge ist keiner von diesen Trampertypen. Du hast –« Da hörte Tom ein sanftes Summen, wie von seinem eigenen Reisewecker. Héloïse hatte es offenbar nicht gehört, sie war weiter weg vom Flur. »Ich glaube, das war sein Wecker. Bin gleich zurück.«

Tom ging hinaus, die Kaffeetasse noch immer in der Hand, schloss die Tür hinter sich und klopfte bei Frank an.

»Ja? Herein.«

Der Junge lag im Bett, auf den Ellbogen gestützt. Auf dem Nachttisch stand ein Reisewecker ähnlich Toms eigenem. »Morgen.«

»Guten Morgen, Sir.« Er strich das Haar zurück und schwang die Beine über die Bettkante.

Das amüsierte Tom. »Willst du noch länger schlafen?«

»Nein, ich fand acht eine gute Zeit zum Aufstehen.«

»Kaffee?«

»Ja, bitte. Ich kann herunterkommen.«

Tom sagte, er wolle ihm den Kaffee lieber bringen, und ging nach unten in die Küche. Madame Annette hatte schon ein Tablett mit Orangensaft, Toast und so weiter vorbereitet. Tom wollte es mitnehmen, aber sie sagte, der Kaffee fehle noch.

Sie goss den Kaffee in die vorgewärmte Silberkanne auf dem Tablett. »Wollen Sie es ihm wirklich bringen, *Monsieur Tomme*? Wenn der junge Mann ein Ei will …«

»Ich glaube, das hier ist genau richtig, Madame Annette.« Er ging hinauf.

Der Junge nippte am Kaffee. »Aah.«

Tom schenkte sich aus der Silberkanne nach und nahm auf einem Stuhl Platz. Das Tablett hatte er auf dem Schreibtisch abgesetzt. »Du musst noch heute Morgen diesen Brief an Madame Boutin schreiben. Je eher, desto besser. Ich bringe ihn hin.«

»In Ordnung.« Frank wurde langsam wach. Die Haare auf seinem Kopf standen hoch wie im Wind.

»Und schreib ihr auch, wo der Torschlüssel liegt. Gleich hinter dem Tor.«

Der Junge nickte.

Tom wartete, während Frank in seinen Toast mit Orangenmarmelade biss. »Weißt du noch, an welchem Tag du von zu Hause fortgegangen bist?«

»Am siebenundzwanzigsten Juli.«

Heute war Samstag, der neunzehnte August. »Du warst ein paar Tage in London, danach in Paris – wo bist du abgestiegen?«

»Hôtel d'Angleterre, Rue Jacob.«

Das Hotel kannte Tom nur dem Namen nach. Es lag unweit von Saint-Germain-des-Prés. »Kann ich den Pass sehen, den du bei dir hast? Den deines Bruders?«

Sofort ging Frank zu seinem Koffer, nahm den Pass aus der oberen Innentasche und gab ihn Tom.

Tom schlug ihn auf und drehte ihn seitwärts: Das Bild eines jungen Mannes, das Haar blonder und rechts gescheitelt, das Gesicht schmaler, doch da war eine gewisse Ähnlichkeit mit Frank in Augen, Stirn und Mund. Trotzdem, wie hatte er es geschafft? Mit Glück, bis jetzt. Dieser Junge dürfte fast neunzehn sein und beinah eins fünfundachtzig, also ein bisschen größer als Frank. In französischen Hotels brauchte man nicht länger Pass oder Personalausweis vorzulegen. Aber die englischen und französischen Einwanderungsbehörden müssten inzwischen wissen, dass Frank Pierson vermisst wurde. Vielleicht hatte man ihnen ein Foto des Jungen geschickt. Und würde sein Bruder nicht bereits bemerkt haben, dass sein Pass fehlte?

»Du kannst genauso gut gleich aufgeben, oder?« Tom wechselte die Gangart. »Wie willst du *damit* in Europa weiter durchkommen? An jeder Grenze werden sie dich festnehmen. Vielleicht gerade an der französischen.«

Der Junge wirkte verblüfft, aber auch gekränkt.

»Ich verstehe nicht, warum du dich versteckst.«

Franks Blick war unstet, aber nicht verschlagen. Der Junge schien selbst nicht sicher, was wollte. »Ich hätte gerne meine Ruhe – nur ein paar Tage noch.«

Tom merkte, dass die Hand des Jungen zitterte, als er die Serviette auf das Tablett legen wollte, dann geistesabwesend faltete und fallen ließ. »Deine Mutter wird inzwischen wissen, dass du Johnnys Pass genommen hast und deiner zu Hause liegt. Sie können deine Spur leicht bis nach Frankreich verfolgen. Wenn dich die hiesige Polizei aufgreift, wird es unangenehmer, als wenn du dich einfach zu Hause meldest.« Er stellte seine Tasse auf Franks Tablett. »Ich gehe jetzt, dann kannst du den Brief an Madame Boutin schreiben. Héloïse weiß, dass du hier bist. Papier hast du?«

»Ja, Sir.«

Tom hätte ihm sonst Schreibmaschinenpapier und einen billigen Briefumschlag gegeben, weil auf dem Papier in der Schreibtischschublade des Gästezimmers Belle Ombres Adresse stand. Tom ging auf sein Zimmer, rasierte sich elektrisch und zog die alten grünen Cordhosen an, die er oft im Garten trug. Der Tag war wunderschön, sonnig und frisch. Er wässerte die Pflanzen im Gewächshaus, überlegte, was der Junge und er am Vormittag tun könnten, holte Forke und Gartenschere hervor. Und wartete gespannt auf die Morgenpost, die gleich kommen musste. Als Tom das vertraute Quietschen der Handbremse des Postautos hörte, ging er nach vorne zum Tor.

Er wollte nachsehen, ob die *Tribune* irgendwo eine Meldung über Frank Pierson brachte. Danach suchte er zuerst, obwohl ein Brief von Jeff Constant aus London gekommen war. Eigenartig: Jeff Constant, ein freier Fotograf, schrieb öfter als Edmund Banbury, der eigentlich nur die Galerie Buckmaster zu führen hatte und die meiste Zeit dort verbrachte. Auf den Nachrichtenseiten oder in der »Leute«-Kolumne fand sich nichts über Frank. Da fiel ihm

France-Dimanche ein, das alte Klatschblatt, das jeweils zum Wochenende erschien, heute am Samstag also wieder neu. *France-Dimanche* interessierte sich fast ausschließlich für das Liebesleben anderer Leute, gleich danach aber für Geld. Im Wohnzimmer öffnete er Jeffs Brief.

Tom sah mit einem Blick auf das maschinengeschriebene Blatt, dass Derwatts Name nicht erwähnt wurde. Jeff schrieb, er denke wie Tom, sie müssten einen Schlussstrich ziehen, und habe nach einer Unterredung mit Ed die entsprechenden Leute davon in Kenntnis gesetzt. Mit den »entsprechenden Leuten« meinte er einen jungen Londoner Maler namens Steuerman, der sich für sie an Derwatt-Fälschungen versucht hatte (bislang etwa einer Hand voll), dessen Arbeiten aber jedem Vergleich mit dem Werk Bernard Tufts' spotteten, der ganz in seiner Arbeit aufgegangen war. Derwatt galt zwar inzwischen als tot, angeblich begraben in dem kleinen mexikanischen Dorf, dessen Namen er nie verraten hatte, doch Jeff und Ed hatten seit Jahren schon gierig nach alten Derwatts »gesucht« und sie auf den Markt geworfen. Jeff schrieb weiter: »Das wird unsere Einnahmen merklich mindern, aber Du weißt ja, Tom, dass wir auf Deinen Rat immer gehört haben ...« Er schloss mit der Bitte, seinen Brief zu vernichten. Erleichtert zerriss Tom das Blatt bedächtig in kleine Fetzen.

Frank kam herunter, einen Brief in der Hand. Er trug Jeans. »Das wär's. Würden Sie mal draufschauen? Ich glaube, das geht so.«

Tom kam er vor wie ein Schuljunge, der seinem Lehrer einen Aufsatz gibt. Zwei kleine Fehler fielen ihm im Französisch auf, doch das fand er normal. Frank schrieb, er habe zu Hause angerufen und müsse sofort zurückkehren – ein Krankheitsfall in der Familie. Er danke Madame Boutin für ihre Güte; der Torschlüssel liege gleich innen hinter dem Gartentor.

»Das geht so in Ordnung, denke ich«, sagte Tom. »Ich bring ihn gleich vorbei. Du kannst Zeitung lesen oder in den Garten gehen. In einer halben Stunde bin ich zurück.«

»Die Zeitung«, sagte der Junge leise. Er verzog das Gesicht, Tom sah seine Zähne.

»Steht nichts drin. Ich habe nachgeschaut.« Tom wies auf die *Tribune* auf dem Sofa.

»Ich geh in den Garten.«

»Aber hinter dem Haus, klar?«

Frank verstand.

Tom ging hinaus zum Mercedes, die Schlüssel hatte er vom Tisch in der Diele genommen. Kaum noch Benzin – auf dem Rückweg würde er tanken. Er fuhr nicht schneller als erlaubt. Leider trug der Brief Franks Handschrift, aber ihn auf der Maschine zu tippen hätte seltsam gewirkt. Solange die Polizei nicht bei Madame Boutin klopfte, würde sich hoffentlich niemand für die Handschrift des Jungen interessieren.

In Moret parkte Tom hundert Meter weiter und ging zu Fuß zum Haus. Er hatte Pech: Eine Frau stand vor dem Eingangstor, wohl im Gespräch mit Madame Boutin, die Tom aber nicht sehen konnte. Womöglich sprachen sie über das Verschwinden des Jungen. Tom machte kehrt und ging langsam zurück. Als er sich nach einer Weile umdrehte, kam ihm die Frau auf dem Gehweg entgegen. Tom schlenderte auf das Boutin-Haus zu, sah die Frau im

Vorbeigehen aber nicht an. Er warf den Brief in den LETTRES-Schlitz im geschlossenen Eingangstor und kehrte um den Block zu seinem Wagen zurück. Dann fuhr er zur Ortsmitte, zur Brücke über den Loing, wo sich ein Zeitschriftenkiosk befand.

Er hielt an und kaufte eine *France-Dimanche*. Rote Schlagzeilen, wie gehabt, doch die galten Prinz Charles' Freundin und im zweiten Aufmacher der katastrophalen Ehe einer griechischen Millionenerbin. Tom fuhr über die Brücke und tankte. Während das Benzin einlief, warf er einen Blick in die Zeitung: Ein Foto des Jungen – von vorne, das Haar links gescheitelt, auf der rechten Wange das kleine Muttermal – ließ ihn zusammenfahren. Die Meldung ging über zwei Spalten, die Überschrift lautete: AMERIKANISCHER MILLIONÄRSSOHN IN FRANKREICH UNTERGETAUCHT, und unter dem Bild stand: »Frank Pierson – wer hat ihn gesehen?«

Dann der Text der Meldung:

Kaum eine Woche nach dem Tod von Multimillionär John J. Pierson, dem amerikanischen Lebensmittelmagnaten, ist sein jüngerer, erst sechzehnjähriger Sohn Frank mit dem Pass seines älteren Bruders John aus dem elterlichen Luxusdomizil im amerikanischen Bundesstaat Maine verschwunden. Der weltgewandte Frank ist für seine Unabhängigkeit bekannt; laut seiner schönen Mutter Lily hat ihn der Tod seines Vaters zudem tief erschüttert. In einem Abschiedsbrief schrieb der Junge, er reise für ein paar Tage nach New Orleans in Louisiana. Aber Familie wie Polizei haben

keinerlei Hinweise, dass er je dort angekommen wäre. Nach Auskunft der Behörden hat sich die Suche seither verlagert, nach London und weiter nach Frankreich. Die sagenhaft reiche Familie ist verzweifelt. Unter Umständen wird der ältere Bruder John mit einem Privatdetektiv nach Europa fliegen, um Frank zu suchen. »Ich kann ihn leichter finden, denn ich kenne ihn«, sagte John Pierson junior.
John Pierson senior, der seit einem Anschlag vor elf Jahren im Rollstuhl saß, starb kürzlich am 22. Juli, als er von einer Klippe seines Anwesens in Maine stürzte. War es ein Unfall oder Selbstmord? Die amerikanischen Behörden betrachten seinen Tod als einen Unfall.
Aber welches Geheimnis verbirgt sich hinter der Flucht des Jungen aus dem Elternhaus?

Tom bezahlte den Tankstellengehilfen und gab ihm ein Trinkgeld. Er sollte Frank sofort davon erzählen, dachte er, ihm den Bericht zeigen. Das würde den Jungen sicher aus der Reserve locken. Dann sollte er die Zeitung wegwerfen, damit nicht Héloïse oder (was wahrscheinlicher war) Madame Annette sie durchblätterte.

Um halb elf rollte Tom durch Belle Ombres Tor in den Schatten der Garage. Die Zeitung unter dem Arm gefaltet, ging er links um das Haus herum, vorbei an Madame Annettes Tür, vor der beiderseits ordentlich aufgereihte Pflanzentöpfe mit blühenden roten Geranien standen – ein Anflug von Besitzerstolz, fand er, denn sie hatte die Blumen für sich gekauft. Am anderen Ende des Gartens sah er den

Jungen, über den Rasen gebückt, anscheinend beim Unkrautjäten. Durch die angelehnten Flügeltüren hinter dem Haus hörte er Héloïse brav ihren Bach üben. Er wusste, in einer halben Stunde würde sie entweder eine Platte mit einem Interpreten desselben Stücks auflegen – oder etwas, um in andere Stimmung zu kommen, Rockmusik etwa.

»Billy!«, rief Tom leise. Er versuchte sich einzuprägen, dass er ihn nicht Frank nennen durfte.

Der Junge richtete sich auf und lächelte. »Sie haben ihn eingeworfen? Haben Sie Madame gesehen?«, fragte er ebenso leise, als könnte sie jemand vom Wald hinter dem Haus hören.

Auch Tom misstraute dem Wald hinter dem Garten. Nach zehn Metern spärlichen Unterholzes standen die Bäume dort immer dichter. Dort drüben hatte Tom damals unter der Erde gelegen, vielleicht eine Viertelstunde lang. Durch die hüfthohen Brennnesseln und die dornigen, wild wuchernden, drei bis vier Meter langen Brombeerranken, die keine Früchte trugen, war nichts zu sehen, erst recht nicht wegen der hohen Linden gleich dahinter, deren Stämme so dick waren, dass sich ein Mann hinter ihnen verbergen konnte. Tom nickte dem Jungen zu, er solle näher kommen, und sie begaben sich in den Schutz des vertrauten Gewächshauses. »In dem Klatschblatt steht etwas über dich.« Tom schlug die Zeitung auf. Er kehrte dem Haus den Rücken zu. Héloïses Cembalospiel war noch zu hören. »Ich finde, das solltest du lesen.«

Frank nahm die Zeitung. Das jähe Zucken der Hände verriet sein Erschrecken. »Verdammt«, murmelte er und las mit verbissener Miene.

»Glaubst du, dein Bruder könnte nach Frankreich kommen?«

»Ich glaube, das … Ja. Aber zu behaupten, meine Familie wäre ›verzweifelt‹, ist völliger Blödsinn.«

Leichthin sagte Tom: »Was wäre, wenn Johnny heute hier auftauchen würde und sagen: ›Na, da bist du ja‹?«

»Wieso hier?«, fragte Frank.

»Hast du je von mir gesprochen, deiner Familie je meinen Namen genannt? Oder auch nur Johnny gegenüber?«

»Nein.«

Tom flüsterte: »Was ist mit den Derwatts? Habt ihr nicht darüber gesprochen? Du weißt noch – vor etwa einem Jahr?«

»Ja, das weiß ich noch. Mein Vater hat das erwähnt, wegen der Zeitungsberichte. Um Sie ging es dabei eigentlich nicht. Nein, gar nicht.«

»Aber du hast doch gesagt, du hättest – etwas über mich gelesen. In den Zeitungen.«

»Das war in der New Yorker Stadtbibliothek. Vor ein paar Wochen erst.«

Er meinte das Zeitungsarchiv dort. »Also hast du meinen Namen nicht genannt, weder deiner Familie noch sonst wem?«

»Nein, nein.« Frank sah Tom an, dann starrte er auf etwas hinter ihm, nun wieder düster und ängstlich.

Tom fuhr herum, doch da war nur Henri, der alte Bär, der auf sie zustapfte, groß und dick wie eine Figur aus dem Märchen. »Unser Aushilfsgärtner. Keine Angst. Fahr dir durchs Haar. Und lass es in Zukunft wachsen. Sag nur ›*Bonjour*‹, sonst nichts. Mittags geht er wieder.«

Inzwischen war der französische Riese fast in Hörweite. Henri rief mit seiner tiefen, laut dröhnenden Stimme: *»'jour, Monsieur Riipley.«*

»Bonjour«, erwiderte Tom. »François.« Er deutete auf Frank. »Er jätet ein bisschen Unkraut.«

»Bonjour«, sagte Frank. Er zerzauste sein Haar, indem er sich auf dem Kopf kratzte, dann schlurfte er betont lässig zum hinteren Rand des Rasens zurück, wo er Huflattich und Ackerwinden gejätet hatte.

Tom gefiel Franks Vorstellung. In seiner schäbigen blauen Jacke hätte er ein Junge aus der Gegend sein können, der gefragt hatte, ob er ein paar Stunden für die Ripleys arbeiten könne. Und da auf Henri weiß Gott kein Verlass war, konnte der sich über Konkurrenz kaum beklagen. Der Mann wusste offenbar Dienstag nicht von Donnerstag zu unterscheiden: Wenn er sich für einen Tag ankündigte, kam er stets an einem andern. Nun schien er nicht überrascht, den Jungen zu sehen, sondern lächelte weiter gedankenverloren in seinen ungepflegten Bart und den herabhängenden Schnäuzer. Er trug eine weite blaue Arbeitshose, ein kariertes Holzfällerhemd und eine blau-weiß gestreifte Schirmmütze wie die amerikanischen Eisenbahner. Henri hatte blaue Augen. Er wirkte immer leicht benebelt, war aber, soweit Tom wusste, nie wirklich betrunken. Vielleicht hatte das Trinken ihm irgendwann früher nachhaltig geschadet. Er war um die vierzig. Tom zahlte ihm fünfzehn Franc pro Stunde, egal, was er tat, selbst wenn sie nur herumstanden und über Blumenerde redeten oder über die beste Art, Dahlienzwiebeln über den Winter zu bringen.

Tom schlug vor, sie sollten den Kampf an der hundert

Meter langen hinteren Front des Gartens wieder aufnehmen. Zwar arbeitete der Junge dort noch, aber weit zu ihrer Linken, nahe des schmalen Weges, der im Wald verschwand. Tom gab Henri die Gartenschere; er nahm die Forke und eine stabile Stahlharke.

»Bauen Sie hier ’ne flache Steinmauer, und Sie haben den Ärger nich’ mehr«, grummelte Henri gut gelaunt und griff zum Spaten. Das hatte er schon oft gesagt; Tom hatte keine Lust, die Langeweile noch zu vertiefen, indem er wiederholte, seine Frau und er hätten es lieber, wenn der Garten scheinbar nahtlos in den Wald übergehe. Worauf Henri dann erwidert hätte, bei Tom gehe der Wald nahtlos in den Garten über.

Sie machten sich an die Arbeit. Als Tom eine Viertelstunde später über die Schulter schaute, war von Frank nichts zu sehen. Gut so. Sollte Henri fragen, wo der Junge sei, würde er sagen, er habe sich wohl davongestohlen, wolle anscheinend nicht ernsthaft arbeiten. Doch Henri fragte nicht. Umso besser. Tom betrat die Küche durch die Dienstbotentür. Madame Annette wusch etwas über der Spüle.

»Madame Annette, eine kleine Bitte.«

»Oui, Monsieur Tomme?«

»Der junge Mann bei uns – er hat gerade Liebeskummer, wegen seiner amerikanischen Freundin. Er war mit ein paar anderen jungen Amerikanern in Frankreich unterwegs, und jetzt will er ein paar Tage bei uns bleiben und seine Ruhe haben, denke ich. Am besten erzählen Sie niemandem im Dorf, dass Billy hier wohnt. Sehen Sie, er will nicht, dass seine Freunde hier aufkreuzen.«

»Ach …« Madame Annette verstand: Herzenssachen sind etwas Privates, Dramatisches, Verletzendes, las er in ihrem Gesicht, besonders bei einem so jungen Mann.

»Sie haben seinen Namen nirgendwo erwähnt, oder?« Madame Annette ging oft zu Georges, setzte sich an einen der kleinen Tische und trank einen Tee. Wie andere Haushälterinnen auch.

»Bestimmt nicht, Monsieur.«

»Gut.« Tom ging zurück in den Garten.

Kurz vor Mittag wurde Henri, der ohnehin nicht gerade schnell arbeitete, noch langsamer und bemerkte, es sei warm. Das war es nicht, aber Tom hatte nichts dagegen, mit dem Jäten aufzuhören. Sie gingen ins Gewächshaus, wo Tom in einem quadratischen Zementschacht, der zur Bodenentwässerung diente, stets mindestens ein Sechserpack Heineken in Reserve hielt. Tom holte zwei Flaschen hervor und nahm einen rostigen Öffner zur Hand.

Die nächsten Minuten dämmerte Tom halb vor sich hin; er dachte an den Jungen, fragte sich, wo er wohl sei, während Henri pausenlos vor sich hin brummelte, wie mager die Himbeerernte diesen Sommer ausfallen werde, mit der kleinen Bierflasche in der Hand umherstapfte und tief gebeugt die eine oder andere Pflanze auf Toms Regalen beäugte. Henri trug alte, wadenhohe Schnürstiefel mit dicken, weichen Sohlen, die bequem waren, aber nicht gerade modisch. Er hatte die größten Füße, die Tom je gesehen hatte. Ob sie auch groß genug waren für diese Stiefel? Nicht ausgeschlossen, nach seinen Händen zu urteilen.

»Non, trente«, sagte Henri. »Wissen Sie noch, letztes Mal? Da waren es fünfzehn zu wenig.«

Nicht dass Tom wüsste, doch er gab Henri die dreißig Franc, statt sich zu streiten.

Henri ging mit dem Versprechen, am nächsten Dienstag oder Donnerstag wiederzukommen. Tom war es gleich. Henri war *en repos,* vorzeitig pensioniert seit einem Arbeitsunfall vor etlichen Jahren, und führte in Toms Augen ein leichtes, sorgenfreies, in mancher Hinsicht beneidenswertes Leben. Er sah zu, wie der große Mann davonschlurfte und hinter dem beigen Eckturm von Belle Ombre verschwand, dann ging er sich die Hände über der Gewächshausspüle waschen.

Kurz darauf betrat Tom das Haus von vorne. Von der Stereoanlage im Wohnzimmer ertönte ein Brahms-Quartett, vielleicht war Héloïse dort. Tom ging nach oben, um den Jungen zu suchen. Die Zimmertür war geschlossen. Er klopfte.

»Herein?« In dem fragenden Ton, den Tom schon von ihm kannte.

Er ging hinein: Frank hatte den Koffer gepackt, das Bett abgezogen und die Laken ordentlich zusammengefaltet. Außerdem trug er kein Arbeitszeug mehr. Tom sah auch, dass der Junge, obwohl er sich gerade hielt, dem Zusammenbruch nahe war, mindestens aber den Tränen. »Na, na«, sagte Tom leise und schloss die Tür, »was ist los? Hast du Angst? Ist es Henri?« Das war es nicht, das wusste er, doch er musste den Jungen zum Reden bringen. Die Zeitung steckte noch immer in der Gesäßtasche seiner Hose.

»Wenn nicht Henri, dann wer anders«, sagte Frank mit zittriger, doch recht tiefer Stimme.

»Also, was ist denn bislang so schlecht gelaufen?«

Johnny war unterwegs, er brachte einen Privatdetektiv mit, das Spiel konnte bald aus sein. Aber welches Spiel, fragte er sich. »Warum willst du nicht zurück nach Hause?«

»Ich habe meinen Vater umgebracht«, flüsterte Frank. »Ja, *ich* habe ihn von dieser ...« Der Junge brach ab; sein Mund schrumpelte wie der eines alten Mannes, und er senkte den Kopf.

Ein Mörder, dachte Tom. Aber warum? Ein so sanfter Mörder war ihm noch nie begegnet. »Weiß Johnny davon?«

Frank schüttelte den Kopf. »Nein. Keiner hat mich gesehen.« Keine Tränen fielen, es waren nicht genug, doch sie glitzerten in seinen braunen Augen.

Allmählich verstand Tom: Sein Gewissen hatte den Jungen fortgetrieben. Oder ein Wort von irgendwem. »Hat jemand was gesagt? Deine Mutter etwa?«

»Sie nicht. Susie – die Haushälterin. Aber sie kann mich nicht gesehen haben. Sie war im Haus. Außerdem ist sie kurzsichtig, und die Klippe ist vom Haus sowieso nicht zu sehen.«

»Zu wem hat sie etwas gesagt? Zu dir oder zu anderen?«

»Sowohl als auch. Und zur Polizei. Die haben ihr nicht geglaubt. Sie ist alt, nicht mehr ganz richtig im Kopf.« Frank wiegte den Kopf wie unter Qualen und griff nach seinem Koffer auf dem Boden. »Okay – Ihnen hab ich's erzählt, keinem sonst auf der Welt, und es ist mir egal, was Sie wem sagen. Der Polizei, meine ich, oder sonst wem. Aber ich gehe jetzt besser.«

»Ach komm schon, wohin denn?«

»Weiß ich nicht.«

Tom aber wusste es. Selbst mit dem Pass seines Bruders

konnte der Junge Frankreich nicht verlassen. Verstecken konnte er sich nur auf den Feldern. »Du kommst nicht aus Frankreich heraus und im Land auch nicht weit. Hör zu, Frank, wir reden nach dem Essen darüber. Wir haben alle –«

»Essen?« Als sei das Wort ein Affront.

Tom trat auf ihn zu. »Ich gebe dir jetzt einen Befehl. Es ist Mittagszeit, du kannst nicht einfach so verschwinden. Das sähe komisch aus. Also reiß dich zusammen, iss anständig, und nachher reden wir.« Tom wollte ihm die Hand darauf geben, doch der Junge wich zurück.

»Ich verschwinde, solang ich noch kann!«

Tom packte mit der Linken Franks Schulter, mit der Rechten seine Kehle. »Das tust du nicht. *Das tust du nicht!*« Er schüttelte ihn kurz am Hals und ließ ihn dann los.

Entsetzen stand in den weit aufgerissenen Augen des Jungen. Das hatte Tom gewollt. »Komm mit nach unten.« Er wies auf die Tür, der Junge ging voran. Tom schlüpfte kurz in sein Zimmer, denn er wollte den *France-Dimanche* loswerden. Um ganz sicherzugehen, steckte er ihn hinten in die Ecke des Schranks zwischen die Schuhe. Nicht einmal im Papierkorb sollte Madame Annette die Zeitung sehen.

5

Unten arrangierte Héloïse in einer hohen Vase auf dem Couchtisch einen Strauß gelbroter und weißer Gladiolen. Tom wusste, dass sie die nicht mochte; Madame Annette musste sie geschnitten haben. Héloïse sah auf und lächelte den beiden zu. Um sich zu entspannen, reckte Tom die Schultern, als müsse er ein Jackett zurechtrücken: Er wollte ruhig und gelassen wirken.

»Schöner Tag soweit?«, fragte er sie auf Englisch.

»Ja. – Wie ich sehe, hat Henri sich blicken lassen.«

»Nur für das Nötigste, wie immer. Billy ist besser.« Tom winkte Frank, ihm in die Küche zu folgen, denn er meinte, gegrillte Lammkoteletts zu riechen. »Madame Annette, *excusez-nous*. Vor dem Mittagessen hätte ich gern einen kleinen *apéritif*.«

Sie prüfte gerade die Lammkoteletts auf dem Grill über dem Herd. »Aber *Monsieur Tomme,* das hätten Sie mir sagen sollen! *Bonjour, Monsieur!*«, begrüßte sie Frank.

Frank erwiderte höflich den Gruß.

Tom trat an den Barwagen, der nun in der Küche stand, schenkte einen Scotch ein, weder zu groß noch zu klein, und drückte Frank das Glas in die Hand. »Wasser?«

»Nur einen Schuss.«

Er ließ aus dem Hahn über der Spüle Wasser hinzulaufen

und gab dem Jungen das Glas zurück. »Das entspannt dich, löst aber nicht unbedingt die Zunge«, murmelte Tom. Er mixte sich einen Gin-Tonic, ohne Eis, obwohl Madame Annette es schon aus dem Kühlschrank holen wollte. »Gehen wir zurück«, sagte er zu dem Jungen und nickte in Richtung Wohnzimmer.

Sie setzten sich mit den Drinks an den Esstisch, und gleich darauf brachte Madame den ersten Gang, ihre hausgemachte legierte Consommé. Héloïse plapperte vor sich hin, erzählte von ihrer Kreuzfahrt Ende September. Am Vormittag hatte Noëlle angerufen und sie mit weiteren Einzelheiten versorgt.

»Die Antarktis!«, strahlte sie. »Wir brauchen wahrscheinlich – oh, stellt euch nur die Anziehsachen vor: zwei Paar Handschuhe übereinander!«

Lange Unterhosen, dachte Tom. »Stellen sie zu diesem Preis irgendwo die Zentralheizung an?«

»Ach, *Tomme*!«, seufzte Héloïse nachsichtig.

Sie wusste, dass ihm der Preis völlig gleichgültig war. Jacques Plisson würde seiner Tochter die Reise wahrscheinlich spendieren, jetzt, da feststand, dass Tom nicht mitkommen werde.

Frank fragte auf Französisch, wie lange die Kreuzfahrt dauern sollte, wie viele Leute an Bord sein würden. Und Tom stellte fest, wie sehr er die gute Erziehung des Jungen zu schätzen wusste – diese alten Sitten wie Dankesbriefe schreiben, drei Tage nachdem man ein Geschenk bekommen hatte, ob man es (oder die Tante, die es geschickt hatte) nun mochte oder nicht. Ein durchschnittlicher amerikanischer Sechzehnjähriger hätte sich unter solchen Umständen nicht so im Zaum gehabt. Als Madame Annette die Servierplatte zum zweiten Mal herumreichte – vier Lammkoteletts lagen noch darauf, Héloïse hatte nur eins gegessen –, legte Tom dem Jungen ein drittes Stück vor.

Da klingelte das Telefon.

»Lasst mich das machen«, sagte Tom. *»Pardon.«* Seltsam, so ein Anruf in der heiligen französischen Mittagsstunde. Er erwartete keinen. »Hallo«, sagte er.

»Hallo, Tom! Ich bin's, Reeves.«

»Moment, bleiben Sie dran.« Tom legte das Telefon auf den Tisch und sagte zu Héloïse: »Ferngespräch. Ich nehme es oben entgegen – nur falls ich laut sprechen muss.« Er lief die Treppe hinauf, hob in seinem Zimmer ab, sagte Reeves erneut, er solle kurz warten, lief wieder hinunter und legte unten auf. Was für eine glückliche Fügung, dieser Anruf von Reeves, dachte er dabei, denn der Junge würde wohl einen neuen Pass brauchen, und Reeves war genau der Richtige dafür. »Da bin ich wieder«, sagte Tom. »Was gibt's Neues, mein Freund?«

»Ach, nicht allzu viel«, sagte Reeves Minot mit seiner rauen, amerikanischen, naiv klingenden Stimme. »Nur eine Kleinigkeit … Na ja, darum rufe ich an. Kann ein Freund von mir bei Ihnen unterkommen, nur für eine Nacht?«

Gerade jetzt passte Tom das gar nicht. »Wann?«

»Morgen abend. Der Mann heißt Eric Lanz. Kommt von hier. Nach Moret findet er alleine, Sie brauchen ihn also nicht vom Flughafen abzuholen. Aber es wäre besser, wenn er nicht in einem Pariser Hotel übernachten müsste.«

Toms Hand umkrampfte nervös den Hörer. Natürlich würde der Mann etwas bei sich haben. Reeves arbeitete vor allem als Hehler. »Ja, klar. Sicher«, sagte Tom. Wenn er ablehnte, würde ihm Reeves bei seiner eigenen Bitte nicht so weit entgegenkommen. »Nur für eine Nacht?«

»Ja, das ist alles. Dann fährt er nach Paris. Sie werden schon sehen. Kann jetzt nicht mehr sagen.«

»Ich soll ihn in Moret abholen? Wie sieht er aus?«

»*Er* wird *Sie* erkennen. Der Mann ist Ende dreißig, mittelgroß, schwarzes Haar. Ich habe den Zugfahrplan vor mir, Tom: Er kann morgen Abend den Achtuhrneunzehn schaffen. Das ist die Ankunftszeit.«

»Na gut.«

»Begeistert klingen Sie nicht. Aber die Sache ist schon wichtig, und ich wäre Ihnen –«

»Selbstverständlich mache ich das, Reeves, alter Junge! Da ich Sie gerade am Apparat habe: Ich brauche einen amerikanischen Pass. Montag schicke ich Ihnen ein Foto, per Eilbrief, Sie sollten es spätestens Mittwoch haben. Ich nehme an, Sie sind in Hamburg?«

»Sicher, selber Ort«, sagte Reeves jovial, als betreibe er einen Teeladen, dabei war in seinem Haus an der Alster – genauer, in seiner Wohnung – einmal eine Bombe hochgegangen. »Für Sie?«, fragte Reeves.

»Nein, für einen jüngeren Mann. Nicht über einundzwanzig, Reeves, also keinen alten, abgegriffenen Pass. Schaffen Sie das? – Ich melde mich wieder.«

Tom legte auf und ging nach unten. Madame Annette hatte Himbeereis serviert. »Tut mir leid«, sagte er. »Nichts Wichtiges.« Er bemerkte, dass der Junge besser aussah, wieder Farbe bekommen hatte.

»Wer war das?«, fragte Héloïse.

Sie fragte ihn selten, wer angerufen habe, außerdem wusste er, dass sie Reeves Minot misstraute oder mindestens nicht mochte. Dennoch sagte er: »Reeves aus Hamburg.«

»Er kommt hierher?«

»O nein, er wollte nur hallo sagen«, erwiderte Tom. »Kaffee, Billy?«

»Nein, danke.«

Wie üblich trank Héloïse nach dem Mittagessen keinen Kaffee. Tom sagte, Billy wolle einen Blick in ein Buch von ihm werfen, *Jane's Fighting Ships,* deshalb ging er mit dem Jungen auf sein Zimmer.

»Verdammt ärgerlich, dieser Anruf«, sagte Tom. »Ein Hamburger Freund von mir will, dass ich einen seiner Freunde morgen bei mir aufnehme. Nur für eine Nacht. Ich konnte nicht Nein sagen, weil ich ihn brauche – Reeves, meine ich.«

Frank nickte. »Soll ich ein Zimmer nehmen, in einem nahen Hotel oder so? Oder einfach gehen?«

Tom schüttelte den Kopf. Er lag auf dem Bett, auf den Ellbogen gestützt. »Er bekommt dein Zimmer, du nimmst meins, und ich schlafe bei Héloïse. Dieser Raum bleibt also zu – ich werde unserm Gast sagen, wir würden die Holzameisen vergasen und die Tür müsste geschlossen bleiben.« Er lachte. »Keine Angst, Montagmorgen ist er weg, da bin ich fast sicher. Ich habe schon andere Freunde von Reeves hier übernachten lassen.«

Frank hatte den Holzstuhl genommen, der an Toms Schreibtisch stand. »Ist der Mann, den Sie erwarten, einer Ihrer ... interessanten Freunde?«

Tom lächelte. »Den Kerl kenne ich gar nicht.« Reeves

Minot aber war einer seiner »interessanten Freunde«. Auch seinen Namen hatte Frank womöglich in der Zeitung gelesen. Doch Tom wollte nicht fragen. »Nun zu deiner Lage«, sagte er ruhig. Er wartete, sah die Unsicherheit des Jungen, seine gerunzelte Stirn. Auch Tom war verunsichert, deshalb streifte er entschlossen die Schuhe ab, schwang die Füße aufs Bett und stopfte sich ein Kissen unter den Kopf. »Übrigens fand ich, du hast du dich beim Essen sehr gut gehalten.«

Der Junge sah ihn an, noch immer besorgt. »Sie haben mich gefragt«, sagte er leise, »und ich habe es Ihnen erzählt. Nur Sie wissen davon, sonst niemand.«

»Belassen wir es dabei. Kein Geständnis – niemals! Und jetzt sag mir: Wann hast du's getan? Ich meine die Tageszeit.«

»Um sieben oder acht.« Dem Jungen versagte die Stimme. »Mein Vater hat sich immer den Sonnenuntergang angesehen, im Sommer fast jeden Abend. Ich hatte ...«

Er schwieg lange.

»Ich hatte das gar nicht geplant, war nicht mal wütend auf ihn, überhaupt nicht. Später – schon am nächsten Tag – konnte ich irgendwie nicht glauben, dass ich es tatsächlich getan hatte.«

»Das versteh ich«, sagte Tom.

»Normalerweise habe ich ihn zu diesen Sonnenuntergängen nicht begleitet. Ich glaube sogar, er war gern allein dort draußen, aber an diesem Tag hat er mich gebeten mitzukommen. Er hatte mir gerade eine Predigt gehalten – ich wäre doch wirklich nicht schlecht in der Schule, bald käme das Studium in Harvard, die Business School, wie leicht ich dann … Na, die alte Leier eben. Er versuchte sogar, was Nettes über Teresa zu sagen, weil er wusste, dass ich – dass ich sie gern habe. Aber davor, nein, nichts. Er war immer so spießig, wenn Teresa zu Besuch kam – sie war nur zweimal bei uns. Sagte, es wäre dumm, sich mit sechzehn zu verlieben, früh zu heiraten und so, dabei habe ich nie was von Heiraten gesagt, kein Wort, habe nicht mal Teresa gefragt. Sie hätte mich ausgelacht! Jedenfalls hatte ich an jenem Tag wohl auf einmal alles satt – die Heuchelei, das falsche Getue überall, wohin ich auch sah.«

Tom wollte etwas einwerfen, aber der erregte Junge ließ ihn nicht zu Wort kommen.

»Die zwei Mal, als Teresa dann doch zu uns nach Hause gekommen ist, nach Maine, war mein Vater nicht gerade nett zu ihr. Ja, sogar unfreundlich. Vielleicht nur, weil sie hübsch ist und mein Dad weiß – wusste –, dass sie viele Verehrer hat. Man hätte glauben können, sie wäre irgendein Mädchen, das ich von der Straße aufgelesen hätte! Doch Teresa hat beste Manieren, sie weiß sich wirklich zu benehmen. Aber gefallen hat ihr das nicht, ist ja klar. Sie wollte nicht wiederkommen, und das hat sie mir mehr oder weniger auch so gesagt.«

»Das war sicher hart für dich.«

»Allerdings.« Frank verstummte kurz und sah zu Boden, als wisse er nicht weiter.

Tom nahm an, Frank hätte Teresa bei ihr zu Hause besuchen oder gelegentlich in New York treffen können, aber er wollte beim Wesentlichen bleiben. »Wer war an diesem Tag im Haus? Die Haushälterin Susie? Deine Mutter?«

»Und mein Bruder. Wir haben Krocket gespielt, dann

hat mein Bruder aufgehört. Er war mit seiner Freundin verabredet, ihre Familie wohnt … Na, egal, mein Vater war vorne auf der Veranda, als Johnny in seinem Wagen losfuhr, und sagte ihm auf Wiedersehen. Johnny hatte einen Arm voll Rosen aus dem Garten dabei, für seine Freundin, das weiß ich noch – und auch, dass ich dachte, wenn mein Vater nicht so spießig wäre, dann hätte Teresa an diesem Abend bei mir sein können, so oder so, und wir wären ausgegangen, irgendwohin gefahren. Mein Vater lässt mich noch nicht ans Steuer, aber ich kann schon fahren. Johnny hat's mir in den Dünen beigebracht. Mein Vater sagte immer, ich würde einen Unfall bauen und mich umbringen, doch in Louisiana und Texas dürfen Jungs mit fünfzehn oder jünger fahren, wenn sie wollen.«

Tom wusste das. »Und was war dann? Als Johnny weg war? Du hast mit deinem Vater gesprochen …?«

»*Er* mit *mir* – unten in der Bibliothek. Ich wollte weg, aber er sagte: ›Komm mit nach draußen, sieh dir den Sonnenuntergang an, wird dir guttun.‹ Ich war in scheußlicher Stimmung, wollte das aber nicht zeigen. Hätte sagen sollen: ›Nein, ich geh auf mein Zimmer‹ – hab ich aber nicht. Und dann war da Susie, sie ist in Ordnung, aber schon ein bisschen senil, sie macht mich nervös. Die hat zugesehen, dass mein Dad mit seinem Rollstuhl sicher die Rampe hinunterkommt. Sie haben eine Rampe von der Terrasse hinter dem Haus zum Garten gebaut, nur für meinen Vater. Aber sie hätte sich die Mühe sparen können, denn der kann das alleine. Dann ist sie zurück ins Haus gegangen, und mein Vater ist auf den Weg gerollt – einen breiten Plattenweg, der zum Wald und zur Klippe führt. Als wir dort ankamen, hat er wieder angefangen, mir die Leviten zu lesen.« Frank senkte den Kopf, ballte die Rechte zur Faust, entspannte sie wieder. »Nach einer Weile hab ich's einfach nicht mehr ausgehalten.«

Tom musste blinzeln; er konnte dem Jungen, der ihn jetzt ansah, nicht mehr in die Augen schauen. »Fällt die Klippe dort steil zum Meer ab?«

»Steil schon, aber nicht senkrecht. Doch steil genug, jemanden – umzubringen, das bestimmt. Unten sind Felsen.«

»Viele Bäume auf der Klippe?« Tom fragte sich immer noch, ob jemand den Jungen gesehen haben könnte. »Boote im Wasser?«

»Nein, keine Boote. Jedenfalls ist kein Hafen in der Nähe. Bäume, ja sicher. Tannen. Das Land dort gehört uns, aber wir lassen alles wild wachsen und halten nur den Weg zur Klippe frei.«

»Selbst mit einem Fernglas hätte dich vom Haus niemand sehen können?«

»Nein, das weiß ich. Auch wenn mein Vater im Winter auf der Klippe war, konnten wir ihn von dort nicht sehen.« Er seufzte schwer. »Danke, dass Sie sich das alles anhören. Vielleicht sollte ich es aufschreiben oder irgendwie versuchen, nicht mehr daran zu denken. Es ist schrecklich. Ich will es verstehen, es analysieren, aber ich komme nicht weiter. Manchmal kann ich nicht glauben, dass ich es getan habe. Eigenartig.« Unvermittelt sah Frank zur Tür hinüber, als sei ihm eingefallen, dass es noch andere Menschen gab, doch nichts war zu hören.

Tom lächelte dünn. »Aufschreiben, warum nicht? Du könntest es mir zeigen, wenn du willst. Dann würden wir es vernichten.«

»Ja«, sagte Frank leise. »Ich weiß noch, da war dieses Gefühl, dass ich es keine Sekunde länger ertragen könnte, seine Schultern zu sehen, seinen Hinterkopf. Ich dachte – ich weiß nicht, *was* ich dachte, aber ich bin vorgesprungen und hab den Bremshebel losgetreten und auf den Vorwärtsknopf gedrückt und dem Stuhl auch noch einen Stoß gegeben. Dann ist das Ding losgerollt und vornübergekippt. Ich habe weggesehen, hörte nur noch den Aufprall.«

Bei der Vorstellung wurde Tom für einen Moment übel. Er dachte an Fingerabdrücke auf dem Rollstuhl. Doch die waren zu erwarten, da Frank seinen Vater zur Klippe begleitet hatte. »Hat irgendwer etwas von Fingerabdrücken auf dem Stuhl gesagt?«

»Nein.«

Danach würden sie zuerst suchen, dachte Tom, wenn sie den leisesten Verdacht hätten, dass an der Sache etwas faul sein könnte. »Oder auf dem Knopf, den du erwähnt hast?«

»Ich glaube, da hab ich mit der Faust draufgeschlagen.«

»Als sie ihn fanden, lief der Motor sicher noch.«

»Ja, ich meine, irgendwer hätte das gesagt.«

»Was hast du dann getan – gleich danach?«

»Ich habe nicht hinabgeschaut. Bin zum Haus zurück gegangen. Auf einmal war ich so müde. Das war seltsam. Dann bin ich losgelaufen, langsam, um wieder wach zu werden, was weiß ich. Auf dem Rasen war niemand, aber Eugene – unser Chauffeur, auch eine Art Butler – stand allein unten im großen Esszimmer, und ich sagte: ›Mein Vater ist eben von der Klippe gestürzt.‹ Dann hat Eugene mich zu meiner Mutter geschickt, sie sollte bitte das Krankenhaus anrufen, und ist zur Klippe gelaufen. Meine Mutter saß mit Tal im oberen Wohnzimmer vor dem Fernseher, und ich hab's ihr gesagt, und Tal hat dann den Krankenwagen gerufen.«

»Wer ist Tal?«

»Ein New Yorker Freund meiner Mutter. Talmadge Stevens. Ein Rechtsanwalt, aber nicht aus der Firma meines Vaters. Großer, kräftiger Kerl. Er ist –« Wieder brach er ab.

Womöglich der Liebhaber seiner Mutter? »Hat Tal etwas zu dir gesagt, dich etwas gefragt?«

»Nein. Na ja, ich sagte, mein Vater hätte sich selber hinabgestürzt. Tal hat nicht nachgefragt.«

»Also, der Krankenwagen – und dann vermutlich die Polizei?«

»Ja. Schien eine Stunde zu dauern, bis sie ihn heraufgeholt hatten. Und den Rollstuhl dazu. Sie haben starke Scheinwerfer eingesetzt. Dann kamen natürlich die Reporter, doch Mom und Tal haben die schnell wieder weggeschickt. Darin sind beide gut. Meine Mutter wurde richtig wütend auf sie, dabei waren es an diesem Abend nur Leute von der Lokalpresse.«

»Und später? Die anderen Journalisten?«

»Meine Mom musste ein paar empfangen. Ich habe mit mindestens einem geredet. Ging nicht anders.«

»Und was genau hast du gesagt?«

»Dass mein Vater nahe am Abgrund gewesen wäre. Dass es mir so vorkam, als hätte er sich eigentlich nicht hinabstürzen wollen.« Die letzten Worte erstarben, als bekomme der Junge keine Luft mehr. Er stand auf, ging zum angelehnten Fenster und drehte sich um. »Ich habe gelogen. Das sagte ich Ihnen schon.«

»Verdächtigt dich deine Mutter – und sei es nur insgeheim?«

Der Junge schüttelte den Kopf. »Das wüsste ich. Nein, tut sie nicht. Sie hält mich eher für, hmm, *ernsthaft*, wenn Sie wissen, was ich meine. Und ehrlich.« Ein nervöses Lächeln. »Johnny war der Rebell, als er so alt war wie ich – sie mussten Privatlehrer für ihn holen, weil er so oft von Groton weggelaufen ist, nach New York. Dann hat er sich wieder gefangen. Nicht, dass er je harte Sachen getrunken hätte, aber Pot hat er geraucht, klar. Ein bisschen gekokst auch. Jetzt benimmt er sich besser. Aber ich will sagen, im Vergleich zu ihm bin ich so etwas wie der brave Pfadfinder. Deshalb hat Dad mich ja auch so unter Druck gesetzt, Interesse an seiner Firma zu zeigen, am *Pierson-Imperium*!« Frank breitete lachend die Arme aus.

Tom sah, dass der Junge erschöpft war.

Frank ging zum Stuhl zurück, setzte sich und legte den Kopf in den Nacken, die Augen halb geschlossen. »Wissen Sie, was ich manchmal denke? Dass mein Vater sowieso schon fast tot war. Halb tot in seinem Rollstuhl – nicht mehr lange, und er wäre vielleicht gestorben. Und ich frage mich, ob ich das nur denken will, um mich ein bisschen weniger schuldig zu fühlen. Scheußlich, so ein Gedanke!«, stieß Frank hervor.

»Kommen wir kurz auf Susie zurück. Sie glaubt, dass du den Rollstuhl über die Klippe gestoßen hast, und das hat sie dir auch gesagt?«

»Ja.« Er sah Tom an. »Sie behauptet sogar, sie hätte mich vom Haus gesehen, deshalb glaubt ihr auch keiner. Man kann die Klippe von dort gar nicht sehen. Aber sie war völlig durcheinander, als sie das sagte. Fast schon hysterisch.«

»Hat sie auch mit deiner Mutter gesprochen?«

»O ja, sicher, das weiß ich. Meine Mutter hat ihr nicht geglaubt. Sie mag Susie eigentlich nicht. Mein Vater schon, weil sie so zuverlässig ist – war – und weil sie schon so lange bei uns ist, seit Johnny und ich noch ganz klein waren.«

»Als eure Erzieherin?«

»Nein, eher als Haushälterin. Wir beide hatten immer unsere eigenen – Gouvernanten. Meist Frauen aus England.« Frank lächelte. »Moms Helferlein. Die letzte wurde erst entlassen, als ich ungefähr zwölf war.«

»Und Eugene? Hat er etwas gesagt?«

»Über mich? Nein. Kein Wort.«

»Magst du ihn?«

Der Junge lachte auf. »Er ist in Ordnung. Kommt aus London, hat Sinn für Humor. Aber jedes Mal wenn Eugene und ich Witze machten, hat mein Vater hinterher zu mir gesagt, ich sollte nicht mit dem Butler oder Fahrer scherzen – Eugene war meist beides.«

»Wohnt sonst noch jemand im Haus? Andere Diener?«

»Zurzeit nicht. Ab und zu helfen Leute aus. Vic, der Gärtner, nimmt im Juli Urlaub, oder auch länger, also stellen wir manchmal Aushilfskräfte ein. Mein Vater wollte immer so wenig Personal wie möglich um sich haben.«

Tom dachte, dass Lily und Tal womöglich gar nicht so unglücklich über John Piersons Ableben waren. Was ging da vor? Er stand auf und trat an den Schreibtisch. »Nur für den Fall, dass dir danach ist, alles aufzuschreiben.« Er gab dem Jungen rund zwanzig Blatt Schreibmaschinenpapier.

»Egal ob mit Kuli oder Schreibmaschine. Beides findest du hier.« Seine Schreibmaschine stand mitten auf dem Tisch.

»Danke.« Frank starrte nachdenklich auf das Papier.

»Wahrscheinlich würdest du gern spazieren gehen, aber das geht leider nicht.«

Frank stand auf, die Blätter in der Hand. »Genau danach ist mir jetzt.«

»Na ja, du könntest den Weg hinter dem Haus nehmen«, sagte Tom. »Ein einspuriger Waldweg, da ist niemand, höchstens ab und zu ein Bauer. Du weißt schon, hinter dem Streifen, wo wir heute Morgen gearbeitet haben.« Der Junge hatte verstanden und ging zur Tür. »Und nicht laufen«, sagte Tom, denn Frank schien geladen, voll nervöser Energie. »Komm in einer halben Stunde zurück, sonst mach ich mir Sorgen. Du hast doch eine Uhr?«

»Ach so, ja. – Zwei nach halb drei.«

Tom warf einen Blick auf seine Armbanduhr, die eine Minute vorging. »Falls du später die Schreibmaschine brauchst, dann hol sie dir einfach.«

Der Junge legte das Papier ins Zimmer nebenan und ging nach unten. Aus einem Seitenfenster sah Tom zu, wie er den Rasen überquerte, sich hüpfend und springend durch das Unterholz kämpfte, einmal stolperte, fiel und geschmeidig wie ein Akrobat wieder aufsprang. Er nahm den schmalen Waldweg nach rechts und verschwand zwischen den Bäumen.

Kurz darauf schaltete Tom sein Kofferradio an – einmal, weil er die französischen Drei-Uhr-Nachrichten nicht verpassen wollte, dann aber auch, weil er sich nach Franks Geschichte auf andere Gedanken bringen musste. Schon erstaunlich, dass der Junge während der Erzählung so gut durchgehalten hatte. Ob der Zusammenbruch noch kommen würde? Oder war er bereits gekommen, in der Nacht, vielleicht lange zuvor, als der Junge in London war oder allein in Madame Boutins Gartenhaus und voller Schrecken an die Strafe dachte, die ihn von fremder Hand ereilen könnte? Oder hatten die wenigen Tränen heute vor dem Mittagessen ausgereicht? In New York gab es Jungen (und Mädchen) um die zehn Jahre, die in ihren Banden schon Morde mit angesehen, Gleichaltrige oder irgendwelche Unbekannten umgebracht hatten, doch so einer war Frank nicht gerade. Eine Schuld, wie er sie trug, würde sich zeigen, irgendwie, irgendwann. Tom glaubte, dass sich jedes starke Gefühl wie Liebe, Hass oder Eifersucht am Ende in einer Handlung verriet, und zwar nicht in Form einer entsprechenden Geste, nicht immer so, wie der Schuldige oder andere es erwarten mochten.

Tom konnte keine Ruhe finden. Er ging nach unten, um mit Madame Annette zu sprechen, die gerade vor der grausigen Aufgabe stand, einen lebenden Hummer in einen großen Topf kochenden Wassers zu werfen. Sie hielt das Tier in den Dampf; der Hummer zappelte mit den Beinen, und Tom wich auf der Schwelle zurück. Seine Geste deutete an, er werde kurz im Wohnzimmer warten.

Madame Annette schenkte ihm ein verständnisvolles Lächeln, kannte sie doch diese Reaktion bei ihm.

Hatte er den Hummer nicht protestierend zischen hören? Hatte er nicht in ebendiesem Augenblick mit einem hochempfindlichen Teil seines Gehörs einen Schrei der Wut und des Schmerzes aus der Küche vernommen, ein letztes, hohes Kreischen, als das Leben erlosch? Wo hatte das armselige Tier genächtigt, das Madame Annette schon letzten Freitag gekauft haben musste, von dem Fischhändler, der seinen Kleinlaster, eine *poissonnerie* auf Rädern, in Villeperce parkte? Dieser Hummer war groß, anders als die kleinen Krustentiere, die Tom im Kühlschrank gesehen hatte, wo sie vergeblich zappelnd von den Regalstangen hingen. Als Tom den Topfdeckel klappern hörte, ging er zur Küche zurück, den Kopf ein wenig gesenkt.

»Ach, Madame Annette«, sagte er. »Ist nicht weiter wichtig, nur …«

»Oh, *Monsieur Tomme,* Sie sorgen sich immer so wegen der Hummer! Sogar wegen der Muscheln, nicht?« Sie lachte herzhaft. »Ich sage immer zu meinen Freundinnen – *mes copines,* Geneviève und Marie-Louise …« Zwei andere Dienerinnen der feinen Leute von Villeperce, die Madame Annette beim Einkaufen traf. Manchmal verabredeten sie sich zu einem Fernsehabend, wenn eine gute Sendung kam. Alle drei hatten einen Apparat, und sie besuchten einander reihum.

Tom nickte höflich lächelnd, ein Eingeständnis seiner Schwäche. »Habe nicht den Magen dafür«, sagte er auf Französisch, ein sinnloser Satz, wie ihm klar wurde, denn eigentlich meinte er, dass er nicht die Nerven dafür habe oder dass es ihm den Magen umdrehe. Egal. »Madame Annette, morgen kommt noch ein Gast, aber er bleibt nur eine Nacht, bis Montagmorgen. Ein Herr. Ich hole ihn gegen halb neun zum Abendessen ab. Er bekommt das Zimmer des jungen Mannes, ich schlafe bei meiner Frau und Monsieur Billy in meinem Zimmer. Ich werde Sie morgen daran erinnern.« Doch er wusste, das würde nicht nötig sein.

»Gut, *Monsieur Tomme*. Noch ein Amerikaner?«

»Nein, er ist – Europäer.« Tom zuckte die Achseln. Er meinte den Hummer riechen zu können und verließ die Küche. »*Merci*, Madame.«

Er ging auf sein Zimmer und hörte die 3-Uhr-Nachrichten eines französischen Popsenders: kein Wort über Frank Pierson. Nach den Nachrichten wurde ihm bewusst, dass jetzt genau eine halbe Stunde verstrichen war, seit Frank gegangen war. Tom schaute noch einmal zum Seitenfenster hinaus: kein Mensch zu sehen im Wald hinter dem Garten. Er wartete, zündete sich eine Zigarette an, trat wieder ans Fenster. Sieben nach drei.

Kein Grund zur Sorge, sagte er sich. Zehn Minuten mehr oder weniger, was machte das schon? Wer nutzte überhaupt diesen Weg? Bauern, die verschlafen ein Pferd am Zügel führten oder auf dem Bock ihres Karrens hockten; ab und zu ein alter Mann auf einem Traktor, der zu einem Feld jenseits der Hauptstraße fuhr. Dennoch war er beunruhigt. Was, wenn jemand Frank seit Moret beschattet und seine Spur nach Belle Ombre verfolgt hatte? Eines Abends war Tom allein zu Georges' und Maries lärmendem *bar-café* gegangen; er wollte einen Kaffee trinken und herausfinden, ob ein Unbekannter aufgetaucht war, der neugierige Fragen stellte, und sei es nur über ihn. Tom hatte kein neues Gesicht bemerkt, und, was noch wichtiger war, die geschwätzige Marie hatte nicht nach einem Jungen gefragt, der bei ihm wohnte. Eine Sorge weniger.

Um zwanzig nach drei ging Tom wieder hinunter. Wo

war Héloïse? Er verließ das Haus durch die Flügeltür und näherte sich über den Rasen langsam dem schmalen Waldweg. Den Blick hielt er gesenkt; jeden Moment erwartete er, der Junge werde »Hallo!« rufen. Oder doch nicht? Er hob einen Stein vom Rasen auf und warf ihn unbeholfen mit der Linken in den Wald, trat gegen eine wild wuchernde Brombeerranke und erreichte schließlich den Weg. Nun konnte er mindestens dreißig Meter in beide Richtungen sehen, denn der Waldweg war schnurgerade, wenn auch ein bisschen überwachsen. Tom ging los und horchte, hörte aber nur das unschuldige, gedankenlose Tschirpen der Spatzen und von irgendwo das Gurren einer Taube.

Auf keinen Fall wollte er Franks Namen rufen oder auch nur »Billy«. Tom blieb stehen und lauschte wieder. Nichts, gar nichts, auch keine Motorengeräusche, nicht einmal hinter ihm auf der Straße, an der Belle Ombre lag. Er lief los: Sollte er nicht lieber am Ende des Waldwegs nachsehen? Doch wo war das Ende? Tom meinte sich zu erinnern, dass der Weg nach rund einem Kilometer eine Landstraße kreuzte – ringsum nur Felder, Futtermais, hier und da Kohl, Senfsaat. Nun suchte sein Blick beiderseits des Wegs nach abgebrochenen Ästen, die auf einen Kampf hinweisen würden, ebenso gut aber von einem Karren stammen könnten. Doch an den Bäumen fiel ihm nichts Ungewöhnliches auf. Er ging langsamer. Inzwischen hatte er die Kreuzung mit der breiteren, aber nicht asphaltierten Landstraße erreicht. Dahinter lagen von Bauern abgeerntete Felder; die Höfe waren nicht zu sehen. Tom atmete tief durch und kehrte um. Konnte es sein, dass der Junge ins Haus zurückgekehrt war, noch bevor er selbst es verlassen hatte? Dass Frank in diesem Moment auf seinem Zimmer war? Tom beugte sich vor und lief wieder los.

»Tom?« Die Stimme kam von rechts.

Tom rutschte trotz seiner Stiefel aus, kam zum Stehen und spähte in den Wald.

Frank trat hinter einem Baum hervor – jedenfalls schien es Tom, als tauche er plötzlich zwischen grünen Blättern und braunen Stämmen auf, in grauer Hose und beigem Pullover, die im fleckigen Sonnenlicht fast mit dem Grün verschmolzen. Er war allein.

Erleichterung durchschoss ihn wie ein Schmerz. »Was ist passiert? Alles in Ordnung?«

»Klar.« Der Junge senkte den Kopf und ging mit ihm zurück zum Haus.

Tom begriff: Der Junge hatte sich absichtlich versteckt, weil er herausfinden wollte, ob Tom ihn suchen würde, ob er ihm wichtig sei. Frank hatte wissen wollen, ob er ihm trauen könne. Tom steckte die Hände in die Hosentaschen und hob den Kopf. Er spürte den schüchternen Blick des Jungen. »Du warst zu spät. Später als versprochen.«

Der Junge sagte nichts. Er schob die Hände in die Hosentaschen, genau wie Tom.

6

An diesem Samstagnachmittag sagte Tom gegen fünf zu Héloïse: »Ich habe keine Lust auf die Grais heute Abend. Ist das schlimm? *Du* kannst ja hingehen.« Sie waren zum Essen eingeladen, gegen acht Uhr.

»Ach, *Tomme,* warum denn nicht? Wir können fragen, ob Billy mitdarf. Sie haben sicher nichts dagegen.« Héloïse sah von einem dreieckigen Tisch auf, den sie früher am Nachmittag ersteigert hatte und nun aufpolierte. In Jeans kniete sie auf dem Boden.

»Es geht nicht um Billy«, erwiderte Tom, dabei ging es genau darum. »Sie laden ja immer auch andere ein …« Tom meinte andere, amüsante Gäste für Héloïse. »Ist es wichtig? Wenn du willst, ruf ich an und denke mir eine Entschuldigung aus.«

Sie strich ihr blondes Haar zurück. »Letztes Mal hat Antoine dich gekränkt. Ist es das?«

Tom lachte. »So? Wenn ja, hab ich's vergessen. Er kann mich gar nicht kränken, ich würde ihn nur auslachen.« Antoine Grais war um die vierzig, ein hart arbeitender Architekt, der den Garten seines Landhauses sorgsam pflegte und eine gewisse Verachtung für Toms leichtes Leben hegte, doch seine kleinen kränkenden Spitzen prallten an Tom einfach ab. Und Héloïse bemerkte sie nicht einmal alle, dachte er. »Der alte Puritaner«, fuhr er fort. »Amerika vor dreihundert Jahren, da gehört er hin. Mir ist einfach nach einem Abend zu Hause. Über die Grais höre ich genug von den Leuten im Ort.« Antoine Grais stand politisch rechts und war zu hochnäsig, um sich jemals mit einer *France-Dimanche* erwischen zu lassen, doch dabei genau der Typ, der in einem Café verstohlen bei jemand anders mitlas. Dass Antoine den Jungen als Frank Pierson identifizierte, war das Letzte, was Tom wollte. Antoine und seine Frau Agnès, die weniger spießig war als ihr Mann, wenn auch nicht viel weniger, wurden es niemals für sich behalten. »Soll ich sie anrufen, *chérie*?«, fragte Tom.

»Nein, ich geh einfach allein hin.« Héloïse polierte weiter ihren Tisch.

»Sag, ich hätte Besuch – einer meiner furchtbaren Freunde. Jemand, der nicht gesellschaftsfähig ist.« Tom wusste, dass Antoine auch sein gesellschaftlicher Umgang suspekt war. Wen hatte der Mann noch einmal zufällig kennengelernt? Ach ja, Bernard Tufts, das Genie, oft ungepflegt und nicht selten zu verträumt für Höflichkeiten.

»Ich finde Billy ganz nett«, sagte Héloïse. »Und ich weiß, dass du dir um ihn keine Sorgen machst. Du magst *les Grais* einfach nicht.«

Das alles langweilte Tom, außerdem war er mit dem Jungen im Haus so nervös, dass er sich kaum der Bemerkung enthalten konnte, die Grais langweilten ihn zu Tode. »Solche Leute muss es auch geben. Leider.« Spontan beschloss er, Eric Lanz nicht zu erwähnen, der morgen Abend kommen sollte, obwohl er es ihr eigentlich jetzt hatte sagen wollen.

»Aber wie gefällt dir der Tisch *wirklich*? Für mein Zimmer, die Ecke neben dem Bett auf der Seite, wo du schläfst. Mein alter Tisch dort würde sich besser zwischen den beiden Betten im Gästezimmer machen.« Héloïse bewunderte die glänzende Oberfläche.

»Er gefällt mir gut, ehrlich«, sagte Tom. »Wie viel noch mal?«

»Nur vierhundert Franc. *Chêne,* Stil Louis-quinze, aber hundert Jahre alt. Ich habe hart gefeilscht.«

»Gut gemacht«, sagte Tom und meinte es auch, denn der Tisch war hübsch und schien stabil genug, um darauf zu sitzen, auch wenn das nie jemand tun würde. Außerdem liebte Héloïse die Vorstellung, einen guten Kauf gemacht zu haben. Was nicht oft der Fall war. Tom dachte an andere Dinge.

Er ging zurück auf sein Zimmer und machte sich an die langweilige Aufgabe, genau eine Stunde, nach der Uhr, die monatlichen Einnahmen und Ausgaben für seinen Steuerberater aufzulisten. Oder besser, für den seines Schwiegervaters. Pierre Solway führte natürlich Toms und Héloïses Bücher getrennt von denen des erhabenen Jacques Plisson, doch Tom war ganz froh, das Beraterhonorar zu sparen (das Plisson bezahlte) und zu wissen, dass der alte Herr an den Büchern nichts auszusetzen hatte. Er fand nämlich bestimmt Zeit, sie zu überfliegen. Héloïse erhielt ihr Einkommen oder ihre Zuwendung vom Vater in bar, das Geld brauchte also auf der Steuererklärung der Ripleys nicht aufzutauchen. Auch Toms Einkünfte aus dem Derwatt-Konzern – um die zehntausend Franc pro Monat, zweitausend Dollar bei einem schwachen Franc – wurden unter der Hand in Schweizer Franken gezahlt: Das Geld floss fast ausschließlich über die Kunstakademie Derwatt in Perugia, stammte aber zum Teil aus Verkäufen der Galerie Buckmaster. Toms zehnprozentiger Anteil an den Derwatt-Gewinnen stammte auch aus der gleichnamigen Firma für Künstlerbedarf, die alles von Radiergummis bis Staffeleien anbot, doch war es leichter, Geld aus Norditalien in die Schweiz zu transferieren als von London nach Villeperce. Dann war da noch die Erbschaft, die Dickie Greenleaf Tom hinterlassen hatte – eine Summe, die von ursprünglich drei- bis vierhundert Dollar pro Monat vor Jahren auf jetzt etwa achtzehnhundert angeschwollen war. Seltsamerweise zahlte Tom auf diese Einkünfte die volle amerikanische Kapitalertragssteuer, einen nicht unerheblichen Betrag.

Tom fand das ironisch und nicht unpassend, hatte er doch nach Dickies Tod dessen Testament gefälscht: Er hatte es damals in Venedig auf der Hermes des Toten getippt und auch die Unterschrift gefälscht.

Wenn man es genau betrachtete, fragte sich Tom wie jeden Monat: Wovon lebte Belle Ombre eigentlich nach außen hin? Von Kleingeld. Nach einer Viertelstunde dröger Arbeit an der Auflistung der Ausgaben schwamm ihm der Kopf vor Langeweile. Er stand auf und rauchte eine Zigarette.

Na ja, worüber sollte er sich beklagen, dachte er, als er zum Fenster sah. Tom zahlte auf einen Teil der Derwatt-Einkünfte in Frankreich Steuern, nämlich auf die Erträge aus den Aktien, die er an Derwatt Limited besaß. Daneben hatte er inzwischen noch andere Aktien und US-Schatzbriefe erworben, deren Zinserträge er ebenfalls angeben musste. In seiner französischen Steuererklärung brauchte er nur französische Einkünfte aufzuführen (ein bisschen für Héloïse, nichts für ihn); die Amerikaner dagegen wollten wissen, was er weltweit einnahm. Tom wohnte zwar in Frankreich, besaß aber noch seinen amerikanischen Pass. Also musste er für Pierre Solway ein gesondertes Blatt auf Englisch ausfüllen, denn der Mann kümmerte sich auch um ihre US-Steuern. Es war zum Verrücktwerden. Papierkrieg war der Fluch der Franzosen; allein für die staatliche Krankenversicherung musste auch der kleine Mann Dutzende von Formularen ausfüllen. So gern Tom Mathematik und pure Arithmetik mochte, so langweilig fand er es, Portokosten von den Belegen des letzten Monats abzuschreiben. Er starrte auf das blassgrüne Formular, das so zweckmäßig wirkte – oben die Einkünfte, unten die Ausgaben –, und stieß einen obszönen Fluch aus. Eine letzte Anstrengung, und es wäre geschafft, die Stunde vorüber. Diese Steuererklärung betraf den Juli und hätte am Ende des Monats fertig sein müssen. Jetzt war Ende August.

Tom dachte an den Jungen, der gerade an dem Bericht über den letzten Tag seines Vaters schrieb. Ab und zu hörte er das leise Klicken der Schreibmaschine. Der Junge hatte sie mit auf sein Zimmer genommen. Einmal stöhnte Frank: »Uff!« Quälte er sich? Manchmal war so lange nichts zu hören, dass Tom sich fragte, ob der Junge einen Teil mit der Hand schreibe.

Tom griff nach dem kleinen Stapel Quittungen – Rechnungen für Telefon, Strom, Wasser, Autoreparatur – und setzte sich, entschlossen zum letzten Angriff. Er wollte fertig werden. Das wurde er auch, und endlich wanderte das Formular mit den Quittungen, aber ohne die nicht eingelösten Schecks, die bei der französischen Bank verblieben, in einen braunen Umschlag, der wiederum mit den anderen monatlichen Erklärungen für Pierre Solway in einem größeren Umschlag verschwand. Diesen steckte Tom in eine Schublade unten links in seinem Schreibtisch, und er erhob sich mit dem freudigen Gefühl fleißiger Rechtschaffenheit.

Er reckte sich. Im selben Moment legte Héloïse unten eine ihrer Rockplatten auf. Genau, was er jetzt brauchte! Diesmal war es Lou Reed. Er ging ins Bad und wusch sein Gesicht mit kaltem Wasser. Wie spät? Schon fünf vor sieben. Tom beschloss, ihr nun von Eric zu erzählen.

Frank kam aus seinem Zimmer. »Habe die Musik gehört«, sagte er im Flur zu Tom. »Radio? Nein, Platte, oder?«

»Eine von Héloïse«, sagte Tom. »Komm mit nach unten.«

Der Junge hatte ein Hemd statt des Pullovers angezogen; die Zipfel hingen über der Hose. Glücklich lächelnd schwebte er die Treppe hinunter, wie in Trance, dachte Tom. Die Musik hatte ihn wirklich berührt.

Héloïse hatte die Lautstärke aufgedreht und tanzte allein, ihre Schultern zuckten. Schüchtern hörte sie auf, als Tom mit dem Jungen herabkam, und stellte leiser.

»Nicht für mich! Das ist schön«, sagte Frank.

Wenn es um Musik und Tanzen ging, würden sie sich gut verstehen, dachte Tom. »Schluss mit dem verdammten Steuerkram!«, verkündete er laut. »Schon fertig? Hübsch siehst du aus.« Héloïse trug ein blassblaues Kleid mit schwarzem Lackledergürtel und hochhackige Schuhe.

»Ich habe Agnès angerufen. Ich soll früher kommen, dann können wir reden«, sagte sie.

Frank sah sie jetzt anders an, voller Bewunderung: »Sie mögen diese Platte?«

»O ja!«

»Ich habe sie zu Hause.«

»Na los, tanzt doch!«, sagte Tom gut gelaunt, doch er begriff, dass zumindest der Junge im Augenblick gehemmt war. Was für ein Leben für ihn, dachte er: bis eben noch über einen Mord zu schreiben und jetzt in Rockmusik einzutauchen. »Bist du vorangekommen?«, fragte Tom leise.

»Siebeneinhalb Seiten. Einige handschriftlich. Ich habe hin und her gewechselt.«

Héloïse stand am Plattenspieler, sie hatte nichts gehört.

»Héloïse«, sagte Tom, »morgen Abend bringe ich einen Freund von Reeves mit nach Hause. Er bleibt nur über Nacht. Billy kann mein Zimmer haben, und ich komme zu dir.«

Sie wandte ihm ihr hübsches, geschminktes Gesicht zu. »Wer ist es?«

»Reeves sagt, er heißt Eric. Ich hole ihn in Moret ab. Wir sind doch morgen Abend nicht verabredet, oder?«

Sie schüttelte den Kopf. »Ich glaube, ich gehe jetzt.« Sie nahm ihre Handtasche vom Telefontisch und ein durchsichtiges Cape aus dem Schrank vorn in der Diele. Es könnte regnen.

Tom begleitete sie zum Mercedes. »Übrigens, *chérie,* bitte kein Wort zu den Grais, dass jemand bei uns wohnt. Nichts über einen jungen Amerikaner. Sage schlicht und einfach, ich würde einen Anruf erwarten.«

Héloïse kam plötzlich ein Gedanke: »Kann es sein, dass du Billy *versteckst*? Als Gefälligkeit für Reeves?« Sie saß schon im Wagen, hatte die Scheibe heruntergelassen.

»Nein, Liebes. Reeves hat von Billy noch nie gehört. Der Junge ist nur ein amerikanischer Teenager, der für uns im Garten arbeitet. Aber du weißt doch, was für ein bürgerlicher Snob unser Antoine ist. ›Ein Gärtner – im Gästezimmer!‹ Mach dir einen schönen Abend.« Tom beugte sich hinab und küsste sie auf die Wange. »Versprochen?«, fügte er hinzu.

Er meinte damit: Kein Wort über Billy, und ihr gelassenes, amüsiertes Lächeln, ihr Kopfnicken zeigten ihm, dass sie genau das versprach. Sie wusste von den Gefälligkeiten, die Tom hin und wieder Reeves erwies; bei manchen ahnte sie, worum es ging, bei anderen nicht. Irgendwie bedeuteten sie Geld, das Tom verdiente oder jedenfalls erwarb, und das war nützlich. Tom hatte die großen Torflügel für sie geöffnet und winkte ihr nach, als sie hinausfuhr und nach rechts abbog.

Um Viertel nach neun an diesem Abend lag Tom ohne Schuhe auf dem Bett und las Franks Bericht, sein Manuskript:

Samstag, der 22. Juli, begann für mich wie jeder andere Tag. Nichts besonderes. Die Sonne schien, es war einer jener Tage, die alle wunderschön nennen, wenn sie das Wetter meinen. Mir kommt der Tag jetzt besonders seltsam vor, weil ich am Morgen nie geahnt hätte, wie er enden würde. Nichts war geplant. Ich weiß noch, wie mich Eugene so gegen drei fragte, ob ich Lust hätte, Tennis zu spielen – Besucher oder Gäste wären keine da, er hätte ein bisschen Zeit. Ich sagte Nein, warum, weiß ich nicht. Dann habe ich versucht, Teresa anzurufen, und ihre Mutter sagte, sie wäre weg, in Bar Harbor, und womöglich erst nach Mitternacht zurück. Ich wurde rasend eifersüchtig, fragte mich, mit wem sie ausgegangen war – ob mit einem oder vielen, das Gefühl blieb das gleiche. Ich nahm mir vor, am nächsten Tag auf jeden Fall nach New York zu fahren, selbst wenn ich unsere Stadtwohnung nicht ohne Weiteres nutzen konnte – sie ist im Sommer geschlossen, die Möbel sind verhängt und so weiter. Ich würde Teresa anrufen und sie überreden, in die Stadt zu kommen: Wir könnten uns entweder für ein paar Tage ein Hotelzimmer nehmen, oder sie würde bei mir im Apartment wohnen. Ich wollte einfach den nächsten Schritt tun, und New York schien mir eine tolle Idee, etwas, auf das wir uns freuen könnten. Ich hätte an dem Tag schon in der Stadt sein können, wenn mein Vater nicht gewollt hätte, dass ich mich mit einem Kerl namens Bumpstead oder so ähnlich »unterhalte«, der einige Wochen in Hyannisport Urlaub machen wollte. Dieser Bumpstead wäre Geschäftsmann für irgendwas, sagte mein Dad, um die dreißig. Er dachte sicher, dreißig wäre jung genug, mich zu bekehren. Zu seinem Leben, zum Geschäftemachen. Der Typ sollte am nächsten Tag kommen. Er kam aber nicht, wegen dem, was passiert ist.

(Hier hatte der Junge zum Kugelschreiber gegriffen.)

Ich aber habe versucht, an Wichtigeres zu denken, an mein ganzes Leben, wenn das geht. Ich wollte die Bilanz meines Lebens ziehen, wie das in Somerset Maughams Die halbe Wahrheit *heißt, das ich als Taschenbuch habe. Aber ich weiß nicht, wie weit mir das gelungen ist. Ich hatte einige Kurzgeschichten von Maugham gelesen (sehr gut) – es war, als hätte er auf wenigen Seiten alles verstanden. Und ich dachte,* wozu *lebe ich, so als müsste mein Leben selbstverständlich einen Sinn haben, was ja nicht stimmt. Ich überlegte, was ich vom Leben wollte, und mir fiel nur Teresa ein, denn ich bin so glücklich, wenn ich bei ihr bin, und sie ist es anscheinend auch, und ich dachte, wenn wir zwei zusammen wären, dann würden wir schon irgendwann das finden, was man Sinn nennt oder Glück oder Zukunft. Ich weiß, ich will glücklich sein, und ich denke, jeder sollte glücklich sein und nicht von irgendwas oder irgendwem eingeschränkt werden. Damit meine ich, durch die Lebensumstände oder in der Art, wie er leben will. Aber*

(Das »Aber« hatte er durchgestrichen und auf der Maschine weitergeschrieben.)

Ich weiß noch, wie nach dem Mittagessen – Tal war bei uns, der Freund meiner Mutter – mein Vater wie immer von der Standuhr unten in der Diele anfing, die er reparieren lassen wollte. Seit etwa einem Jahr steht sie. Dad hat ständig davon gesprochen, aber er traute keinem Handwerker hier in der Gegend und wollte sie nach New York einschicken. Die Uhr ist ein altes Erbstück seiner Familie. Beim Essen habe ich mich gelangweilt. Meine Mutter und Tal haben viel gelacht, doch über ihre eigenen Witze und über Leute aus NY, *die sie kennen.*

Nach dem Essen hörte ich, wie mein Vater in der Bibliothek mit Tokio sprach – er brüllte ins Telefon. Ich habe einfach abgeschaltet und in der Diele gewartet. Mein Vater meinte, er hätte mir etwas zu sagen. Letztlich nicht mehr, als dass ich am Abend gegen sechs zu ihm in die Bibliothek kommen sollte. Ich dachte, das hätte er mir auch beim Essen sagen können. Dann ging ich wütend auf mein Zimmer. Die anderen spielten Krocket auf dem Rasen neben dem Haus.

Ich kann meinen Vater nicht ausstehen, das gebe ich zu, und wie ich gehört habe, geht es vielen nicht anders mit ihren Vätern. Das heißt nicht, dass man seinen Vater töten muss. Ich glaube, ich kann noch immer nicht begreifen, was ich getan habe, und deshalb kann ich mich mehr oder weniger normal verhalten, wie jeder andere, selbst wenn das eigentlich unmöglich sein sollte und es in mir ganz anders aussieht: Ich fühle mich gehemmt und angespannt und werde vielleicht niemals darüber wegkommen. Darum habe ich beschlossen, nachdem ich es getan hatte, T. R. aufzusuchen – aus irgendeinem Grund war ich gespannt, ihn kennenzulernen. Zum Teil wohl wegen des Rätsels um die Derwatts. Meine Familie besitzt einen, und vor ein paar Jahren, als der Verdacht auftauchte, einige seiner Bilder wären gefälscht, hat sich mein

Vater dafür interessiert. Damals war ich etwa 14. In den Zeitungen wurden mehrere Namen genannt, vor allem von Engländern aus London – Derwatt lebte in Mexiko. Ich habe damals viel über Spionage gelesen und fand das faszinierend, bin in die große New Yorker Stadtbibliothek gegangen und habe im Zeitungsarchiv die Artikel über diese Leute studiert wie ein Privatdetektiv bei seinen Ermittlungen. Die Einträge über T. R. fand ich am interessantesten: Ein Amerikaner in Europa, hat in Italien gelebt – da stand etwas von einem Freund, der ihm nach dem Tod sein ganzes Vermögen hinterlassen hat, also muss er ihn gemocht haben, und noch etwas über einen verschollenen Amerikaner namens Murchison, in Verbindung mit dem Rätsel um die Derwatts. Der Mann war nach einem Besuch in T. R. s Haus verschwunden. Ich dachte, auch T. R. könnte jemand umgebracht haben, möglich wäre es jedenfalls, trotzdem wirkte er auf den beiden Fotos in den Zeitungsberichten, die ich eingesehen habe, nicht hart oder überheblich. Er sah ganz gut aus, schien gar nicht grausam. Und ob er jemanden getötet hatte, ließ sich anscheinend nicht schlüssig beweisen.

(Ab hier hatte Frank wieder den Kugelschreiber genommen.)

An jenem Tag dachte ich nicht zum ersten Mal: Warum sollte ich Teil des alten Systems werden, das sogar die Ratten, die Teil dieses Systems geworden waren, tötete? Oder doch wenigstens viele von ihnen schon umgebracht hatte und noch umbringen würde, durch Selbstmorde, Nervenzusammenbrüche oder einfach durch Wahnsinnigwerden? Johnny hatte sich bereits rundweg verweigert – er ist älter als ich und musste also wissen, was er tat. Warum sollte ich nicht ihm folgen statt meinem Vater?

Dies ist ein Geständnis, und nur einem gegenüber, T. R., bekenne ich hiermit, dass ich meinen Vater getötet habe. Ich habe seinen Rollstuhl von der Klippe gestoßen. Manchmal kann ich es nicht glauben, aber ich weiß, ich habe es getan. Ich habe von Feiglingen gelesen, die vor ihrer Tat davonlaufen. So will ich nicht werden. Manchmal kommt mir ein grausamer Gedanke: Mein Vater hat lange genug gelebt. Er war kalt und grausam zu Johnny und mir – meistens jedenfalls. Okay, er konnte mal so und mal so sein. Doch er hat versucht, uns zu brechen oder zu anderen Menschen zu machen. Er hatte sein Leben gelebt, zwei Ehen, davor andere Frauen, jede Menge Geld, Luxus. In den letzten elf Jahren konnte er nicht mehr laufen, weil ihn ein »Geschäftsfeind« erschießen wollte. Wie schlimm ist das wirklich, was ich getan habe?

Diese Zeilen schreibe ich nur an T. R., denn er ist der einzige Mensch auf der Welt, dem ich das alles erzählen kann. Ich weiß, dass er mich nicht verabscheut, weil ich in diesem Augenblick unter seinem Dach wohne und er mir seine Gastfreundschaft gewährt.

Ich will frei sein und mich frei fühlen. Ich will einfach nur frei und ich selber sein, was immer das heißt. T. R.

ist frei, glaube ich, frei in seinen Anschauungen, ein freier Geist. Auch scheint er mir freundlich und höflich zu anderen Menschen. Ich denke, hier sollte ich Schluss machen. Vielleicht ist es genug.
Musik ist gut, jede Art von Musik, Klassik oder andere. Nicht eingesperrt zu sein, auf welche Art auch immer, das ist gut. Andere nicht zu gängeln, das ist gut.

Frank Pierson

Die Unterschrift war klar und leserlich; Frank hatte versucht, sie schwungvoll zu unterstreichen. Was er vermutlich sonst nicht tat.

Tom war gerührt, allerdings hatte er auf eine Schilderung ebenjenes Augenblicks gehofft, da der Junge seinen Vater in den Abgrund stieß. Hatte er sich zu viel erhofft? Hatte der Junge diesen Moment der Gewalt aus seinem Gedächtnis gelöscht, oder konnte er ihn einfach nicht in Worte fassen – denn das würde ebenso eine Analyse erfordern wie eine Beschreibung der konkreten Tat. Wahrscheinlich hinderte ihn ein gesunder Selbsterhaltungstrieb daran, in Gedanken zu jenem Augenblick zurückzukehren. Und Tom musste zugeben, dass er selbst wenig Wert darauf legte, die sieben oder acht Morde zu analysieren oder wieder zu durchleben, die er begangen hatte: Der erste war sicher der schlimmste gewesen, der Mord an Dickie Greenleaf, als er den jungen Mann mit einem Ruderblatt erschlagen hatte. Ein seltsames Geheimnis, und auch ein Grauen, lag stets darüber, einem anderen das Leben zu nehmen. Womöglich wollten die Menschen dem nicht ins Gesicht sehen, weil sie es einfach nicht verstanden. Wenn man Berufskiller war, dachte Tom, musste es leicht sein, jemanden umzubringen – ein Bandenmitglied auszuschalten oder einen politischen Gegner, den man nicht kannte. Er aber hatte Dickie sehr gut gekannt, und Frank seinen Vater auch. Daher kam womöglich die Bewusstseinslücke des Jungen. Jedenfalls hatte er nicht vor, ihn weiter auszufragen.

Andererseits würde der Junge gespannt sein zu hören, was Tom von seinem Bericht hielt, würde wahrscheinlich ein lobendes Wort wollen, wenigstens für seine Ehrlichkeit, und Tom spürte, dass Frank sich darum ernsthaft bemüht hatte.

Jetzt saß der Junge im Wohnzimmer. Nach dem Abendessen hatte Tom den Fernseher für ihn eingeschaltet, aber Frank hatte sich offenbar gelangweilt (was an einem Samstagabend mehr als wahrscheinlich war), denn er hatte wieder Lou Reed gespielt, wenn auch nicht so laut wie Héloïse. Tom ging hinunter. Den Bericht ließ er liegen.

Der Junge lag auf dem gelben Sofa, die Füße sorgsam über die Seitenlehne gestreckt, um den Satin nicht zu beschmutzen, die Hände hinter dem Kopf verschränkt und die Augen geschlossen. Er hatte Tom nicht einmal herunterkommen hören. Oder war er eingeschlafen?

»Billy?«, sagte Tom. Wieder versuchte er, sich das »Billy« einzuprägen, für den Fall, dass es nötig sein sollte. Wie lang würde das sein?

Sofort setzte sich der Junge auf. »Ja, Sir?«

»Ich finde sehr gut, was du bislang geschrieben hast. Soweit ist es interessant.«

»Ach ja? – Und was meinen Sie mit ›soweit‹?«

»Ich hatte gehofft …« Tom warf einen Blick zur Küche hinüber, sah aber durch die angelehnte Tür, dass dort kein Licht mehr brannte. Dennoch, er hatte beschlossen, nicht weiter zu bohren. Warum einem Sechzehnjährigen die eigenen Gedanken aufzwingen? »Aber der Augenblick der Tat, als du zum Rand der Klippe vorgestürzt bist …«

Der Junge schüttelte kurz den Kopf. »Kaum zu glauben, dass ich nicht mit hinabgestürzt bin. Das muss ich oft denken.«

Tom glaubte das wohl, aber das meinte er nicht, sondern die Erkenntnis, dass er dem Leben eines Menschen ein Ende gesetzt hatte. Wenn der Junge diesem Mysterium oder der damit verbundenen Verwirrung bislang hatte entfliehen können – umso besser vielleicht, denn was nützte es, darüber zu brüten, es schließlich und endlich gar zu verstehen? War das überhaupt möglich?

Frank wartete auf ein weiteres Wort von Tom, doch der schwieg.

»Haben Sie je einen Menschen getötet?«, fragte er.

Tom trat näher ans Sofa, um sich zu entspannen, aber auch, um weiter von Madame Annettes Zimmer wegzukommen. »Ja, das habe ich.«

»Mehr als einen?«

»Ehrlich gesagt, ja.« Der Junge musste sein Dossier im Zeitungsarchiv der New Yorker Bibliothek ziemlich gründlich durchforstet und sich außerdem seine eigenen Gedanken gemacht haben. Verdächtigungen, Gerüchte, mehr war da nicht, das wusste Tom; nie war er direkt beschuldigt worden. Bei Bernard Tufts' Tod, einem Sturz von einem Felsen bei Salzburg, war Tom einer Anklage nur knapp entgangen, knapper als je zuvor – was merkwürdig war, denn Bernard, Friede seiner verwirrten Seele, hatte Selbstmord begangen.

»Ich glaube, ich habe noch gar nicht ganz begriffen, was ich getan habe.« Franks Flüstern war kaum vernehmbar. Nun ruhte sein linker Unterarm auf der Sofalehne, eine entspanntere Haltung als kurz zuvor, dabei war er alles andere als entspannt. »Begreift man es jemals wirklich?«

Tom zuckte die Achseln. »Vielleicht ertragen wir das nicht.« Das »wir« hatte für ihn in diesem Moment eine besondere Bedeutung: Er sprach nicht mit einem Berufskiller, und er hatte etliche getroffen.

»Ich habe diese Platte wieder aufgelegt, hoffentlich stört es Sie nicht. Teresa und ich haben sie oft gehört. Wir haben sie beide, deshalb …«

Der Junge konnte nicht weitersprechen, doch Tom verstand, und er war froh, auf Franks Gesicht eher etwas wie Selbstvertrauen zu sehen, ja sogar ein schwaches Lächeln, als die Tränen eines bevorstehenden Zusammenbruchs. Warum rufst du Teresa nicht gleich einmal an, wollte er sagen, stellst die Musik laut und sagst ihr, dass es dir gut geht und du nach Hause kommst? Doch das hatte er ihm schon gesagt, und es hatte zu nichts geführt. Tom zog einen Polstersessel heran. »Weißt du, Frank, wenn dich niemand verdächtigt, gibt es keinen Grund, dich zu verstecken. Vielleicht kannst du jetzt, da du alles aufgeschrieben hast, nach Hause zurückkehren – und zwar schon bald. Meinst du nicht?«

Der Junge sah Tom in die Augen. »Ich muss einfach noch ein paar Tage bei Ihnen bleiben. Ich werde arbeiten, okay?

Ich will hier niemandem zur Last fallen. Aber vielleicht denken Sie, ich bringe Sie irgendwie in Gefahr?«

»Nein.« Tom dachte das manchmal, doch wodurch, hätte er nicht genau sagen können, nur dass der Name Pierson gefährlich war, weil er bei Entführern Interesse weckte. »Bis nächste Woche besorge ich dir einen neuen Pass. Auf einen anderen Namen.«

Frank lächelte wie über ein unerwartetes Geschenk. »Wirklich? Wie machen Sie das?«

Wieder warf Tom einen überflüssigen Blick zur Küche hinüber. »Fahren wir am Montag nach Paris, wegen eines neuen Fotos. Der Pass wird in – Hamburg angefertigt.« Gewöhnlich gab er Reeves Minot, seine Hamburger Verbindung, nicht preis. »Ich habe ihn heute bestellt. Der Anruf beim Essen. Du bekommst einen amerikanischen Pass auf einen anderen Namen.«

»Toll!«, sagte Frank.

Der nächste Song ertönte, ein anderer, einfacherer Rhythmus. Tom beobachtete den Jungen, sein verträumtes Gesicht. Ob er an die neue Identität dachte, die er bekommen würde, oder an das hübsche Mädchen, Teresa? »Ist Teresa auch in dich verliebt?«, fragte Tom.

Frank zog einen Mundwinkel hoch, fast zu einem schiefen Grinsen. »Sie sagt es nicht direkt. Einmal schon, doch das war vor Wochen. Aber da sind ein paar andere Typen – nicht dass sie die mag, doch sie sind immer da. Ich weiß das, weil ihre Familie ein Haus bei Bar Harbor hat – ich glaube, das sagte ich schon – und eine Wohnung in der Stadt. Ist besser, ich rede nicht groß über meine Gefühle, weder mit ihr noch mit sonst wem. Doch sie weiß Bescheid.«

»Ist sie deine einzige Freundin?«

»O ja.« Frank lächelte. »Zwei Mädchen gleichzeitig gern zu haben, das kann ich mir nicht vorstellen. Vielleicht für sie zu schwärmen. Aber mehr eigentlich nicht.«

Tom überließ ihn seiner Musik.

Er lag im Pyjama auf dem Bett und las Christopher Isherwoods *Christopher and his Kind*, als er hörte, wie ein Auto in Belle Ombres Vorhof einbog. Héloïse. Tom sah auf die Uhr: fünf Minuten vor Mitternacht. Frank war immer noch unten, spielte seine Platten, wohl wie in Trance, einer ganz eigenen und hoffentlich glücklichen. Der Motor heulte auf und erstarb. Tom wurde klar, dass es nicht Héloïse sein konnte. Er sprang auf, griff nach seinem Morgenmantel und schlüpfte auf dem Weg nach unten hinein. Er öffnete die Haustür einen Spaltweit und sah Antoine Grais' cremeweißen Citroën auf dem Kies vor den Stufen stehen. Héloïse stieg gerade auf der Beifahrerseite aus. Tom zog die Tür zu und schloss ab.

Im Wohnzimmer war Frank besorgt aufgestanden.

»Schnell nach oben«, sagte Tom. »Es ist Héloïse, sie hat einen Besucher mitgebracht. Lauf einfach nach oben, und schließ die Tür.«

Der Junge rannte die Treppe hinauf.

Tom war auf dem Weg zur Tür, als Héloïse die Klinke niederdrückte. Tom schloss auf, sie trat ein, gefolgt von Antoine, der jovial lächelte. Er sah die Treppe hinauf. Ob er etwas gehört hatte? »Wie geht es Ihnen, Antoine?«, fragte Tom.

»*Tomme,* das war ganz komisch!« Héloïse sprach französisch. »Der Wagen wollte eben einfach nicht anspringen.

Also war Antoine so nett, mich nach Hause zu fahren. Kommen Sie herein, Antoine! Er meint, es ist nur die –«

Antoines Bariton unterbrach sie. »Ich glaube, es ist die Verbindung vom Zündkabel zur Batterie. Habe nachgeschaut. Man braucht nur einen großen Schraubenschlüssel und eine Feile, zum Saubermachen. Aber ich habe keinen großen Schraubenschlüssel, haha! Und wie geht es Ihnen, *Tomme*?«

»Bestens, danke.« Nun standen sie im Wohnzimmer, wo noch die Platte lief. »Antoine, darf ich Ihnen etwas anbieten?«, fragte Tom. »Nehmen Sie Platz.«

»Ah, kein Cembalo mehr.« Antoine meinte den Plattenspieler. Er schnüffelte, wie um Parfümduft zu wittern. Sein schwarzes Haar war grau meliert, sein Körper untersetzt. Er drehte sich auf den Zehenspitzen.

»Was ist gegen Rock zu sagen?«, fragte Tom. »Ich hoffe doch, mein Musikgeschmack ist nicht zu exzentrisch.« Tom sah Antoines Blick durch das Wohnzimmer schweifen, womöglich auf der Suche nach einem Hinweis, wer da gerade die Treppe hinaufgerannt war, und musste an den langweiligen Streit denken, in den er mit ihm über das Centre Pompidou (oder Beaubourg) geraten war, ein hellblaues Gebäude mit Strukturelementen, die Gummischläuchen glichen. Tom fand es abscheulich. Antoine hatte es mit den Worten verteidigt, es sei »zu neu«, als dass Toms ungebildetes Auge – so die Andeutung – seinen Wert einschätzen könne.

»Sie haben Besuch? Pardon, wenn ich störe«, sagte Antoine. »Mann oder Frau?« Witzig gemeint, doch seine Neugier hatte etwas Bösartiges.

Tom hätte ihm mit Vergnügen eine reingehauen, lächelte aber nur dünn und sagte: »Raten Sie mal.«

Héloïse war in der Küche verschwunden, kam jedoch gleich darauf mit einem kleinen Kaffee für Antoine zurück. »Bitte, Antoine. *De la force* für die Rückfahrt.«

Der enthaltsame Antoine trank höchstens ein Glas Wein zum Abendessen.

»Setzen Sie sich, Antoine.«

»Nein, meine Liebe, es geht schon.« Er nippte am Kaffee. »Wir haben Licht in Ihrem Zimmer gesehen, wissen Sie, und im Wohnzimmer auch, da bin ich einfach mit hereingekommen.«

Tom nickte höflich, wie eine Spielzeugente. Dachte der Mann etwa, soeben sei ein Mädchen oder ein Junge in sein Schlafzimmer geflüchtet und Héloïse wisse davon? Tom verschränkte die Arme; die Platte war zu Ende.

»*Tomme* fährt mich morgen nach Moret, Antoine«, sagte Héloïse. »Wir geben dem Automechaniker Bescheid und fahren ihn zu Ihnen nach Hause, wegen des Wagens. Marcel. Kennen Sie ihn?«

»Gut, Héloïse.« Antoine stellte die Kaffeetasse ab, effizient wie immer, selbst wenn es darum ging, heißen Kaffee schnell zu trinken. »Jetzt muss ich aber los. Gute Nacht, *Tomme*.«

An der Tür tauschten Antoine und Héloïse französische Küsse aus, auf die Wangen, einmal, zweimal. Tom hasste das. Keine *French kisses* im amerikanischen Sinn, bestimmt nicht – sie waren alles andere als sexy, einfach nur lächerlich. Hatte Antoine die Beine des Jungen sehen können, als der die Treppe hinauflief? Tom glaubte nicht. »Also, Antoine denkt, ich könnte eine Freundin haben!«, lachte Tom leise, als Héloïse die Tür geschlossen hatte.

»Aber natürlich nicht! Doch warum versteckst du Billy?«

»Nicht ich verstecke ihn, er versteckt sich. Selbst Henri meidet er. Ausgerechnet den! Na, jedenfalls kümmere ich mich um den Mercedes, *chérie*. Dienstag.« Vorher ging es nicht: Morgen war Sonntag, und montags blieb ihre Autowerkstatt geschlossen, da sie, wie üblich in Frankreich, samstags geöffnet hatte.

Héloïse streifte ihre hochhackigen Schuhe ab.

»Netter Abend? Irgendwelche anderen Gäste?« Tom steckte die Platte zurück in die Hülle.

»Ein Paar aus Fontainebleau, er ist auch Architekt, jünger als Antoine.«

Tom hörte kaum hin. Er dachte an Franks Bericht auf seinem Tisch, dort, wo sonst die Schreibmaschine stand. Héloïse ging die Treppe hinauf. Meistens benutzte sie sein Bad, nun da der Junge im Gästezimmer schlief. Tom aber stellte weiter die Platten weg. Nur eine noch. Héloïse würde nicht stehen bleiben und sich irgendwelche Papiere auf seinem Schreibtisch ansehen. So war sie nicht. Tom löschte das Licht im Wohnzimmer, schloss die Haustür ab und ging nach oben. Héloïse war in ihrem Zimmer, zog sich wohl gerade aus. Er nahm die Blätter des Jungen, heftete sie mit einer Büroklammer zusammen und legte sie in die Schublade oben rechts. Dann überlegte er es sich anders und steckte sie in eine Mappe mit der Aufschrift »Persönliches«. Der Junge würde sie loswerden müssen, ganz gleich, wie literarisch wertvoll sie sein mochten, dachte Tom: Er würde sie verbrennen, gleich morgen. Natürlich mit Franks Zustimmung.

7

Tags darauf nahm Tom den Jungen mit auf einen Sonntagsausflug in die Wälder westlich von Fontainebleau, wo Frank noch nie gewesen war, in ein Gebiet, wohin sich nur selten Wanderer oder Touristen verirrten. Héloïse wollte nicht mitkommen, sondern lieber in der Sonne liegen und einen Roman lesen, den Agnès Grais ihr geliehen hatte. Sie war blond, wurde aber erstaunlich schnell braun. Héloïse übertrieb es nie mit dem Sonnenbaden, doch manchmal wurde ihre Haut eine Spur dunkler als ihr Haar. Vielleicht eine günstige Genmischung: Ihre Mutter war blond und ihr Vater augenscheinlich brünett, denn sein Haar, oder was davon übrig war, bildete einen dunkelbraunen, innen grauen Kranz um seinen Kopf, was ihm in Toms Augen etwas Heiliges verlieh, obwohl nichts ferner lag als das.

Gegen Mittag fuhr Tom mit Frank nach Larchant, einem verschwiegenen Dorf mehrere Kilometer westlich von Villeperce. Die Kathedrale von Larchant war seit dem zehnten Jahrhundert etliche Male bis auf die Mauern niedergebrannt. Die kleinen Häuser in den kopfsteingepflasterten Gassen drängten sich eng zusammen; sie wirkten wie Häuschen aus Kinderbüchern, für Erwachsene fast zu klein, und brachten Tom auf den Gedanken, es könnte reizvoll sein, wieder allein zu leben. Doch wann hatte er jemals allein gelebt? In der Kindheit bei der verfluchten, tattrigen Tante Dottie – nur in Geldsachen war sie noch ganz klar –, bis er mit sechzehn ihr Haus in Boston verlassen hatte; dann zwischendurch in schmuddeligen Absteigen Manhattans, bis er wieder bei wohlhabenderen Freunden unterkommen konnte, die ein freies Zimmer hatten oder eine Couch im Wohnzimmer. Und dann Mongibello und Dickie Greenleaf – damals war er sechsundzwanzig gewesen. Warum sollte ihm all das durch den Kopf gehen, während er im Innern der Kathedrale von Larchant zur cremeweißen und staubgrauen Decke hinaufstarrte?

Bis auf sie beide war die Kirche leer. Nach Larchant kamen so wenige Touristen, dass Tom nicht fürchten musste, der Junge könne erkannt werden. Das wäre zum Beispiel im Schloss von Fontainebleau mit seinen Besuchern aus aller Welt anders gewesen. Außerdem hatte Frank das *château* wahrscheinlich schon gesehen. Tom fragte nicht nach.

An einem unbewachten Schalter vor der Tür nahm sich Frank ein paar Postkarten von der Kathedrale und steckte pflichtschuldig den geforderten Betrag in den Schlitz eines Holzkastens. Als er sah, dass er die Hand immer noch voller Münzen hatte, warf er den ganzen Rest ein, Francs wie Centimes.

»Geht deine Familie zur Kirche?«, fragte Tom, als sie über das steile Kopfsteinpflaster zum Wagen hinabschlenderten.

»Nein, nein«, sagte Frank. »Mein Vater meinte immer, die Kirche wäre kulturell unserer Zeit hinterher, und meine Mutter findet es einfach nur langweilig. Keine zehn Pferde kriegen sie dahin.«

»Liebt deine Mutter Tal?«

Frank sah ihn kurz an und lachte. »Lieben? Meine Mutter lässt sich nichts anmerken. Vielleicht schon. Doch sie wäre nie so dumm, das zu zeigen. Sie war nämlich Schauspielerin. Ich glaube, sie kann auch im wirklichen Leben Rollen spielen.«

»Magst du Tal?«

Frank zuckte die Achseln. »Er ist ganz in Ordnung, denke ich. Gibt Schlimmere. Sportlicher Typ, sehr stark für einen Anwalt. Wissen Sie, ich kümmere mich nicht groß um die zwei.«

Tom war noch immer neugierig, ob die Mutter Talmadge Stevens heiraten könnte, doch was ging ihn das an? Frank war wichtiger, und soweit er sehen konnte, machte sich der Junge nichts aus dem Geld seiner Familie – auch für den Fall, dass seine Mutter und Tal aus irgendeinem Grund beschließen sollten, ihn zu enterben, vielleicht sogar, weil sie ihn des Vatermords verdächtigten.

»Was du geschrieben hast«, sagte Tom, »sollten wir vernichten. Gefährlich, so etwas zu behalten, findest du nicht?«

Der Junge gab Acht, wohin er auf dem Buckelpflaster trat. Er zögerte. »Ja«, sagte er dann bestimmt.

»Sollte jemand das finden, könntest du nicht sagen, es wäre eine Kurzgeschichte, nicht mit all diesen Namen darin.« Natürlich könnte er das, dachte Tom, doch ein bisschen verrückt wäre es schon. »Oder spielst du etwa mit dem Gedanken, alles zu gestehen?«, fragte Tom. Schon sein Ton deutete an, das wäre völliger Wahnsinn und käme gar nicht infrage.

»O nein, sicher nicht.«

Die starke Verneinung gefiel Tom. »Na gut. Mit deiner Erlaubnis werde ich diese Blätter heute Nachmittag verschwinden lassen. Möchtest du sie noch mal lesen?« Tom öffnete die Wagentür.

Der Junge schüttelte den Kopf. »Ich glaube nicht. Bin alles hinterher einmal durchgegangen.«

Nach dem Mittagessen in Belle Ombre ging Tom hinaus in den Garten (Héloïse übte am Cembalo im Wohnzimmer, wo der Kamin war). Den Bericht hielt er doppelt gefaltet in der Hand. Frank arbeitete beim Gewächshaus mit dem Spaten, in den Jeans, die Madame Annette in der Maschine für ihn gewaschen und sogar gebügelt hatte. Tom verbrannte die Blätter hinten im Garten, in einer Ecke unweit des Waldes.

Am Abend fuhr er kurz vor acht nach Moret, um Minots Freund Eric Lanz vom Bahnhof abzuholen. Der Junge wollte mit hinfahren und zurück laufen; er bestand darauf, er könne Belle Ombre zu Fuß erreichen. Tom stimmte widerstrebend zu. Vor der Abfahrt hatte er zu Héloïse gesagt: »Billy isst heute Abend auf seinem Zimmer. Er will kein fremdes Gesicht sehen, und ich möchte auch nicht, dass dieser Freund von Reeves ihn trifft.« – »Ach nein?«, hatte Héloïse gesagt. »Und warum nicht?« – »Weil er versuchen könnte, Billy für einen kleinen Auftrag zu ködern. Ich will den Jungen nicht in Schwierigkeiten bringen, selbst wenn der Job gut bezahlt wird. Du kennst doch Reeves und seine Kumpane.« Allerdings. Oft hatte Tom ihr erklären müssen, Reeves sei manchmal wirklich nützlich, was bedeuten mochte (und bedeutet hatte), dass Reeves ihm Gefälligkeiten erweisen konnte, die er gelegentlich dringend brauchte, etwa einen neuen Pass zu besorgen, ein sicheres Haus in Hamburg oder als Mittelsmann aufzutreten. Manchmal verstand Héloïse nur die Hälfte von dem, was vor sich ging, die andere Hälfte dagegen wollte sie nicht verstehen. Und das war gut so – auch in dieser Hinsicht konnte ihr neugieriger Vater nicht viel aus ihr herausbekommen.

An einer Lichtung neben der Straße fuhr Tom rechts heran und hielt. »Ein Kompromiss, Billy: Du bist drei, vier Kilometer von Belle Ombre, das ist ein schöner Spaziergang. Ich will dich nicht bis nach Moret mitnehmen.«

»In Ordnung.« Der Junge wollte schon die Tür öffnen.

»Moment. Und das noch.« Tom zog eine flache Dose aus der Hosentasche: Abdeckcreme, die er aus Héloïses Zimmer entwendet hatte. »Ich will nicht, dass man dieses Muttermal sieht.« Er verrieb ein bisschen Creme auf der Wange des Jungen.

Frank grinste. »Damit komm ich mir dämlich vor.«

»Behalte das Zeug. Héloïse wird's nicht vermissen, sie hat so viel anderes Make-up. Ich fahre einen Kilometer zurück.« Tom wendete. Kaum Verkehr auf der Straße.

Der Junge schwieg.

»Ich will, dass du zu Hause bist, bevor ich zurückkehre. Du darfst nicht später durch die Haustür hereinkommen, das geht nicht.« Tom hielt nur einen Kilometer vor Belle Ombre. »Angenehmen Spaziergang. Madame Annette hat dein Abendessen in meinem Zimmer aufgetragen oder wird das noch tun. Ich hab ihr gesagt, du willst früh ins Bett. Bleib auf dem Zimmer. Alles klar, Billy?«

»Ja, Sir.« Der Junge lächelte, winkte und machte sich auf den Weg nach Belle Ombre.

Tom wendete wieder und fuhr nach Moret. Er erreichte den Bahnhof, als der Zug aus Paris gerade seine Fahrgäste ausspie. Tom war nicht ganz wohl, weil Eric Lanz wusste, wie er aussah, während er keine Ahnung hatte. Langsam ging er zum Ausgangstor, wo ein kleiner Fahrkartenkontrolleur, der eine schäbige Uniform und eine Schirmmütze trug, sich über jede Fahrkarte beugte – und das, obwohl drei Viertel der französischen Passagiere als Studenten, Senioren, öffentliche Bedienstete und Kriegsversehrte sowieso zum halben Preis fuhren. Kein Wunder, dass die französische Bahn stets kurz vor dem Bankrott stand. Tom steckte sich eine Gauloise an und blickte zum Himmel hinauf.

»Misster …«

Vom blauen Himmel sah Tom hinab in das lächelnde Gesicht eines eher kleinen Mannes mit rosigen Lippen und schwarzem Schnurrbart. Er trug ein scheußliches kariertes Jackett und einen grell gestreiften Schlips, dazu eine Brille mit runden, schwarz gefassten Gläsern. Tom wartete und schwieg. Der Mann wirkte gar nicht deutsch, doch man konnte nie wissen.

»Tom?«

»Tom, ja.«

»Eric Lanz.« Er deutete eine Verbeugung an. »Vielen Dank, dass Sie mich abholen.« Eric trug zwei braune Kunststofftaschen, die so klein waren, dass sie im Flugzeug als Handgepäck durchgehen könnten. »Ich soll Sie von Reeves grüßen!« Tom wies auf seinen Wagen, und auf dem Weg dorthin wurde Lanz' Lächeln breiter. Er sprach mit leichtem deutschem Akzent.

»Hatten Sie eine angenehme Reise?«

»Ja, und ich genieße es immer, in Frankreich zu sein!«, sagte Eric Lanz, als betrete er den Strand an der Côte d'Azur oder das prächtige Museum einer französischen Stadt.

Aus irgendeinem Grund war Tom sauer, doch was machte das schon? Er würde höflich zu dem Mann sein, ihm Abendessen, ein Bett und Frühstück anbieten – was konnte Lanz mehr verlangen? Der Deutsche wollte die Reisetaschen weder hinten im Kofferraum noch vor der Rückbank des Renault Kombi verstauen, sondern stellte sie zu seinen Füßen ab. Tom fuhr zügig los, Richtung Belle Ombre.

»Aaah …« Lanz riss sich den Schnurrbart ab. »Schon besser. Und dann diese Groucho-Marx-Dinger!«

Tom sah mit einem Seitenblick, dass er die Brille abnahm.

»Dieser Reeves! Einfach zu viel, *too much,* wie die Engländer sagen. Zwei Pässe, und das für so was!« Eric Lanz wechselte sie nun, nahm einen Pass aus der Innentasche seines Jacketts, kramte seinen Kulturbeutel ganz unten aus einer der scheußlichen Reisetaschen hervor und tauschte den Pass gegen einen anderen aus, der in einer Innentasche am Boden des Beutels versteckt war.

Auf dem Foto des Passes, der nun in seiner Jackentasche steckte, sah er sich vermutlich ähnlicher, dachte Tom. Wie hieß er richtig? War sein Haar wirklich schwarz? Was tat er, wenn er nicht Gelegenheitsaufträge für Reeves erledigte? Panzerschränke knacken? Juwelen stehlen an der Côte d'Azur? Tom fragte lieber nicht. »Sie leben in Hamburg?«, fragte er auf Deutsch, um höflich zu sein und die Sprache zu üben.

»Nein!« Auch auf Deutsch. »In West-Berlin. Mehr los, mehr Spaß!«, fuhr Eric auf Englisch fort.

Und auch mehr Geld für ihn, vermutete Tom, wenn dieser Kerl ein Kurier für Drogen oder illegale Einwanderer war. Was er wohl jetzt dabeihatte? Nur seine Schuhe waren hochwertig. »Morgen treffen Sie jemanden?«, fragte Tom, wieder auf Deutsch.

»Ja, in Paris. Morgen früh um acht sind Sie mich los, wenn es recht ist. Tut mir leid, aber Reeves konnte es nicht so arrangieren, dass der – Mann, den ich treffen soll, zum Flughafen kommt. Weil er noch nicht eingetroffen ist. Konnte nicht früher.«

Sie erreichten Villeperce. Da Lanz ihm durchaus nicht verschlossen vorkam, wagte Tom die Frage: »Haben Sie etwas für ihn dabei? Was, wenn ich so unverschämt sein darf?«

»Juwelen!« Eric Lanz unterdrückte ein Kichern. »Sehr schöne Stücke. Perlen – ich weiß, heutzutage will die keiner mehr, doch die hier sind echt. Und eine Halskette, Smaragde!«

Nicht schlecht, dachte Tom und schwieg.

»Sie mögen Smaragde?«

»Offen gesagt, nein.« Gerade die mochte Tom nicht, womöglich weil Héloïse mit ihren blauen Augen Grün nicht gefiel. Außerdem könnte er sich nichts aus einer Frau machen, die Grün oder Smaragde gerne trug.

»Ich wollte sie Ihnen zeigen. Es freut mich, hier zu sein.« Lanz klang erleichtert, als Tom durch das offene Tor von Belle Ombre fuhr. »Jetzt kann ich Ihr wunderbares Haus sehen, von dem mir Reeves erzählt hat.«

»Würden Sie bitte einen Augenblick hier warten?«

»Sie haben Gäste?« Lanz war sofort auf der Hut.

»Nein.« Tom zog die Handbremse an. Er hatte im Fenster seines Zimmers Licht gesehen: der Junge vermutlich. »Bin gleich wieder da.« Tom lief die Stufen zur Haustür hinauf und ging ins Wohnzimmer.

Héloïse lag bäuchlings auf dem gelben Sofa und las ein Buch, ihre bloßen Füße baumelten über der Armlehne. »Du bist allein?«, fragte sie überrascht.

»Nein, nein. Lanz wartet draußen. Ist Billy zurück?«

Sie drehte sich um und setzte sich auf. »Er ist oben.«

Tom ging zum Wagen, um den Mann zu holen. Er stellte Lanz seiner Frau vor, erbot sich dann, ihm sein Zimmer zu zeigen. Da kam Madame Annette ins Wohnzimmer, und Tom sagte: »Monsieur Lanz, Madame Annette. Keine Umstände, Madame, ich führe unseren Gast selbst auf sein Zimmer.«

Oben in dem Raum, der bis eben Franks Zimmer gewesen war und in dem sich nun nichts mehr von ihm fand, fragte er: »War das in Ordnung? Dass ich Sie meiner Frau als Eric Lanz vorgestellt habe?«

»Ha, ha, mein richtiger Name! Selbstverständlich, hier geht das in Ordnung.« Eric stellte seine Reisetaschen neben dem Bett ab.

»Gut«, sagte Tom. »Da ist das Bad. Kommen Sie bald herunter, dann trinken wir drei etwas.«

War es wirklich nötig gewesen, fragte sich Tom abends um zehn, dass Eric Lanz in seinem Haus übernachtete? Der Mann würde morgen den Neunuhrelf von Moret nach Paris nehmen und versicherte Tom, er komme auch per Taxi nach

Moret, wenn ihm das lieber sei. Tom wollte morgen mit dem Jungen nach Paris fahren, doch davon würde er dem Mann nichts sagen.

Beim Kaffee erzählte Lanz von Berlin, Tom hörte nur mit halbem Ohr hin. Jede Menge Spaß, Nachtleben vielerorts bis zum frühen Morgen, alle möglichen Leute, echte Typen, offene Menschen, alles war möglich. Nicht viele Touristen, nur die meist spießigen Ausländer, die Konferenzen besuchten. Ausgezeichnetes Bier. Lanz trank gerade ein Mützig, das es in Morets Supermarkt gab, und fand es besser als Heineken. »Aber für mich gibt's nur eins: Pilsner Urquell, vom Fass!« Anscheinend bewunderte er Héloïse und versuchte, sich vor ihr von seiner besten Seite zu zeigen. Tom hoffte, ihre Gegenwart werde ihn nicht so beflügeln, dass er ihr am Abend noch seine Juwelen zeigte. Das wäre komisch: einer hübschen Frau Schmuck vorzuführen und ihn gleich wieder wegzunehmen, weil er einem nicht gehörte.

Jetzt sprach Eric über die drohenden Streiks in der deutschen Industrie – falls es dazu käme, die ersten seit damals in den Jahren vor Hitler, wie er sagte. Er hatte etwas Umständliches an sich, etwas allzu Gefälliges. Zum zweiten Mal stand er auf, um das Schwarz und Elfenbein der Cembalotasten zu bewundern. Héloïse, die sich so langweilte, dass sie ein Gähnen unterdrücken musste, entschuldigte sich noch vor dem Kaffee.

»Angenehme Nacht, Monsieur Lanz. Schlafen Sie gut.« Sie lächelte und ging nach oben.

Lanz schaute ihr verträumt hinterher, als würde er gerne das Bett mit ihr teilen, für eine noch angenehmere Nacht.

Er war aufgestanden, fiel fast vornüber, verbeugte sich ein zweites Mal: »Madame!«

»Was macht Reeves?«, fragte Tom beiläufig. »Immer noch in derselben Wohnung?« Er lachte leise. Reeves Minot und Gaby, die im Haushalt aushalf, waren nicht dort gewesen, als in der Wohnung eine Bombe hochgegangen war.

»Ja, und er hat noch dieselbe Haushälterin, Gaby! Sie ist ein Schatz. Kennt keine Angst! Na ja, sie mag Reeves. Er bringt ein bisschen Aufregung in ihr Leben, verstehen Sie?«

Tom setzte sich auf. »Dürfte ich die Schmuckstücke sehen, die Sie erwähnten?« Wenigstens könnte er etwas für seine Bildung tun.

»Sicher.« Lanz stand wieder auf, warf einen Blick auf seine leere Kaffeetasse, das leere Drambuie-Glas. Den Letzten, hoffte Tom.

Sie gingen die Treppe hinauf ins Gästezimmer. Da war Licht unter der Tür von Toms Zimmer: Er hatte dem Jungen gesagt, er solle die Tür abschließen, und ging davon aus, dass Frank das auch getan hatte, weil es etwas Dramatisches hatte. Lanz öffnete eine der unförmigen Reisetaschen, kramte tief unten darin herum, in einem falschen Boden vielleicht, und zog ein zusammengefaltetes purpurrotes, samtartiges Tuch hervor, das er aufs Bett legte. Die Juwelen waren in das Tuch eingewickelt.

Das Halsband aus Diamanten und Smaragden ließ Tom kalt. Er hätte es nicht einmal gekauft, wenn es erschwinglich gewesen wäre, weder Héloïse noch sonst wem. Außerdem lagen da etliche Ringe, einer mit einem ziemlich großen Diamanten, ein anderer mit einem einzelnen Smaragd.

»Und dann diese beiden. Saphire.« Eric Lanz ließ das Wort auf der Zunge zergehen. »Woher sie kommen, verrate ich Ihnen nicht. Aber sie sind wirklich wertvoll.«

Ob Elizabeth Taylor wohl kürzlich ausgeraubt worden war? Tom fand es erstaunlich, dass die Leute eigentlich hässlichen, ja sogar abscheulich kitschigen Dingen wie diesem Halsband so viel Wert beimaßen. Ihm wäre ein Stich von Dürer oder ein Rembrandt lieber. Vielleicht besserte sein Geschmack sich allmählich. Hätte ihn dieser Schmuck mit sechsundzwanzig noch beeindruckt, als er mit Dickie Greenleaf in Mongibello lebte? Schon möglich, doch dann nur wegen des Geldwerts der Stücke. Und das war schlimm genug. Nun aber interessierte selbst ihr Wert ihn nicht mehr. Er hatte sich gebessert. Tom seufzte und sagte: »Sehr hübsch. Und Charles de Gaulle? Hat am Flughafen keiner in Ihre Taschen geschaut?«

Eric lachte verhalten. »Um mich kümmert sich keiner. Mit meinem verrückten Schnurrbart, den langweilenden – nein, langweiligen Klamotten, die alle billig und geschmacklos sind, beachtet mich niemand. Durch den Zoll kommen, sagt man, ist eine Frage der Technik, der Haltung. Ich habe die richtige Einstellung, nicht zu lässig, aber kein bisschen ängstlich. Darum nimmt Reeves mich gern – für so etwas, meine ich, Kurierdienste für ihn.«

»Und wohin gehen diese Klunker?«

Eric faltete das Purpurtuch wieder zusammen, die glänzende Seite nach innen. »Keine Ahnung. Ist nicht meine Sorge. Morgen treffe ich jemanden in Paris.«

»Wo?«

Nun lächelte Lanz: »In aller Öffentlichkeit. In Saint-

Germain. Aber wo und wann genau, sollte ich Ihnen lieber nicht sagen.« Er lachte neckisch.

Auch Tom lächelte, ihm war es gleich. Das hier war fast so dämlich wie die Sache mit dem italienischen Grafen Bertolozzi. Der Graf hatte in Belle Ombre übernachtet – mit einem Mikrofilm in seiner Zahnpastatube, von dem er nichts ahnte. Tom wusste noch, wie er auf Reeves' Bitte die Tube hatte stehlen müssen, und zwar aus dem Bad, das Lanz jetzt benutzte. »Haben Sie einen Wecker, Eric, oder soll ich Madame Annette bitten, Sie –«

»Oh, danke, einen Wecker habe ich. Ich denke, wir sollten kurz nach acht aufbrechen, ja? Ein Taxi würde ich ungern nehmen, doch wenn das zu früh für Sie ist …?«

»Kein Problem«, sagte Tom liebenswürdig. »Bei der Uhrzeit richte ich mich ganz nach Ihnen. Schlafen Sie gut.« Tom ging hinaus. Lanz würde gewiss finden, er habe seine Juwelen nicht gebührend bewundert.

Er merkte, dass er seinen Pyjama vergessen hatte. Und er schlief nicht gerne nackt – dafür war später in der Nacht noch Zeit, fand Tom, wenn man wollte. Zögernd klopfte er sachte mit den Fingerspitzen an die Tür seines Zimmers. Immer noch Licht unter der Tür. »Tom«, flüsterte er an der Türritze, als er den leichten Schritt des Jungen hörte. Wahrscheinlich war er barfuß.

Frank schloss auf und lächelte breit.

Tom legte den Finger auf die Lippen, trat ein, schloss hinter sich wieder ab und flüsterte: »*Pardon,* mein Pyjama.« Er holte ihn aus dem Bad, dazu seine Hausschuhe.

»Schläft er dort? Was ist er für einer?«, fragte der Junge, auf den Raum nebenan deutend.

»Egal. Morgen früh ist er weg, kurz nach acht. Du bleibst hier im Zimmer, bis ich aus Moret zurück bin. In Ordnung, Frank?« Tom sah, dass das Muttermal auf der rechten Wange des Jungen wieder hervortrat. Er musste gebadet oder sich gewaschen haben.

»Ja, Sir.«

»Gute Nacht.« Tom zögerte, dann gab er dem Jungen einen Klaps auf den Arm. »Bin froh, dass du heil zurück bist.«

»Gute Nacht, Sir.«

»Schließ ab!«, flüsterte Tom, schloss die Tür auf und trat hinaus, wo er wartete, bis der Riegel des Schlosses einschnappte. Unter der Tür des Deutschen sah er Licht, aus dem Bad hörte er leise Wasser einlaufen und eine Melodie, die der Mann summte. Tom erkannte sie: *Frag nicht, warum ich weine,* eine süße, kleine, sentimentale deutsche Schnulze. Er krümmte sich vor stummem Lachen.

An Héloïses Tür blieb er stehen. Auf einmal fragte er sich, ob und wann Johnny Pierson mit einem Privatdetektiv in Frankreich auftauchen würde, um nach seinem Bruder zu suchen. Das war ein lästiges kleines Problem: Wäre es nicht möglich, dass morgen, wenn er mit dem Jungen irgendwo um die amerikanische Botschaft unterwegs sein wollte (das Viertel war ideal für Passfotos), Johnny gleichzeitig in der Botschaft nach dem Verbleib seines Bruders fragte? Aber warum sich im Voraus den Kopf zerbrechen, sagte sich Tom. Und wenn es doch dazu kam? Warum sollte er so eifrig über Frank wachen, nur weil der sich verstecken wollte? Wurde er allmählich wie Minot mit seinen Räuberpistolen? Tom klopfte leise an Héloïses Tür.

»Herein«, sagte sie.

Am nächsten Morgen fuhr Tom Eric Lanz, immer noch ohne Schnurrbart, zum 9:11-Zug nach Moret. Lanz war bester Laune, sprach über das Ackerland, durch das sie fuhren, über den Futtermais für das Vieh und die rundum subventionierte Ineffizienz französischer Landwirte.

»Dennoch ist es schön, in Frankreich zu sein. Ich werde mir ein paar Kunstausstellungen ansehen, denn mein Treffen wird schon um – wird schon früh zu Ende sein.«

Tom war es gleich, wann Lanz sich traf, doch hatte er überlegt, mit Frank ins Centre Beaubourg zu gehen, zu einer großen Ausstellung, die dort gerade lief, »Paris–Berlin«, und es wäre ein verdammt unangenehmer Zufall, dort Lanz zu treffen, denn der Mann könnte von Frank Piersons Verschwinden gehört haben. Eigenartig, dass bislang keine Zeitung auch nur angedeutet hatte, der Junge könnte entführt worden sein. Andererseits warteten Entführer in der Regel nicht lange damit, ihre Lösegeldforderungen bekannt zu geben. Offenbar glaubte die Familie, Frank sei weggelaufen und weiterhin auf eigene Faust unterwegs. Eine großartige Gelegenheit für Gauner, Lösegeld zu fordern für einen Jungen, den sie gar nicht in ihrer Gewalt hatten. Warum nicht? Bei dem Gedanken musste Tom lächeln.

»Was ist so lustig? Ich würde denken, für Sie als Amerikaner gibt es zurzeit nicht viel zu lachen.« Leichthin gesagt, gut gemeint und doch typisch deutsch. Lanz hatte über den sinkenden Dollarkurs gesprochen, über die Politik Präsident Carters, die so unfähig sei, verglichen mit der weisen Wirtschaftsführung der Regierung Schmidt.

»Tut mir leid«, sagte Tom, »aber ich musste gerade daran

denken, was Helmut Schmidt oder jemand anders einmal bemerkte: ›Amerikas Staatsfinanzen sind jetzt in den Händen reiner Amateure.‹«

»Genau!«

Sie hatten den Bahnhof von Moret erreicht, Lanz musste aufhören. Händeschütteln: Danke, vielen Dank.

»Schönen Tag noch.«

»Ihnen auch!« Eric Lanz lächelte, packte die Reisetaschen entschlossen und ging.

Tom fuhr zurück nach Villeperce, wo er mitten im Ort den gelben Lieferwagen des Briefträgers auf seiner üblichen Runde bemerkte. Die Post würde also pünktlich um halb zehn kommen. Dabei fiel ihm eine Kleinigkeit ein, die er hier leichter erledigen konnte als im Gewühl von Paris. Er hielt vor dem Postamt und ging hinein. Am Morgen war er mit seinem ersten Kaffee nach unten gegangen und hatte Reeves einen kurzen Brief geschrieben:

> *... Der Junge sollte 16, 17 sein, auf keinen Fall jünger, rund ein Meter achtzig, braunes, glattes Haar, irgendwo in den Staaten geboren. Schicken Sie mir den Pass so schnell wie möglich per Eilbrief. Und schreiben Sie, wie viel ich Ihnen schuldig bin. Mit Dank im Voraus, in Eile – E. L. ist hier, scheint alles glattzugehen – Tom.*

Im Postamt von Villeperce zahlte er die neun Franc extra für das rote EXPRESS-Etikett, das die junge Frau hinter dem Gitterfenster für ihn auf den Brief klebte. Sie wollte den Umschlag schon weglegen, bemerkte dann aber, er sei ja nicht zugeklebt. Tom sagte, er wolle noch etwas hinzutun, und nahm ihn mit nach Hause.

Frank saß angezogen im Wohnzimmer und hatte sein Frühstück fast beendet. Héloïse war offenbar noch oben.

»*Bonjour*. Wie geht's dir?«, fragte Tom. »Gut geschlafen?«

Frank war aufgestanden, eine ehrerbietige Geste, die Tom bei ihm leicht verunsicherte. Manchmal strahlte der Junge dabei über das ganze Gesicht, fast so, als schaue er Teresa an, das Mädchen, das er liebte. »*Oui*, Sir. Sie haben Ihren Freund nach Moret gefahren, sagte mir Madame Annette.«

»Ja, er ist weg. Wir fahren in etwa zwanzig Minuten, okay?« Tom warf einen Blick auf den braunen Rollkragenpulli des Jungen: Für ein Passfoto würde das wohl reichen. Auf dem Bild in der *France-Dimanche* (seinem alten Passfoto?) hatte er Hemd und Schlips getragen. Umso besser, wenn er nun weniger förmlich wirkte. Tom kam näher und sagte: »Für das Foto heute – lass dein Haar rechts gescheitelt, aber bring es oben und an den Seiten durcheinander, so gut das geht. Ich erinnere dich vorher noch mal daran. Hast du einen Kamm dabei?«

Frank nickte. »Ja, Sir.«

»Und die Creme?« Der Junge hatte den Leberfleck abgedeckt, das sah er, aber die Schminke musste den ganzen Tag halten.

»Hab ich dabei.« Frank fasste an seine rechte Gesäßtasche.

Tom ging nach oben. Madame Annette zog gerade das Bett im Gästezimmer ab, wo Lanz übernachtet hatte, und ersetzte die Laken durch jene, in denen Frank geschlafen hatte. Ihre Sparsamkeit erinnerte Tom an den Jungen, der gestern darauf bestanden hatte, sie solle Toms Bettwäsche nicht wechseln. Frank wollte offenbar lieber in seiner schlafen, und Madame Annette hatte das wohl ganz vernünftig gefunden.

»*Monsieur Tomme,* sind Sie und der junge Mann bis heute Abend zurück?«

»Ja, rechtzeitig zum Abendessen, denke ich.« Tom hörte das Postauto, die Handbremse. Er holte einen alten blauen Blazer, der ihm immer ein bisschen zu klein gewesen war, aus dem Schrank in seinem Zimmer, weil er auf dem Passbild nicht das Tweedjackett mit dem interessanten Rhombenmuster sehen wollte, das der Junge heute trug.

Sein Blick fiel auf die unten im Schrank stehenden Schuhe: alle auf Hochglanz poliert und aufgereiht wie Soldaten! Nie hatte er solchen Schimmer auf den Gucci-Mokassins gesehen, nie so warmen Glanz auf den Cordovans. Selbst seine Lackleder-Abendslipper mit den albernen Seidenripsschleifchen waren frisch poliert. Das war der Junge gewesen, so viel stand fest. Madame Annette ging gelegentlich mit der Bürste darüber, aber so ein Aufwand – kein Vergleich. Tom war beeindruckt. Frank Pierson, der Multimillionenerbe, putzte seine Schuhe selber! Er schloss die Schranktür und nahm den Blazer mit hinunter.

Nichts Wichtiges in der Post; ein paar Briefe von der Bank, die er gar nicht erst aufmachte, einer an Héloïse, handschriftlich adressiert von ihrer Freundin Noëlle. Er riss das braune Streifband von der *Tribune*. Frank war noch im Wohnzimmer, und Tom sagte: »Hier, das ist für dich, statt der Tweedjacke. Ein altes Stück von mir.«

Sorgsam und mit sichtlichem Behagen schlüpfte Frank in

den Blazer. Die Ärmel waren ein bisschen zu lang, doch der Junge reckte vorsichtig die Schultern und sagte: »Einfach toll. Danke!«

»Du kannst ihn behalten.«

Frank lächelte noch breiter. »Vielen Dank, ehrlich. Entschuldigung, bin gleich wieder da.« Er lief nach oben.

Tom überflog die Zeitung und fand eine kurze Meldung unten auf der zweiten Seite. »Pierson-Familie schickt Privatdetektiv« war die nüchterne Überschrift. Kein Foto. Der Text lautete:

> *Mrs. Lily Pierson, die Witwe des verstorbenen Lebensmittelmagnaten John J. Pierson, hat einen Privatdetektiv nach Europa geschickt, der nach ihrem vermissten Sohn Frank (16) suchen soll. Der Junge war Ende Juli aus dem Familiendomizil in Maine verschwunden; seine Spur konnte bis nach London und Paris verfolgt werden. Der Detektiv wird von ihrem älteren Sohn John (19) begleitet, dessen Pass der jüngere Bruder aus dem Haus mitgenommen hat. Die Suche dürfte in und um Paris beginnen. Eine Entführung wird bislang nicht vermutet.*

Tom las das mit einem unguten Gefühl, einer Art Verlegenheit. Doch was sollte schon passieren, falls sie dem Bruder und dem Detektiv heute über den Weg liefen? Er würde dem Jungen nichts von der Meldung sagen und die Zeitung zu Hause lassen. Héloïse warf gewöhnlich kaum einen Blick hinein, könnte sie aber möglicherweise doch vermissen, falls er sie mitnahm und wegwarf. Was aber würden die französischen Zeitungen über den Privatdetektiv und den älteren Bruder schreiben? Und würden sie Franks Foto noch einmal bringen?

Der Junge war fertig. Tom ging hinauf, um Héloïse *au revoir* zu sagen.

»Du hättest mich mitnehmen können«, maulte sie.

Der zweite Misston dieses Morgens. Das sah ihr gar nicht ähnlich, denn sie hatte immer etwas vor. »Das hättest du besser gestern Abend gesagt.« Sie trug blau und rosa gestreifte Jeans, dazu eine ärmellose rosarote Bluse. Wer so hübsch war wie Héloïse, konnte im August alles in Paris tragen, aber Tom wollte nicht, dass sie von dem Passfoto erfuhr, das er für Frank machen lassen wollte. »Wir gehen ins Beaubourg. Die Ausstellung hast du mit Noëlle schon gesehen.«

»Was ist los mit dem Jungen?« Fragend zog sie die blonden Augenbrauen hoch.

»Was soll mit ihm los sein?«

»Irgendwas scheint ihm Kummer zu machen. Und dich betet er offenbar an. Ist er *une tapette*?«

Ein Schwuler, hieß das. »Nicht dass ich wüsste. Glaubst du?«

»Wie lange will er bleiben? Seit fast einer Woche ist er bei uns, nicht?«

»Ich weiß, dass er heute zu einem Reisebüro gehen will. In Paris. Er hat von Rom geredet. Noch diese Woche wird er abreisen.« Tom lächelte. »Wiedersehen, *chérie*. Gegen sieben bin ich zurück.«

Als er das Haus verließ, nahm er die *Tribune* vom Tisch, faltete sie zusammen und steckte sie in seine Gesäßtasche.

8

Tom nahm den Renault, auch wenn ihm der Mercedes lieber gewesen wäre. Er machte sich Vorwürfe, weil er Héloïse nicht gefragt hatte, ob sie heute den Wagen brauchte – der Mercedes stand noch bei den Grais. Frank schien glücklich, er hatte den Kopf zurückgelehnt. Der Wind wehte durch das offene Fenster. Tom legte eine Kassette ein, zur Abwechslung Mendelssohn.

»Hier parke ich immer. Mitten in der Stadt ist es lästig.« Tom hatte an einem Parkhaus nahe der Porte d'Orléans gehalten. »Gegen achtzehn Uhr bin ich zurück«, teilte er dem Wächter, den er vom Sehen kannte, auf Französisch mit. Tom fuhr durch die Schranke des Tors, das automatisch einen Parkschein mit der aufgedruckten Ankunftszeit ausspuckte. Dann nahmen sie ein Taxi. »Zur Avenue Gabriel, bitte«, sagte Tom zum Fahrer. Er wollte nicht direkt vor der Botschaft aussteigen und hatte den Namen der Querstraße zur Avenue Gabriel vergessen, in der das Fotostudio lag. Wenn sie das Viertel erreichten, würde er den Fahrer halten lassen.

»Das ist das Leben: mit Ihnen im Taxi durch Paris!«, sagte Frank. Er träumte noch immer – von was? Freiheit? Der Junge wollte unbedingt das Taxi zahlen. Aus der Innentasche von Toms altem Blazer zog er seine Brieftasche.

Was enthielt sie wohl außer Geld, fragte sich Tom – nur für den Fall, dass man den Jungen durchsuchen würde? Tom bat den Fahrer, in der gesuchten Querstraße zu halten, gleich hinter der Kreuzung mit der Avenue Gabriel. »Dort ist der Laden.« Er zeigte auf ein kleines Schild vor einem Eingang zwanzig Meter weiter. »Marguerite oder so heißt er. Ich bleibe lieber draußen. Den Leberfleck sieht man nicht, aber fass ihn nicht an. Fahr dir durchs Haar … Ein kleines Lächeln vielleicht. Schau nicht so ernst!« Tom sagte das, weil der Junge tatsächlich meist ernst wirkte. »Du wirst unterschreiben müssen. Nimm irgendwas, Charles Johnson zum Beispiel. Man wird dich nicht nach einem Ausweis fragen. Das weiß ich, denn ich habe das hier neulich selbst durchexerziert. Alles klar?«

»Ja, Sir. Okay.«

»Ich warte dort drüben.« Tom zeigte auf ein *bar-café* gegenüber. »Komm dahin, denn du musst eine Stunde auf die Bilder warten, werden sie sagen. Doch eigentlich ist es eher eine Dreiviertelstunde.«

Dann ging er zur Avenue Gabriel und nach links in Richtung Place de la Concorde, weil er wusste, dass dort ein Zeitungskiosk war. Er kaufte *Le Monde*, den *Figaro* und *Ici Paris,* ein bunt aufgemachtes Skandalblatt mit farbiger Titelseite: Blau, Grün, Rot und Gelb. Auf dem Weg zurück zum Café sah er auf einen Blick, dass *Ici Paris* Christina Onassis' Blitzheirat mit einem russischen Proleten eine ganze Seite gewidmet hatte, ebenso dem angeblichen neuen Begleiter von Prinzessin Margaret, einem italienischen Bankier, der ein paar Jahre jünger sein sollte als sie (wahrscheinlich eine Ente). Alles Sex, wie gewohnt: wer es mit wem trieb, wer es bald treiben könnte, wer mit wem Schluss gemacht hatte. Tom setzte sich, bestellte einen Kaffee und sah jede Seite des Blattes durch, fand aber nichts über Frank. Natürlich nicht, da fehlte der Sex. Die vorletzte Seite war voller Anzeigen, die den richtigen Partner verhießen – »das Leben ist kurz, machen Sie jetzt Ihre Träume wahr!« –; andere warben mit Abbildungen für diverse aufblasbare Gummipuppen zu Preisen von 59 bis 390 Franc, die Puppen kämen neutral verpackt und könnten alles. Tom fragte sich, wie man sie aufblasen sollte. Ein Mann käme dabei völlig außer Atem, und was würden andererseits seine Haushälterin oder die Freunde sagen, wenn sie in seiner Wohnung eine Luftpumpe sähen, aber kein Fahrrad? Noch komischer wäre es, wenn der Mann die Puppe einfach in die Autowerkstatt brächte, in seinem Wagen, und den Mechaniker bäte, sie für ihn aufzublasen. Und was, wenn die Haushälterin des Mannes die Puppe im Bett fände und sie für eine Leiche hielte? Oder einen Schrank öffnete und die Puppe fiele heraus? Bestimmt konnte ein Mann auch mehr als eine kaufen – eine Puppe als seine Frau, zwei oder drei als Geliebte – und so in der Fantasie ein ganz schön wildes Leben führen.

Der Kaffee kam, Tom zündete sich eine Gauloise an. In *Le Monde* fand er nichts, ebenso im *Figaro*. Was, wenn die französische Polizei einen Mann *im* Fotoladen postiert hatte, der nach Frank Pierson und anderen gesuchten Personen Ausschau halten sollte? Wer gesucht wurde, musste sich oft falsche Ausweispapiere besorgen.

Frank kam lächelnd zurück. »Eine Stunde, meinten die. Genau wie Sie sagten.«

»Gut.« Der Leberfleck des Jungen war immer noch nicht zu sehen; sein Haar stand hoch. »Du hast mit falschem Namen unterschrieben?«

»In deren Buch? Ja, mit Charles Johnson.«

»Nun, wir könnten die nächste Dreiviertelstunde spazieren gehen«, sagte Tom. »Oder willst du hier einen Kaffee trinken?«

Frank wollte gerade an dem kleinen Tisch Platz nehmen, als er plötzlich erstarrte und etwas, jemanden auf der anderen Straßenseite fixierte. Tom folgte seinem Blick, aber es fuhren gerade Autos vorbei. Der Junge setzte sich, wandte das Gesicht ab und fuhr sich nervös über die Stirn. »Eben sah ich –«

Tom stand auf und erblickte auf dem Bürgersteig gegenüber zwei Männer – einer drehte sich in diesem Moment suchend um, und Tom erkannte Johnny Pierson. Er setzte sich wieder. »Na gut«, sagte Tom. Er warf einen Blick auf die Kellner hinter der Theke, die sie offenbar nicht beachteten, stand sofort wieder auf und ging zur Tür, um sich die beiden genauer anzusehen. Der Detektiv (dafür hielt ihn Tom jedenfalls) trug einen grauen Sommeranzug und keinen Hut; er hatte gewelltes, rötliches Haar und war untersetzt. Johnny, größer und blonder als Frank, trug eine kurze, cremeweiße Jacke. Tom wollte sehen, ob sie das Fotostudio betreten würden – dem Schild nach nur ein einfacher Kameraladen, der auch Passbilder anfertigte. Zu seiner Erleichterung gingen sie daran vorbei. Aber wahrscheinlich hatten sie in der amerikanischen Botschaft gleich um die Ecke Erkundigungen eingezogen. »Na gut«, wiederholte Tom und setzte sich. »In der Botschaft haben sie nichts herausgefunden, so viel steht fest. Jedenfalls nichts, was wir nicht schon wüssten.«

Der Junge schwieg, er war blass geworden.

Tom fischte ein Fünffrancstück aus der Hosentasche, mehr als genug für einen Kaffee, und gab Frank ein Zeichen.

Sie verließen die Bar nach links, in Richtung Concorde und Rue de Rivoli. Tom sah auf die Uhr: Die Fotos sollten um Viertel nach zwölf fertig sein. »Nur die Ruhe.« Er ging gemächlich. »Ich werd erst mal allein im Laden nachschauen, ob die da womöglich auf uns warten. Aber sie sind eben gerade daran vorbeigegangen.«

»Wirklich?«

Tom lächelte. »Ja.« Selbstverständlich könnten sie umkehren und zum Laden zurückgehen – vielleicht hatten sie sich in der Botschaft erkundigt, wo man hier gewöhnlich Fotos machen lasse. Im Laden könnten sie fragen, ob ein Junge, auf den Franks Beschreibung passte, kürzlich hier gewesen sei und so weiter. Doch Tom hatte es satt, sich den Kopf zu zerbrechen, wenn er nichts tun konnte. In der Rue de Rivoli schauten sie in die Auslagen: Seidenschals, Miniaturgondeln, ausgefallene, elegante Hemden mit französischen Manschetten. Vor den Läden Ständer mit Postkarten. Tom hätte gern bei W. H. Smith vorbeigeschaut, doch er steuerte Frank daran vorbei: Der Buchladen sei stets voller Engländer und Amerikaner. Er hatte gedacht, die Räuberpistole würde dem Jungen Spaß machen, doch seit Frank seinen Bruder gesehen hatte, stand ihm der Schrecken ins Gesicht geschrieben. Dann war es Zeit, zum Fotogeschäft zurückzukehren. Tom sagte dem Jungen, er solle langsam über den Gehweg schlendern, umkehren, sollte er seinen

Bruder und den Detektiv erspähen, und zu den Arkaden in der Rue de Rivoli zurückgehen. Dort würden sie sich dann treffen.

Tom ging zum Laden und trat ein. Ein Ehepaar, dem Aussehen nach Amerikaner, wartete auf Stühlen, und derselbe schlaksige junge Mann wie vor ein paar Monaten, der Fotograf selber, legte einer neuen Kundin, einer jungen Amerikanerin, gerade das Buch zur Unterschrift vor. Dann verschwand er mit der jungen Frau hinter einem Vorhang. Dahinter lag das Atelier, erinnerte sich Tom. Er hatte so getan, als sehe er sich Kameras in einer Vitrine an; nun verließ er das Geschäft. Dem Jungen sagte er: »Die Luft ist rein. – warte hier draußen«, fuhr er fort. »Du hast die Bilder schon bezahlt, oder?« Tom kannte den Ablauf. Der Junge hatte fünfunddreißig Franc im Voraus bezahlt. »Ganz ruhig. Ich werde hier warten.« Tom lächelte ihm aufmunternd zu. »Nicht so schnell«, sagte er, als der Junge lostrottete.

Gehorsam ging Frank langsamer. Er sah sich nicht um.

Tom begab sich zum Ende der Straße, nicht hastig, doch wie jemand, der ein Ziel vor Augen hat. Verstohlen hielt er nach Johnny und dem Detektiv Ausschau, die zurückkommen könnten, sah sie aber nicht. Als er die Kreuzung mit der Avenue Gabriel erreichte, kehrte er um. Frank kam vom Laden auf ihn zu, überquerte die Straße, zog einen kleinen weißen Umschlag aus der Jackentasche und gab ihn Tom.

Auf den Bildern sah er anders aus als auf dem Foto im *France-Dimanche,* das Tom gesehen hatte: Das Haar zerzaust, das vage Lächeln, wie Tom es vorgeschlagen hatte, vom Muttermal nichts zu sehen, doch Augen und Stirnpartie unverändert. Ein sorgfältiger Vergleich der Fotos würde natürlich ergeben, dass beide denselben Jungen zeigten.

»Besser ging es nicht«, sagte Tom. »Und jetzt rufen wir uns ein Taxi.«

Der Junge hatte sich mehr Lob erhofft, das sah er. Durch schieres Glück fanden sie noch kurz vor der Place de la Concorde ein freies Taxi. Tom steckte ein Foto in den an Minot adressierten Briefumschlag und klebte ihn erleichtert zu. Er hatte den Fahrer gebeten, sie zum Beaubourg zu bringen; in der Nähe musste es einen Imbiss und einen Briefkasten geben. Beides fand er nur wenige Meter von den ausgestülpten Wülsten des Centre Pompidou.

»Erstaunlich, nicht?« Tom meinte das blaue, monströse Äußere des Museums. »Ich finde es hässlich, von außen zumindest.«

Das Ding sah aus, als habe jemand viele lange blaue Ballonwürste prall aufgeblasen und umeinander geschlungen. Etwas daran erinnerte eindeutig an Abflussrohre, doch ob die drei Meter dicken Ballonröhren Luft oder Wasser enthielten, konnte man nicht einmal raten. Wieder musste Tom an die aufgeblasenen Sexpuppen denken und stellte sich vor, wie eine Puppe unter einem Mann platzte, was bestimmt gelegentlich vorkam. Was für eine Enttäuschung! Tom biss sich auf die Lippe, um nicht laut loszulachen. In einem *bar-café-tabac* aßen sie ein mittelmäßiges Steak mit Pommes frites; in den gelben Briefkasten davor hatte Tom seinen Eilbrief geworfen. Nächste Leerung um 16:00 Uhr.

In der Ausstellung »Paris–Berlin« schien Emil Noldes *Tanz um das Goldene Kalb* den Jungen am meisten zu beeindrucken: drei, vier vulgäre Frauen, eine davon splitternackt, die wild und enthemmt tanzten. »Das Goldene Kalb – es steht für Geld, oder?« Frank war wie betäubt, sein Blick glasig von allem, was er gesehen hatte.

»Geld, ja«, sagte Tom. Nicht gerade eine Ausstellung, die einen ruhig stimmte, außerdem war Tom angespannt, weil er sich ab und zu nach Johnny Pierson und dem Detektiv umsehen musste. Merkwürdig, dieser Versuch, die Kommentare der Künstler über die deutsche Gesellschaft der Zwanziger in sich aufzunehmen – Plakate aus dem Ersten Weltkrieg gegen den Kaiser, Bilder von Kirchner, Porträts von Otto Dix, dazu dessen brillantes *Drei Dirnen auf der Straße* – und sich zugleich den Kopf wegen zweier Amerikaner zu zerbrechen, die plötzlich auftauchen und seinem Vergnügen ein Ende setzen könnten. Zum Teufel mit den beiden, dachte Tom, und zu Frank sagte er: »Du hältst die Augen offen – nach deinem Bruder, du weißt schon. Ich würde das hier gern genießen.« Ziemlich harsch klang das, doch die Gemälde ringsum waren wie stumme Musik in Toms Ohren, oder wenigstens in seinen Augen. Ah, die Beckmanns!

»Mag dein Bruder Kunstausstellungen?«, fragte er.

»Weniger als ich. Aber ja, schon.«

Nicht sehr ermutigend. Frank stand wie gebannt vor einer Kohlezeichnung, der Innenansicht eines Raumes, links hinten ein Fenster, im Vordergrund eine männliche Gestalt in verkrampfter Haltung, wie gefesselt. Die perspektivische Darstellung von Wänden und Boden hatte etwas Beengendes. Vielleicht keine brillante Zeichnung, doch die Überzeugungskraft des Künstlers, seine geistige Intensität, war nicht zu übersehen. Der Raum, was es auch war, wirkte wie ein Gefängnis. Tom verstand, warum der Junge davon nicht wegkam. Er musste ihm die Hand auf die Schulter legen, damit Frank sich losreißen konnte.

»Tut mir leid.« Er schüttelte kurz den Kopf und blickte zu den beiden Ausgängen des Raumes, in dem sie standen. »Mein Dad hat uns oft in Ausstellungen mitgenommen. Er mochte die Impressionisten. Vor allem die Franzosen: Schneestürme in den Straßen von Paris. Wir haben davon zu Hause einen Renoir. Von einem Schneesturm, meine ich.«

»Das ist also eine gute Seite deines Vaters – er mochte Gemälde. Und er konnte sie sich leisten.«

»Na ja, klar. Ich meine, *solche Bilder* – ein paar hunderttausend Dollar ...« Als sei das nichts. »Mir fällt auf, dass Sie immer versuchen, etwas Nettes über meinen Vater zu sagen.« Ein schwacher Vorwurf schwang in Franks Worten.

Tat er das? Die Ausstellung löste allerhand Gefühle in dem Jungen aus. *»De mortuis nihil ...«* Tom zuckte die Achseln.

»Ob er Renoirs kaufen konnte? Klar.« Frank reckte die Schultern, als wolle er jemanden schlagen, starrte dann aber nur leer vor sich hin. »Sein Markt war die ganze Welt. Jeder. Jedenfalls jeder, der es sich leisten konnte. Viel von dem Zeug, das er verkaufte, waren Delikatessen, reiner Luxus. ›Mehr als die Hälfte Amerikas ist zu dick‹, sagte er immer.«

Langsam schlenderten sie zurück durch einen Raum, wo sie schon gewesen waren. Links lief eine von drei, vier kleinen Filmvorführungen; eine Hand voll Leute sah zu, einige saßen, andere standen. Auf der Leinwand russische Panzer, die Hitlers Soldaten angriffen.

»Wie ich Ihnen schon sagte«, fuhr Frank fort, »gab es neben dem normalen Zeug und den Delikatessen das Gleiche auch kalorienarm. Wie heißt es über Glücksspiel und Prostitution: Geld verdienen mit anderer Leute Lastern. Erst macht man die Leute dick, dann wieder dünn, und danach geht das Ganze von vorne los.«

Tom lächelte über die starken Gefühle des Jungen. Welche Bitterkeit! Versuchte er, seinen Vatermord zu rechtfertigen? Als schieße Dampf aus einem Kessel, wenn der Druck den Deckel hob, so kam es Tom vor. Wie wollte der Junge sie jemals bekommen, die große Rechtfertigung, die ihm all seine Schuld nehmen könnte? Eine so vollkommene Rechtfertigung würde er wohl niemals erlangen, aber eine innere Einstellung musste er finden. Tom glaubte, dass man jedem Fehler im Leben mit einer Einstellung begegnen musste, mit der richtigen oder der falschen, einer ichstärkenden oder einer selbstzerstörerischen Haltung. Was für den einen Menschen eine Tragödie war, mochte für den anderen keine sein, wenn er die richtige Einstellung dazu finden konnte. Frank fühlte sich schuldig, deshalb hatte er ihn aufgesucht, und seltsam: Er, Tom Ripley, hatte noch nie so schwere Schuld empfunden oder doch nie ernsthaft darunter gelitten. Insofern war er anders als andere, das war ihm klar. Die meisten würden nicht schlafen können, würden schlecht träumen, vor allem nach einer Tat wie dem Mord an Dickie Greenleaf. Er aber nicht.

Plötzlich ballte der Junge die Fäuste, doch er hatte nichts gesehen. Die Geste war nur ein Reflex seiner eigenen Gedanken.

Tom nahm ihn am Arm. »Hast du genug? Gehen wir,

hier entlang.« Er steuerte den Jungen durch einen Raum, der zum Ausgang führte, wie er vermutete, dann durch noch einen, wo es Tom vorkam, als marschiere er an einer Reihe Soldaten vorbei – als wären die Bilder eine Armee von Kriegern in unterschiedlichen Uniformen, bis an die Zähne bewaffnet, auch wenn einige Frack oder Smoking trugen. Seltsamerweise fühlte er sich besiegt, und das gefiel ihm gar nicht. Weswegen? Nicht wegen der Bilder, da war er sicher. Er würde den Jungen wegschicken müssen. Die Lage wurde zu heiß, zu gefühlsgeladen. Oder Schlimmeres.

Auf einmal musste er lachen.

»Was ist?«, fragte Frank, wie immer aufmerksam, was Tom anging, und schaute sich um, als gebe es etwas Komisches zu sehen.

»Egal«, sagte Tom. »Ich denke immer verrückte Dinge.« Und zwar das: Falls der Detektiv und der Bruder ihn mit Frank sähen, könnten sie wegen seines schlechten Rufs zuerst auf den Gedanken kommen, er habe den Jungen entführt. Das könnte auch später passieren, dachte er weiter, sollte nämlich der Detektiv auf den Gedanken verfallen, seine Adresse herauszubekommen, und erfahren, dass ein Junge einige Zeit im Haus der Ripleys gewohnt hatte. Andererseits, wer in Villeperce wusste das schon außer Madame Annette? Überdies hatte Tom kein Lösegeld gefordert.

Sie nahmen ein Taxi zum Parkhaus und kehrten kurz nach sechs nach Belle Ombre zurück. Héloïse war oben, sie wusch sich die Haare, was mit Trocknen unter dem Föhn noch zwanzig Minuten dauern dürfte. Umso besser, denn Tom wollte mit Frank einen weiteren Anlauf wagen.

Der Junge hatte sich mit einer französischen Zeitschrift ins Wohnzimmer gesetzt.

»Warum rufst du nicht Teresa an und sagst ihr, dass es dir gut geht?«, fragte Tom. Er klang gut gelaunt. »Du musst ihr ja nicht genau sagen, wo du bist. Dass es Frankreich ist, weiß sie sicher sowieso.«

Bei ihrem Namen setzte sich der Junge auf. »Ich glaube, Sie wollen, dass – ich verschwinde. Verstehe.« Er stand auf.

»Du kannst in Europa bleiben, wenn du willst. Das ist deine Sache. Aber meinst du nicht, du wirst glücklicher sein, wenn du mit Teresa sprichst und ihr sagst, dass alles in Ordnung ist? Denkst du nicht, sie macht sich Sorgen?«

»Kann sein. Hoffentlich.«

»In New York ist jetzt Mittag. Sie ist in New York, oder? – Du wählst 19, die 1 und 212. Ich kann nach oben gehen, dann höre ich nichts.« Er wies auf das Telefon und ging die Treppe hinauf. Der Junge würde es tun, das spürte er. In seinem Zimmer schloss Tom die Tür.

Keine fünf Minuten später klopfte es; er sagte »herein«, und der Junge trat ein. »Sie ist nicht da. Spielt Tennis.« Als verkünde er eine schreckliche Nachricht.

Frank konnte sich wohl nicht vorstellen, Teresa könne so wenig an ihm liegen, dass sie Tennis spielen ging. Tom vermutete, noch schmerzlicher für ihn sei es zu wissen, dass sie mit einem Jungen spielte, den sie lieber hatte als ihn. »Du hast mit ihrer Mutter gesprochen?«

»Nein, mit dem Hausmädchen, Louise. Ich kenne sie. Louise sagte, ich sollte in einer Stunde wieder anrufen. ›Teresa ist mit ein paar Jungs weg.‹« Der letzte Satz, wie in Anführungszeichen gesprochen, klang jämmerlich.

»Hast du gesagt, dass es dir gut geht?«

Der Junge dachte kurz nach. »Nein. Warum sollte ich? Ich werde schon okay geklungen haben.«

»Von hier kannst du leider nicht mehr anrufen«, sagte Tom. »Wenn das – falls Louise das Gespräch erwähnt, wird die Familie den Anruf womöglich zurückverfolgen wollen, solltest du dich wieder melden. Ist jedenfalls nicht unwahrscheinlich. Das kann ich nicht riskieren. Das Postamt in Fontainebleau hat schon geschlossen, sonst würde ich dich hinfahren. Ich fürchte, heute Abend wirst du Teresa nicht mehr erreichen, Billy.« Tom hatte gehofft, der Junge könnte heute noch mit Teresa sprechen und sie würde etwas sagen wie: Ach, Frank, geht es dir gut? Du fehlst mir! Wann kommst du nach Hause?

»Ich verstehe«, sagte der Junge.

»Billy«, fuhr Tom bestimmt fort, »du musst dich entscheiden, was du willst. Du wirst nicht verdächtigt, niemand wird dich anklagen. Susie zählt kaum, weil sie nichts gesehen hat. Wovor hast du eigentlich Angst? Das ist es, worüber du dir klar werden musst.«

Frank rutschte herum und steckte die Hände in die Gesäßtaschen. »Vor mir selber, glaub ich. Das hab ich schon gesagt.«

Ja. »Wenn ich nicht wäre, was würdest du tun?«

Achselzuckend sagte er: »Mich umbringen, vielleicht. Oder auf der Straße schlafen – Piccadilly Circus. Sie wissen schon, wie die da um den Brunnen herumhängen, um die Statue. Ich würde Johnny seinen Pass zurückschicken, und dann wüsste ich auch nicht weiter. Bis jemand meine Papiere sehen wollte. Dann würden sie mich nach Hause schicken ...« Wieder zuckte er die Achseln. »Und danach? Ich weiß auch nicht. Kann sein, dass ich niemals *gestehe*« – er betonte das Wort, obwohl er flüsterte –, »aber vielleicht würd ich mich ein paar Wochen später umbringen. Dann ist da noch Teresa: Ich gebe zu, das macht mir schwer zu schaffen, und wenn da was schiefgeht – oder schon schiefgegangen ist ... Sie kann mir ja nicht *schreiben,* also ist es die Hölle.«

Tom sparte sich die Bemerkung, Frank werde sich wahrscheinlich noch in mehr als ein Dutzend andere Mädchen verlieben, bevor er die eine fände, die er irgendwann heiraten werde.

Am Mittwoch um kurz nach zwölf rief Reeves bei Tom an. Eine angenehme Überraschung: Der fragliche Gegenstand sei am späten Abend fertig und werde morgen gegen Mittag in Paris sein. Falls Tom es eilig habe, könne er ihn in einer bestimmten Pariser Wohnung abholen, andernfalls werde er ihm von Paris per Einschreiben zugeschickt. Tom sagte, er wolle ihn lieber selbst abholen. Reeves nannte ihm einen Namen, eine Adresse, zweiter Stock.

Tom fragte nach der Telefonnummer, nur für den Notfall, und Reeves gab ihm auch diese. »Sehr schnelle Arbeit, Reeves. Vielen Dank.« Er fand, es hätte auch gereicht, den Pass per Einschreiben von Hamburg zu schicken, doch das Flugzeug sparte wirklich einen ganzen Tag.

»Und für diesen kleinen Auftrag ...«, krächzte Reeves mit einer Stimme wie ein alter Mann, dabei war er keine vierzig. »... zweitausend, Tom, wenn's recht ist. Dollar. Ein günstiger Preis, denn es war nicht einfach, verstehen Sie, irgendwie was Neues. Außerdem dürfte Ihr Freund es sich leisten können, oder?« Er klang freundlich und amüsiert.

Aha. Reeves hatte Frank Pierson wiedererkannt. »Ich kann jetzt nicht weitersprechen«, sagte er. »Schicke Ihnen das Geld auf dem üblichen Weg, Reeves.« Tom meinte eine Anweisung an seine Schweizer Bank. »Sind Sie in den nächsten Tagen zu Hause?« Nicht dass er Pläne hätte, doch das wollte er wissen. Reeves konnte eine große Hilfe sein.

»Ja, warum? Wollen Sie herkommen?«

»Nein, das nicht.« Tom war vorsichtig, immer in Angst, sein Telefon könne angezapft sein.

»Sie bleiben also, wo Sie sind.« Vermutlich wusste Reeves, dass er Frank Pierson Unterschlupf gewährte, wenn nicht in seinem Haus, dann woanders. »Was ist los? Können Sie nicht darüber sprechen?«

»Nein, zurzeit nicht. Ganz unmöglich. Ich danke Ihnen, Reeves.«

Sie legten auf. Tom ging zur Flügeltür und sah Frank in Levis und dunkelblauem Arbeitshemd am Rand eines langen Rosenbeets mit dem Spaten hantieren. Er arbeitete langsam und gleichmäßig, wie ein Bauer, der sein Handwerk verstand, nicht wie ein Amateur, der sich schnell in die Arbeit gestürzt und binnen einer Viertelstunde völlig verausgabt hätte. Seltsam, dachte Tom: War die Arbeit in der Vorstellung des Jungen womöglich eine Art Buße? Gestern und heute hatte Frank seine Zeit mit Lesen und Musikhören verbracht, und er hatte Arbeiten im Haus erledigt, das Auto gewaschen und Belle Ombres Keller ausgefegt, was bedeutete, ziemlich schwere Weinregale abzurücken und wieder an ihren Platz zu schieben. Die Arbeiten waren seine Idee gewesen.

Tom fragte sich, ob sie nach Venedig fahren sollten. Ein Ortswechsel könnte den Jungen so weit wieder aufrichten, dass er fähig war, eine Entscheidung zu treffen; dann könnte Tom ihn in eine Maschine von Venedig nach New York setzen und allein zurückkehren. Oder nach Hamburg? Das nahm sich nichts. Allerdings wollte er Minot nicht in das Versteckspiel um den Jungen hineinziehen, und eigentlich hatte er auch keine Lust mehr, das noch lange mitzumachen. Vielleicht würde Frank mit dem neuen Pass den Mut finden, allein zurückzugehen und sein Abenteuer auf eigene Art zu Ende zu bringen.

Am Donnerstagmittag rief Tom die Pariser Nummer in der Rue du Cirque an. Eine Frau meldete sich. Beide sprachen sie französisch.

»Hier ist Tom.«

»*Ah, oui.* Ich denke, es geht alles in Ordnung. Sie kommen heute Nachmittag?« Sie klang nicht wie ein Hausmädchen, eher wie die Dame des Hauses.

»Ja, wenn es Ihnen recht ist. Gegen halb vier?«

Das war ihr recht.

Héloïse erzählte er, dass er schnell nach Paris müsse, ein Gespräch mit ihrem Bankberater, und zwischen fünf und sechs zurück sei. Toms Konten waren nicht überzogen, doch manchmal gab ihm einer der Bankiers vom Morgan Guarantee Trust Börsentipps – sehr allgemein gehalten und eher unwichtig, fand Tom, der seine Aktien lieber mit dem Markt steigen und fallen ließ, als Zeit mit gefährlichen Spekulationsspielen zu vergeuden. Trotzdem war Toms Vorwand gut genug, weil Héloïse an diesem Nachmittag in Gedanken bei ihrer Mutter war. Madame Plisson, eine jugendlich wirkende Fünfzigerin, musste zu einer Untersuchung ins Krankenhaus, die eine Tumoroperation nach sich ziehen könnte. Tom bemerkte, Ärzte bereiteten einen stets auf das Schlimmste vor.

»Deine Mutter sieht kerngesund aus. Bestell ihr von mir, ich wünsche ihr alles Gute«, sagte er.

»Kommt Billy mit?«

»Nein, er bleibt hier. Will ein paar kleinere Arbeiten erledigen. Für uns.«

In der Rue du Cirque fand Tom mit Glück einen freien Platz vor einer Parkuhr und ging zu dem Haus, einem alten, gut erhaltenen Gebäude mit dem üblichen Summer neben der Haustür. Er drückte darauf, die Tür öffnete sich, und er betrat eine Diele oder Vorhalle mit der Conciergeloge samt kleinem Guckfenster, kümmerte sich aber nicht um die Alte, sondern nahm den Aufzug zum zweiten Stock und drückte die Klingel zur Linken, unter der »Schuyler« stand.

Ein hochgewachsene Frau mit üppigem rotem Haar öffnete die Tür einen Spaltweit.

»Tom.«

»Ah ja, herein. Bitte hier entlang.« Sie führte ihn über den Flur in das Wohnzimmer. »Sie kennen sich, glaube ich.«

Im Zimmer erwartete ihn ein lächelnder Eric Lanz, die Hände in die Hüften gestützt. Auf einem niedrigen Tisch vor dem Sofa stand ein Tablett mit Kaffee. »Hallo, Tom. Ja, ich bin's wieder. Wie geht es Ihnen?«

»Gut, danke. Und Ihnen?« Auch Tom lächelte, so überrascht war er.

Die Rothaarige hatte den Raum verlassen. Aus einem

anderen Zimmer der Wohnung ertönte das leise, eintönige Rattern von Nähmaschinen. Was war das hier? Ein weiteres Zwischenlager für Hehlerware, wie Reeves' Hamburger Wohnung, mit einer *couturière* als Tarnung?

»Das ist er«, sagte Eric Lanz und öffnete eine beigebraune Pappmappe, die mit Bändern verschlossen war. Er zog einen weißen Brief hervor.

Tom warf einen Blick über die Schulter, bevor er ihn öffnete. Sie waren allein im Zimmer. Der Umschlag war nicht zugeklebt; Tom fragte sich, ob Lanz den Inhalt kannte. Gut möglich. In seiner Gegenwart wollte er nicht hineinschauen, zugleich aber wollte er wissen, ob die Hamburger gute Arbeit geleistet hatten.

»Ich glaube, Sie werden zufrieden sein«, bemerkte Lanz.

Das Foto des Jungen trug ein erhaben aufgeprägtes offizielles Siegel mit der Aufschrift: MIT FOTO VERSEHEN VON DER PASSBEHÖRDE DES AUSSENMINISTERIUMS, NEW YORK teils unter, teils auf dem Bild. Der Name lautete auf BENJAMIN GUTHRIE ANDREWS, geboren in New York. Größe, Gewicht und Geburtsdatum passten durchaus auf den Jungen, wenn er auch hiernach 17 Jahre alt war. Egal, eine gute Arbeit, fand Tom, der damit Erfahrung hatte – wahrscheinlich würde man nur unter der Lupe entdecken, dass das Siegel auf dem Foto sich nicht ganz mit dem Siegelrest auf der Seite deckte. Oder doch? Tom konnte es nicht erkennen. Auf der zweiten Seite stand die volle Anschrift, offenbar die der Eltern, eine New Yorker Adresse. Der Pass war rund fünf Monate alt; er trug Einreisevisa von Heathrow, danach aus Frankreich und dann aus Italien, wo man dem glücklosen Besitzer das Dokument vermutlich abgenommen hatte. Ein gültiges französisches Einreisevisum fehlte, aber solange Franks Aussehen bei der Passkontrolle keinen Verdacht erregte, würde kein Beamter auch nur einen Blick auf Ein- oder Ausreisevisa werfen. Tom wusste das. »Ausgezeichnet«, sagte er schließlich.

»Nun muss er noch quer über dem Foto unterschreiben.«

»Wissen Sie, ob der Name geändert wurde oder ob nun der echte Benjamin Andrews nach seinem Pass suchen lässt?« Tom hatte an dem maschinegeschriebenen Namen auf der inneren Umschlagseite keine Radierspuren feststellen können, zudem war auch der kleinste Rest einer früheren Unterschrift neben dem Foto gründlich entfernt worden.

»Den Nachnamen hat man geändert, wie mir Reeves sagte. – Kaffee? Die Kanne ist leer, aber ich kann das Hausmädchen bitten, welchen zu kochen.« Eric Lanz schien schlanker geworden, ja sogar sozial aufgestiegen zu sein, seit Tom ihn vor drei Tagen zuletzt gesehen hatte – als wäre er ein Zauberer, der sich kraft seiner Gedanken verwandeln konnte. Er trug nun die Hose eines dunkelblauen Sommeranzugs, ein teures weißes Seidenhemd und die Schuhe, die Tom schon kannte. »Setzen Sie sich, Tom.«

»Danke, aber ich wollte bald zu Hause sein. – Anscheinend reisen Sie viel.«

Eric lachte, rosige Lippen, weiße Zähne. »Reeves hat immer Arbeit für mich. Auch in Berlin. Diesmal verkaufe ich Hi-Fi-Geräte«, sagte er leiser mit einem Blick zur Tür hinter Tom. »*Offiziell* jedenfalls, ha, ha! Wann kommen Sie mal nach Berlin?«

»Keine Ahnung. Noch keine Pläne.« Tom hatte den Pass in den Umschlag zurückgesteckt und hielt ihn hoch, bevor er ihn in der Innentasche seines Jacketts verschwinden ließ. »Das hier begleiche ich wie vereinbart mit Reeves.«

»Ich weiß.« Eric zog seine Brieftasche aus dem blauen Jackett auf dem Sofa, nahm eine Visitenkarte heraus und gab sie Tom. »Sollten Sie je nach Berlin kommen, würde ich Sie gern wiedersehen.«

Tom sah sie sich an: Niebuhrstraße. Wo die genau war, wusste er nicht, irgendwo in Berlin aber. Eine Telefonnummer stand dabei. »Danke. Kennen Sie Reeves schon lange?«

»Ach, seit zwei, drei Jahren.« Wieder ein Lächeln von seinem hübschen kleinen Rosenmund. »Viel Glück, Tom, Ihnen und Ihrem Freund.« Er begleitete ihn zur Tür. *»Wiedersehen«*, sagte Lanz leise, doch vernehmlich auf Deutsch.

Tom ging hinunter, stieg in seinen Wagen und fuhr nach Hause. Berlin: nicht wegen Eric Lanz, falls der je zu Hause sein sollte, ganz bestimmt nicht, sondern weil die Stadt abseits der Touristenströme lag. Wer wollte schon nach Berlin, außer vielleicht Weltkriegsforscher oder, wie Lanz gesagt hatte, Geschäftsleute, die Konferenzen besuchten? Wenn der Junge sich noch ein paar Tage länger verkriechen wollte, dann wäre Berlin vielleicht eine gute Idee. Venedig war schöner, attraktiver, aber auch eine Stadt, wo Johnny und der Detektiv womöglich tagelang suchen würden. Eines wollte Tom auf keinen Fall – dass die beiden auf einmal vor der Tür von Belle Ombre standen.

9

Benjamin. Ben. Der Name gefällt mir.« Frank strahlte. Er saß auf der Bettkante und betrachtete seinen neuen Pass.

»Ich hoffe, das macht dir Mut«, sagte Tom.

»Hat Sie bestimmt einiges gekostet. Sagen Sie mir, wie viel, und wenn nicht jetzt, begleiche ich es später.«

»Zweitausend Dollar … Jetzt bist du frei. Lass dir die Haare wachsen. Du musst den Pass unterschreiben, quer über dem Foto, ja?« Tom ließ ihn den ganzen Namenszug auf einem Blatt Schreibmaschinenpapier üben. Frank schrieb rasch, eher eckig; Tom sagte, er solle das große B in Benjamin runden und den vollen Namen noch einige Male ausschreiben.

Schließlich unterschrieb der Junge mit einem von Toms schwarzen Kugelschreibern. »Wie ist das?«

Tom nickte. »In Ordnung. Wenn du etwas unterschreiben musst, dann vergiss nicht, dich zu entspannen, damit alles rund wird.«

Es war Abend, nach dem Essen. Héloïse sah irgendetwas im Fernsehen, Tom hatte den Jungen nach oben gebeten.

Frank blickte ihn an und musste ein paarmal rasch blinzeln. »Kommen Sie mit, wenn ich gehe? In eine andere Stadt, meine ich? Eine Großstadt?« Er fuhr sich mit der

Zunge über die Lippen. »Ich weiß, es geht Ihnen auf die Nerven – dass ich hier bin, dass Sie mich verstecken. Sie könnten mich in ein anderes Land begleiten und dort einfach allein zurücklassen.« Auf einmal tief betrübt, blickte er zum Fenster, sah dann Tom wieder an. »Irgendwie wäre es schrecklich, hier wegzugehen, *Ihr Haus* zu verlassen. Aber ich würd's schon schaffen.« Er stand jetzt kerzengerade, wie um zu zeigen, dass er auf eigenen Füßen stehen konnte.

»Wohin willst du?«

»Nach Venedig. Rom vielleicht. Die Städte sind so groß, da kann ich untertauchen.«

Tom lächelte: Entführungen waren in Italien an der Tagesordnung. »Jugoslawien? Reizt dich das nicht?«

»Sie mögen das Land?«

»Ja«, antwortete er, doch sein Ton deutete an, dass er jetzt da nicht hinwollte. »Fahr nach Jugoslawien. Von Venedig oder Rom rate ich ab, wenn du noch eine Weile frei sein willst. Berlin wäre auch eine Möglichkeit. Keine Touristenfalle.«

»Berlin – da bin ich noch nie gewesen. Würden Sie mitkommen? Nur für ein paar Tage?«

Die Idee hatte etwas, Tom fand Berlin reizvoll. »Nur wenn du versprichst, hinterher nach Hause zu fliegen«, sagte er ruhig und bestimmt.

Frank lächelte wieder, so breit wie beim Betrachten des neuen Passes. »Okay, versprochen.«

»In Ordnung. Wir fliegen nach Berlin.«

»Kennen Sie die Stadt?«

»Ich war schon dort, zweimal, glaub ich.« Mit einem Mal war ihm, als hätte Frank ihn aufgegabelt. Ein paar Tage

Berlin, das wäre in Ordnung, könnte sogar Spaß machen, und er würde den Jungen nicht aus seinem Versprechen entlassen, von dort aus nach Hause zu fliegen. Vielleicht brauchte er ihn gar nicht daran zu erinnern.

»Wann soll's losgehen?«, fragte Frank.

»Sobald wie möglich. Kann sein, schon morgen. Ich werde mich morgen früh in Fontainebleau um die Flugtickets kümmern.«

»Ich habe noch Geld«, sagte der Junge. Dann wurde er ernst. »Nicht viel, fürchte ich, nur rund fünfhundert Dollar in Franc.«

»Geld ist nebensächlich, das regeln wir später. Ich sage schon mal gute Nacht, will unten noch mit Héloïse sprechen. Natürlich kannst du später herunterkommen, wenn du willst.«

»Danke, aber ich denke, ich schreibe jetzt Teresa.« Der Junge schien glücklich.

»Meinetwegen, aber den Brief werfen wir morgen in Düsseldorf ein, nicht hier.«

»Düsseldorf?«

»Maschinen nach Berlin müssen zuerst irgendwo in Deutschland zwischenlanden, und mir ist Düsseldorf lieber als Frankfurt, weil man dort nicht das Flugzeug wechseln muss – nur ein paar Minuten aussteigen, zur Passkontrolle. Noch eins, ganz wichtig: kein Wort zu Teresa, dass du nach Berlin fliegst.«

»Ja.«

»Sie könnte es nämlich deiner Mutter erzählen, und ich nehme doch an, du willst in Berlin allein bleiben. An der Briefmarke wird sie erkennen, dass du in Deutschland bist, also schreib ihr, du wärst unterwegs nach … Was hältst du von Wien?«

»*Jawohl, Sir!*« Frank klang wie ein frisch beförderter Soldat, der freudig Befehle entgegennahm.

Tom ging nach unten. Héloïse lag auf dem Sofa und schaute Nachrichten. »Sieh dir das an!«, sagte sie. »Wie können die sich bloß endlos umbringen?«

Eine rhetorische Frage. Tom starrte wie leer auf den Bildschirm, wo ein Wohnhaus bombardiert wurde: rote und gelbe Flammenzungen, ein Eisenträger, der durch die Luft flog. Vermutlich der Libanon. Vor ein paar Tagen war es Heathrow gewesen, nach einem Angriff auf El Al. Und morgen die ganze Welt. Tom dachte auch daran, dass Héloïse morgen früh, gegen zehn etwa, von ihrer Mutter das Ergebnis der Krankenhaustests erfahren würde, und hoffte, sie musste nicht unters Messer. Tom wollte vor zehn nach Fontainebleau fahren, um die Tickets zu besorgen. Héloïse würde er sagen, es gehe um einen dringenden Auftrag für Reeves Minot, erst in der Nacht habe er den Anruf erhalten, etwas in der Art. In ihrem Zimmer gab es kein Telefon, und wenn die Tür geschlossen war, bekam sie von Anrufen nichts mit, die über die Apparate in seinem Zimmer oder unten im Wohnzimmer liefen. Das Fernsehen brachte weitere Schreckensnachrichten. Tom beschloss, das Gespräch mit ihr zu verschieben.

Bevor er zu Bett ging, klopfte er bei Frank an und gab ihm Broschüren über Berlin und einen Stadtplan. »Könnte dich interessieren. Du erfährst etwas über die politische Situation und so weiter.«

Noch vor dem Frühstück hatte Tom seine Pläne etwas geändert. Seinen eigenen Flugschein würde er in einem Reisebüro in Moret besorgen, das Ticket des Jungen telefonisch am Flughafen reservieren. Héloïse erzählte er, Reeves habe weit nach Mitternacht angerufen: Er solle sofort nach Hamburg kommen, ein Kunstverkauf erfordere unbedingt seine sachverständige Anwesenheit.

»Heute morgen habe ich mit Billy gesprochen. Er will mich nach Hamburg begleiten und wird von dort nach Amerika zurückfliegen.« Zuvor hatte Tom ihr gesagt, am Montag habe sich Billy in Paris noch nicht entscheiden können, wohin er wolle.

Héloïse freute sich sichtlich, dass der Junge mit ihm abreisen würde. Was Tom nicht überraschte. »Und zurück kommst du – wann?«

»Ach, sagen wir, in drei Tagen. Sonntag, vielleicht Montag.« Tom saß bei Toast und einem zweiten Kaffee im Wohnzimmer. »Ich fahre gleich, wegen der Flugtickets. Und ich hoffe auf gute Neuigkeiten um zehn, *chérie*.«

Dann sollte sie den Arzt im Pariser Krankenhaus anrufen, wegen des Befundes. *»Merci, chéri.«*

»Mein Gefühl sagt mir, deiner Mutter fehlt nichts.« Er meinte das ehrlich, weil ihre Mutter kerngesund schien. In diesem Moment sah Tom, dass Henri, der Gärtner, eingetroffen war (dabei hatten sie heute weder Dienstag noch Donnerstag, sondern Freitag) und träge Regenwasser aus der Zisterne am Gewächshaus in große Eisenkannen füllte. »Henri ist da. Schön.«

»Ich weiß. – *Tomme*, das in Hamburg ist doch nicht gefährlich, oder?«

»Nein, Liebes. Reeves weiß, dass ich auf einer Buckmaster-Versteigerung war, die lief nicht viel anders als die kommende Hamburger Auktion. Außerdem ist es ein schöner Abflugort für Billy. Ich werde ihm ein bisschen die Stadt zeigen. Gefährliche Sachen mache ich nie.« Tom lächelte bei dem Gedanken an Schießereien – er glaubte, noch nie in so etwas geraten zu sein, doch dann fiel ihm ein Abend in Belle Ombre ein, als zwei Mafialeichen blutüberströmt auf dem Marmorboden genau hier im Wohnzimmer gelegen hatten. Das Blut hatte Tom mit einem von Madame Annettes dicken grauen Scheuerlappen aufwischen müssen. Héloïse hatte davon nichts mitbekommen. Wenigstens war das keine Schießerei gewesen: Die Mafiamänner hatten Waffen getragen, doch Tom hatte den einen mit einem Holzscheit niedergeschlagen. Daran erinnerte er sich nur ungern.

Vom Zimmer rief er Roissy an und erfuhr, dass auf einem Air-France-Flug um 15:45 Uhr noch Plätze frei waren. Er buchte einen auf den Namen Benjamin Andrews; das Ticket würde am Abflugschalter bereitliegen. Dann fuhr er nach Moret und kaufte auf seinen Namen ein Ticket nach Hamburg, Hin- und Rückflug. Nach der Rückkehr sagte er dem Jungen, sie würden das Haus gegen eins verlassen und zum Flughafen fahren.

Tom war froh, dass Héloïse Minots Hamburger Telefonnummer nicht wissen wollte. Bestimmt hatte er ihr die Nummer vorher schon einmal gegeben, aber sie könnte sie verlegt haben. Sollte sie die Nummer finden und Minot anrufen, würde das peinlich. Tom beschloss also, Reeves nach seiner Ankunft von Berlin aus anzurufen – etwas sträubte sich in ihm, das jetzt zu tun. Frank war packen gegangen, und Tom sah sein Haus wie ein Schiff, das er bald aufgeben müsse, obwohl es bei Madame Annette in guten Händen war. Drei oder vier Tage nur? Das war nichts. Tom hatte überlegt, den Renault zu nehmen und ihn im Flughafenparkhaus abzustellen, doch Héloïse wollte sie im Mercedes, der wieder einwandfrei lief, hinfahren oder doch wenigstens begleiten. Also fuhr Tom den Mercedes zum Flughafen Roissy-Charles de Gaulle und dachte unterwegs, wie gemütlich und praktisch es mit dem Flughafen Orly zwischen Villeperce und Paris gewesen war – bis sie vor rund einem Jahr Roissy nördlich von Paris eröffnet und den gesamten Flugverkehr dorthin verlegt hatten, selbst die Flüge nach London.

»Héloïse, ich danke Ihnen, dass Sie mich so lange bei sich aufgenommen haben«, sagte Frank auf Französisch.

»War mir ein Vergnügen, Billy! Außerdem hast du uns ja geholfen, im Haus und im Garten. Viel Glück!« Sie streckte die Hand durch das offene Wagenfenster, und als der Junge sich zu ihr hinabbeugte, küsste sie ihn zu Toms Überraschung auf beide Wangen.

Frank grinste verlegen.

Héloïse fuhr los, und die beiden gingen mit dem Gepäck in die Abflughalle. Ihr herzlicher Abschied erinnerte Tom daran, dass Héloïse ihn nie gefragt hatte, was er dem Jungen für die Arbeit zahlte: nichts. Frank hätte kein Geld genommen, da war er sicher. Am Morgen hatte Tom ihm fünftausend Franc gegeben (mehr durfte man aus Frankreich nicht ausführen) und selber nicht mehr mitgenommen, auch wenn ihn die Franzosen beim Abflug noch nie durchsucht hatten. Sollte ihnen in Berlin das Geld ausgehen, was unwahrscheinlich war, konnte er sich von seiner Zürcher Bank D-Mark anweisen lassen.

Tom sagte Frank, er solle seinen Flugschein am Schalter der Air France abholen und bezahlen.

»Benjamin Andrews, Flug sieben-acht-neun«, wiederholte Tom, »und wir sitzen getrennt. Sieh mich in der Maschine nicht an. Vielleicht treffen wir uns kurz in Düsseldorf, sonst in Berlin.« Er wollte schon zur Gepäckaufgabe gehen, blieb dann aber noch, weil er sicher sein wollte, dass Frank sein Ticket ohne Schwierigkeiten bekam. Ein paar Leute standen vor dem Jungen, dann war er an der Reihe, und Tom sah, das alles in Ordnung war – die junge Frau schrieb etwas, und Frank zahlte.

Tom gab seinen Koffer auf und nahm eine der Rolltreppen, die ihn sanft zu Flugsteig Nummer sechs emportrug. Diese Flugsteige, die in England und überall sonst auf der Welt einfach *gates* hießen, nannte man hier in Roissy *satellites* – eine sinnlose Bezeichnung, so als kreisten sie losgelöst um das Flughafengebäude. Tom zündete sich in der letzten Halle, wo noch geraucht werden durfte, eine Zigarette an und überflog seine Mitreisenden: Fast alles Männer, einer steckte schon hinter der *Frankfurter Allgemeinen.* Tom ging als einer der Ersten an Bord. Er sah sich nicht einmal um, ob Frank den Warteraum erreicht hatte, nahm im Raucherbereich Platz, die Augen halb geschlossen, und musterte die anderen Fluggäste, die sich mit ihren Aktenkoffern durch den Gang mühten. Den Jungen sah er nicht.

In Düsseldorf kam die Durchsage, die Passagiere könnten ihr Handgepäck an Bord lassen, müssten jedoch alle aussteigen. Wie eine Herde Schafe wurden sie einem unsichtbaren Ziel zugetrieben, aber Tom war hier schon einmal gewesen und wusste, dass ihnen nicht mehr bevorstand als das Prüfen und Stempeln der Pässe.

Dann wurden sie in einen kleinen Wartebereich gelotst, und er sah, wie Frank eine Marke für den Brief an Teresa zu kaufen versuchte. Tom hatte vergessen, dem Jungen deutsches Geld zu geben – Scheine und Münzen von früheren Reisen, die er eingesteckt hatte. Aber die deutsche Frau lächelte; anscheinend akzeptierte sie die Franc des Jungen, und er gab ihr den Brief. Tom ging an Bord der Maschine nach Berlin.

»Berlin-Tegel wird dir gefallen«, hatte er zu Frank gesagt. Tom mochte den Flughafen wegen seiner menschlichen Maße: keine überflüssigen Extras, keine Rolltreppen, keine drei Ebenen und kein gleißender Chrom, nur eine großenteils gelb gehaltene Empfangshalle mit einer runden Theke in der Mitte, halb Bar, halb Café, und zwei Toiletten, aber in Sichtweite, nicht kilometerweit weg. Tom wartete in der Nähe des runden Erfrischungsstands, den Koffer neben sich, und nickte dem Jungen zu, als er ihn kommen sah; der aber folgte seinen Anweisungen so getreu, dass er nicht aufblickte und Tom ihn abfangen musste.

»Sieh an, du hier!«

»Guten Tag, Sir!« Der Junge lächelte.

Die rund vierzig Passagiere nach Berlin waren inzwischen auf knapp ein Dutzend zusammengeschmolzen, auch das ein angenehmer Anblick.

»Ich besorge uns ein Hotelzimmer«, sagte Tom. »Bleib du beim Gepäck.« Er ging die paar Meter zu einer Telefonzelle, suchte aus seinem Notizbuch für Geschäftsadressen die Nummer des Hotels Franke heraus und rief dort an. In diesem Hotel mittlerer Preislage hatte er sich vor Jahren mit einem Bekannten getroffen; die Adresse hatte er aufgeschrieben, weil er sie einmal brauchen könnte. Sie hatten tatsächlich zwei Zimmer frei. Tom buchte beide auf seinen Namen und fügte hinzu, sie würden in etwa einer halben Stunde eintreffen. Die wenigen letzten Passagiere in der anheimelnden Empfangshalle kamen ihm so unverdächtig vor, dass er es riskierte, gemeinsam mit dem Jungen ein Taxi zu nehmen.

Ihr Ziel war die Albrecht-Achilles-Straße, die vom Kurfürstendamm abging. Zuerst fuhren sie kilometerweit durch flaches Land, vorbei an Lagerhäusern, Feldern und Scheunen, dann tauchten die ersten Ausläufer der Stadt auf, einige Gebäude, die brandneu wirkten, hellbraune und cremeweiße Hochhäuser, beinahe Wolkenkratzer, mit chromverkleideten, antennenartigen Spitzen. Sie näherten sich Berlin von Norden. Allmählich und eher unangenehm spürte Tom den Enklavencharakter dieses Gebildes namens West-Berlin, das wie eine Insel mitten in sowjetisch kontrolliertem Gebiet lag. Immerhin befanden sie sich innerhalb der Berliner Mauer und wurden, wie früher, von französischen, britischen und amerikanischen Soldaten beschützt. Beim Anblick des einzigen alten, schartigen Gebäudes tat Toms Herz einen Sprung, was ihn selbst überraschte.

»Das ist die Gedächtniskirche!«, sagte er zu Frank, ein Hauch von Besitzerstolz in der Stimme. »Ein bedeutendes Wahrzeichen der Stadt. Zerbombt, wie du siehst, aber man hat sie so stehen lassen.«

Der Junge blickte gebannt zum Fenster hinaus – als sei das hier Venedig, dachte Tom, und auf seine Art war Berlin ebenso einzigartig.

Sie ließen den zerfallenen rotbraunen Turm der Gedächtniskirche links hinter sich zurück. Tom sagte: »Die ganze Gegend hier, alles, was du siehst, war dem Erdboden gleichgemacht. Deshalb sind die Häuser so neu.«

»Ja, das war alles kaputt!«, sagte der Taxifahrer, ein Mann mittleren Alters, auf Deutsch. »Sind Sie Touristen? Zum Vergnügen hier?«

»Ja.« Tom freute sich, dass der Mann reden wollte. »Wie wird das Wetter?«

»Gestern Regen, heute bleibt es so.«

Bewölkter Himmel, doch es war trocken. Schnell fuhren sie über den Kurfürstendamm und hielten vor einer roten Ampel am Lehniner Platz.

»Sieh all diese Geschäfte, wie neu sie sind«, sagte Tom zu dem Jungen. »Ich mag den Ku'damm wirklich nicht besonders.« Er dachte an seine erste Reise nach Berlin (allein), wie er auf dem langen, schnurgeraden Kurfürstendamm hin und her marschiert war und vergeblich versucht hatte, eine Atmosphäre zu spüren, abseits der schönen Schaufenster, der Chrom-und-Glas-Vitrinen auf dem Bürgersteig mit Porzellan, Armbanduhren und Handtaschen in den Auslagen. Kreuzberg, der heruntergekommene alte Stadtteil Berlins, wo jetzt so viele türkische Arbeiterfamilien wohnten, hatte mehr Charakter.

Der Taxifahrer bog links in die Achillesstraße ein – an der Ecke eine Pizzeria, an die Tom sich erinnerte, rechts ein Supermarkt, der jetzt geschlossen war. Das Hotel Franke lag zur Linken hinter einer Straßenbiegung. Tom zahlte mit Scheinen des deutschen Geldes, das er noch übrig hatte (fast sechshundert D-Mark).

Am Empfang füllten sie weiße Kärtchen aus, die der Mann ihnen gab, und mussten beide in ihren Pässen nachsehen, um die richtigen Nummern einzutragen. Ihre Zimmer lagen im selben Stock, doch nicht nebeneinander. Tom hatte das elegantere Hotel Palace unweit der Gedächtniskirche meiden wollen, weil er dort einmal übernachtet hatte: Vielleicht hätte man sich dort an ihn erinnert und es auffällig finden können, dass er in Begleitung eines Jungen reiste, der nicht mit ihm verwandt war. Was sich andere dabei denken mochten, auch im Hotel Franke, war ihm egal, doch er nahm an, dass Frank Pierson in einem bescheidenen Hotel wie dem Franke weniger Gefahr liefe, erkannt zu werden.

Tom hängte eine Hose auf, schlug die Überdecke zurück und warf seinen Pyjama auf das weiße, zugeknöpfte, mit Daunen gefüllte Ding, das als Laken und Decke zugleich diente – eine deutsche Eigenheit, die er von früher kannte. Das Fenster bot einen durch und durch tristen Blick auf einen grauen Hinterhof, ein weiteres sechsstöckiges Betonhaus, das quer zum Hotel stand, und ein paar Baumkronen in der Ferne. Mit einem Mal durchströmte ihn ein unerklärliches Gefühl des Glücks, einer vielleicht illusorischen Freiheit. Er schob das Lederetui mit dem Pass und den französischen Franc ganz unten in den Koffer, klappte den Deckel zu, verließ das Zimmer und schloss ab. Dem Jungen hatte er gesagt, er werde ihn in fünf Minuten abholen. Er klopfte an dessen Tür.

»Tom? Kommen Sie herein!«

»Ben!«, sagte er lächelnd. »Wie sieht's aus?«

»Schauen Sie sich nur dieses komische Bett an!«

Beide mussten laut loslachen. Auch Frank hatte die Überdecke zurückgeschlagen und seinen Pyjama auf die eingeknöpfte Daunendecke gelegt.

»Gehen wir spazieren. Wo sind deine beiden Pässe?« Tom vergewisserte sich, dass der neue Pass des Jungen nicht zu sehen war, fand Johnnys Ausweis in dem Koffer und steckte ihn in einen Briefumschlag, den er der Schreibtischschublade entnahm und unten im Koffer des Jungen verschwinden ließ. »Du möchtest doch sicher nicht den falschen vorzeigen.« Er wünschte, sie hätten Johnnys Pass in Belle Ombre verbrannt; der Bruder dürfte sich inzwischen ohnehin einen neuen besorgt haben.

Sie gingen hinaus, hätten die Treppe nehmen können, aber Frank wollte noch einmal den Aufzug sehen. Er wirkte genauso glücklich, wie Tom sich fühlte. Warum wohl?

»Drück auf E, das steht für *Erdgeschoss*.«

Sie gaben die Schlüssel ab, verließen das Hotel und wandten sich nach rechts, Richtung Kurfürstendamm. Frank hatte Augen für alles, selbst für einen Dackel an der Leine. Tom schlug vor, sie sollten in der Pizzeria an der Ecke ein Bier trinken. Dort kauften sie sich Marken, stellten sich an einer Biertheke an und trugen die großen Humpen zum einzigen Tisch mit freien Plätzen, an dem zwei Mädchen Pizza aßen. Sie nickten zum Zeichen, dass Tom und Frank sich dazusetzen konnten.

»Morgen fahren wir nach Charlottenburg«, sagte Tom. »Ein Viertel mit Museen und einem schönen Park. Danach zum Tiergarten.« Und heute Abend? In Berlin war nachts viel los. Tom sah, dass der Junge den Leberfleck auf der Wange abgedeckt hatte. »Gut, weiter so.« Tom zeigte auf seine eigene Wange.

Kurz nach Mitternacht waren sie im Romy Haag. Frank hatte noch einige Bier mehr getrunken und war nicht mehr nüchtern. Er hatte bei einem Wurfspiel an dem Stand vor einem Biergarten ein Plüschtier gewonnen, und nun trug Tom den kleinen braunen Bären, das Berliner Wappentier. Bei seinem letzten Besuch in der Stadt war Tom schon einmal im Romy Haag gewesen, einer Disco-Bar mit nächtlicher Transvestitenshow, die eher auf Touristen zielte.

»Warum tanzt du nicht?«, fragte er den Jungen. »Fordere doch eine von denen da auf.« Tom meinte die beiden Mädchen, die auf Barhockern vor ihren Drinks saßen, aber zur Tanzfläche schauten. Darüber drehte sich pausenlos eine silbergraue Kugel; Lichtpunkte und Schatten wanderten langsam über die Wände. Die rotierende graue Kugel, nicht größer als ein Wasserball und an sich eher hässlich, wirkte wie ein Relikt aus den Dreißigern, ein Souvenir aus dem Berlin vor der Hitlerzeit, und zog den Blick eigenartig an.

Frank wand sich, als fehle ihm der Mut, die Mädchen anzusprechen. Er stand mit Tom an der Theke.

»Das sind keine Huren«, sagte Tom über die laute Musik hinweg.

Frank ging zur Toilette neben dem Eingang. Als er herauskam, schlenderte er an Tom vorbei auf die Tanzfläche zu. Dort verlor ihn Tom für eine Weile aus den Augen; dann sah er ihn unter der rotierenden Kugel mit einem blonden Mädchen, um ihn ein Dutzend anderer Paare und einige, die allein tanzten. Tom lächelte. Der Junge sprang auf und ab, er hatte Spaß. Die Musik dröhnte pausenlos weiter, doch kurze Zeit später kehrte Frank triumphierend zurück.

»Ich dachte, wenn ich kein Mädchen auffordere, bin ich ein Feigling für Sie!«, sagte er.

»Nette Mädchen?«

»O ja, richtig hübsch. Nur dass die eine immer Kaugummi kaute. Ich habe *Guten Abend* gesagt, auf Deutsch, und sogar *ich liebe dich,* doch das kenne ich bloß aus Songs. Sie hat wohl gedacht, ich wäre besoffen. Na, jedenfalls hat sie gelacht!«

Nüchtern war er bestimmt nicht. Tom stützte ihn am Arm, während der Junge ein Bein über den Barhocker schwang. »Lass das Bier stehen, wenn du willst.«

Ein Trommelwirbel kündigte die Show an. Drei kräftig gebaute Männer stolzierten in bodenlangen rosaroten, gelben und weißen Rüschenkleidern herum, sie trugen breitkrempige Hüte mit Blumen und riesige nackte Plastikbrüste mit roten Brustwarzen. Begeisterter Beifall. Sie sangen eine Arie aus *Madame Butterfly,* dann folgten mehrere Sketche, die Tom kaum verstand, von den anderen Zuschauern aber laut beklatscht wurden.

»Die sehen so witzig aus!«, brüllte Frank ihm ins Ohr.

Zum Schluss sang das muskulöse Trio ein deutsches Lied, *Das ist die Berliner Luft;* die Männer hoben die Kleider hoch und warfen die Beine in die Luft, und die Zuschauer überschütteten sie mit Blumen.

Frank applaudierte, rief: »Bravo! *Bravi!*«, und wäre fast vom Hocker gefallen.

Kurz darauf ging Tom mit dem Jungen Arm in Arm,

doch eher um ihn zu stützen, über den schwach erleuchteten Bürgersteig. Auch nachts um halb zwei waren noch Fußgänger unterwegs.

»Was ist *das?*« Frank sah ein seltsam kostümiertes Paar auf sie zukommen.

Anscheinend ein Mann und eine Frau: Er trug enge Harlekinhosen und einen Hut mit vorn und hinten spitz zulaufender Krempe, sie sah aus wie eine Spielkarte auf Beinen. Bei näherem Hinsehen erkannte Tom die Karte, das Kreuz-Ass. »Wahrscheinlich kommen sie gerade von einer Party«, sagte er, »oder sie gehen auf eine.« Schon damals war ihm aufgefallen, dass die Berliner gerne die Mode wechselten, von einem Extrem ins andere fielen, sich sogar verkleideten. »Es ist ein Spiel: ›Wer bin ich?‹ Die ganze Stadt ist so.« Tom hätte noch mehr dazu sagen können. Die Stadt war so bizarr, so künstlich, wenigstens was ihren politischen Status anging, und vielleicht versuchten die Berliner deshalb, es in dem, was sie trugen, wie sie sich benahmen, manchmal zu weit zu treiben. Auch war das ein Weg für sie, zu sagen: »Es gibt uns noch!« Aber Tom war nicht danach, seine Gedanken zu ordnen. Er sagte nur: »Allein schon die Vorstellung, dass sie von all diesen langweiligen *Russen* umgeben sind, die keinen Funken Humor haben!«

»He, Tom, könnten wir mal nach Ost-Berlin? Das würd ich wirklich gern sehen.«

Tom drückte den kleinen Berliner Bären fest an sich. Er überlegte, ob dem Jungen dort Gefahr drohte, doch ihm fiel nichts ein. »Klar. Die wollen Besuchern vor allem D-Mark abknöpfen. Wer die Leute sind, interessiert sie weniger. – Da, ein Taxi! Das nehmen wir.«

10

Am nächsten Morgen rief Tom den Jungen um neun vom Zimmer aus an. Wie es Ben gehe?

»Ganz gut, danke. Bin eben erst aufgewacht.«

»Ich bestelle uns Frühstück aufs Zimmer, also komm zu mir. Vierhundertvierzehn. Und schließ hinter dir ab.«

Als sie gegen drei Uhr morgens ins Hotel zurückgekehrt waren, hatte er sich vergewissert, dass die Pässe noch im Koffer lagen.

Beim Frühstück schlug Tom einen Ausflug nach Charlottenburg vor, danach Ost-Berlin und später der Westberliner Zoo, sollten sie dann noch nicht müde sein. Er gab dem Jungen den Artikel eines Frank Giles aus der Londoner *Sunday Times,* weil er in wenigen Worten viel über Berlin sagte. »Berlin – geteilt für immer?«, lautete die Überschrift. Frank las ihn, während er Toast mit Orangenmarmelade aß. Tom meinte, Butterflecken machten gar nichts, weil er den Artikel schon so lange habe.

»Nur achtzig Kilometer bis zur polnischen Grenze!«, wunderte sich Frank. »Und dreiundneunzigtausend sowjetische Soldaten im Umkreis von dreißig Kilometern um die Berliner Vorstädte!« Dann sah er Tom an: »Warum machen die so viel Wind um Berlin? Dieses ganze Gerede über die Mauer …«

Tom wollte weiter seinen Kaffee genießen und hatte keine Lust auf einen Vortrag. Vielleicht würde der Junge heute begreifen, wie es wirklich war. »Die Mauer geht quer durch ganz Deutschland, nicht nur durch Berlin. Über die Berliner Mauer wird am meisten geredet, weil sie West-Berlin umschließt, aber der Eiserne Vorhang erstreckt sich bis hinunter nach Rumänien und Bulgarien. Du wirst die Mauer heute zu sehen bekommen. Und morgen könnten wir ein Taxi zur Glienicker Brücke nehmen, wo Ost und West manchmal Gefangene austauschen. Genauer gesagt, Spione. Dort ist sogar der Fluss in der Mitte geteilt, man kann den Draht sehen, der über Wasser verläuft.« Der Junge schien wenigstens ein bisschen begriffen zu haben, dachte Tom, denn er las den Artikel sehr gründlich. Der Verfasser erklärte die dreifache militärische Besetzung Berlins, die Kontrolle durch englische, französische und amerikanische Truppen, die verstehen half, warum die Maschinen der deutschen Lufthansa Berlin-Tegel nicht anfliegen durften (wenn auch Tom das Gefühl nie loswurde, dass er etwas an Berlin nie ganz begreifen würde). Berlin war etwas Künstliches, etwas Besonderes, war nicht einmal Teil Westdeutschlands, was es womöglich gar nicht werden wollte, weil die Bewohner immer schon stolz darauf gewesen waren, Berliner zu sein.

»Ich ziehe mich jetzt an. In ungefähr zehn Minuten klopfe ich bei dir.« Tom stand auf. »Nimm deinen Pass mit, Ben. Für die Mauer.« Der Junge war bereits angezogen, Tom noch im Pyjama.

Am Kurfürstendamm nahmen sie eine altmodische Straßenbahn nach Charlottenburg und verbrachten mehr als eine Stunde im Museum für Vor- und Frühgeschichte und in der Gemäldesammlung des Schlosses. Lange stand Frank vor den Modelldarstellungen menschlicher Arbeit aus längst vergangenen Zeiten im Berliner Raum: Männer in Tierpelzen, die dreitausend Jahre vor Christus Kupfer abbauten. Wie im Beaubourg hielt Tom andauernd Ausschau, ob sich jemand für Frank interessiere, sah aber nur Eltern mit plappernden Kindern, die neugierig in Glaskästen starrten. Berlin bot ein sanftes, harmloses Bild, bislang jedenfalls.

Dann eine andere Straßenbahn, zurück zur Charlottenburger S-Bahn-Station, und die Fahrt zum Bahnhof Friedrichstraße, zur Mauer. Tom hatte seinen Stadtplan dabei. Die ganze Zeit fuhren sie oberirdisch, dabei sah der Zug aus wie eine U-Bahn, wie die Londoner Underground oder die New-Yorker Subway. Frank starrte durchs Fenster auf die vorbeiziehenden Mietshäuser, meistens alt und schäbig, also nicht zerbombt. Dann die Mauer: grau, drei Meter hoch, wie versprochen, mit Stacheldraht darauf. Manche Stellen, erinnerte sich Tom, hatten Ostberliner Soldaten vor einigen Monaten, vor Präsident Carters Besuch in West-Berlin, mit Deckfarbe übersprüht, damit die Ostberliner und die vielen Ostdeutschen, die westdeutsches Fernsehen empfangen konnten, nicht die antisowjetischen Sprüche lesen konnten, die dort gestanden hatten.

Tom und Frank mussten in einem Raum mit rund fünfzig anderen warten, Touristen, aber auch Westberliner, viele beladen mit Einkaufstaschen, Körben voller Früchte, Fleischkonserven und Schachteln wie von Kleidergeschäften. Die Berliner waren meist ältere Leute, die wahrscheinlich zum soundsovielten Mal ihre seit dem Mauerbau 1961 abgeschnittenen Geschwister und Cousins besuchten. Endlich rief eine junge Frau hinter einem Gitterfenster die siebenstellige Zahl der beiden, und sie durften mit anderen nacheinander in einen anderen Raum vorrücken, in dem ein langer Tisch stand, dahinter ostdeutsche Soldaten in graugrünen Uniformen. Eine andere Frau gab ihnen die Pässe zurück; ein paar Meter weiter mussten sie bei einem Soldaten sechs D-Mark und fünfzig Pfennig knapp eins zu eins in ostdeutsche Mark umtauschen. In Tom sträubte sich etwas dagegen, das Ostgeld anzufassen. Er steckte es in die leere linke Gesäßtasche.

Nun waren sie »frei«. Tom lächelte bei dem Gedanken, als sie die Friedrichstraße betraten, die hier, jenseits der Mauer, weiterging. Er zeigte auf die noch immer nicht gesäuberten Fassaden der preußischen Königspaläste. Warum zum Teufel reinigten die Ostdeutschen sie nicht, fragte er sich, oder pflanzten Hecken um sie herum, wenn sie doch auf den Rest der Welt einen guten Eindruck machen wollten?

Der Junge sah sich, vorerst sprachlos, nach allen Seiten um.

»Unter den Linden«, bemerkte Tom nicht gerade gut gelaunt. Aus Selbsterhaltungstrieb versuchte er dennoch, aufmunternd zu wirken, nahm Frank am Arm und steuerte ihn nach rechts in eine Straße. »Hier entlang.«

Hier, wieder in der Friedrichstraße, ragten lange Imbissstände vor Gaststätten über den halben Bürgersteig. Die Leute löffelten Suppen, aßen belegte Brote, tranken Bier; manche wirkten in ihren staubigen, mörtelverschmierten Arbeitsuniformen wie Bauarbeiter, andere, Frauen und Mädchen, wie Büroangestellte.

»Ich könnte einen Kugelschreiber kaufen«, sagte Frank. »Wäre doch lustig, hier was zu kaufen, egal was.«

Sie kamen an einen Schreibwarenladen mit einem leeren Zeitungsständer davor; auf dem Schild an der Eingangstür stand auf Deutsch: GESCHLOSSEN, WEIL MIR DANACH WAR. Tom lachte und übersetzte für Frank.

»Muss doch noch einen Laden hier geben«, sagte Tom, als sie weitergingen.

Den gab es auch, doch auch der war nicht offen, und diesmal verkündete das handgeschriebene Schild: WEGEN KATER GESCHLOSSEN. Frank fand das zum Schreien komisch.

»Vielleicht haben sie doch Sinn für Humor, aber ansonsten sieht es hier so aus, wie es in dem Artikel stand – irgendwie öde.«

Auch Tom spürte wieder die schleichende Tristesse, die ihn schon bei seinem ersten Besuch Ost-Berlins befallen hatte. Die Kleider der Leute hingen schlaff herunter. Er war nur mitgekommen, weil der Junge die Stadt sehen wollte. »Gehen wir was essen, das wird uns aufheitern.« Tom deutete auf ein Restaurant.

Eine große, eher biedere und betriebsame Gaststätte; manche der langen Tische waren weiß eingedeckt. Falls ihr Ostgeld nicht reichte, dachte Tom, würde der Kellner mit Vergnügen auch D-Mark nehmen. Sie setzten sich. Der Junge musterte nachdenklich die anderen Gäste – einen Mann in dunklem Anzug mit Brille, der alleine aß; zwei pummelige Mädchen, die an einem Tisch in der Nähe vor sich hin plapperten und Kaffee tranken –, als studiere er im Zoo Tiere einer neu entdeckten Spezies. Tom fand das amüsant: Für Frank waren das vermutlich kommunistisch angehauchte »Russen«.

»Eigentlich sind sie nicht alle Kommunisten«, sagte Tom. »Das sind Deutsche.«

»Ich weiß. Aber schon die Vorstellung, dass sie nicht einfach nach Westdeutschland gehen und dort leben können ... Das stimmt doch, oder?«

»Ja. Das können sie nicht.«

Ihr Essen kam. Tom wartete, bis die blonde, freundlich lächelnde Kellnerin verschwunden war. »Allerdings sagen die Russen, sie hätten die Mauer gebaut, damit die Kapitalisten nicht *hierher*kommen. Jedenfalls ist das die offizielle Linie.«

Am Alexanderplatz tranken sie oben auf dem hohen Turm, dem Stolz von Ost-Berlin, einen Kaffee und bewunderten die Aussicht. Danach wollten beide nur noch weg.

Kaum hatten sie den Grenzstreifen an der Mauer passiert und fuhren mit der ratternden S-Bahn Richtung Tiergarten, gab ihnen West-Berlin das Gefühl von weitem, unbegrenztem Raum, obwohl die Stadt doch eingeschlossen war. Sie hatten im Osten noch ein paar Zehnmarkscheine gewechselt; Frank betrachtete die ostdeutschen Münzen in seinen Händen.

»Ich könnte das Kleingeld als Souvenir behalten – oder ein paar Stück an Teresa schicken, nur zum Spaß.«

»Bitte nicht von hier«, sagte Tom. »Nimm sie mit nach Hause.«

Es tat ihnen gut, im Zoo die Löwen zu sehen, die scheinbar frei herumtrotteten, die Tiger, die träge am eigenen Schwimmbecken lagen und den Menschen ins Gesicht gähnten – wenn auch durch einen Wassergraben von den Besuchern getrennt. Gerade als Tom und Frank vorbeikamen, reckte der Trompeterschwan seinen langen Hals in die Höhe und trompetete laut los. Sie ließen sich Zeit, kamen dann zum Aquarium, wo der Junge den Drückerfisch sofort ins Herz schloss: »Unglaublich!« Vor Staunen blieb ihm der Mund offen stehen, auf einmal wirkte er wie ein zwölfjähriges Kind. »Diese Wimpern! Wie *angeklebt*!«

Tom lachte. Er beobachtete den kleinen, leuchtend blauen, kaum fünfzehn Zentimeter langen Fisch, der gemächlich seines Weges schwamm, mit halber Kraft sozusagen, und nichts zu suchen schien, wenn er auch andauernd sein Mäulchen auf- und zuklappte, als wollte er etwas fragen. Die Lider seiner übergroßen Augen waren schwarz umrandet; darüber und darunter stachen lange schwarze Borsten wie Wimpern hervor, anmutig geschwungen, als habe ein Cartoonzeichner sie ihm mit Fettstift auf die blauen Schuppen gemalt. Ein Wunder der Natur, dachte Tom. Er hatte den Fisch schon einmal gesehen, doch erneut stand er staunend davor, und es freute ihn, dass der Junge den Drückerfisch mehr bewunderte als den berühmten Picassofisch: Auch der war eher klein, sein gelber Körper wies schwarze Zickzackstreifen auf, die an Pinselstriche aus Picassos kubistischer Periode erinnerten, und aus einem blauen Streifen oben am Kopf sprossen mehrere kleine Antennen. Höchst merkwürdig, das bestimmt, doch mit dem Drückerfisch und diesen Augenwimpern konnte er es nicht aufnehmen. Tom wandte den Blick von der Welt unter Wasser, ging weiter und kam sich vor wie ein unbeholfener Fleischberg, der Luft atmen musste.

Die Krokodile in ihren geheizten Glasterrarien, über die eine Fußgängerbrücke führte, wiesen etliche schwach blutende Wunden auf, sicher von ihren Artgenossen. Im Augenblick aber dösten sie alle und grinsten Furcht erregend.

»Genug gesehen?«, fragte Tom. »Ich würde gern weiter zum Bahnhof Zoo.«

Sie verließen das Aquarium und gingen die paar Straßen zum Bahnhof, wo Tom wieder französische Francs wechselte. Auch der Junge tauschte Geld.

»Weißt du, Ben«, sagte Tom, als er seine D-Markscheine einsteckte, »noch einen Tag hier, dann solltest du allmählich daran denken, nach Hause zu fliegen.« Er hatte einen Blick in die Bahnhofshalle geworfen, wo sich Huren, Hehler, Schwule, Stricher, Fixer und Gott weiß was alles trafen. Er ging weiter, während er sprach, wollte den Bahnhof verlassen, weil er fürchtete, einer der hier herumlungernden Leute könnte sich aus irgendeinem Grund für den Jungen und ihn interessieren.

»Vielleicht fahr ich nach Rom«, sagte Frank. Sie gingen in Richtung Ku'damm.

»Nicht nach Rom. Heb dir das für ein andermal auf. Da warst du doch schon, oder?«

»Nur zweimal, als Kind.«

»Flieg erst einmal nach Hause, bring alles in Ordnung, auch mit Teresa. Nach Rom kannst du diesen Sommer immer noch. Heute ist erst der sechsundzwanzigste August.«

Rund eine halbe Stunde später entspannte sich Tom auf dem Zimmer mit der *Morgenpost* und dem *Abend,* als Frank aus seinem Zimmer anrief.

»Ich habe für Montag einen Flug nach New York gebucht«, sagte er. »Abflug 11:45 mit Air France, ab Düsseldorf weiter mit Lufthansa.«

»Sehr gut, Ben.« Tom war erleichtert.

»Vielleicht könnten Sie mir ein bisschen Geld leihen. Für das Flugticket reicht's noch, doch danach bin ich wohl ziemlich blank.«

»Kein Problem«, sagte Tom geduldig. Fünftausend Franc waren mehr als tausend Dollar – wenn der Junge sofort nach Hause wollte, warum sollte er mehr brauchen? War er derart daran gewöhnt, große Summen bei sich zu haben, dass er sich ohne viel Geld nicht wohl fühlte? Oder war es so, dass für Frank Geld, das von Tom kam, für Liebe stand?

An diesem Abend gingen sie ins Kino, verließen die Vorstellung aber vor Ende des Films, weil es schon nach elf war und sie noch nicht gegessen hatten. Tom nahm ihn mit in die Rheinischen Winzerstuben, nur ein paar Meter weiter. Halb volle Biergläser, mehr als ein halbes Dutzend, standen aufgereiht unter den Zapfhähnen, auf Kundschaft wartend. Die Deutschen brauchten mehrere Minuten, um ein Bier ordentlich zu zapfen. Tom mochte das. Sie wählten ihre Speisen selbst an einem Tresen mit hausgemachten Suppen, Braten, Roastbeef, Lamm, Kohl, gebratenen oder gekochten Kartoffeln und einem halben Dutzend Brotsorten aus.

»Was Sie über Teresa sagten, das stimmt«, begann Frank, als sie einen freien Tisch gefunden hatten. »Ich sollte die Sache mit ihr klären.« Er schluckte, dabei hatte er sein Essen noch nicht angerührt. »Vielleicht mag sie mich, vielleicht auch nicht. Und ich merke, ich bin einfach noch nicht alt genug. College, das hieße noch fünf Jahre Lernen. Mein Gott!«

Mit einem Mal wurde er wütend, scheinbar auf das Universitätssystem, doch Tom wusste weswegen: Der Junge war verunsichert, wegen des Mädchens.

»Sie ist anders als andere Mädchen«, fuhr er fort. »Ich kann das nicht in Worte fassen. Sie ist nicht albern, ist sich ihrer sehr sicher – das macht mir manchmal Angst, weil ich mich nicht so selbstbewusst fühle wie sie. Womöglich *bin* ich's auch nicht. – Vielleicht lernen Sie Teresa eines Tages kennen. Hoffentlich.«

»Das hoffe ich auch. Iss, sonst wird dein Essen kalt.« Tom spürte, dass er Teresa niemals kennenlernen würde. Aber Wunschvorstellungen, eine Hoffnung wie jene, an die sich der Junge gerade klammerte – was sonst ließ die Menschen durchhalten? Ichstärke, Standhaftigkeit, Tatkraft und was man so vage »die Zukunft« nannte: Brauchten die meisten nicht dafür einen anderen Menschen? So wenige nur schafften es allein. Und er? Tom versuchte für einen Augenblick, sich Belle Ombre ohne Héloïse vorzustellen: niemand im Haus, mit dem er sprechen konnte, nur Madame Annette; niemand, der eine Platte auflegte und das Haus auf einmal mit Rockmusik füllte oder zuweilen mit Ralph Kirkpatricks Cembalo-Interpretationen. Obwohl er Héloïse von so viel in seinem Leben ausschloss, von seinen illegalen und potenziell gefährlichen Aktivitäten, deren Aufdeckung das Ende von Belle Ombre bedeuten würde, war sie ein Teil seines Lebens geworden, ja fast seines Fleisches, wie es im Ehegelöbnis hieß. Sie schliefen nicht oft miteinander, nicht einmal immer, wenn Tom ihr Bett teilte, was kaum jeden zweiten Tag vorkam, doch wenn sie es taten, war Héloïse zärtlich und leidenschaftlich. Dass sie sich so selten liebten, schien ihr überhaupt nichts auszumachen. Seltsam, weil sie erst siebenundzwanzig war – oder achtundzwanzig? Aber auch Tom kam das gelegen. Er könnte eine Frau nicht ertragen, die mehrmals pro Woche Ansprüche an ihn stellte. Das hätte ihm jede Lust verdorben, womöglich ein für alle Mal.

Tom nahm seinen Mut zusammen und sagte leichthin und höflich zugleich: »Darf ich fragen, ob du mit Teresa im Bett warst?«

Frank sah von seinem Teller auf, lächelte hastig und fahrig: »Einmal. Ich – na ja, es war natürlich wunderschön. Vielleicht zu schön.«

Tom wartete.

»Sie sind der einzige Mensch, dem ich das erzählen kann«, fuhr der Junge leiser fort. »Ich war nicht so gut. Zu erregt, glaube ich. Sie auch, aber … Eigentlich ist gar nichts passiert. Es war in der Stadtwohnung ihrer Eltern, in New York. Alle waren ausgegangen, wir hatten sämtliche Türen verschlossen. – Und sie hat gelacht.« Frank sah ihn an, als habe er gerade etwas festgestellt, eine Tatsache, nicht einmal eine, die wehtat. Nur eine Tatsache.

»Über dich?« Tom gab sich Mühe, seine Neugier zu verbergen. Er zündete sich eine Roth-Händle an, das deutsche Gegenstück zur Gauloise.

»Ob *über* mich, das weiß ich nicht. Kann sein. Ich fühlte mich furchtbar. Das war so peinlich. Ich wollte mit ihr schlafen und konnte es nicht … zu Ende bringen. Verstehen Sie?«

Tom glaubte schon. »Möglich, dass sie *mit* dir gelacht hat.«

»Ich habe versucht, darüber zu lachen. Erzählen Sie niemandem davon, ja?«

»Klar. Wem denn auch?«

»Die andern Jungs in der Schule haben immer angegeben. Ich glaube, die Hälfte davon war gelogen. Ich weiß, dass sie lügen. Pete, er ist ein Jahr älter, ich mag ihn gern, aber er sagt nicht immer die Wahrheit, da bin ich sicher. Über Mädchen, meine ich. Klar, die Sache ist ganz einfach, glaub ich, wenn man das Mädchen nicht wirklich gernhat. Verstehen Sie? Was weiß ich. Dann denkt man nur an sich, dass man ein harter Kerl ist und es tun will, und alles ist okay. Aber ich – ich liebe Teresa seit *Monaten*. Seit sieben Monaten mittlerweile. Seit dem Abend, als ich sie kennenlernte.«

Tom legte sich eine Frage zurecht: Hatte Teresa andere Freunde, mit denen sie vielleicht ins Bett ging? Doch er konnte sie nicht stellen, weil über das Geklapper und die Gespräche im Gasthaus hinweg laut der einleitende Akkord einer Melodie ertönte.

An der Wand weit gegenüber passierte etwas. Tom kannte die Vorstellung schon. Drüben waren die Lichter angegangen, und die ausgelassene Ouvertüre des *Freischütz* dröhnte aus einem altersschwachen Plattenspieler. An der Wand ragte ein Tableau mit den Silhouetten ausgeschnittener Geisterhäuser eine Handbreit hervor: Eine Eule hockte in einem Baum, der Mond schien, Blitze zuckten, und von schräg rechts oben regnete es echte Wassertropfen. Es donnerte sogar, was so klang, als würden hinter der Bühne große Bleche gegeneinander geschlagen. Ein paar Gäste standen auf, um besser sehen zu können.

»Das ist total verrückt!« Frank grinste. »Kommen Sie, wir schauen zu!«

»Sieh du es dir an«, sagte Tom, und der Junge ging. Tom wollte sitzen bleiben, um aus der Ferne zu überprüfen, ob jemand den Jungen beachtete.

Frank trug Toms blauen Blazer und seine eigene braune Cordhose, die ein Stück zu kurz war – der Junge musste seit dem Kauf gewachsen sein. Die Hände in den Hüften, betrachtete er das *tableau presque vivant*. Soweit Tom sehen konnte, beachtete ihn niemand.

Die Musik endete mit lauten Beckenschlägen, die Scheinwerfer erloschen, der Regen versiegte, und die Leute kehrten zu ihren Tischen zurück.

»Tolle Idee!« Frank schlenderte heran, er schien entspannt. »Der Regen fällt in einen kleinen Gully vor der Wand, wissen Sie? Kann ich Ihnen noch ein Bier holen?«, fragte er diensteifrig.

Kurz vor eins bat Tom einen Taxifahrer, sie zu einer Bar namens Glad Hand zu fahren. Tom wusste die Straße nicht; irgendwer, womöglich sogar Reeves, hatte ihm von der Bar erzählt.

»Meinen Sie vielleicht den Glad Ass?« Der Fahrer sprach deutsch, doch der Name war englisch.

»Wie Sie meinen.« Tom wusste, dass die Berliner ihre Bars und Kneipen untereinander anders nannten. Kein Schild vor der Bar wies auf sie hin, nur an der Wand neben dem Eingang hing hinter Glas eine Preisliste der Getränke und kleinen Speisen, doch drinnen wummerte Discomusik. Tom drückte die braune Tür auf – und eine hochgewachsene, gespenstische Gestalt stieß ihn spielerisch zurück.

»Nein, nein, du kommst hier nicht rein!«, rief der Mann, griff ihn dann aber vorn am Pullover und zog ihn in die Bar.

»Sie sehen *bezaubernd* aus!«, rief Tom zurück. Der Mann, der ihn hereingeholt hatte, war über einsachtzig und trug eine schmuddelige Musselinrobe, deren Saum über den Boden schleifte. Sein Gesicht war eine Maske aus weißer und rosaroter Schminke.

Tom versicherte sich, dass Frank hinter ihm blieb, und bahnte sich einen Weg in Richtung Theke, was unmöglich schien, so dicht war das Gedränge – ausschließlich Männer, ältere und ganz junge, die alle durcheinanderschrien. Anscheinend gab es zwei oder gar drei große Räume zum Tanzen. Viele taxierten den Jungen und sprachen ihn an, als er zu folgen versuchte. »Ach, was soll's?«, sagte Tom zu ihm, gut gelaunt die Achseln zuckend: Er glaubte nicht, je bis zur Theke durchzukommen, Bier oder sonst was bestellen zu können. An den Wänden standen Tische, doch die waren alle mehr als voll, denn um die sitzenden Männer standen andere Kerle und sprachen mit ihnen.

»Hoppla!«, brüllte ein zweiter Mann in Frauenkleidern – wie Tom beinah leicht beschämt feststellte, wohl weil er nicht schwul aussah. Ein Wunder, dass man sie nicht hinauswarf; womöglich hatte er das dem Jungen zu verdanken. Was ihn auf einen angenehmeren Gedanken brachte: Man beneidete ihn, weil er in Begleitung eines gut aussehenden Sechzehnjährigen war. Das wurde ihm jetzt bewusst. Er musste lächeln.

Ein Kerl in Leder forderte Frank auf.

»Nur zu!«, rief Tom.

Frank schien kurz verwirrt, ja verängstigt, dann fing er sich wieder und ging mit dem Mann zur Tanzfläche.

»… von meinem Vetter in *Dallas*!«, schrie jemand, der Stimme nach Amerikaner, einem Burschen zu seiner Linken zu. Tom rückte weg.

»Dallas – Fort *Wört*!«, erwiderte der deutsche Begleiter des Mannes.

»*Naw,* das ist der Scheißflughafen. Ich meine die Stadt. Die Bar heißt Friday. Schwulenbar, aber auch Mädchen!«

Tom drehte ihnen den Rücken zu, bekam irgendwie eine Hand auf die Thekenstange und schaffte es, zwei Bier zu bestellen. Die drei Barmänner (oder Barfrauen) trugen zerschlissene Jeans, aber auch Perücken, Rouge, Rüschenblusen und ein stockschwules Lippenstiftlächeln. Betrunken schien keiner, doch alle wirkten hemmungslos glücklich. Tom hielt sich mit einer Hand an der Theke fest und suchte auf den Zehenspitzen nach Frank: Der Junge tanzte noch wilder als mit dem Mädchen im Romy Haag. Anscheinend war ein zweiter Mann zu ihnen gestoßen, doch Tom war sich nicht sicher. Dann senkte sich eine goldbemalte, überlebensgroße Adonisstatue von der Decke und rotierte waagerecht über der Tanzfläche, während von oben bunte Ballons herabschwebten, sich drehten und wieder aufstiegen, hochgewirbelt von den dicht gedrängten Tänzern. Auf einem Ballon stand MOTHERFUCKER in schwarzer Frakturschrift, andere wiesen Zeichnungen oder Wörter auf, die Tom von seinem Standort nicht erkennen konnte.

Frank bahnte sich seinen Weg zurück zu ihm. »Sehen Sie mal, ein Knopf ist abgerissen – tut mir leid, konnte ihn auf der Tanzfläche nicht finden, jemand hat mich umgeschubst, als ich danach suchte.« Der mittlere Knopf des Blazers fehlte.

»Das macht nichts. Dein Bier!« Tom gab dem Jungen ein hohes Tulpenglas.

Frank trank durch den Schaum. »Die haben so viel Spaß!«, schrie er. »Und das ganz ohne Mädchen!«

»Warum bist du dann zurückgekommen?«

»Die andern beiden haben sich gestritten, nichts Schlimmes. Der erste Typ sagte irgendwas, ich hab's nicht verstanden.«

»Egal.« Tom konnte sich vorstellen, was das war. »Du hättest ihn bitten sollen, englisch zu sprechen.«

»Hat er ja, und ich hab's trotzdem nicht verstanden!«

Ein paar Männer hinter Tom starrten den Jungen an, der ihm zuschrie, es sei ein besonderer Abend, jemand habe Geburtstag, daher die Luftballons. Die laute Musik machte Reden beinah unmöglich, was allerdings auch überflüssig war, weil die Männer sehen konnten, was der andere zu bieten hatte, und mit ihm weggehen oder Adressen tauschen konnten. Frank wollte nicht noch einmal tanzen, also tranken sie ihr Bier aus und gingen.

Am Sonntagmorgen erwachte Tom kurz nach zehn und rief unten an, ob es noch Frühstück gebe. Ja, sagte man ihm. Dann wählte er die Zimmernummer des Jungen. Nichts. Ob er spazieren gegangen war? Tom zuckte die Achseln – bewusst oder unwillkürlich? Was, wenn der Junge auf der Straße Probleme bekäme, von einem aufmerksamen Polizisten angesprochen würde: »Wie heißt du? Pass oder Ausweis, bitte.« War er mit Frank verbunden wie durch eine

Nabelschnur? Nein. Oder falls doch, dann musste er sie kappen. Morgen würde sie sowieso durchtrennt werden, wenn der Junge die Maschine nach New York nahm. Tom warf eine zusammengeknüllte Zigarettenschachtel nach dem Papierkorb, verfehlte ihn, musste aufstehen und sie aufheben.

Ein leises Klopfen an der Tür, mit den Fingerspitzen, so wie er selber es tat.

»Frank.«

Tom ließ ihn herein.

Er hatte eine durchsichtige grüne Plastiktasche mit Obst dabei. »Bin spazieren gegangen. Unten hörte ich, Sie hätten Frühstück bestellt, daher wusste ich, dass Sie wach sind. Ich habe auf Deutsch gefragt. Nicht schlecht, was?«

Kurz vor zwölf standen sie an einem Snackwagen in Kreuzberg, einem *Schnellimbiss*. Beide tranken Bier aus Dosen, Frank aß eine *Bulette*, einen Hamburger ohne Brötchen, kalt, aber vorgebraten. Man hielt sie zwischen den Fingern und tunkte sie in Senf. Neben ihnen ein Türke mit Bier und Frankfurter; er trug den letzten Schrei in puncto sommerliche Freizeitmode – oben gar nichts, sodass sich sein haariger Bauch über kurzen grünen Shorts wölbte, die nicht nur zerschlissen, sondern beinah zerfetzt waren, möglicherweise von einem Hund. Sandalen an dreckigen Füßen. Der Junge musterte den Mann ungerührt von oben bis unten und sagte: »Ich finde Berlin ganz schön groß, gar nicht beengt.«

Das brachte Tom auf eine Idee für den Nachmittag: Grunewald, der große Wald im Südwesten. Doch zuerst vielleicht zur Glienicker Brücke.

»Diesen Tag werde ich nie vergessen. Mein letzter mit Ihnen«, fuhr Frank fort. »Und ich weiß nicht, wann ich Sie wiedersehe.«

Die Worte eines Verliebten, dachte Tom. Ob Franks Familie, vor allem seine Mutter, besonders glücklich wäre, sollte er den Jungen im Oktober auf seiner Amerikareise besuchen? Wohl kaum. Wusste seine Mutter etwas über den Verdacht, die Derwatts würden gefälscht? Höchstwahrscheinlich, da Franks Vater davon gesprochen hatte, beim Essen womöglich. Würde sein Name der Mutter unangenehm aufstoßen? Tom fragte lieber nicht.

Ein spätes Mittagessen im Freien, an einem Tisch auf einer Anhöhe über dem Wannsee mit Blick auf die Pfaueninsel, unter ihnen das blaue Wasser. Blätter spendeten Schatten, Kies und nackte Erde unter den Füßen, ein beleibter und freundlicher Kellner. *Sauerbraten* mit Kartoffelklößen und Rotkohl, dazu Bier. Sie waren im Südwesten der Stadt.

»Herrje, ist doch toll, Deutschland, nicht?«

»Wirklich? Schöner als Frankreich?«

»Ich finde die Leute hier freundlicher.«

Tom dachte ebenso über Deutschland, doch das hier in Berlin zu sagen, fand er seltsam. Am Vormittag waren sie an einem langen Abschnitt der Mauer entlanggefahren, der unbewacht schien (Soldaten waren nicht zu sehen), aber genauso hoch war wie in der Friedrichstraße, drei Meter, und die scharfen Hunde an den Laufleinen hinter der Mauer hatten angeschlagen, sobald sie nur das Taxi hörten. Dem Fahrer machte die Tour Spaß, er redete wie ein Wasserfall. Jenseits der Mauer, noch hinter den Hunden, vom Westen nicht zu sehen, lag ein Minenfeld – »fünfzig Meter breit!«, hatte ihr Fahrer auf Deutsch verkündet – und noch weiter dahinter ein Streifen feingeharkter Erde, der jeden Fußabdruck festhielt. »Was für ein Aufwand!«, sagte der Junge und beflügelte Tom zu den Worten: »Sie nennen sich revolutionär, aber zurzeit ist niemand so rückständig wie sie. Sie sagen, jedes Land braucht eine Revolution, aber warum einige dieser Gruppen immer noch ausgerechnet mit Moskau paktieren …« Er hatte sein Deutsch am Fahrer ausprobiert, und der hatte geantwortet: »Ach, Moskau hat jetzt einfach die militärische Macht, hier und da Stärke zu zeigen. Aber Ideen, nein, keine.« Resignation hatte in seinen Worten mitgeschwungen. An der Glienicker Brücke hatte Tom für den Jungen die deutsche Inschrift auf einem großen Schild übersetzt:

> *Die dieser Brücke den Namen »Brücke der Einheit« gaben, haben auch die Mauer gebaut, Stacheldraht gezogen und den Todesstreifen angelegt – und verhindern so die Einheit.*

So klang das in Toms Übersetzung, doch Frank wollte den deutschen Text, also schrieb er ihn für den Jungen ab. Hermann, der Fahrer, war so freundlich gewesen, dass Tom ihn zum Mittagessen einlud – danach könne er sie noch woandershin fahren. Hermann nahm die Einladung an, bemerkte jedoch höflich, er werde allein an einem anderen Tisch essen.

»Grunewald«, sagte Tom zu ihm, als er gezahlt hatte. »Geht das? Dort können Sie uns absetzen und wegfahren, wir wollen ein bisschen herumlaufen.«

»Klar, okay, kein Problem!« Hermann hievte sich aus dem Stuhl, als habe er beim Essen ein paar Kilo zugelegt. Es war warm, er trug ein weißes, kurzärmeliges Hemd.

Sie hatten jetzt eine Fahrt von fast sieben Kilometern in nördlicher Richtung vor sich. Tom hatte seinen Berliner Stadtplan auf dem Schoß ausgefaltet, damit er Frank zeigen konnte, wo sie waren. Sie fuhren über die Wannsee-Brücke nach Norden, durch viele Waldgebiete, durchsetzt mit Siedlungen aus kleinen Häusern, und kamen schließlich zum Grunewald. Tom hatte Frank erzählt, dort hielten die englischen, französischen und amerikanischen Truppen oft ihre Panzermanöver und Übungsschießen ab. Kriegsspiele.

»Können Sie uns am Trümmerberg absetzen, Hermann?«, fragte Tom.

»Gut, am Trümmerberg, neben dem Teufelsberg«, antwortete er auf Deutsch.

Das Taxi fuhr eine Anhöhe hinauf, und vor ihnen erhob sich noch höher der Trümmerberg, ein Hügel aus den mit Erde bedeckten Gesteinsmassen der Kriegsruinen. Tom zahlte das Taxi und gab Hermann zwanzig Mark Trinkgeld.

»Vielen Dank und einen schönen Tag!« Auch das auf Deutsch.

Unten am Hang stand ein kleiner Junge und steuerte ein Modellflugzeug über Fernbedienung. Eine tief eingefräste Ski- und Rodelbahn schlängelte sich den Hügel hinab.

»Im Winter fahren sie hier Ski«, sagte Tom zu Frank. »Lustig, was?« Eigentlich wusste er nicht, was gerade jetzt, ohne Schnee, daran lustig sein sollte, doch er war in Hochstimmung. Fantastisch, zur einen Hand riesige Wälder zu sehen, zur andern, flach hingeduckt in der Ferne, die

Stadt Berlin. Unbefestigte Wege führten in den Grunewald, der wie ein Urwald wirkte und nach dem Stadtplan über zwanzig Quadratkilometer groß war. Dass ein so großer Wald innerhalb der Berliner Stadtgrenze liegen konnte, war in Toms Augen erstaunlich, ja sogar ein Segen, denn ganz West-Berlin (und der Grunewald natürlich auch) war von der Mauer eingeschlossen.

»Hier entlang«, sagte Tom.

Sie nahmen einen der Waldwege, und nach ein paar Minuten schlossen sich die Baumkronen über ihnen und schluckten einen Großteil des Sonnenlichts. Ein paar Meter weiter picknickte ein junges Pärchen auf einer Decke, die beide über die Kiefernnadeln gebreitet hatten. Verträumt, vielleicht auch voller Neid betrachtete Frank die jungen Verliebten. Tom hob einen kleinen Kiefernzapfen auf, blies den Staub weg und steckte ihn ein.

»Sind die Bäume nicht schön? Ich liebe Birken!«, sagte Frank.

Weißgefleckte Birken aller Größen standen überall zwischen den Kiefern und den vereinzelten Eichen.

»Irgendwo ist hier militärisches Sperrgebiet … Zäune mit Stacheldraht ringsherum, rote Warnschilder, ich weiß das noch.« Aber Tom war nicht nach Reden, ganz gleich, über was. Undeutlich spürte er Trauer in dem Jungen.

Morgen um diese Zeit würde Frank westwärts nach New York fliegen. Er würde zurückkehren, aber zu was? Zu einer Freundin, deren er sich nicht mehr sicher war, und einer Mutter, die ihn damals gefragt hatte, ob er seinen Vater umgebracht habe – und ihm sein Nein offenbar abgenommen hatte. Und würde in Amerika jetzt irgendetwas anders sein? Gab es neue Beweise gegen den Jungen? Schon möglich. Wie, wüsste Tom nicht zu sagen, doch schloss er nicht aus, dass neue Indizien aufgetaucht sein könnten. Hatte Frank seinen Vater wirklich getötet, oder war das nur eine Fantasie von ihm? Nicht zum ersten Mal fragte er sich das. Ob es an der Schönheit des sonnendurchfluteten Waldes, an der angenehmen Stimmung dieses Tages lag, dass er nicht glauben wollte, der Junge habe jemanden umgebracht? Tom bemerkte zu ihrer Linken einen mächtigen, umgestürzten Baum und bedeutete Frank, ihm dorthin zu folgen.

Er lehnte sich gegen den Stamm – gefällt, nicht gefallen, wie er jetzt sah –, zündete sich eine Zigarette an und warf einen Blick auf die Uhr: 15:47. Tom wollte zurück zum Trümmerberg; dort fuhren ab und zu Autos vorbei, sie konnten ein Taxi erwischen. Wenn sie weitergingen, könnten sie sich leicht verlaufen. »Zigarette?«, fragte er. Gestern Abend hatte der Junge eine geraucht.

»Nein, danke. Entschuldigen Sie, ich muss mal. Bin gleich wieder da.«

Als der Junge an ihm vorbeiging, drückte sich Tom vom Stamm ab. »Ich warte dort.« Er zeigte auf den Weg, den sie gekommen waren, und dachte daran, dass er morgen Nachmittag nach Paris zurückfliegen könnte oder aber Eric Lanz aufsuchen und vielleicht den Abend mit ihm verbringen. Vielleicht wäre es amüsant zu sehen, wie Eric in Berlin wohnte, was für ein Leben er führte. Außerdem hätte er dann Zeit, Héloïse ein Geschenk zu kaufen, etwas Hübsches vom Ku'damm, eine Handtasche etwa. Tom sah rasch nach rechts, er glaubte etwas gehört zu haben, Stimmen vielleicht. Er sah sich nach dem Jungen um. »Ben?«, rief er, ging ein paar Schritte zurück: »He, Ben, hast du dich verlaufen? Hier bin ich!«, und lief dann wieder zu dem Stamm, an dem sie gelehnt hatten. *»Ben!«* War das ein Knacken, das er da hörte, weit voraus, im Unterholz oder nur der Wind?

Vermutlich spielte Frank ihm erneut einen Streich, wie auf dem Waldweg hinter Belle Ombre, und wartete darauf, dass er ihn suchte. Tom hatte keine Lust, sich durch die Büsche zu schlagen, durch das Gestrüpp, das ihm die Hosenaufschläge zerreißen würde. Der Junge musste in Hörweite sein, also schrie er: »Okay, Ben, Schluss mit dem Unsinn! Gehen wir.«

Stille.

Tom musste schlucken; etwas schnürte ihm plötzlich die Kehle zu. Wovor hatte er Angst? Er wusste es nicht genau.

Auf einmal rannte er los, weil er meinte, zur Linken Zweige rascheln zu hören. »Ben!«

Keine Antwort. Tom lief weiter, blieb einmal nur stehen, warf einen Blick zurück in den tiefen, dichten Wald – niemand zu sehen – und stürmte weiter. *»Ben?«*

Dann stand er unvermittelt auf einer Schotterstraße und lief auf ihr weiter nach links. Kurz darauf kam eine Rechtskurve – sollte er auf der Straße bleiben oder umkehren? Die Neugier trieb ihn voran, und er beschloss, während er dahintrottete, langsamer nun, dass er es noch einmal im Wald versuchen würde, falls er den Jungen auf dem nächsten Wegstück nicht finden sollte. Ob Frank noch einmal weglaufen wollte? Etwas so Dummes würde er nicht tun, dachte Tom – und wo sollte er hin, ohne den Pass, der im Hotel lag? Oder war er entführt worden?

Vor ihm, auf einer kleinen Lichtung, die von der Straßenböschung leicht abfiel, hatte er plötzlich die Antwort vor sich: Ein dunkelblauer Wagen, ihm frontal zugewandt, beide Vordertüren weit offen. Im selben Moment heulte der Motor auf, und der Fahrer schlug die Tür zu. Ein zweiter Mann kam hinter dem Auto hervorgelaufen, wollte schon neben ihm einsteigen, erblickte Tom und blieb stehen – eine Hand an der Tür, die andere griff in die Jacke.

Kein Zweifel, sie hatten Frank. Tom ging auf sie zu: »Was zum Teufel macht ihr –«

Er starrte in die Mündung einer schwarzen Pistole, die aus etwa fünf Metern genau auf ihn zielte. Der Mann hielt die Waffe mit beiden Händen, dann glitt er in den Wagen, zog die Tür zu, und das Auto setzte zurück. Tom sah das Kennzeichen: B – RW 778, der Fahrer war dunkelblond, der Mann mit der Pistole kräftig gebaut, glattes schwarzes Haar, Schnurrbart. Und beide hatten ihn sicher genau gesehen.

Das Auto fuhr davon, nicht einmal besonders schnell. Er hätte hinterher rennen können, doch wozu? Für einen Bauchschuss? Was war schon eine Kleinigkeit wie Tom Ripleys Tod gegen das Leben eines Jungen, der mehrere Millionen Dollar wert war? Ob Frank geknebelt im Kofferraum lag? Oder hatten sie ihn bewusstlos geschlagen? Hatte da nicht noch ein dritter Mann hinten im Wagen gesessen? Tom war sich fast sicher.

All das ging ihm durch den Kopf, bevor der Audi um die nächste Kurve im Wald verschwand.

Tom hatte einen Kugelschreiber dabei, aber kein Papier. Er holte seine Zigaretten hervor (Roth-Händle), streifte das Zellophan ab und notierte das Kennzeichen auf der rosa Schachtel, bevor er es vergaß. Er dachte, sie könnten den Wagen stehen lassen oder das Nummernschild austauschen, da er es gesehen hatte. Womöglich hatten sie das Auto auch nur für die Entführung gestohlen.

Dann war da noch die unangenehme Möglichkeit, dass sie ihn erkannt haben könnten. Unter Umständen waren sie Frank und ihm spätestens seit gestern gefolgt. Hätten sie Interesse daran, ihn auszuschalten? Fünfzig zu fünfzig, dachte Tom. Im Moment konnte er wirklich nicht klar denken; seine Hand hatte gezittert, als er das Kennzeichen aufschrieb. Natürlich waren das Stimmen gewesen, die er im Wald gehört hatte! Die Entführer hatten sich vermutlich dem Jungen genähert und ihn vielleicht etwas Unverfängliches gefragt.

Am besten blieb er keinen Tag länger in der Stadt. Tom arbeitete sich wieder durch das unangenehm dichte Unterholz und nahm eine Abkürzung zum Waldweg. Er fürchtete, die Entführer könnten es sich anders überlegen, die Straße zurückfahren und auf ihn schießen.

11

Tom ging den Feldweg zurück, den er mit dem Jungen zum Trümmerberg genommen hatte, und musste ärgerliche zwanzig Minuten lang auf ein Taxi warten. Auch dann kam nur zufällig eines vorbei, denn die meisten Besucher des Grunewalds hatten eigene Autos. Er nannte dem Fahrer das Hotel Franke in der Albrecht-Achilles-Straße.

Wäre es nicht toll, wie Frank oft sagte, wenn der Junge wieder im Hotelzimmer säße, ihm erneut einen Streich gespielt hätte und wenn die Männer mit dem Wagen und der Pistole, die er gesehen hatte, eine andere Untat geplant hätten? Aber Frank war nicht da. Sein Schlüssel hing am Haken hinter dem Empfangstresen, genau wie sein eigener.

Tom nahm den Schlüssel, ging auf sein Zimmer, schloss nervös von innen ab, setzte sich aufs Bett und griff nach dem Telefonbuch. Er fand die Nummern der Polizeiabteilungen vorne im Buch, wie erwartet, und wählte den Notruf. Die Zigarettenschachtel mit dem Autokennzeichen legte er vor sich hin.

»Ich glaube, ich habe eine Entführung mit angesehen«, sagte Tom. Er beantwortete die Fragen des Mannes: Wann? Wo?

»Und Ihr Name bitte?«

»Den möchte ich lieber nicht nennen. Aber ich habe das

Kennzeichen des Wagens notiert.« Tom gab es durch, auch Farbe und Typ des Autos – ein dunkelblauer Audi.

»Wer wurde entführt? Kennen Sie das Opfer?«

»Nein«, sagte Tom. »Ein Junge, sah aus wie sechzehn, siebzehn. Einer der Männer hatte eine Pistole. Könnte ich in ein paar Stunden zurückrufen und fragen, was Sie herausgefunden haben?« Was der Mann auch sagte, Tom würde sowieso anrufen.

»Ja.« Ein brüskes »Danke«, dann legte der Mann auf.

Tom hatte gesagt, der Junge sei gegen sechzehn Uhr im Grunewald entführt worden, unweit des Trümmerbergs. Jetzt war es kurz vor halb sechs. Er sollte Franks Mutter anrufen, dachte er, und sie warnen, dass man Lösegeld von ihr fordern werde – doch was sollte das nützen? Nun, da der Detektiv der Piersons wirklich Arbeit bekam, hing er in Paris fest, und Tom wusste nicht, wie er ihn erreichen konnte. Mrs. Pierson dürfte es allerdings wissen.

Tom ging hinunter und verlangte am Empfang den Schlüssel von Herrn Andrews' Zimmer. »Mein Freund ist ausgegangen, er braucht etwas.«

Ohne eine Frage bekam er den Schlüssel.

Tom ging hinauf und betrat das Zimmer des Jungen: Das Bett war gemacht, das Zimmer ordentlich aufgeräumt. Er suchte auf dem Schreibtisch nach einem Adressbuch, doch dann fiel ihm Johnnys Pass in Franks Koffer ein, in dem eine amerikanische Adresse in New York City angegeben war. Park Avenue. Seine Mutter würde zurzeit wohl in Kennebunkport sein, doch die New Yorker Anschrift war besser als nichts. Tom notierte sie sich und steckte den Pass zurück. In der Tasche des Kofferdeckels fand er ein kleines braunes Adressbuch und schlug es hoffnungsvoll auf. Unter Pierson fand sich nur ein Eintrag, »Pierson Sunfish«, mit einer Adresse in Florida samt Telefonnummer. Pech gehabt. Die meisten Leute schrieben wohl ihre eigenen Adressen nicht auf, weil sie die auswendig wussten, aber die Piersons mussten so viele Häuser besitzen, dass Tom sich Hoffnungen gemacht hatte.

Vielleicht wäre es für das, was er brauchte, doch das Beste, unten am Empfang zu fragen, denn die Postämter hatten sonntags geschlossen. Zuerst aber ging er wieder auf sein Zimmer, legte Franks Schlüssel aufs Bett, zog seinen Pullover aus und wusch sich mit einem nassen Handtuch Gesicht und Oberkörper. Dann schlüpfte er in den Pulli und zwang sich zur Ruhe, äußerlich wenigstens. Er war völlig erschüttert von der – ja, Vergewaltigung des Jungen, war er ihm doch gewaltsam entrissen worden. Nie hatte Tom eine eigene Tat derart tief getroffen, weil er früher in solchen Fällen alles unter Kontrolle gehabt hatte. Das war diesmal ganz und gar nicht so. Er verließ sein Zimmer, schloss ab und ging die Treppe hinunter.

Am Empfang schrieb er in Druckbuchstaben auf einen Notizzettel: JOHN PIERSON, KENNEBUNKPORT, MAINE (BEI BANGOR). Bangor war vermutlich die nächste Großstadt, unter Umständen konnte man dort die Nummer in Kennebunkport herausfinden. »Könnten Sie die Auskunft von Bangor in Maine, USA, bitten, mir die Telefonnummer der Piersons zu nennen?«, fragte Tom den Mann am Schalter, der las, was Tom geschrieben hatte, und erwiderte: »Ja, sofort.« Er ging zu einer jungen Frau, die rechts von Tom an einer Schalttafel saß.

Der Mann kam zurück und sagte: »Zwei, drei Minuten vielleicht. Möchten Sie jemand Bestimmtes sprechen?«

»Nein. Vorerst nur die Nummer, bitte.« Tom wartete in der Hotelhalle. Er fragte sich, ob die Frau Erfolg haben oder ob die amerikanische Auskunft sagen würde, die Nummer sei nicht eingetragen und dürfe nicht herausgegeben werden.

»Herr Ripley, wir haben die Nummer«, sagte der Mann am Empfang. Er hielt einen Zettel in der Hand.

Tom lächelte. Er schrieb sie sich auf einem zweiten Zettel ab. »Könnten Sie dort anrufen? Ich gehe für das Gespräch auf mein Zimmer. Und bitte keinen Namen. Nur Berlin.«

»Sehr wohl, Sir.«

Keine Minute später klingelte das Telefon in Toms Zimmer.

»Hier ist Kennebunkport, Maine.« Eine weibliche Stimme, es klang wie »May-yun«. »Spreche ich mit Berlin in Deutschland?«

Die Vermittlung vom Hotel Franke bestätigte.

»Bitte sprechen«, sagte Maine.

»Bei Pierson. Guten Morgen.« Die Stimme eines Engländers.

»Hallo«, sagte Tom. »Könnte ich bitte Mrs. Pierson sprechen?«

»Wer bitte ist am Apparat?«

»Es geht um Ihren Sohn Frank.« Die Förmlichkeit am anderen Ende gab Tom die nötige Gelassenheit.

»Augenblick, bitte.«

Es dauerte länger als einen Augenblick, doch schließlich wurde klar, dass Franks Mutter zu Hause war: Tom hörte die Stimme einer Frau, auch die eines Mannes – wahrscheinlich kam Lily Pierson in Begleitung des Butlers ans Telefon. Eugene hieß der Mann, fiel Tom wieder ein.

»Halloo?« Eine hohe Stimme.

»Hallo. – Mrs. Pierson, würden Sie mir sagen, welches Hotel Ihr Sohn Johnny und der Privatdetektiv in Paris genommen haben?«

»Warum wollen Sie das wissen? Sind Sie Amerikaner?«

»Ja.«

»Darf ich fragen, wie Sie heißen?« Die Frau klang vorsichtig und verängstigt.

»Das ist unwichtig. Viel wichtiger wäre –«

»Wissen Sie, wo Frank ist? Bei Ihnen etwa?«

»Nein, nicht bei mir. Ich würde einfach gern wissen, wie ich Ihren Privatdetektiv in Paris erreichen kann. In welchem Hotel sie abgestiegen sind.«

»Aber ich verstehe nicht, warum Sie das wissen wollen!« Ihre Stimme wurde schriller. »Halten Sie meinen Sohn irgendwo gefangen?«

»Nein, Mrs. Pierson, ganz gewiss nicht. Ich glaube, ich kann herausfinden, wo Ihr Detektiv sich aufhält, indem ich die französische Polizei anrufe. Warum ersparen Sie mir nicht die Mühe und sagen es gleich? Ist doch kein Geheimnis, wo sie in Paris wohnen, oder?«

Ein kurzes Zögern. »Im Hôtel Lutetia. Aber verraten Sie mir doch, warum Sie das wissen wollen!«

Tom hatte, was er wollte. Was er jedoch nicht wollte, war, dass Mrs. Pierson oder ihr Detektiv die Berliner Polizei alarmierte. »Weil ich den Jungen vielleicht in Paris gesehen habe«, sagte er. »Sicher bin ich aber nicht. Vielen Dank, Mrs. Pierson.«

»In Paris?«

Tom wollte Schluss machen. »Im American Drugstore, Saint-Germain-des-Prés. Ich komme gerade aus Paris. Auf Wiederhören, Mrs. Pierson.« Er legte auf.

Dann begann er zu packen. Das Hotel Franke wurde ihm auf einmal zu heiß. Gut möglich, dass die zwei oder drei Männer, die Frank entführt hatten, dem Jungen und ihm irgendwann seit Freitagabend bis hierher gefolgt waren und bedenkenlos auf ihn schießen würden, sobald er das Hotel verließ. Sie könnten sogar heraufkommen und ihn im Zimmer erledigen. Tom rief beim Empfang an: Er werde in wenigen Minuten abreisen; könnten sie seine Rechnung fertig machen? Und Herrn Andrews' ebenfalls? Er klappte den Koffer zu und ließ sich mit Franks Schlüssel in dessen Zimmer ein. Soeben war ihm der Gedanke gekommen, Eric Lanz anzurufen. Vielleicht war Lanz bereit, ihn aufzunehmen, doch selbst wenn nicht, wäre jedes andere Hotel in Berlin sicherer als dieses. Tom packte Franks Sachen ein, die Schuhe auf dem Boden, Zahnpasta und Zahnbürste aus dem Bad und den Berliner Bären, schloss den Koffer und nahm ihn mit hinaus. Den Schlüssel ließ er im Schloss stecken. Er ging auf sein Zimmer, fand Lanz' Visitenkarte, die immer noch in seiner Jackettasche steckte, und wählte dessen Nummer.

Ein Mann mit tieferer Stimme als Eric Lanz meldete sich und fragte auf Deutsch, wer da sei.

»Tom Ripley. Ich bin in Berlin.«

»Ach, Ripley, Sie! Einen Moment bitte! Eric liegt in der Badewanne.«

Tom lächelte: Lanz war zu Hause und nahm ein Bad!

Kurz darauf war Eric selber am Apparat: »Hallo, Tom. Willkommen in Berlin! Wann können wir uns treffen?«

»Wenn's geht, gleich«, sagte Tom so gelassen wie möglich. »Haben Sie zu tun?«

»Nein, nein. Wo sind Sie?«

Er sagte es ihm. »Ich ziehe bald aus dem Haus aus.«

»Wir können Sie abholen. Wenn's nicht sofort sein muss?«, fragte Eric gut gelaunt. »Peter: Albrecht-Achilles-Straße, kein Problem für uns ...« Er murmelte etwas auf Deutsch, dann: »Tom, in knapp zehn Minuten sind wir da!«

Tom legte auf, nun schon viel ruhiger.

Der Mann am Empfang hatte nicht überrascht geklungen, als Tom um die Rechnungen gebeten hatte, könnte es aber seltsam finden, wenn er mit dem Koffer des Jungen abreiste. Tom würde sagen, Mr. Andrews warte am Flughafen. Tom zahlte die beiden Rechnungen sowie seine Telefongespräche. Keine Fragen. Gut so. Er hätte einer von Franks Entführern sein oder mit ihnen unter einer Decke stecken können, dachte er, und dennoch konnte er ohne Weiteres das Gepäck des Jungen mitnehmen.

»Guten Flug!«, wünschte ihm der Mann am Empfang.

»Danke.« Tom sah Eric die Hotelhalle betreten.

»Hallo, Tom!« Eric strahlte, das dunkle Haar noch feucht vom Baden. »Sind Sie fertig?« Er blickte kurz zum Schalter. »Den einen Koffer nehme ich, ja? Sind Sie allein?«

Da war ein Page, doch der stand wartend bei einem Mann mit drei Koffern.

»Im Moment, ja. Mein Freund wartet am Flughafen«, sagte Tom für den Fall, dass der Mann am Empfang oder andere sie hören konnten.

Eric nahm Franks Koffer. »Kommen Sie, Peters Wagen steht gleich rechts vom Hotel. Meiner ist bis morgen in der Werkstatt. Zurzeit kaputt, ha, ha!«

Nicht weit vom Eingang parkte ein hellgrüner Opel am Bordstein. Eric stellte Tom vor: Peter Schubler oder so ähnlich, ein groß gewachsener, schlanker Mann um die dreißig mit kantigem Kinn und schwarzem Haar, ziemlich kurz, wie frisch vom Friseur. Das Gepäck passte problemlos hinten auf Boden und Sitze. Eric bestand darauf, dass Tom vorn neben Peter saß.

»Wo ist Ihr Freund? Wirklich am Flughafen?« Interessiert beugte Lanz sich vor, als Peter den Motor anließ.

Wer dieser Freund war, wusste Eric nicht, vermutete in ihm aber vielleicht Frank Pierson, den Empfänger des Passes, den er für Tom nach Paris gebracht hatte. »Nein«, erwiderte Tom. »Das erzähle ich später. Eric, wenn es Ihnen nichts ausmacht – könnten wir gleich zu Ihnen fahren?« Er sprach englisch. Ob Peter verstand, wusste er nicht.

»Aber sicher! Ja, Peter, nach Hause! – Er wollte sowieso dahin. Wir dachten, Sie hätten vielleicht ein bisschen Zeit.«

Wie schon beim Verlassen des Hotels sah Tom sich nach allen Seiten um, musterte Passanten auf dem Gehweg und selbst die Autos, die am Bordstein parkten. Als sie aber den Kurfürstendamm erreichten, entspannte er sich.

»Der Junge begleitet Sie?«, fragte Eric auf Englisch. »Wo ist er?«

»Spazieren gegangen. Ich kann ihm später Bescheid sagen«, sagte Tom leichthin. Plötzlich war ihm elend zumute. Er kurbelte sein Fenster ganz herunter.

»Mein Haus ist dein Haus, wie die Spanier sagen«, bemerkte Lanz und zog einen Schlüsselbund hervor. Sie standen hinter der Eingangstür zu einem großen, alten, aber renovierten Mietshaus in der Niebuhrstraße, die parallel zum Kurfürstendamm verlief.

Zu dritt fuhren sie in einem geräumigen Lift mit den Koffern nach oben. Eric schloss die Wohnungstür auf und hieß ihn noch einmal willkommen. Mit Peters Hilfe stellte Tom die Koffer in einer Ecke des Wohnzimmers ab: eine Junggesellenwohnung ohne Schnickschnack, doch mit gediegenen alten Möbeln. Nur eine polierte silberne Kaffeekanne auf einer Kommode verbreitete ein wenig Glanz. An den Wänden hingen mehrere Gemälde aus dem neunzehnten Jahrhundert, deutsche Landschaftsporträts und Szenen aus Wald und Flur, doch solche Bilder langweilten Tom eher.

»Entschuldige uns kurz, Peter. Hol dir doch ein Bier«, sagte Eric.

Peter nickte wortlos, nahm eine Zeitung und machte es sich auf einem breiten schwarzen Sofa unter einer Leselampe bequem.

Eric winkte Tom in das angrenzende Schlafzimmer und schloss die Tür. »Also, was ist los?«

Sie blieben stehen. Schnell erzählte Tom seine Geschichte, einschließlich des Telefongesprächs mit Lily Pierson. »Mir kam der Gedanke, dass die Kidnapper mich vielleicht beseitigen wollen. Womöglich haben sie mich im Grunewald erkannt. Oder sie haben vom Jungen erfahren, wer ich bin. Deshalb wäre ich Ihnen überaus dankbar, Eric, wenn ich diese Nacht hierbleiben könnte.«

»Eine Nacht, zwei Nächte, auch länger! Mein Gott, was

für ein Schlamassel! Und jetzt? Vermutlich die Lösegeldforderung. An die Mutter?«

»Nehme ich an.« Tom zuckte die Achseln und zog an seiner Zigarette.

»Wissen Sie, ich glaube kaum, dass sie versuchen werden, den Jungen aus West-Berlin hinauszuschmuggeln. Jedes Auto wird an den Grenzübergängen gründlich gefilzt.«

Tom glaubte ihm das aufs Wort. »Ich würde gern heute Abend noch zweimal telefonieren – einmal mit der Polizei, ich will fragen, ob sie etwas über den Audi im Grunewald herausgefunden haben, dann mit dem Hotel, ob Frank zufällig wiederaufgetaucht ist. Ich dachte mir, die Kidnapper könnten kalte Füße bekommen und den Jungen freigelassen haben. Aber ich …«

»Ja?«

»Ich werde niemandem Ihre Telefonnummer oder Adresse nennen. Das ist nicht nötig.«

»Danke. Wenigstens der Polizei nicht. Das ist wichtig.«

»Ich könnte auch aus einer Telefonzelle anrufen, wenn Ihnen das lieber ist.«

»Nein, von hier aus.« Eric winkte ab. »Ihre Anrufe sind gar nichts gegen das, was hier sonst läuft! Oft verschlüsselt, zugegeben. Haben Sie keine Hemmungen, Tom, und bitten Sie Peter, für Sie anzurufen«, sagte Eric selbstsicher. »Zurzeit ist Peter mein Mädchen für alles: Fahrer, Sekretär und Leibwächter. Kommen Sie, trinken Sie einen!« Er nahm Tom am Arm.

»Vertrauen Sie Peter?«

Eric flüsterte: »Er ist aus Ost-Berlin geflüchtet. Beim zweiten Versuch hat er es geschafft. Besser gesagt, sie haben ihn rausgeworfen. Nach dem ersten Versuch war er im Gefängnis gelandet. Dort hat er so viel Ärger gemacht, dass sie es nicht mehr aushielten. Peter wirkt lammfromm, aber er – nun, er hat Mumm.«

Sie gingen ins Wohnzimmer. Eric schenkte Whisky ein, und Peter eilte in die Küche, um Eis zu holen. Es war kurz vor acht.

»Ich werde Peter bitten, im Hotel Franke anzurufen, ob Sie eine Nachricht haben von – wie war sein Name?«

»Benjamin Andrews.«

»Ach ja.« Eric musterte Tom. »Sie sind nervös, Tom. Setzen Sie sich.«

Peter drückte Eiswürfel aus einer schwarzen Gummischale in einen Silberkübel. Gleich darauf hielt Tom einen Scotch in der Hand. Eric erzählte Peter schnell auf Deutsch die ganze Geschichte.

»Waas?«, stieß Peter erstaunt hervor und musterte Tom respektvoll, als sei ihm soeben erst klargeworden, dass dieser Tag für Tom die Hölle gewesen sein musste.

»… über die Notrufzentrale«, sagte Eric zu Peter gerade, noch auf Deutsch. »Und Sie sagten, Sie hätten das Kennzeichen, ja? Ihren Namen haben Sie nicht genannt, oder?«

»Natürlich nicht.« Auf einen Zettel neben Erics Telefon schrieb Tom deutlich lesbar das Kennzeichen, das er auf der Schachtel Roth-Händle notiert hatte, und dazu: »Dunkelblauer Audi.«

»Vielleicht zu früh, etwas über den Wagen zu erfahren«, sagte Eric. »Kann sein, dass sie ihn irgendwo stehen lassen, wenn er gestohlen war. Was uns nicht weiterhelfen würde, es sei denn, die Polizei fände Fingerabdrücke.«

»Peter, rufen Sie zuerst im Hotel an.« Tom holte die Rechnung mit der Telefonnummer hervor. »Je seltener die meine Stimme hören, desto besser, denke ich. Könnten Sie fragen, ob Herr Andrews eine Nachricht für mich hinterlegt hat?«

»Andrews«, wiederholte Peter und wählte die Nummer.

»Oder ob sonst wer für Herrn Ripley angerufen hat.«

Peter nickte und fragte im Hotel Franke nach. Kurz darauf sagte er: »Gut, danke« und zu Tom: »Keine Nachrichten.«

»Danke Ihnen, Peter. Könnten Sie es jetzt bei der Polizei versuchen, wegen des Wagens?« Tom vergewisserte sich in Erics Telefonbuch, dass die Nummer der Notrufzentrale jene war, welche er zuvor gewählt hatte, und zeigte sie Peter: »Das ist die Nummer.«

Peter wählte. Das Gespräch dauerte einige Minuten, immer wieder von längeren Pausen unterbrochen. Schließlich legte Peter auf. »Ein solches Auto haben sie nicht gefunden«, sagte er.

»Wir können es bei beiden später noch mal versuchen«, sagte Eric.

Peter ging in die Küche. Tom hörte das Klirren von Geschirr, das Zuschnappen der Kühlschranktür. Offenbar kannte der Mann sich in der Wohnung gut aus.

»Frank Pierson«, fuhr Eric mit seinem dünnen, verbindlichen Lächeln fort, ohne Peter zu beachten, der mit einem Tablett hereinkam. »Ist sein Vater nicht vor Kurzem ums Leben gekommen? Richtig, ich habe davon gelesen.«

»Ja«, sagte Tom.

»Selbstmord, oder?«

»Anscheinend.«

Peter deckte den Tisch: kaltes Roastbeef, Tomaten und eine Schale frischer Ananas, in Scheiben, die nach Kirschwasser roch. Sie holten Stühle und setzten sich an den langen Tisch.

»Sie haben mit der Mutter gesprochen. Sollten Sie nicht auch den Detektiv in Paris anrufen?« Lanz schob sich ein Stück rotes Fleisch in den Mund und trank einen Schluck Rotwein.

Seine Gelassenheit irritierte Tom. In den Augen des Deutschen steckte er nur in der Klemme, nichts weiter, und Lanz war bereit, ihm zu helfen, weil er Minots Freund war. Den Jungen hatte der Mann nie getroffen. »Nein, das brauche ich nicht«, sagte Tom und meinte damit, dass er sich nicht als Vermittler anbieten musste. »Wie gesagt, die Mutter weiß nicht, wer ich bin.«

Peter hörte aufmerksam zu. Womöglich verstand er alles.

»Ich hoffe nur, der Detektiv informiert nicht die Berliner Polizei, wenn Mrs. Pierson Lösegeld zahlen soll. In einem solchen Fall ist das nicht immer hilfreich.«

»Nein, nicht wenn sie den Jungen lebendig wiederhaben will«, sagte Eric.

Tom fragte sich, ob der amerikanische Detektiv nach Berlin kommen würde. Höchstwahrscheinlich würden die Entführer den Jungen in der Stadt freilassen, weil es zu schwierig wäre, ihn hinauszuschaffen. Und wo sollte das Geld hinterlegt werden? Reine Spekulation, dachte er.

»Worum sorgen Sie sich jetzt?«, fragte Eric.

»Sorgen wäre zu viel gesagt.« Tom lächelte. »Ich dachte gerade, Mrs. Pierson könnte ihren Detektiv in Paris vor einem Amerikaner in Berlin warnen, der sie an der Nase herumführt oder mit den Kidnappern unter einer Decke steckt. Sehen Sie, ich habe ihr erzählt, ich hätte den Jungen in Paris gesehen. Leider weiß sie aber, dass ich aus Berlin angerufen habe. Vom Hotel Franke, die haben das Telefongespräch durchgestellt.«

»Tom, Sie machen sich zu viele Sorgen. Aber vielleicht sind Sie deshalb so erfolgreich.«

Erfolgreich: War er das?

Peter sagte etwas zu Eric, auf Deutsch und so schnell, dass Tom es nicht mitbekam.

Eric lachte, schluckte den Bissen hinunter, den er im Mund hatte, und sagte zu Tom: »Peter hasst Kidnapper. Er meint, die täten alle nur so, als wären sie links – dieser ganze politische Scheiß –, dabei wollten sie nur Geld, wie alle anderen Gauner.«

»Ich glaube, heute Abend würde ich gern im Hôtel Lutetia anrufen, ob sie dort mehr wissen«, sagte Tom. »Vielleicht haben die Entführer Mrs. Pierson angerufen. Kann mir kaum vorstellen, dass sie ihr ein Telegramm schicken.«

»Nein.« Eric schenkte sich und den beiden Wein nach.

»Inzwischen könnte der Detektiv in Paris erfahren haben, wo das Geld hinterlegt werden soll, wo sie den Jungen freilassen wollen und so weiter.«

»Würde er *Ihnen* das alles verraten?« Eric setzte sich wieder.

Abermals lächelte Tom. »Womöglich nicht. Dennoch könnte ich etwas herausfinden, glaube ich. Übrigens, Eric: Meine Telefonate zahle ich selber.« Er würde wohl noch weitere Gespräche führen müssen.

»Aber kein Gedanke! Sehr englisch, diese Vorstellung, Freunde und Gäste für deren Anrufe zahlen zu lassen. Nicht in meinem Haus – das ja *Ihr* Haus ist. Wie spät? Sollte nicht lieber ich im Lutetia anrufen?« Eric sah auf seine Armbanduhr und fuhr fort, bevor Tom antworten konnte. »Gerade zehn, wie in Paris. Lassen wir dem Detektiv Zeit, zu Ende zu dinieren, *à la française* – und auf Kosten der Piersons, ha, ha!«

Er stellte den Fernseher an, Peter kochte Kaffee. Kurz darauf kamen die Nachrichten. Eric musste zwei Anrufe entgegennehmen, beim zweiten Mal antwortete er in schauerlichem Italienisch. Dann hörten Peter und er einem Politiker zu, der minutenlang redete; sie kicherten die ganze Zeit und gaben ihre Kommentare ab. Tom war der Mann auf dem Bildschirm eher gleichgültig, er versuchte nicht einmal, seiner Rede zu folgen.

Gegen elf schlug Eric vor, im Lutetia anzurufen. Tom hatte es sich verkniffen, daran zu erinnern, damit Lanz ihn nicht erneut nervös nannte.

»Ich glaube, ich habe die Nummer hier.« Lanz sah in einem schwarzledernen Adressbuch nach. »Ja, da ist sie …« Er begann zu wählen.

Tom stand neben ihm. »Eric, fragen Sie nach John Pierson, ja? Wie der Detektiv heißt, weiß ich nämlich nicht.«

»Kennen die nicht inzwischen Ihren Namen?«, fragte Eric. »Würde der Junge ihn nicht –« Eric zeigte auf die kleine runde Muschel zum Mithören hinten am Apparat.

Tom nahm sie und hielt sie ans Ohr.

»Hallo. Konnte ich bitte mit John Pierson sprechen?«, fragte Eric auf Französisch und nickte Tom zufrieden zu, als die Telefonistin am anderen Ende ankündigte, er werde durchgestellt.

»Hallo?« Eine junge amerikanische Stimme, ähnlich der des Jungen.

»Guten Abend. Ich rufe an, weil ich fragen wollte, ob Sie Nachricht von Ihrem Bruder haben.«

»Wer sind Sie?«, fragte Johnny. Sie hörten eine zweite, tiefere Stimme eines älteren Mannes.

»Hallo?« Das war der Mann.

»Ich rufe wegen Frank an. Gibt es Neues? Geht es ihm gut, haben Sie etwas gehört?«

»Darf ich fragen, wer Sie sind? Woher rufen Sie an?«

Tom nickte, als Eric ihn fragend ansah.

»Aus Berlin. Wie lautet die Botschaft an Mrs. Pierson?«, fragte Eric beiläufig, beinah gelangweilt.

»Warum sollte ich das ausgerechnet Ihnen sagen, wenn Sie Ihren Namen nicht nennen?«, erwiderte der Detektiv.

Peter hörte zu, gegen die Kommode gelehnt.

Tom gab Eric ein Zeichen, ihm den Hörer zu geben, und reichte dem Deutschen den Ohrhörer. »Hallo, hier ist Tom Ripley.«

»Oh! Ah ja ... Sie haben mit Mrs. Pierson gesprochen?«

»Genau. Ich würde gern wissen, ob es dem Jungen gut geht und was Sie vereinbart haben.«

»Wir wissen nicht, wie es ihm geht«, entgegnete der Detektiv kühl.

»Die wollen Lösegeld?«

»Hmm – ja.« Zögernd kam das, als habe der Mann nach kurzem Nachdenken beschlossen, er könne durch diese Enthüllung nichts verlieren.

»Soll das Geld in Berlin übergeben werden?«

»Ich weiß nicht, warum Sie das etwas angehen sollte, Mr. Ripley.«

»Weil ich ein Freund des Jungen bin.«

Dazu sagte der Detektiv nichts.

»Frank wird Ihnen das bestätigen«, fuhr Tom fort.

»Wir konnten noch nicht mit ihm sprechen.«

»Aber sie werden ihn etwas sagen lassen, zum Beweis, dass sie ihn haben – meinen Sie nicht? Wie auch immer, Mr. … Wie heißen Sie, wenn ich fragen darf?«

»Meinetwegen: Thurlow. Ralph. Woher wissen Sie von der Entführung?«

Darauf konnte oder wollte Tom nicht antworten. »Haben Sie die Berliner Polizei informiert?«

»Nein, die Kidnapper wollen das nicht.«

»Irgendeine Idee, wo die in Berlin sind?«, fragte Tom.

»Nein.« Thurlow klang mutlos.

Ohne die Mitarbeit der Polizei dürfte ein Anruf nur schwer zurückzuverfolgen sein, dachte Tom. »Was für ein Lebenszeichen sollen Sie erhalten?«

»Sie sagten, er würde mit uns sprechen – später am Abend vielleicht. Er hätte Schlaftabletten bekommen. Geben Sie mir Ihre Nummer in Berlin?«

»Tut mir leid, das geht nicht. Aber ich kann Sie immer erreichen. Gute Nacht, Mr. Thurlow.« Thurlow sagte noch etwas, doch Tom legte auf.

Eric strahlte ihn an, als sei das Gespräch ein Erfolg gewesen, und steckte die Muschel wieder zurück.

»Na gut, wenigstens etwas«, sagte Tom. »Der Junge wurde wirklich entführt, ich habe mich nicht geirrt.«

»Und was jetzt?«, fragte Eric.

Tom goss sich aus der Silberkanne Kaffee nach. »Ich will in Berlin bleiben, bis etwas geschieht. Bis ich weiß, dass Frank in Sicherheit ist.«

12

Gleich darauf ging Peter. Er versprach Eric, anderntags bei der Werkstatt vorbeizufahren und dafür zu sorgen, dass dessen Wagen vor dem Haus abgestellt wurde. »Tom Ripley – viel Erfolg!« Er hatte einen festen Händedruck.

»Ist er nicht wunderbar?«, sagte Eric, kaum dass er die Wohnungstür hinter Peter geschlossen hatte. »Ich habe Peter in den Westen geholfen, und er hat mir das nie vergessen. Von Beruf ist er Buchhalter, er könnte hier Arbeit finden. Hatte auch eine Stelle, eine Zeit lang, aber jetzt muss er so viel für mich tun, dass er sie nicht mehr braucht. Meine Steuererklärungen erledigt er auch sehr gut.« Er lachte leise.

Tom hörte zu, dachte aber zugleich, dass er heute Nacht noch einmal Paris anrufen sollte, um zwei oder drei Uhr vielleicht, um von Thurlow zu hören, ob er mit Frank gesprochen habe. Schlaftabletten. Natürlich, wie nicht anders zu erwarten.

Lanz holte die Zigarrenkiste hervor, doch er lehnte ab. »Das war richtig von Ihnen, dem Detektiv meine Telefonnummer nicht zu nennen. Er könnte sie an die Kidnapper weitergeben. Viele Privatdetektive sind *boobs*, sagen Sie nicht so? Die saugen so viel Informationen aus dir heraus wie irgend möglich, und alle anderen können zum Teufel gehen. *Boobs* – ich liebe amerikanischen Slang!«

Tom verkniff sich die Bemerkung, *boobs* habe auch eine zweite Bedeutung. »Muss Ihnen ein Wörterbuch davon schicken. Nach Zürich oder Basel? Welche von beiden?« Tom genoss es, vor Eric laut zu denken; gewöhnlich behielt er seine Gedanken für sich.

»Glauben Sie, dort wird das Geld übergeben?«

»Das wäre das Wahrscheinlichste, nicht? Es sei denn, die Entführer wollen D-Mark für ›Aktionen gegen das Establishment‹ oder was auch immer. Aber die Schweiz ist sowieso sicherer, finde ich.«

»Was glauben Sie, wie viel werden die verlangen?« Eric zog sachte an seiner Zigarre.

»Ein, zwei Millionen? Dollar. Kann sein, dass Thurlow ihre Forderung schon kennt und morgen in die Schweiz fliegt.«

»Tom, warum ist Ihnen diese Entführung so wichtig, wenn ich fragen darf?«

»Nun, mir ist wichtig, dass der Junge in Sicherheit ist.« Tom ging auf und ab, die Hände in den Hosentaschen vergraben. »Er ist ein merkwürdiger Mensch, wenn man bedenkt, wie reich seine Familie ist. Geld macht ihm Angst – oder es ist ihm zuwider. Wissen Sie, dass er meine Schuhe geputzt hat, jedes einzelne Paar? Das hier zum Beispiel.« Tom hob den rechten Fuß. Obwohl er durch den Grunewald gestürmt war, glänzte der Mokassin immer noch. Tom dachte an Franks Vatermord: *Daher* rührte sein Verständnis für den Jungen. Doch laut sagte er nur: »Er liebt ein Mädchen in New York. Sie konnte ihm nicht nach Europa schreiben, weil er ihr seine Adresse nicht gegeben hatte. Er wollte eine Weile inkognito bleiben. Also ist er nicht sicher, ob er ihr noch etwas bedeutet. Er ist erst sechzehn. Sie wissen, wie das ist.« Aber hatte Eric jemals geliebt? Schwer vorstellbar. Der Mann hatte etwas sehr Selbstsüchtiges an sich, einen starken Selbsterhaltungstrieb.

Eric nickte nachdenklich. »Er war bei Ihnen, als ich in Belle Ombre übernachtet habe. Ich wusste, irgendwer war im Haus – vielleicht eine junge Frau, dachte ich, oder ein –«

Tom lachte: »Eine Frau? Die ich vor meiner Frau versteckt hätte?«

»Warum ist er weggelaufen?«

»Ach, Jungs tun so was eben. Kann sein, dass er durcheinander war, wegen des Todes seines Vaters. Oder wegen seiner Freundin. Er wollte ein paar Tage untertauchen, Ruhe finden. In Belle Ombre hat er im Garten gearbeitet.«

»Hat er in Amerika etwas Ungesetzliches getan?« Eric klang fast prüde.

»Nicht dass ich wüsste. Aber er wollte eine Zeit lang nicht Frank Pierson sein, also hab ich ihm einen anderen Pass besorgt.«

»Und ihn nach Berlin gebracht.«

Tom atmete tief durch: »Ich dachte, ich könnte ihn überzeugen, von hier nach Hause zu fliegen. Das habe ich auch geschafft. Er hatte für morgen einen Flug reserviert – zurück nach New York.«

»Für morgen«, wiederholte Eric emotionslos.

Warum sollte Lanz überhaupt Gefühle haben? Tom betrachtete die Knöpfe von Erics Seidenhemd, das sich über seinem gewölbten Bauch spannte: Er selbst stand unter

Druck, genau wie diese Knöpfe. »Ich möchte Thurlow heute Nacht noch einmal anrufen. Vielleicht sehr spät, zwei oder drei Uhr morgens. Ich hoffe, das stört Sie nicht, Eric?«

»Ganz und gar nicht, Tom. Der Apparat steht zu Ihrer Verfügung.«

»Wo soll ich schlafen? Hier vielleicht?« Tom meinte das große Rosshaarsofa.

»Ach, ich bin froh, dass Sie fragen! Sie sehen todmüde aus, Tom. Ja, auf dem Ding hier, aber das ist ein Sofabett. Schauen Sie genau zu.« Eric nahm ein rosa Kissen weg. »Sieht uralt aus, ist aber der letzte Schrei. Ein Knopfdruck …« Er drückte auf einen Knopf, die Sitzfläche glitt hervor, die Rückenlehne klappte herunter, und das Sofa war nun so groß wie ein Doppelbett. »Sehen Sie?«

»Großartig«, bemerkte Tom.

Lanz holte von irgendwoher Decken und Bettwäsche; Tom half ihm dabei. Zuerst eine Decke, um die kleinen Knopfmulden auszupolstern, dann die Laken. »Ja, wird Zeit, dass Sie sich hinlegen. Hinlegen, auflegen, ablegen, belegen, überlegen, auslegen, umlegen – manchmal glaub ich wirklich, Englisch ist genauso … flexibel wie Deutsch«, sagte er, während er die Kissen bezog.

Als Tom den Pullover auszog, spürte er, dass er diese Nacht schlafen würde wie ein Toter, *like a top,* aber er hatte keine Lust auf eine etymologische Diskussion über diese Wendung, die Eric interessieren könnte, also sagte er nichts und holte den Pyjama hervor, der ganz unten im Koffer lag. Er dachte daran, dass die Entführer Frank gezwungen haben könnten, ihnen zu verraten, wer er sei. Ob Mrs. Pierson ihm vertrauen würde, das Lösegeld auszuliefern? Tom merkte, wie er sich danach sehnte, den Entführern einen Schlag zu versetzen. Womöglich wäre das leichtsinnig, ja verrückt, weil er in diesem Augenblick eine vage Wut spürte und viel zu müde war, um logisch zu denken.

»Ich bin fertig im Bad, Tom«, sagte Eric, »und wünsche Ihnen gleich eine gute Nacht, dann brauche ich Sie nicht mehr zu stören. Soll ich meinen Wecker stellen, sagen wir auf zwei, für Ihren Anruf?«

»Ich glaube, ich werde von allein aufwachen«, erwiderte Tom. »Danke, Eric – vielen Dank.«

»Oh, bevor ich's vergesse, eine kleine Frage: Heißt es ›jemanden wecken‹ oder ›jemanden aufwecken‹?«

Tom schüttelte den Kopf. »Ich glaube, nicht mal die Engländer wissen das.«

Tom duschte und legte sich schlafen. Er versuchte, sich drei Uhr fest einzuprägen, damit er in genau einer Stunde und zwanzig Minuten aufwachte. Sollte er das Risiko eingehen, selbst entführt oder, noch schlimmer, erschossen zu werden, indem er das Lösegeld überbrachte? War es das wert, wenn das auch irgendwer anders erledigen könnte? Womöglich würden die Entführer einen eigenen Mann dafür nehmen. Wen? Könnten sie nicht darauf bestehen, er solle das Geld eigenhändig übergeben? Durchaus möglich. Falls es ihnen gelänge, ihn zu entführen, könnten sie noch mehr Geld erpressen. Tom stellte sich vor, wie Héloïse die Summe für ihn zusammenkratzte – wie viel, eine Viertelmillion? – und ihren Vater um Geld bat. Großer Gott, nur das nicht! Tom musste lachen, den Kopf in das Kissen gepresst. Ob Jacques Plisson Geld für seinen Schwiegersohn ausspucken würde? Wohl kaum. Eine Viertelmillion dürfte

Héloïse und ihn alles kosten, was sie angelegt hatten – vielleicht müssten sie sogar Belle Ombre verkaufen. Nicht auszudenken!

Vielleicht aber würde nichts von all dem geschehen, das er sich gerade ausmalte.

Tom erwachte aus einem Angsttraum, in dem er versucht hatte, eine unglaublich steile Straße hinaufzufahren, fast senkrecht und steiler als alle Straßen San Franciscos. Beinahe wäre der Wagen kurz vor der Hügelkuppe hintenübergekippt. Seine Stirn und Wangen waren schweißnass, aber die Zeit stimmte genau: eine Minute vor drei.

Er schlug Erics Adressbuch auf, wählte die Nummer vom Hôtel Lutetia (die Pariser Vorwahl hatte Eric ebenfalls notiert) und ließ sich mit Monsieur Ralph Thurlow verbinden.

»Hallo. – Ja, Mr. Ripley, hier Thurlow.«

»Was gibt's Neues? Haben Sie mit dem Jungen gesprochen?«

»Ja, vor etwa einer Stunde. Er sagte, er wäre unverletzt. Hörte sich ganz schläfrig an.« Auch Thurlow klang müde.

»Und was wurde vereinbart?«

»Sie haben noch nicht entschieden, wo Sie –«

Tom wartete. Vermutlich zögerte der Mann, über Geld zu sprechen; außerdem hatte er im Lutetia womöglich einen harten Tag gehabt. »Aber was sie wollen, haben sie Ihnen gesagt?«

»Ja, das Geld kommt morgen aus Zürich – besser gesagt, heute. Mrs. Pierson lässt es telegrafisch drei Berliner Banken anweisen. Das wollten sie so, drei Banken. Und Mrs. Pierson findet es auch sicherer.«

Vielleicht war die Summe so groß, dass sie so wenig Aufmerksamkeit wie möglich erregen wollte, dachte Tom. »Kommen Sie nach Berlin?«

»Ich habe noch nichts arrangiert.«

»Wer holt das Geld von den Banken ab?«

»Keine Ahnung. Die wollen erst sichergehen, dass es in Berlin eingetroffen ist. Und später sagen sie mir dann, wo ich es hinbringen soll.«

»In Berlin, ja?«

»Das nehme ich an. Ich weiß es nicht.«

»Die Polizei haben Sie nicht eingeschaltet? Sie hört nicht mit, oder?«

»Nein, nein«, sagte Thurlow. »So wollen sie es.«

»Und das Lösegeld?«

»Zwei Millionen. Dollar. In deutschen Mark.«

»Glauben Sie, ein Geldbote der Bank wird so viel Geld übernehmen?« Bei der Vorstellung musste Tom lächeln.

»Sie ... Wie es sich anhörte, sind sie sich noch nicht einig.« Thurlow fuhr mit seiner amerikanischen, eintönigen Stimme fort: »Über den Ort und die Zeit, meine ich. Nur einer von ihnen spricht mit mir. Ein Mann, deutscher Akzent.«

»Soll ich morgen früh gegen neun noch einmal anrufen? Dann dürfte das Geld in Berlin eingetroffen sein, oder?«

»Das nehme ich an.«

»Mr. Thurlow, ich bin bereit, das Geld abzuholen und auszuliefern, wo immer das sein sollte. Könnte schneller gehen, und angesichts –« Er brach ab. »Erwähnen Sie denen gegenüber bitte meinen Namen nicht.«

»Der Junge hat das schon getan: Sie wären sein Freund, und das hat er auch seiner Mutter gesagt.«

»Na gut, aber falls die Kerle nach mir fragen, sagen Sie, dass Sie von mir nichts gehört hätten – ich wäre vielleicht abgereist, da ich in Frankreich wohne. Zurück nach Hause. Bitte sagen Sie das auch Mrs. Pierson, weil ich annehme, die stehen mit ihr in Kontakt.«

»Vor allem mit *mir*. Sie haben den Jungen nur einmal mit ihr sprechen lassen.«

»Sie könnten Mrs. Pierson bitten, ihre Schweizer Bank oder die Berliner Banken zu benachrichtigen, dass ich das Geld abhole – falls sie einverstanden ist.«

»Ich werde sie fragen«, sagte Thurlow.

»In ein paar Stunden rufe ich wieder an. Und es freut mich sehr, dass es dem Jungen gut geht – oder dass er doch zurzeit nichts Schlimmeres zu leiden hat als Übermüdung.«

»Das stimmt. Hoffen wir das Beste!«

Tom legte auf und ging wieder schlafen. Leise Geräusche aus der Küche weckten ihn: das Klappern eines Kessels, das Brummen der elektrischen Kaffeemühle. Beruhigende Geräusche. Eric machte Frühstück. Es war zwölf Minuten vor neun am Montag, dem 28. August. Tom ging in die Küche und erzählte Eric, was sein 3-Uhr-Gespräch ergeben hatte.

»Zwei Millionen Dollar! Genau, wie Sie geschätzt hatten, oder?«

Was Eric mehr zu interessieren schien, als dass Frank noch am Leben war und es ihm gut genug ging, mit seiner Mutter zu sprechen. Tom sagte nichts dazu und trank seinen Kaffee.

Er zog sich an, schaffte es, das Bett wieder in ein Sofa zu verwandeln, und faltete die Laken ordentlich zusammen, denn er könnte sie in der Nacht noch brauchen. Als das Zimmer wieder wohnlich war, sah er auf seine Uhr.

Er dachte an Thurlow. Dann trat er neugierig an Erics Bücherregal, an die lange Reihe Schiller, und zog *Die Räuber* hervor – ein einzelner Band, ein echtes, ledergebundenes Buch. Tom hatte vermutet, Schillers *Gesammelte Werke* könnten nur Fassade sein, Tarnung für einen Tresor oder ein Geheimfach, womöglich gleich hinter den Bücherrücken.

Tom ging zum Telefon, wählte die Nummer vom Lutetia und fragte nach Monsieur Ralph Thurlow.

Thurlow hob ab. »Mr. Ripley – hallo. Ich habe jetzt die Namen der Banken, alle drei.« Er hörte sich deutlich wacher und munterer an.

»Das Geld ist in Berlin?«

»Ja, und Mrs. Pierson ist damit einverstanden, dass Sie es heute abholen, sobald wie möglich sogar. Sie hat Zürich benachrichtigt, die Überweisung wäre mit ihrer Zustimmung erfolgt, und Zürich hat das an die Berliner Banken weitergegeben. Die Banken dort haben offenbar merkwürdige Öffnungszeiten, aber das macht nichts. Sie sollten jede Bank anrufen, sagen, wann Sie kommen, und die werden dann ... äh ...«

»Ich verstehe.« Einige Banken schlossen erst um halb vier, andere schon um eins. Tom wusste das. »Also, die Banken –«

Thurlow fiel ihm ins Wort: »Die ... Leute, die mit mir Verbindung aufgenommen haben, werden mich später am Tag anrufen. Sie wollen sicher sein, dass das Geld abgeholt wurde, dann werden sie den Ort für die Übergabe nennen.«

»Aha. Meinen Namen haben Sie nicht erwähnt?«

»Das versteht sich von selbst. Ich sagte nur, jemand wird es abholen und ausliefern.«

»Gut. Nun die Banken, bitte.« Tom nahm einen Kugelschreiber und notierte die Namen: zuerst die ADCA-Bank im Europacenter, eineinhalb Millionen D-Mark. Dann die Berliner Diskonto-Bank mit der gleichen Summe und schließlich die Berliner Commerzbank mit »knapp« einer Million D-Mark. »Danke«, sagte Tom, als er alles aufgeschrieben hatte. »Ich bemühe mich, das Geld in den nächsten Stunden abzuholen. Rufe Sie gegen zwölf zurück, wenn alles glattgeht.«

»Ich werde hier sein.«

»Übrigens: Haben unsere Freunde gesagt, ob sie einer Gruppe angehören?«

»Einer Gruppe?«

»Oder einer Bande? Manchmal geben sie sich Namen, die sie gern verkünden. Sie wissen schon, so was wie ›Rote Befreier‹.«

Ralph Thurlow lachte nervös. »Nein, nichts davon.«

»Was meinen Sie, rufen sie aus einer Wohnung an?«

»Meistens nicht, nein. Als der Junge mit der Mutter gesprochen hat, da vielleicht. Jedenfalls glaubt *sie* das. Aber heute Morgen haben sie Münzen eingeworfen. In einer Telefonzelle. Gegen acht riefen sie an, ob das Geld in Berlin eingetroffen wäre. Die ganze Nacht waren wir damit beschäftigt.«

Tom legte auf. Aus dem Schlafzimmer hörte er das Klackklackklack einer Schreibmaschine; er wollte Eric nicht stören und zündete sich eine Zigarette an. Er sollte

Héloïse anrufen, da er heute oder morgen hatte zurück sein wollen. Doch die Zeit wollte er sich jetzt nicht nehmen. Außerdem, wo würde er morgen zu dieser Stunde sein?

Tom stellte sich Frank vor, eingesperrt in einen Raum irgendwo in Berlin, vielleicht nicht gefesselt, aber rund um die Uhr bewacht. Ein Junge wie er könnte versuchen zu fliehen, könnte sogar aus dem Fenster springen, wenn es nicht zu hoch über dem Boden lag, und den Entführern war das womöglich inzwischen klar geworden. Tom wusste, dass diese Gruppen, die gegen das Establishment kämpften und Menschen entführten, Freunde hatten, die nicht im Untergrund lebten und bei denen sie untertauchen konnten. Reeves hatte vor nicht allzu langer Zeit am Telefon davon gesprochen: Die Lage war kompliziert, weil diese revolutionären Banden behaupteten, zur politischen Linken zu gehören, obwohl deren Mehrheit sie ablehnte. Tom schien es, als hätten diese Banden kein Ziel, abgesehen von ihrem offensichtlichen Bemühen, eine Atmosphäre des Aufruhrs zu schaffen und die Behörden zu provozieren, hart zuzuschlagen und ihr vermeintlich wahres, das heißt faschistisches, Gesicht zu zeigen. Die Entführung und Ermordung von Hanns Martin Schleyer, dem führenden Vertreter von Managern und Industriellen, der von manchen als alter Nazi verunglimpft wurde, hatte bedauerlicherweise eine Hexenjagd der Regierung gegen Intellektuelle, Künstler und Liberale ausgelöst – und die Rechten, die sich diese Gelegenheit nicht entgehen ließen, erklärten immer noch, die Polizei greife nicht hart genug durch. Nichts in Deutschland war einfach oder schwarz und weiß, dachte Tom. Waren Franks Entführer »Terroristen«, waren sie überhaupt irgendwie politisch motiviert? Würden sie die Verhandlungen in die Länge ziehen, an die Öffentlichkeit gehen? Hoffentlich nicht. Mehr Aufsehen konnte er sich einfach nicht leisten.

Lanz kam ins Wohnzimmer. Tom erzählte ihm von den Banken und dem Geld.

»Was für Summen!« Für einen Moment war er wie vor den Kopf geschlagen, dann blinzelte er ein paarmal: »Peter und ich könnten Ihnen am Vormittag helfen, Tom. Diese Banken liegen fast alle am Ku'damm. Wir können mein Auto nehmen oder Peters. Er hat eine Pistole im Wagen, ich aber nicht. Ist hier strikt verboten.«

»Ich dachte, Ihr Auto wäre, wie heißt das, ›kaputt‹?«, sagte Tom.

»Ach, bis zum Vormittag ist es wieder in Ordnung. Peter wollte es gegen zehn hierherbringen, fällt mir gerade ein. Jetzt ist es fünf nach halb zehn. Wir sollten heute gemeinsam dahin gehen, verstehen Sie, nur zur Sicherheit. Finden Sie nicht?«, fragte Eric behutsam und wollte schon zum Telefon gehen.

Tom nickte. »Wir sammeln das Geld ein und bringen es hierher – wenn Sie gestatten, Eric.«

»Ja ... Ja, natürlich.« Ein rascher Blick ringsum, als fürchte er, in ein paar Stunden hier nur noch kahle Wände vorzufinden. »Ich rufe Peter an.«

Doch der hob nicht ab.

»Vielleicht ist er gerade weg, meinen Wagen abholen«, sagte Eric. »Dann müsste er bald klingeln, und ich werd ihn fragen, ob er mitkommen kann. Tom, wo wird das Geld übergeben?«

Tom lächelte. »Ich hoffe, bis Mittag weiß ich das. Übrigens, Eric, werde ich zum Abholen wohl einen Koffer brauchen, meinen Sie nicht? Könnte ich mir einen von Ihren borgen, statt Franks oder meinen auszupacken?«

Eric eilte sofort beflissen ins Schlafzimmer und kam mit einem braunen, mittelgroßen Schweinslederkoffer zurück, der weder zu neu noch zu teuer wirkte – die Größe könnte genau passen, wenn Tom auch keine Ahnung hatte, wie viel Raum fast viertausend Banknoten, jeweils Tausender, einnehmen würden.

»Danke, Eric. Wenn Peter nicht mitkommen kann, geht es auch per Taxi, denke ich. Zuerst muss ich diese Banken anrufen. Und zwar gleich.«

»Ich mache das, Tom. Die ADCA-Bank, richtig?«

Tom legte die Liste neben das Telefon und suchte aus dem Telefonbuch die Nummer der Bank heraus. Während Eric wählte, schrieb er ihm die Telefonnummern der anderen beiden Banken auf. Eric klang gelassen und aalglatt, als er sich mit dem »Herrn Direktor« verbinden ließ und sagte, er rufe wegen einer gewissen Summe an, die für einen Thomas Ripley hinterlegt sei – er wolle das Geld abholen. Das dauerte einige Minuten; Tom steckte inzwischen seinen Pass ein, um sich ausweisen zu können. Nicht bei allen Banken konnte Lanz den Direktor persönlich sprechen, doch alle drei bestätigten, das Geld sei auf diesen Namen hinterlegt. Eric kündigte an, Herr Ripley werde binnen der nächsten Stunde eintreffen.

Während des letzten Gesprächs klingelte es. Eric bedeutete Tom wortlos, zum Türöffner in der Küche zu gehen, Tom drückte den Sprechknopf und fragte: »Wer ist da?«

»Ich bin's, Peter. Erics Wagen steht hier unten.«

»Einen Augenblick, Peter«, sagte Tom. »Eric kommt gleich.«

Er übergab an den anderen und verließ die Küche.

Tom hörte, wie Lanz fragte, ob Peter am Vormittag Zeit habe, um »ein paar sehr wichtige Sachen zu erledigen«. Dann kam er ins Wohnzimmer. »Peter hat Zeit, und mein Auto steht unten, sagt er. Ist er nicht fabelhaft?«

Tom nickte und steckte die Bankliste ein. »Ja.«

Eric schlüpfte in ein Jackett. »Gehen wir.«

Tom nahm den leeren Koffer, Eric schloss hinter sich zweimal ab, und sie gingen die Treppe hinunter.

Peter saß in seinem Wagen, der am Bordstein parkte; Erics Mercedes stand unweit vom Hauseingang. Eric öffnete Peters Beifahrertür und bedeutete Tom, hinten einzusteigen.

»Was jetzt kommt, soll niemand mithören«, erklärte er Peter. Dann fuhr er auf Deutsch fort, Tom müsse jetzt drei Banken aufsuchen und bestimmte Summen abholen, das Lösegeld für die Entführer. Würde Peter sie fahren, oder sollten sie zu dritt seinen Mercedes nehmen?

Peter sah sich nach Tom um und lächelte. »In Ordnung, mein Wagen.«

»Hast du deine Pistole dabei, Peter?« Eric lachte kurz auf. »Ich hoffe, wir brauchen sie nicht!«

»Ja, gleich hier.« Peter zeigte auf das Handschuhfach und lächelte, als sei es absurd, sie unter solchen Umständen zu benutzen: Tom war schließlich befugt, das Geld abzuholen.

Sie beschlossen sofort, zuerst zur ADCA-Bank im Europacenter zu fahren, da die beiden anderen Banken am Kurfürstendamm lagen, auf dem Rückweg zu Erics Wohnung. Sie fanden einen Parkplatz nahe der Bank, eine weitgeschwungene Auffahrt vor dem Hotel Palace für Gäste und wartende Taxis. Die Bank hatte geöffnet. Tom ging allein hinein, den Koffer nahm er nicht mit.

An der Information nannte er seinen Namen und sagte auf Englisch, der Direktor erwarte ihn. Die junge Frau sprach kurz in einen Hörer und zeigte dann auf eine Tür hinten links im Schalterraum. Dort öffnete ihm ein Mann in den Fünfzigern, blaue Augen, graues Haar, der sich kerzengerade hielt und verbindlich lächelte. Ein anderer Mann mit mehreren Aktenkoffern verließ sofort das Zimmer, ohne Tom auffällig anzusehen. Tom entspannte sich.

»Mr. Ripley? Guten Morgen«, sagte der erste Mann auf englisch. »Wollen Sie nicht Platz nehmen?«

»Guten Morgen, Sir.« Tom setzte sich nicht gleich in den angebotenen Sessel, sondern zog den Pass hervor. »Sie gestatten? Mein Reisepass.«

Der Direktor oder Geschäftsführer stand hinter dem Schreibtisch. Er setzte seine Brille auf und besah sich den Pass sorgfältig, verglich das Foto mit Toms Gesicht, setzte sich dann und machte sich Notizen. »Danke.« Er gab Tom den Pass zurück und drückte einen Knopf auf dem Tisch. »Fred? Alles in Ordnung«, sagte er auf Deutsch. »Ja, bitte.« Er faltete die Hände und sah Tom an, immer noch lächelnd, doch leicht verwirrt. Dann betrat der Mann, den er zuvor hatte gehen sehen, mit zwei großen braunen Umschlägen den Raum. Hinter ihm schloss sich die Tür automatisch mit einem satten *Klack* – felsenfest, so kam es Tom vor.

»Möchten Sie nachzählen?«, fragte der Direktor.

»Einen Blick sollte ich sicher darauf werfen«, erwiderte Tom höflich, als nehme er auf einer Party ein Canapé, das man ihm anbot. Aber er hatte keine Lust, das ganze Geld zu zählen. Er zog die Gummibänder von den Umschlägen und öffnete sie: Bündel von D-Mark-Scheinen steckten darin, durch braune Banderolen zusammengehalten; mehr als ein Dutzend in jedem Umschlag, schätzte er, und beide wogen gleich schwer. Die Scheine waren alles Tausender.

»Eine Million fünfhunderttausend D-Mark«, sagte der Direktor. »Fünfzig Noten dieser Höhe pro Streifband.«

Tom riffelte schnell ein Bündel durch: Fünfzig schien richtig. Er nickte. Ob die Bank die Seriennummern notiert hatte? Fragen wollte er allerdings nicht – sollten sich die Entführer darüber den Kopf zerbrechen. Über die Stückelung hatten sie offenbar auch nichts gesagt, sonst hätte Thurlow ihm das sicher mitgeteilt. »Ich glaube Ihnen.«

Die beiden Deutschen lächelten; der Mann, der die Umschläge gebracht hatte, verließ den Raum.

»Und die Quittung«, sagte der Direktor.

Tom quittierte den Empfang von eineinhalb Millionen D-Mark, der Direktor zeichnete mit seinen Initialen gegen, behielt die Durchschrift und gab Tom das Original. Tom stand schon, streckte die Hand aus: »Vielen Dank.«

Der Direktor schüttelte ihm die Hand. »Angenehmen Aufenthalt in Berlin«, sagte er.

»Danke.« Als glaube er, Tom wolle mit dem Geld, das er abholte, die Puppen tanzen lassen. Tom steckte die beiden dicken Umschläge unter den Arm.

Der Direktor schien sich über etwas zu amüsieren. Ob ihm ein Witz eingefallen war, den er beim Mittagessen von sich geben würde? Oder wollte er von dem Amerikaner erzählen, der fast eine Million Dollar in D-Mark abholte und mit dem Geld unterm Arm davonspazierte? »Hätten Sie gern Begleitschutz bis zum Bestimmungsort?«

»Nein, danke«, erwiderte Tom.

Er ging durch die Bank, ohne jemanden anzusehen. Eric saß im Wagen; Peter stand daneben, eine Hand in der Hosentasche, rauchte eine Zigarette und hielt das Gesicht in die Sonne.

»Alles gut gegangen?«, fragte er auf Deutsch, als er die Umschläge sah.

»Kein Problem.« Auf dem Rücksitz klappte Tom den Koffer auf, legte die Umschläge hinein und zog den Reißverschluss zu. Er bemerkte, dass Eric die Passanten auf dem Bürgersteig beobachtete, als sie abfuhren. Er tat das nicht, gähnte betont, lehnte sich zurück und sah zu, wie Peter nach links in den Kurfürstendamm abbog.

Die anderen beiden Banken lagen nicht weit voneinander entfernt an dem breiten Boulevard mit dem ordentlichen Saum junger Bäume. Sonst wieder überall Chrom und blitzblanke Schaufensterscheiben. Auch die beiden Häuser, die sie suchten, waren brandneu, über den Fenstern (Panzerglas?) prangten die Namen der Banken in breiten Lettern. Peter hielt nur kurz an einer Ecke vor der einen Bank, da vor den Parkuhren kein Platz frei war, doch Lanz sagte, er werde auf dem Bürgersteig warten und Tom hinterher zum Wagen bringen.

Die Geldübernahme lief wie beim ersten Mal: die junge Frau am Schalter, der Geschäftsführer, Toms Pass zur Identifikation, dann das Geld und die Quittung über die gleiche

Summe wie in der ADCA-Bank. Diesmal steckte das Geld in einem einzigen, größeren Umschlag. Wieder wurde Tom gefragt, ob er nachzählen wolle, wieder lehnte er ab. Ob ihn ein Wachmann der Bank bis zum Bestimmungsort begleiten solle?

»Nein, danke«, sagte Tom.

»Soll ich den Umschlag zukleben, nur zur Sicherheit?«

Tom warf einen Blick hinein: D-Mark-Bündel mit Banderolen um die Mitte, ähnlich wie bei den Bündeln, die er schon erhalten hatte. Tom reichte den dicken Umschlag hinüber, und der Mann versiegelte ihn mit breitem, braunem Klebeband von einem Abroller auf seinem Schreibtisch.

Draußen auf dem Bürgersteig stand Eric und blickte nach beiden Seiten, als warte er auf einen Freund, der von links oder rechts kommen könnte, nur nicht aus der Bank unmittelbar vor ihm. Er zeigte nach rechts, wo Peters Wagen neben einem geparkten Auto stand. Beide stiegen ein, Tom erneut hinten. Er legte auch diesen Umschlag in den Koffer. In der dritten Bank nahm er rund sechshunderttausend Mark in einem grünen Umschlag entgegen, ging hinaus und fand Lanz erneut auf dem Gehweg vor. Peter hatte rechts um die Ecke geparkt.

Klack! Ein Vergnügen, die Wagentür zu schließen. Tom sank in die Polster, den grünen Umschlag im Schoß. Peter fuhr zu Erics Wohnung, erkannte Tom beim nächsten Abbiegen. Peter und Eric redeten über dies und das, Tom versuchte nicht einmal zu folgen. Irgendetwas über Bankräuber. Sie lachten. Tom steckte den letzten Umschlag in den Koffer.

In Erics Wohnung ging es gut gelaunt weiter: Peter und

Eric lachten vor sich hin, weil Peter darauf bestanden hatte, den Koffer zu tragen, schließlich sei er der Chauffeur. Er stellte ihn neben dem Sideboard an die Wand.

»Ne, ne, in den Schrank, wo er hingehört. Fällt neben den andern dort gar nicht auf.«

Peter gehorchte.

Viertel vor zwölf. Tom überlegte, ob er Thurlow anrufen sollte. Lanz legte eine Platte auf, Victoria de los Angeles – die spiele er immer, wenn er in Hochstimmung sei. So sah er auch aus, fand Tom, wenn auch eher nervös als euphorisch.

»Vielleicht lerne ich heute Abend den Jungen kennen«, sagte Lanz. »Das hoffe ich jedenfalls. Frank kann hierbleiben, er bekommt mein Bett, ich schlafe auf dem Boden. Er soll mein Ehrengast sein!«

Tom lächelte nur. Dann: »Ich muss Sie bitten, die Musik ein bisschen leiser zu stellen, wenn ich Thurlow anrufe.«

»Gern, Tom!« Er tat es.

Peter kam herein, er trug ein Tablett mit kaltem Bier. Tom nahm sich ein Glas, stellte es neben das Telefon und wählte.

Bei Thurlow war besetzt. Tom sagte der Telefonistin vom Lutetia, er werde warten. Kurz darauf hatte er den Mann am Apparat.

»Hier ist alles in Ordnung.« Tom gab sich gelassen.

»Sie haben es?«, fragte Thurlow.

»Ja. Und Sie den Ort?«

»Ja. Im Norden von Berlin, sagten sie. Lub– … Ich buchstabiere: L – u – zwei Punkte – b – a – r – s. Haben Sie das? Und die Straßennamen …«

Tom schrieb mit und bedeutete Eric, den kleinen Hörer hinten am Apparat zu nehmen, was der auch sofort tat.

Thurlow nannte eine Straße, buchstabierte auch sie: Zabel-Krüger-Damm. Der kreuze eine Straße namens Alt-Lübars, sagte er. »Die erste verläuft von Ost nach West, die Alt-Lübars-Straße ab der Kreuzung nach Norden. Dieser folgen Sie in nördlicher Richtung, bis sie abknickt und ein schmaler Feldweg oder so weiterführt, der keinen Namen hat. Nach etwa hundert Metern sehen Sie links am Wegrand einen Schuppen. Haben Sie das so weit?«

»Ja, danke.« Tom hatte alles aufgeschrieben, und Lanz nickte beruhigend, als wolle er sagen, so schwierig, wie Tom denken mochte, seien die Straßen gar nicht zu finden.

Thurlow fuhr fort: »Sie sollen das – Geld in einem Karton oder Sack dorthin bringen, und zwar um vier Uhr. Morgen früh, verstehen Sie?«

»Ja«, sagte Tom.

»Legen Sie ihn hinter den Schuppen, und verschwinden Sie. Ein Bote nur, sagten sie.«

»Und was ist mit dem Jungen?«

»Die rufen mich an, sobald sie das Geld haben. Können Sie nach vier anrufen, wenn alles glatt gegangen ist?«

»Ja, sicher. Natürlich.«

»Viel Glück, Tom.«

Tom legte auf.

»Lübars!« Eric steckte die kleine Muschel zurück an ihren Platz. »Lübars, Peter, vier Uhr morgens! Das ist altes Bauernland, Tom. Oben im Norden, nahe der Mauer. Dort wohnen nicht viele. Lübars grenzt direkt an die Mauer. Hast du einen Stadtplan, Peter?«

»Ja. Ich war da mal, glaub ich, vielleicht auch zweimal. Bin dort herumgefahren.« Er sprach deutsch. »Ich kann

Tom heute Nacht hinbringen. Dort oben braucht man ein Auto.«

Tom war ihm dankbar. Er vertraute Peter, denn der Mann konnte fahren, hatte gute Nerven und eine Pistole im Wagen.

Peter und Eric stellten das Mittagessen auf den Tisch, eine Flasche Wein dazu.

»Heute Nachmittag treffe ich jemanden in Kreuzberg«, sagte Lanz zu Tom. »Kommen Sie doch mit, das wechselt die Gedanken, wie die Franzosen sagen. Dauert höchstens eine Stunde. Später am Abend bin ich mit Max verabredet, da können Sie auch gern mitkommen.«

»Max?«, fragte Tom.

»Max und Rollo, Freunde von mir«, sagte Eric mit vollem Mund.

Peter mit seinem blassen Gesicht lächelte Tom zu und zog die Augenbrauen eine Winzigkeit hoch. Er wirkte ruhig und selbstsicher.

Tom bekam nicht viel herunter; er hörte kaum zu, als die beiden anderen über die Anti-Hundekot-Kampagne witzelten, die gerade in Berlin lief, angeregt durch eine ähnliche Aktion in New York – Hundehalter sollten kleine Schaufeln und Papiertüten mit sich führen, und die Berliner Müllabfuhr hatte vor, demnächst »Hundetoiletten« aufzustellen, die groß genug für einen Schäferhund waren. Peter bemerkte, das könne die Hunde auf die Idee bringen, die Klos ihrer Herrchen zu Hause zu benutzen, falls ihnen der Unterschied nicht auffallen sollte.

13

Eric fuhr mit Tom in seinem Wagen nach Kreuzberg, einem Viertel, das nicht weit sei, sagte er, keine fünfzehn Autominuten. Peter war gegangen, hatte aber versprochen, gegen ein Uhr nachts zurückzukommen – Tom hatte ihm gesagt, er wäre froh, wenn sie früh nach Lübars aufbrechen könnten. Selbst Peter gab zu, dass es eine Stunde dauern könne, dorthin zu fahren und den Schuppen zu finden.

Eric hielt in einer trostlosen Straße mit alten, rotbraunen, drei- oder vierstöckigen Mietshäusern, nahe einer Eckkneipe, deren Tür weit offen stand. Ein paar Kinder – das Wort »Rotzbengel« schoss Tom durch den Kopf – rannten herbei und bettelten sie um Pfennige an. Eric fischte Münzen aus der Hosentasche. Gäbe er ihnen nichts, sagte er, könnten sie es an seinem Mercedes auslassen – dabei schien der Junge nicht älter als acht, das Mädchen vielleicht zehn, verschmierter Lippenstift, Rouge auf den Wangen. Ihr braunroter, bodenlanger Umhang sah aus wie eine Gardine, zu einer Art Kleid zusammengesteckt. Tom vergaß schnell wieder, was er zuerst gedacht hatte, dass die Kleine nur zum Spaß Make-up und Garderobe der Mutter ausprobierte: Das hier war schlimmer, böser. Der dichte schwarze Schopf des Jungen war an manchen Stellen grob zurechtgestutzt, der Blick seiner dunklen Augen glasig oder vielleicht nur entrückt. Die vorgeschobene Unterlippe zeigte die tiefe Verachtung, die er für seine ganze Welt zu empfinden schien. Der Junge hatte das Geld eingesteckt, das Lanz dem Mädchen gegeben hatte.

»Er ist Türke.« Eric sprach leise. Er schloss den Wagen ab und deutete auf den Eingang des Hauses, das sie suchten. »Wissen Sie, die können nicht lesen. Keiner versteht das. Sie sprechen fließend Türkisch und Deutsch und können *kein Wort* lesen!«

»Und die Kleine? Sie sieht deutsch aus.« Das Mädchen war blond. Immer noch stand das seltsame, kindliche Paar neben Erics Auto und ließ sie nicht aus den Augen.

»O ja, die ist deutsch. Eine Kindernutte. Er ist ihr Lude – oder will es werden.«

Der Türsummer ertönte, sie traten ein und stiegen eine düstere Treppe hinauf in den dritten Stock. Die verdreckten Fenster im Flur ließen kaum Licht durch. Eric klopfte an eine Tür, dunkelbraun, die Farbe rissig wie von Tritten oder Schlägen. Drinnen näherten sich polternde Schritte, und Eric, den Mund dicht an der Türritze, sagte seinen Namen.

Jemand schloss die Tür auf, ein großer, breit gebauter Mann stand vor ihnen, winkte sie herein, murmelte etwas auf Deutsch mit tiefer Stimme. Auch er war Türke, das sah Tom, denn sein Gesicht war so dunkel, wie es auch bei einem schwarzhaarigen Deutschen nie sein konnte. Tom trat ein und war sofort von einem scheußlichen Geruch umgeben, vermutlich Lammfleisch, das mit Kohl vor sich hinköchelte. Es wurde noch schlimmer, denn der Mann führte sie geradewegs in die Küche, zur Quelle des Gestanks. Ein paar kleine Kinder spielten auf dem Linoleumboden; am

Herd stand eine alte Frau mit kleinem Kopf und dünnem grauen Haar und rührte hektisch in einem Topf. Wohl die Großmutter, dachte Tom, womöglich eine Deutsche, türkisch sah sie nicht aus, aber sicher war er nicht. Lanz und der stämmige Mann setzten sich an einen runden Tisch. Sie drängten auch Tom, Platz zu nehmen, was er widerstrebend tat. Trotzdem wollte er sich die Unterhaltung, wenn irgend möglich, nicht entgehen lassen. Was hatte Lanz hier eigentlich verloren? Tom hatte Mühe, irgendetwas zu verstehen, denn Erics Deutsch war mit Slangwörtern gespickt, das des Türken gebrochen und abgehackt. Sie sprachen über Zahlen: »Fünfzehn … dreiundzwanzig«, und Preise: »Vierhundert Mark …« Fünfzehn was? Da fiel Tom ein, dass Eric gesagt hatte, der Türke arbeite auch als Mittelsmann für die Berliner Anwälte, die Einwanderern aus Pakistan und Bangladesch Aufenthaltsgenehmigungen für West-Berlin ausstellten.

»Gefallen mir nicht, diese ekligen kleinen Aufträge«, hatte Eric gesagt, »doch wenn ich nicht meinerseits Genehmigungen vermittle und irgendwie mit Haki zusammenarbeite, erledigt er für mich jene Arbeiten nicht, die wichtiger sind als seine stinkenden Einwanderer.« Ja, darum ging es: Einige Immigranten, ohne jede Ausbildung und Analphabeten selbst in ihrer Muttersprache, nahmen einfach die U-Bahn von Ost- nach West-Berlin, wo Haki sie abholte und zu den richtigen Anwälten brachte. Dann konnten sie Geld von der Stadt beziehen, während ihre Behauptungen, »politische Flüchtlinge« zu sein, überprüft wurden, was Jahre dauern konnte.

Haki war entweder hauptberuflich Gauner oder arbeitslos und »auf Stütze« (vielleicht auch beides), denn was hatte er sonst um diese Zeit zu Hause zu suchen? Er schien höchstens fünfunddreißig und bärenstark. Die Hose, für seine Wampe schon lange zu eng, hielt an der Taille nur noch durch einen Bindfaden zusammen. Am offenen Hosenlatz waren die Knöpfe zu sehen.

Haki holte einen furchtbaren Schädelspalter hervor, einen selbstgebrannten Wodka – so sagte er. Oder lieber ein Bier? Tom probierte den Wodka und entschied sich für das Bier. Es kam aus einer großen, halb leeren Flasche, war schal und lauwarm. Haki ging in ein anderes Zimmer, um etwas zu holen.

»Haki ist Bauarbeiter«, erklärte Eric, »aber man hat ihn krankgeschrieben, wegen einer Verletzung – ein Arbeitsunfall. Selbstverständlich bekommt er ›Arbeitslosenunterstützung‹, wie wir sagen.«

Tom nickte, er kannte das deutsche Wort. Haki kam mit einem schmutzigen Schuhkarton zurück. Der Boden bebte unter seinen schweren Tritten. Er öffnete den Karton und holte ein kleines, faustgroßes, braun eingewickeltes Päckchen hervor. Eric schüttelte es. Ein Rasseln wie von Perlen – oder von Drogenkügelchen? Lanz zückte die Brieftasche und gab Haki einen Hundertmarkschein.

»Bloß Trinkgeld«, sagte er zu Tom. »Langweilen Sie sich? Wir gehen in einer Minute.«

»Aina Minuute!«, plapperte das schmutzstarrende kleine Mädchen nach, das auf dem Boden saß und sie beäugte.

Tom zuckte zusammen: Wie viel verstanden die Kinder von dem, was sie sagten? Auch die Alte, die wie eine Hexe aus *Macbeth* oder wie eine Irrenhäuslerin im Topf rührte, starrte ihn an. Er sah, dass sie leicht zitterte, als leide sie an einer Nervenkrankheit.

»Wo ist seine Frau?«, murmelte Tom dem Deutschen zu. »Die Mutter der Kinder?«

»Ach, die arbeitet. Eine Deutsche, aus Ost-Berlin. Ein trauriger Fall, aber wenigstens hat sie Arbeit. Na ja …« Eric sprach leise und bedeutete ihm mit einer Geste seiner schlaffen Hand, er könne gerade nicht mehr dazu sagen.

Tom war heilfroh, als Eric aufstand. Eine halbe Stunde hatten sie dort verbracht, ihm war es viel länger vorgekommen. »Auf Wiedersehen«, und plötzlich standen sie wieder auf dem Gehweg und spürten das klare Sonnenlicht auf ihren Gesichtern. Das Päckchen beulte Erics Jacketttasche aus. Er sah sich um, bevor er die Autotür aufschloss. Sie fuhren los. Tom war neugierig, was darin sein könne, doch eine Frage fände Lanz womöglich unverschämt.

»Komisch, das mit seiner Frau, wie Sie sie nannten. Eine Ost-Berliner Prostituierte, wurde in einer Art Jeep von amerikanischen Soldaten herübergeschmuggelt! Hier geht es ihr ein *bisschen* besser – sie schafft an, hängt aber außerdem noch an der Nadel. Irgendwie gelingt es ihr zu arbeiten, irgendein Job, öffentliche Toiletten putzen, was weiß ich. Wussten Sie, dass amerikanische Soldaten in West-Berlin sich jetzt keine Huren mehr leisten können, weil der Dollar so tief steht? Sie müssen deshalb nach Ost-Berlin ausweichen. Die Kommunisten sind fuchsteufelswild, weil es bei ihnen gar keine Prostitution geben dürfte – offiziell jedenfalls.«

Tom lächelte, mäßig amüsiert, und zwang sich, an andere Dinge zu denken, um die kommenden Stunden zu überstehen. Was waren das für Leute, diese Entführer? Junge Amateure? Oder eher ausgekochte Profis? Gehörte auch ein Mädchen dazu? Manchmal sehr nützlich, so eine junge Frau, als unschuldige Fassade. Vielleicht wollten sie wirklich nur Geld, wie Eric gesagt hatte, und würden weder Frank noch sonst jemand ein Haar krümmen.

In Erics Wohnung wählte Tom die Nummer von Belle Ombre mit derselben Vorwahl wie Paris. Es klingelte sechs-, siebenmal, und Tom stellte sich vor, Héloïse sei spontan nach Paris gefahren und mit Noëlle nachmittags ins Kino gegangen, Madame Annette dagegen sitze *chez Marie et Georges*, trinke einen Tee oder ein kaltes Mineralwasser und tausche mit einer anderen *femme de ménage* den neuesten Klatsch aus. Dann, beim neunten Klingeln, meldete sich Madame Annette: *»'allô?«*

»Madame Annette, c'est Tomme. Wie geht es Ihnen in Belle Ombre?«

»*Très bien, Monsieur Tomme!* Wann kommen Sie nach Hause?«

Tom lächelte erleichtert. »Wahrscheinlich Mittwoch, weiß noch nicht. Machen Sie sich keine Sorgen. Ist Madame Héloïse zu Hause?«

Sie war da, aber Madame Annette musste sie erst von oben holen.

»Tomme!« Héloïse war schnell am Apparat, sie musste in seinem Zimmer abgehoben haben. »Wo bist du? In Hamburg?«

»Nein, ich … reise ein bisschen herum. Hast du geschlafen, habe ich dich geweckt?«

»Ich habe meinen Finger in einer Lösung gebadet, die

Madame Annette für mich angesetzt hat, deshalb dachte ich, sie könnte ans Telefon gehen.«

»Deinen Finger?«

»Ja, ein *vasistas* ist daraufgefallen, gestern beim Gießen im Gewächshaus. Die Kuppe ist angeschwollen, aber Madame Annette glaubt nicht, dass sich der Nagel ablösen wird.«

Tom seufzte mitfühlend. Sie meinte eines der Fenster, die angelehnt im Gewächshaus standen. »Soll doch Henri sich um das Gewächshaus kümmern!«

»Ach, Henri ... Der Junge ist immer noch bei dir?«

»Ja.« Ob jemand in Belle Ombre angerufen und nach Frank gefragt hatte? »Fliegt morgen nach Hause – vielleicht. Héloïse«, fuhr er rasch fort, bevor sie einhaken konnte, »sollte irgendwer anrufen und nach mir fragen, dann sage, ich wäre in Villeperce spazieren gegangen. Ich wäre zu Hause, aber gerade nicht da. Und das bitte immer, wenn es ein Ferngespräch ist, egal, wer anruft.«

»Und warum?«

»Weil ich schon sehr bald nach Hause kommen und dann genau das tun werde. Mittwoch, glaube ich. Hier in Deutschland reise ich zurzeit herum, damit mich niemand erreichen kann. Mindestens nicht im Moment.«

Sie schluckte das ohne Widerspruch.

»Je t'embrasse«, sagte er zuletzt. Schon ging es ihm viel besser. Manchmal, das musste Tom zugeben, kam er sich vor wie ein verheirateter Mann, grundsolide und geliebt oder was immer man dann zu empfinden hatte. Und das, obwohl er seine Frau gerade belogen hatte – eine winzig kleine Lüge, und zudem nicht aus den üblichen Gründen.

Am Abend stand Tom gegen elf in einer Bar, wo es lustiger (und lustvoller) zuging als zuvor in Kreuzberg, einer Bar für Männer, doch wesentlich schicker als die, in der er mit Frank gewesen war. Hier führte eine ringsum verglaste Treppe zu den Toiletten hinauf, und die Gäste auf den Stufen sprachen andere Männer an oder versuchten wenigstens zu flirten.

»Ganz amüsant, nicht?« Eric wartete auf jemanden. Sie standen an der Theke, weil sie keinen freien Tisch fanden. Die Bar war zugleich eine Disco, wie immer in Berlin. »Leichter, hier –« Ein Mann stieß ihn von hinten an.

Vermutlich hatte er sagen wollen, hier sei es leichter, jemandem etwas zu übergeben, als an einer Straßenecke, weil außer den Tanzenden sämtliche Besucher der Bar sich lautstark unterhielten oder andere anstarrten und ans Abschleppen dachten, nicht an Schmuggel und Konterbande. Tom bewunderte fast wider Willen einen Jungen in Frauenfummeln, der eine lange schwarze Federstola (oder was immer) um den Hals geschlungen trug. Das andere Ende fiel frei herab, er wedelte beim Umherstolzieren sachte damit. Wenige Frauen gaben sich derart viel Mühe, so gut auszusehen.

Dann kam Erics Kontakt, ein großer junger Mann ganz in schwarzem Leder, die Hände in den Taschen seiner kurzen Jacke vergraben. »Das ist *Max*!« Eric musste schreien.

Tom stellte er nicht vor. Auch gut, dachte Tom. Eric gab Max das Päckchen, das er in Geschenkpapier eingeschlagen und mit einem blauen Band umwickelt hatte; der junge Mann schob es unter seine Lederjacke und zog den Reißverschluss wieder zu. Max hatte kurzgeschorenes Haar und neonpink lackierte Fingernägel.

»Keine Zeit, das wegzubringen«, sagte er zu Tom, auf

Englisch mit deutschem Akzent. »Hatte den ganzen Tag zu tun. Gefällt's Ihnen?« Er grinste spöttisch. Die Fingernägel, meinte er.

»Ein Drink, Max? Dornkaat?« Eric schrie gegen die laut pulsierende Musik an. »Oder einen Wodka?«

Max war auf einmal wie verwandelt. Er hatte jemanden gesehen, hinten in der Ecke. »Danke, aber ich muss mich verpissen.« Ein Kopfnicken in dieselbe Richtung wie der Blick, der Tom aufgefallen war, dann sah er verlegen zu Boden. »Dem Kerl da drüben will ich gerade lieber nicht begegnen. Hat wehgetan. Tut mir leid, Eric. Gute Nacht.« Er nickte Tom zu, drehte sich um und verließ die Bar.

»Ein guter Junge!«, rief Eric auf Deutsch Tom zu, mit einer kurzen Kopfbewegung zur Tür, durch die Max verschwunden war. »Ist in Ordnung! Schwul, aber genauso zuverlässig wie Peter. Sein Freund heißt Rollo, kann sein, dass Sie ihn noch kennenlernen!« Eric legte ihm die Hand auf den Arm, drängte ihn, noch etwas zu trinken, ein Bier vielleicht oder etwas anderes? Am besten, sie blieben noch ein bisschen, gab er ihm damit zu verstehen.

Tom hatte nichts gegen ein Bier und gab dem Barmann schon das Geld. »Ich mag diese verrückte, fantastische Show!«, sagte er zu Eric. Er meinte die Transvestiten hier und da, die Schminke, die spielerischen Flirts und das Gelächter, die allgegenwärtige gute Laune. Das alles gab ihm neuen Schwung, so wie ihn die Ouvertüre zum *Mittsommernachtstraum* vor einem Kampf stets beschwingte. Ah, die Fantasie: Mut gab es jedenfalls nur in der Vorstellung, er war eine Frage des Geisteszustands. Realitätssinn half einem nicht vor einem Messer oder einer Pistole. Nicht zum ersten Mal fielen Tom die Blicke auf, die Eric über die Schulter warf – verstohlen oder ängstlich-wachsam, nicht so, als suche er unter den Jungen und Männern nach einem alten oder neuen Bekannten. Oder tat er das doch? Tom glaubte nicht. Lanz war ein Geschäftsmann, der sich um seine allem Anschein nach weit verzweigten Verbindungen kümmern musste; der Blick über die Schulter war ihm zur Gewohnheit geworden.

»Jemals Ärger mit der Polizei gehabt, Eric?«, fragte Tom dicht am Ohr des Mannes. »Ich meine, in einer Bar wie dieser?«

Doch Lanz hatte ihn nicht gehört, weil im selben Moment die Musik mit schmetternden Beckenschlägen ihren vibrierenden Höhepunkt erreichte, der einige Sekunden andauerte, bevor der tiefe Puls wieder einsetzte, der die Wände wie Trommelschläge traf. Auf der Tanzfläche sprangen Männer auf und ab, wirbelten herum wie in Trance. Tom gab es auf, schüttelte den Kopf und griff nach seinem frisch gezapften Bier: Er wollte hier nicht lauthals das Wort ›Polizei‹ schreien.

14

Berlin blieb zurück, die Lichter der Großstadt verblassten. Sie fuhren weiter, durch schon fast ländliche, eher langweilige kleine Siedlungen, wo beinah alle Kneipen dunkel waren. Die Fahrt ging nach Norden. Eric hatte zu Hause bleiben wollen, was Tom ganz recht war, weil er sich nicht vorstellen konnte, was Lanz ihnen nützen sollte. Außerdem könnten die Entführer ihn für einen Polizisten halten, sollten sie einen dritten Mann in Peters Wagen sehen.

»So, hier fängt Lübars an«, sagte Peter nach knapp einer Dreiviertelstunde Fahrt. »Ich suche jetzt die richtige Straße, dann sehen wir weiter.« Er richtete sich gerade im Sitz auf, als habe er einen wichtigen Auftrag vor sich. Eine einfache Wegskizze, die er gezeichnet hatte, lag auf dem Armaturenbrett. »Ich glaube, hier sind wir falsch. Verdammt! Aber das macht nichts, wir haben viel Zeit. Ist erst fünf nach halb vier.« Aus dem Fach über dem Armaturenbrett nahm er eine kleine Taschenlampe und leuchtete auf die Skizze. »Ich weiß, was ich verkehrt gemacht habe. Muss umkehren.« Beim Wenden fiel das Licht der Scheinwerfer auf ein Feld mit Kohl- oder Salatköpfen, ordentliche Reihen, wie grüne Knopfleisten in der dunklen Erde. Tom rückte den dicken Koffer zwischen den Knien zurecht. Die Nacht war angenehm kühl, vom Mond keine Spur.

»Stimmt, das ist wieder der Zabel-Krüger-Damm – da hinten muss ich nach links. Die gehen hier so früh zu Bett und stehen auch früh wieder auf! Alt-Lübars, genau.« Vorsichtig bog er links ab. »Da vorne rechts sollte der Dorfanger kommen«, fuhr Peter auf Deutsch leise fort, »jedenfalls nach meiner kleinen Karte zu Hause. Die Kirche und so weiter. Und da vorne, die Lichter, sehen Sie die?« Jetzt klang er angespannt. Tom hatte ihn noch nie so gehört. »Das ist die Mauer.«

Vor sich sah Tom eine lange, niedrige Reihe verschwommener, weißgelber Lichter, ein bisschen tiefer gelegen als die Straße: die Scheinwerfer jenseits der Mauer. Die Straße fiel sanft ab. Tom sah sich nach anderen Autos um, nach einem einzelnen Wagen, doch alles war schwarz, bis auf die Lichtkegel der wenigen Straßenlampen, die in der Nähe der Wiese, die Peter den Dorfanger genannt hatte, brannten und wohl brennen mussten. Peters Wagen kroch nun nur noch langsam vorwärts. Von den Entführern war noch nichts zu sehen.

»Dieser Feldweg ist nicht für Autos bestimmt, deshalb fahre ich so langsam. Jetzt sollte gleich der Schuppen kommen, links von uns. Da, ist er das?«

Der Schuppen: Tom sah ihn, ein flaches, lang gestrecktes Gebäude, zum Feldweg offen, wie es schien. In einem Feld zur Rechten nahm er schemenhaft Aufbauten wahr, Pferdekoppeln vielleicht. Peter hielt neben dem Schuppen.

»Los, Tom. Stellen Sie den Koffer hinter die Scheune. Dann setzen wir zurück«, sagte Peter auf Deutsch. »Ich kann hier nicht wenden.« Er hatte auf Standlicht abgeblendet.

Tom, der schon aussteigen wollte, erwiderte: »Sie setzen zurück, ich bleibe hier. Ich finde schon wieder nach Berlin, keine Sorge.«

»Was heißt das, Sie bleiben hier?«

»Ich werde warten. Mir ist eben eine Idee gekommen.«

»Wollen Sie sich etwa mit dieser Bande anlegen?« Peters Hände krampften sich um das Lenkrad. »Mit ihnen *kämpfen*? Tom, das wäre Wahnsinn!«

Tom sagte auf Englisch: »Ich weiß, Sie haben eine Pistole. Leihen Sie sie mir?«

»Klar, aber ich kann auch auf Sie warten, wenn …« Verwirrt drückte Peter den Knopf des Handschuhfachs und zog unter einem Tuch die schwarze Waffe hervor. »Sie ist geladen. Sechs Schuss. Das ist der Sicherungshebel.«

Tom nahm die Pistole. Sie war nicht groß, wirkte aber durchaus tödlich. »Danke.« Er steckte sie in die rechte Jackentasche, sah auf seine Uhr: 3:43. Peter warf einen kurzen, unruhigen Blick auf die Wagenuhr, die eine Minute vorging.

»Also, Tom. Sie sehen den kleinen Hügel dort drüben?« Peter zeigte rechts hinter sich in Richtung Dorfanger. »Bei der Kirche. Dort werde ich warten. Ohne Licht.« Er sprach im Befehlston, als habe er schon zu viel nachgegeben, indem er Tom die Pistole überließ.

»Warten Sie nicht auf mich. Wie Sie sagten, fährt am Krüger-Damm sogar ein Nachtbus.« Tom stieg mit dem Koffer aus.

»Das mit dem Bus hab ich nur so erwähnt, ich meinte nicht, Sie sollten ihn *nehmen*!«, flüsterte Peter. »Schießen Sie nicht – die würden nur zurückschießen und Sie töten!«

Tom drückte die Beifahrertür so leise wie möglich zu und näherte sich dem Schuppen.

»Hier!« Peter hatte das Fenster heruntergekurbelt und gab Tom die kleine Taschenlampe.

»Danke, mein Freund!« Die würde ihm bei dem unebenen Boden sicher nützlich sein. Tom war es, als habe er Peter beraubt, um die Pistole wie um die Taschenlampe. Er knipste sie aus, als er um die Ecke hinter den Schuppen trat, und hob zum Abschied den Arm – ob Peter ihn noch sehen konnte, war ihm gleich. Der Wagen fuhr langsam und gerade rückwärts den Feldweg entlang, den Peter mit Standlicht bestimmt nur undeutlich ausmachen konnte, wenn überhaupt. Er erreichte die Straße, wendete und rollte langsam in Richtung Dorfanger, der zu Toms Linken lag. Peter würde warten.

Erste schwache, ganz schwache Anzeichen des Morgengrauens, doch Lübars' wenige Straßenlampen brannten weiter. Peters Wagen war nicht zu sehen. In der Ferne schlugen Hunde an – Tom erschauerte, als ihm klar wurde, dass das die scharfen ostdeutschen Hunde hinter der Mauer waren. Aufgeregt klangen sie nicht. Ein leichter Wind wehte von der Mauer herüber; vielleicht hatte er nur den Fetzen einer Unterhaltung der Tiere vernommen, die an ihren über Drähte gleitenden Laufleinen hingen. Tom wandte den Blick vom unheimlichen Licht der Scheinwerfer ab und konzentrierte sich darauf zu horchen.

Er wartete auf Motorgeräusche von einem Auto, denn der Mann, der das Geld abholte, würde sicher nicht über das Feld hinter ihm kommen.

Tom hatte den Koffer gegen die Holzwand des Schuppens gelehnt und schob ihn nun mit dem Fuß sachte noch näher heran. Er nahm Peters Pistole aus der Jackentasche, entsicherte sie und steckte sie wieder ein. Still war es, so still, dass Tom glaubte, er würde jemanden im Schuppen, hinter der Bretterwand, atmen hören können. Er strich mit den Fingerspitzen über die Planken. Das raue Holz war hier und da rissig.

Er musste pinkeln – Frank fiel ihm ein, im Grunewald, doch er erleichterte sich trotzdem, solange er noch konnte. Was wollte er überhaupt hier? Warum wartete er noch? Um einen weiteren Blick auf die Entführer zu erhaschen – in dieser Finsternis? Um sie abzuschrecken und das Geld zu retten? Bestimmt nicht. Um Frank zu retten? Hierzubleiben half dabei nicht unbedingt, womöglich ganz im Gegenteil. Tom begriff, dass er die Entführer hasste und es genießen würde, zurückzuschlagen. Er wusste auch, dass ein solcher Wunsch unlogisch war, weil sie in der Mehrzahl sein dürften. Und dennoch blieb er hier, wo er verwundbar war, ein leichtes Ziel für eine Kugel bot. Und wo die Entführer wahrscheinlich leicht fliehen könnten.

Tom richtete sich auf, als er Motorgeräusche aus Richtung Alt-Lübars hörte. Oder war es Peter, der wegfuhr? Der Wagen näherte sich aber brummend; Tom sah sein Standlicht matt glimmen. Ganz langsam rollte er auf den Feldweg, an dem der Schuppen stand, holperte weiter, schaukelte über die Schlaglöcher. Etwa zehn Meter rechts von ihm hielt er. Dunkelrot, glaubte Tom, doch sicher war er nicht. Er presste sich gegen die Rückwand des Schuppens und spähte um die Ecke – das Licht der Scheinwerfer erfasste den Schuppen nicht.

Die linke Hintertür des Wagens schwang auf, jemand stieg aus. Die Scheinwerfer erloschen, und der Mann knipste eine Taschenlampe an. Er schien untersetzt, mittelgroß. Entschlossen marschierte er los, ging aber langsamer, als er das Feld betrat, blieb stehen und winkte seinen Spießgesellen im Wagen zu, als wolle er sagen: Soweit alles klar.

Wie viele im Auto, fragte sich Tom. Einer? Oder zwei? Wohl eher zwei, weil der Mann hinten ausgestiegen war.

Langsam kam er näher, die Taschenlampe in der Linken, die Rechte zog etwas aus der Hosentasche, womöglich eine Pistole. Rechts von Tom ging er auf die Rückwand des Schuppens zu.

Tom hob den Koffer auf und fasste ihn fest am Griff. Als der Mann um die Ecke bog, schwang Tom den Koffer und traf ihn links am Kopf: ein dumpfer Aufprall, nicht laut, aber satt, dann ein Zweiter, als der Kopf des Mannes gegen die Schuppenwand schlug. Tom schwang den Koffer noch einmal, wieder links gegen den Kopf des zu Boden gehenden Mannes. Und als Tom ihm von oben den Griff von Peters Pistole in die linke Schläfe hieb, fand er sein Ziel durch das bleiche Weiß des Hemdkragens über einem vielleicht schwarzen Pullover. Jetzt regte der Mann sich nicht mehr, er hatte nicht einmal geschrien. Der Lichtstrahl der Taschenlampe fiel links auf den Boden. Tom fasste Peters Pistole so, dass er feuern konnte, hielt den Lauf nach oben gerichtet.

Hysterisch schrie er etwas auf Deutsch – »Gott, das Schwein!«, oder »Hab das Schwein«. Dabei schoss er zweimal in die Luft.

Wieder schrie er etwas, wieder wirren Unsinn, einen

Fluch vielleicht, und trat gegen die Schuppenwand. Er merkte, wie schrill er klang und dass er völlig grundlos kreischte.

Jenseits der Mauer jaulten die Hunde, erregt durch die Schüsse.

Beim *Klack* einer zuschnappenden Autotür schrak Tom zusammen, als werde auf ihn geschossen. Er lugte um die Ecke des Schuppens und sah gerade noch, wie der Fahrer das linke Bein in den Wagen schwang – die Innenbeleuchtung war kurz angegangen. Dann schlug die Fahrertür zu, der Wagen setzte rechts von Tom zurück, das Standlicht ging an. Er rollte rückwärts bis zur Straße, wendete und fuhr schnell in Richtung Hauptstraße davon.

Die Entführer ließen ihren Kameraden im Stich. Natürlich konnten sie es sich leisten, ihn zurückzulassen, auch das Lösegeld fürs Erste, weil sie immer noch den Jungen hatten. Wahrscheinlich dachten sie, die Polizei habe einen Hinterhalt gelegt und vor Ort sei gar kein Geld gewesen. Tom atmete durch den offenen Mund, wie nach einem schweren Kampf. Er sicherte Peters Pistole, steckte sie in die rechte Jackentasche, hob die Taschenlampe auf und richtete den Lichtstrahl kurz auf den Mann am Boden: Seine linke Schläfe war blutüberströmt, womöglich zerschmettert; für Tom sah er genauso aus wie der italienische Typ aus dem Grunewald, wenn auch jetzt ohne Schnurrbart. Sollte er ihn durchsuchen? Die Taschenlampe in der einen Hand, griff Tom mit der anderen rasch in die einzige Gesäßtasche der schwarzen Hose des Mannes, fand nichts, fischte mit einiger Mühe aus der linken Vordertasche eine Streichholzschachtel, mehrere Münzen sowie einen Schlüssel hervor – anscheinend ein Hausschlüssel. Den steckte er ein, schnell und fast automatisch, und vermied dabei jeden Blick auf die rote Lache, die Schläfe und Wange des Mannes bedeckte – ihm würde schwach werden, wenn er hinsähe, dachte er. Die rechte Vordertasche fühlte sich flach und leer an. Tom hob die Waffe des Mannes auf, die neben dessen Hand lag, steckte sie in eine Ecke des Koffers und zog den Reißverschluss wieder zu. Er rieb die Taschenlampe des Toten an seiner Hose ab, knipste sie aus und ließ sie fallen.

Dann stolperte er über das Feld, ohne Peters kleine Taschenlampe einzuschalten, wäre einmal fast gestürzt und ging weiter den Weg entlang nach Alt-Lübars, im Rücken das Kläffen der scharfen Hunde. Bislang hatte er niemanden gesehen, der sich aus dem Haus gewagt hätte, um den Schüssen nachzugehen, also riskierte er es, mit der kleinen Taschenlampe ab und zu kurz auf den Boden zu leuchten, damit er sah, wohin er trat. In Alt-Lübars brauchte er das nicht mehr, denn dort war die Straße eben. Tom sah nicht nach links, wo Peter womöglich noch wartete; er wollte niemandem aus dem Dorf über den Weg laufen, der gerade vor die Tür treten könnte.

Hinter ihm ging irgendwo ein Fenster auf; jemand rief etwas.

Tom sah sich nicht um.

Was hatte der Mann gerufen? »Wer ist da?«, oder »Wer ist das?«

Das Hundegebell war nicht mehr zu hören. Tom fuhr sich mit der Zunge über die Lippen, als er rechts um die Ecke auf den Zabel-Krüger-Damm einbog. Auf einmal kam ihm der Koffer federleicht vor. Hier parkten Autos, ab und zu fuhr ein Wagen vorbei. Der Morgen war nun wirklich angebrochen, und wie zur Bestätigung erlosch die Hälfte der Straßenlampen. Höchstens hundert Meter vor sich sah Tom ein Schild, vermutlich das einer Bushaltestelle. Peter hatte eine Linie 20 erwähnt, die nach Tegel fuhr, also in Richtung Flughafen, auf jeden Fall in Richtung Berlin. Tom wagte es, den Koffer hochzuheben und die Ecken auf das helle oder dunkle Rot von Blut zu untersuchen. Sicher konnte er im Dämmerlicht nicht sein, denn Erde oder Schlamm mochten genauso aussehen wie Blut, doch fand er nichts, was ihm Sorgen machen müsste. Er zwang sich zu mäßig schnellen Schritten, als habe er ein Ziel, doch keine Eile. Auf dem Gehweg waren nur zwei andere Männer unterwegs, der eine älter und leicht gebeugt. Sie beachteten ihn nicht.

Wie oft fuhren hier Busse? Tom blieb an der Haltestelle stehen und sah zurück. Ein Wagen tauchte auf, die Scheinwerfer voll aufgeblendet, und jagte vorüber.

»Äpfel, Äpfel!«, rief ein kleiner Junge auf Deutsch und kam herbeigelaufen. Er stieß mit dem älteren Mann zusammen, der ihn fast umarmt hätte.

Tom beobachtete die Szene: Woher war der Kleine gekommen? Warum rief er »Äpfel«, wenn er keine dabeihatte? Der Mann nahm den Jungen bei der Hand, und sie gingen weiter, weg von Berlin.

Gelbliche Frontlichter näherten sich. Das könnte ein Bus sein. »20 – TEGEL« las Tom in dem beleuchteten Feld vorne oben. Als er die Fahrkarte löste, bemerkte er dunkelrotes Blut auf den Knöcheln seiner linken Hand. Wie war das passiert? Tom suchte sich einen Platz in dem beinah leeren Bus, stellte den Koffer zwischen die Knie und steckte die

Linke in die Jackentasche. Die anderen Fahrgäste sah er nicht an, schaute links zum Fenster hinaus: Immer mehr Häuser, Autos, Menschen, das machte Mut. Es war jetzt so hell, dass er die Farben der Autos erkennen konnte. Was war mit Peter? Hoffentlich hatte er nach den Schüssen die Flucht ergriffen.

Wie schnell würde die Leiche gefunden werden? In einer Stunde, von einem neugierigen Hund, gefolgt von seinem Herrchen, einem Bauern vielleicht? Vom Feldweg aus war der Tote nicht zu sehen. Tot war der Mann, da war Tom sich fast sicher, nicht nur bewusstlos. Ein Seufzer entfuhr ihm, beinah ein Stöhnen; er schüttelte den Kopf und starrte den braunen Schweinslederkoffer zwischen seinen Knien an, der zwei Millionen Dollar in D-Mark-Scheinen enthielt. Tom lehnte sich zurück und entspannte sich. Tegel musste die Endstation sein, dachte er. Er könnte durchaus ein bisschen schlafen, lehnte aber nur den Kopf gegen das Fenster.

Der Bus erreichte Tegel – offenbar nur die U-Bahn-Station, nicht der Flughafen. Tom fand sofort den Taxistand und bat einen Fahrer, ihn in die Niebuhrstraße zu bringen. Die Nummer nannte er nicht. Er werde das Haus erkennen, sagte er, wenn sie die Straße erreichten. Tom sank in die Polster und zündete sich eine Zigarette an. Nur Kratzer an den Knöcheln, nichts Ernstes. Wenigstens war es sein eigenes Blut. Ob die Entführer es noch einmal versuchen würden? Paris anzurufen, einen zweiten Termin zu verabreden? Oder waren sie jetzt so verängstigt und durcheinander, dass sie Frank freilassen würden? Das wäre dilettantisch, doch wie professionell waren diese Leute?

Irgendwo in der Niebuhrstraße stieg Tom aus, zahlte, gab

dem Fahrer ein Trinkgeld und ging zu Erics Wohnhaus. Er hatte den Schlüsselring dabei, den ihm Lanz gegeben hatte, schloss mit einem der beiden Schlüssel die Haustür auf und nahm den Aufzug. Oben klopfte er an die Wohnungstür und drückte kurz auf die Klingel. Es war fast halb sieben.

Er hörte Schritte, dann fragte Eric auf Deutsch:

»Wer ist da?«

»Tom.«

»Aah!« Eine Kette klirrte, ein Riegel wurde zurückgeschoben.

»Da bin ich wieder«, flüsterte Tom gut gelaunt und stellte den Koffer in der Diele ab, kurz vor der Schwelle zum Wohnzimmer.

»Tom, warum haben Sie Peter weggeschickt? Er hat sich solche Sorgen gemacht, dass er zweimal hier angerufen hat! Und den Koffer haben Sie wieder mitgebracht!« Eric schüttelte lächelnd den Kopf, wie über sinnlose Sparsamkeit.

Tom zog die Jacke aus. Die Augustsonne schien schon warm durch Erics Fenster.

»Zwei Schüsse, hat Peter gesagt. Also, was ist passiert? Setzen Sie sich, Tom! Einen Kaffee? Oder einen Drink?«

»Zuerst einen Drink. Gin-Tonic, wäre das möglich?«

Ja, meinte Eric. Während er den Drink mixte, ging Tom ins Bad und wusch sich die Hände mit warmem Wasser und Seife.

»Wie sind Sie zurückgekommen? Peter sagte, Sie hätten seine Pistole genommen.«

»Die habe ich noch.« Nun stand Tom im Wohnzimmer, eine Gauloise in der einen, den Drink in der anderen Hand. »Mit Bus und Taxi. Das Geld ist immer noch da drin.« Ein

Kopfnicken zum Koffer hinüber. »Deshalb hab ich ihn wieder mitgebracht.«

»Immer noch?« Eric bekam den Rosenmund nicht zu. »Wer hat geschossen?«

»Ich. Aber nur in die Luft.« Tom hatte sich heisergeschrien. Er setzte sich. »Einen hab ich mit Ihrem Koffer am Kopf erwischt. Den Italiener vermutlich. Er ist tot, glaube ich.«

Eric nickte. »Peter hat ihn gesehen.«

»Wirklich?«

»Ja. Ich muss mir was anziehen, Tom. So komm ich mir albern vor.« Im Pyjama eilte Eric ins Schlafzimmer und kam in seinem schwarzseidenen Morgenmantel zurück. Er band den Gürtel zu und fuhr fort: »Peter sagte, er hätte etwa zehn Minuten gewartet, dann wäre er nachsehen gegangen, weil er dachte, Sie könnten tot oder verletzt sein. Er sah einen Mann hinter dem Schuppen liegen.«

»Genau«, sagte Tom.

»Also haben Sie einfach … Warum sind Sie nicht zu Peter gegangen, der bei der Kirche wartete?«

Bei der Kirche! Tom lachte und streckte die Beine aus. »Keine Ahnung. Kann sein, dass ich Angst hatte. Ich habe nicht nachgedacht, nicht mal einen Blick zur Kirche geworfen.« Er nahm noch einen Schluck und sagte: »Eric, jetzt bitte den Kaffee und dann ein bisschen schlafen.«

Bei den letzten Worten klingelte das Telefon.

»Das ist bestimmt wieder Peter.« Eric ging an den Apparat: »Gerade zurückgekommen! … Nein, alles in Ordnung, er ist nicht verletzt … Mit Bus und Taxi!« Er lachte über etwas, das Peter sagte. »Ich werd's ihm ausrichten. Ja, sehr witzig … Wenigstens sind wir alle in Sicherheit … *Hier!* Ist das zu glauben?« Eric hielt den Hörer gegen die Brust, immer noch breit grinsend. »Peter kann einfach nicht glauben, dass das Geld noch da ist! Er will Sie sprechen.«

Tom stand auf. »Hallo, Peter … Ja, alles in Ordnung. Weiß gar nicht, wie ich Ihnen danken soll. Das haben Sie gut gemacht.« Das auf Deutsch. »Nein, ich habe den Mann nicht erschossen.«

»In der Dunkelheit konnte ich nicht viel erkennen, ohne Taschenlampe«, sagte Peter. »Habe nur gesehen, dass Sie es nicht waren. Also bin ich weggefahren.«

Mutig von ihm, zurückzugehen, dachte Tom. »Ihre Pistole und die Taschenlampe habe ich immer noch.«

Peter lachte leise. »Schlafen wir beide erst mal ein bisschen.«

Eric kochte Kaffee für Tom (der wusste, dass er dennoch ungestört schlafen würde); dann klappten sie gemeinsam das Rosshaarsofa auf und legten das Laken und die Decke darüber.

Tom trug den braunen Koffer zum Fenster und untersuchte ihn auf Blutspuren. Er fand keine, holte sich aber mit Erics Erlaubnis einen Scheuerlappen aus der Küche, feuchtete ihn über der Spüle an und rieb den Koffer außen ab, wusch den Lappen aus und hängte ihn zum Trocknen über eine Handtuchstange.

»Wissen Sie«, sagte Eric zu ihm, »als Peter diesen Feldweg hinter sich hatte, kam ein Mann auf ihn zu und fragte, ob er die Schüsse gehört hätte. ›Ja‹, sagte Peter, ›deshalb bin ich doch auf die Straße gegangen.‹ Darauf wollte der Mann wissen, was Peter dort verloren hätte, weil er Peter nicht kannte, und Peter antwortete: ›Ach, ich war nur mit meiner Freundin hinter der Kirche!‹«

Tom war nicht nach Lachen zumute. Flüchtig wusch er sich im Bad und schlüpfte in den Pyjama. Sollten die Entführer den Jungen freilassen, dachte er, würden sie das Thurlow nicht unbedingt mitteilen. Frank dürfte wissen, dass sein Bruder und Thurlow im Hôtel Lutetia waren, und könnte sich nach seiner Freilassung allein auf den Weg nach Paris machen. Die Entführer könnten ihn aber auch einfach mit einer Überdosis Schlaftabletten umbringen und seine Leiche irgendwo in einer Berliner Wohnung liegen lassen, in die sie nie mehr zurückkehren würden.

»Woran denken Sie, Tom? Wir sollten uns beide eine Weile hinlegen. Eine ganze Weile. Schlafen Sie sich aus! Meine Haushälterin kommt morgen nicht, die Tür habe ich abgeschlossen und die Kette vorgehängt.«

»Ich dachte gerade, dass ich Thurlow in Paris anrufen sollte, weil ich ihm das versprochen habe.«

Eric nickte. »Ja. Wie wird es jetzt weitergehen? Nur zu, Tom, rufen Sie an!«

In Pyjama und Mokassins ging Tom zum Telefon und wählte die Nummer.

»Wie viele waren es?«, fragte Eric. »Konnten Sie das erkennen?«

»Nicht genau. Im Wagen? Vielleicht drei.« Jetzt zwei. Tom knipste die Lampe neben dem Apparat aus. Das Licht vom Fenster reichte ihm.

»Hallo!«, meldete sich Thurlow. »Was ist passiert?«

Sie hatten angerufen, das hörte Tom. »Am Telefon kann ich nichts sagen. Sind sie bereit zu einem zweiten Termin?«

»Ja, schon, da bin ich fast sicher, doch sie klangen verängstigt – nervös, meine ich. Und sie haben gedroht, wenn auch nur ein Polizist auftauchen sollte –«

»Nein. Keine Polizei, die wird nicht kommen. Sagen Sie ihnen, wir wären bereit zu einem zweiten Termin, okay?« Auf einmal fiel Tom ein Ort für die Übergabe ein. »Ich glaube, die wollen das Geld immer noch. Verlangen Sie ein Lebenszeichen von dem Jungen, ja? Ich rufe Sie später am Tag wieder an, wenn ich ein bisschen geschlafen habe.«

»Wo ist das Geld jetzt?«

»Bei mir. In Sicherheit.« Tom legte auf.

Eric stand da, Toms leere Kaffeetasse in der Hand. Er hatte zugehört.

Tom zündete sich eine letzte Zigarette an. »Hat nach dem Geld gefragt«, sagte er lächelnd zu Lanz. »Ich wette, die wollen es nach wie vor. Ist doch viel angenehmer, als den Jungen umzubringen und eine Leiche am Hals zu haben.«

»Ja, klar. – Ich habe den Koffer wieder ins Schlafzimmer gebracht. Haben Sie's gemerkt?«

Nein, hatte er nicht.

»Schlafen Sie gut, Tom. Und lange!«

Tom warf einen Blick auf die Kette vor der Tür und sagte: »Sie auch, Eric.«

15

Eric, ich möchte mir Frauenfummel leihen, für heute Abend wahrscheinlich. Glauben Sie, Ihr Freund Max wäre so nett, mir welche zu borgen?«

»Fummel?« Lanz lächelte verblüfft. »Für was? Eine Party?«

Nun musste Tom lachen. Sie frühstückten (oder wenigstens er), mittags um Viertel nach eins. Er saß in Pyjama und Morgenmantel auf Erics kleinem Sofa. »Nicht für eine Party, aber ich habe eine Idee. Es könnte klappen, auf jeden Fall wäre es lustig. Ich dachte, ich mache einen Termin mit den Kidnappern im Hump heute Abend. Und vielleicht könnte Max mich begleiten.« Der Hump, so hieß die Schwulenbar mit dem gläsernen Treppenhaus.

»Sie wollen das Lösegeld im Hump übergeben? In Fummeln?«

»Nein, kein Geld. Ich brauche nur die Kleider. Können Sie Max jetzt erreichen?«

Eric stand auf. »Kann sein, dass er arbeitet. Eher schon Rollo. Der schläft gewöhnlich bis Mittag. Sie leben zusammen. Ja, ich werd's versuchen.« Eric wählte eine Nummer, er wusste sie auswendig. Kurz darauf sagte er: »Hallo, Rollo. Wie geht's? ... Ist Max da? ... Gut. Hör mal«, fuhr er auf Deutsch fort, »mein Freund Tom würde gern … Nun, Max kennt ihn. Tom wohnt gerade bei mir, und er hätte gern Frauenfummel, für heute Abend … Ja, ein langes Kleid –« Er sah zu Tom hinüber, nickte. »Klar, eine Perücke, Schminke. Und Schuhe.« Ein Blick auf Toms Mokassins: »Die von Max vielleicht, deine sind zu groß, ha ha! … Im Hump, dachten wir … Ha, ha! Klar kannst du mitkommen, wenn du willst.«

»Eine Handtasche!«, flüsterte Tom.

»Ach, und eine Handtasche!«, sagte Eric. »Weiß ich nicht. Wohl nur zum Spaß.« Er kicherte. »Meinst du? Gut, ich werd's ihm sagen. Bis dann, Rollo.« Eric legte auf. »Rollo meint, Max könnte gegen zehn hier sein. Er arbeitet bis neun in einem Schönheitssalon, und Rollo muss von sechs bis zehn Schaufenster dekorieren, aber er wird Max einen Zettel hinlegen.«

»Danke, Eric.« Toms Stimmung stieg, auch wenn noch gar nichts abgemacht war.

»Heute Nachmittag habe ich noch einen Termin«, bemerkte Eric. »Doch nicht in Kreuzberg. Wollen Sie mitkommen?«

Diesmal nicht. »Nein, danke. Ich glaube, ich mache einen Spaziergang. Vielleicht kaufe ich etwas für Héloïse. Außerdem muss ich noch einmal Paris anrufen. Am Ende werde ich Ihnen tausend Dollar schulden. Für diese Anrufe.«

»Ha, ha – Geld fürs Telefonieren? Nein. Nicht unter Freunden, Tom.« Eric ging ins Schlafzimmer.

Seine Worte gingen Tom nicht aus dem Kopf, während er eine Roth-Händle rauchte. Sie waren Freunde, auch Reeves war ein Freund, ein gemeinsamer Freund – sie benutzten das Telefon, das Haus, manchmal das Leben der anderen, und irgendwie glich es sich immer wieder aus. Dennoch könnte er dem Deutschen ein amerikanisches Slangwörterbuch schicken. Das wenigstens.

Wieder einmal rief Tom das Lutetia an.

»Hallo – schön, von Ihnen zu hören.« Thurlow klang, als habe er gerade den Mund voll. »Ja«, fuhr er auf Toms Frage hin fort, »sie haben heute Mittag angerufen. Diesmal waren Sirenen im Hintergrund zu hören, von der Feuerwehr vielleicht. Na, jedenfalls wollen sie einen zweiten Termin mit genauem Ort und Zeitpunkt. Sie haben schon alles arrangiert: Ein Restaurant, ich gebe Ihnen die Adresse. Sie sollen einfach ein Paket dort abgeben, das dann abgeholt –«

»Ich weiß einen besseren Ort«, unterbrach ihn Tom. »Eine Bar: Der Hump heißt sie. Ja, Hump, wie man's spricht. In der – einen Moment.« Tom legte die Hand über den Hörer und rief: »Eric, verzeihen Sie die Störung. In welcher Straße liegt der Hump?«

»Winterfeldtstraße!«, kam es prompt zurück.

»Winterfeldtstraße«, sagte Tom zu Thurlow. »Ach, die Hausnummer ist unwichtig, die sollen selbst hinfinden … O ja, eine ganz gewöhnliche Bar, nur ziemlich groß. Taxifahrer kennen sie bestimmt … Gegen Mitternacht, oder sagen wir, zwischen elf und zwölf. Sollen nach Joey fragen, der wird haben, was sie wollen.«

»Und dieser Joey werden *Sie* sein?«, fragte Thurlow, hörbar neugierig.

»Tja, weiß ich noch nicht. Aber Joey wird dort sein. Sie sind jetzt sicher, dass sie dem Jungen bislang nichts getan haben, ja?«

»Dafür habe ich bloß ihr Wort. Mit ihm selbst konnten wir bislang nicht sprechen. Die Sirenen im Hintergrund – sie müssen aus einer Telefonzelle angerufen haben.«

»Danke, Mr. Thurlow. Ich denke, der heutige Abend wird erfolgreich verlaufen«, verkündete Tom zuversichtlicher, als er sich fühlte. Im selben Ton fügte er hastig hinzu: »Sobald die das Geld haben, werden sie Ihnen das hoffentlich bestätigen und mitteilen, wo sie den Jungen freilassen. Das sollten Sie von denen verlangen. Ich nehme an, dass die Kerle Sie vor heute Abend noch mal anrufen und den Termin bestätigen?«

»Das hoffe ich. Sie haben mich angewiesen, Ihnen das auszurichten, mit dem Restaurant, meine ich. – Also, wann werden Sie wieder anrufen, Mr. Ripley?«

»Wann genau, kann ich jetzt noch nicht sagen. Aber ich rufe an, bestimmt.« Er legte auf, irgendwie unzufrieden, weil er lieber sicher wäre, dass die Entführer des Jungen Thurlow heute noch einmal anrufen würden.

Eric kam aus der Diele herein. Er klebte gerade einen Brief zu und wirkte entschlossen. »Erfolg gehabt? Was gibt's Neues aus Paris?«

Erics Furchtlosigkeit war ansteckend; Tom wurde gelassener. In wenigen Minuten würden sie aus der Wohnung gehen und zwei Millionen Dollar unbewacht zurücklassen. »Ich habe ein Treffen ausgemacht: heute Abend im Hump zwischen elf und Mitternacht. Die Kidnapper sollen nach Joey fragen.«

»Das Geld nehmen Sie nicht mit?«

»Nein.«

»Und was dann?«

»Ich werde improvisieren. Hat Max ein Auto?«

»Nein – beide haben keins.« Eric zog sein dunkelblaues Jackett zurecht und lächelte Tom an: »Ich bringe Sie zum Taxi, wenn Sie heute Abend verkleidet losziehen.«

»Wollen Sie mitkommen?«

»Weiß ich noch nicht.« Eric wiegte den Kopf hin und her. »Tom, fühlen Sie sich wie zu Hause. Aber bitte zweimal zuschließen, wenn Sie gehen, ja?«

»Das werde ich, ganz sicher.«

»Soll ich Ihnen zeigen, wo der Koffer im Schrank steht?«

Tom lächelte. »Nein.«

»Wiedersehen, mein Lieber. Gegen sechs bin ich zurück, denk ich.«

Kurz darauf ging auch Tom und schloss zweimal ab, wie Eric ihn gebeten hatte.

Die Niebuhrstraße wirkte friedlich, so wie immer; niemand zu sehen, der herumlungerte oder ihn besonders beachtete. Tom ging links in die Leibnizstraße und dann am Ku'damm wieder links. Hier waren Geschäfte, Bücher- und Plattenläden, Imbisswagen auf dem Bürgersteig, Leben und Menschen – ein kleiner Junge lief vorbei, einen großen Pappkarton unter dem Arm, eine junge Frau versuchte, Kaugummi vom Stiefelabsatz zu kratzen, ohne es anfassen zu müssen. Tom lächelte. Er kaufte eine *Morgenpost*, warf einen kurzen Blick hinein und fand wie erwartet nichts über die Entführung.

Vor einer Schaufensterauslage voll hochwertiger Aktenkoffer, Handtaschen und Portemonnaies blieb er stehen, ging hinein und kaufte eine dunkelblaue Wildlederhandtasche mit Schulterriemen, die Héloïse gefallen müsste.

Zweihundertfünfunddreißig Mark. Möglicherweise hatte er sie als Rückversicherung gekauft, dass er nach Hause zurückkehren und sie seiner Frau überreichen würde, was nicht ganz logisch war. An einem Schnellimbiss kaufte er zwei Päckchen Roth-Händle. Praktisch, dachte er, dass sie auch Zigaretten und Streichhölzer verkauften, nicht nur Bier und Fast food. Ein Bier? Nein. Tom schlenderte zurück zu Erics Haus.

Dort hielt er einer Frau die Tür auf, die mit einem leeren Einkaufsroller herauskam. Sie dankte ihm, würdigte ihn aber kaum eines Blickes.

Nur widerwillig betrat er Erics totenstille Wohnung und fragte sich einen Moment lang, ob jemand im Schlafzimmer lauerte. Absurd. Trotzdem ging er ins Schlafzimmer (alles ruhig und ordentlich, das Bett war gemacht) und öffnete den Schrank. Der braune Koffer stand hinten, davor ein größerer Koffer, vor dem Schuhe aufgereiht waren. Er hob den kleineren Koffer an, spürte das vertraute Gewicht.

Im Wohnzimmer blieb Tom vor einer von Erics Waldlandschaften stehen und starrte das Bild an. Er hasste es: ein kapitaler Hirsch, die Augen blutunterlaufen und entsetzt aufgerissen, unter schwarzblauen Sturmwolken. Wurde er von Hunden gehetzt? Falls ja, Tom sah keine. Vergeblich suchte er das Bild nach einem Gewehrlauf ab, der von irgendwo auf das Tier zielte. Vielleicht hatte auch der Hirsch den Maler gehasst.

Das Telefon klingelte. Tom schrak hoch. Ob die Entführer Erics Nummer herausgefunden hatten? Natürlich nicht. Sollte er drangehen, die Stimme verstellen? Tom hob ab und meldete sich unverstellt: »Hallo?«

»Hallo, Tom. Hier ist Peter«, sagte Peter ruhig.

Tom lächelte. »Hallo, Peter. Eric ist nicht hier. Kommt gegen sechs zurück, hat er gesagt.«

»War auch nicht weiter wichtig. Alles in Ordnung? Haben Sie gut geschlafen?«

»Ja, danke. – Peter, hätten Sie heute Abend Zeit, sagen wir ab halb elf, elf? Dauert nicht lange.«

»Hmm, ja. Bin nur mit einem Cousin zum Essen verabredet. Was steht denn an?«

»Ich gehe in den Hump. Kann sein, dass Max mitkommt. Ich bitte Sie noch einmal um Ihre Fahrerdienste, doch heute wird es wohl nicht so gefährlich werden. – Na ja«, setzte er hastig hinzu, »hoffentlich wenigstens. Aber sonst wäre das mein Problem, nicht Ihres.«

Peter sagte, er könne zwischen halb elf und elf bei Eric vorbeikommen.

Im Wohnzimmer legte Max die Frauenkleider aus, die er zu bieten hatte, wie ein Vertreter die Waren, die den Kunden interessieren könnten. Allerdings hatte Max nur eine einzige komplette Montur mitgebracht. »Meine besten Fummel«, sagte Max auf Deutsch. In Stiefeln und schwarzem Leder stolzierte er durchs Wohnzimmer, das lange Kleid so eng an sich gepresst, dass es seinen Körper am besten zur Geltung brachte.

Ein Kleid mit langen Ärmeln, wie Tom erleichtert feststellte, weiß und rosa und durchsichtig, am Saum drei Reihen Rüschen. »Toll«, sagte Tom, darauf: »*Sehr* schön.«

»Und dann natürlich noch das hier.« Aus seiner roten Segeltuchtasche zog Max einen weißen Unterrock oder

Petticoat hervor, augenscheinlich genauso lang wie das Kleid. »Das Kleid zuerst, das inspiriert mich beim Make-up.« Max lächelte.

Unverzüglich legte Tom den Morgenmantel ab, unter dem er nur eine Unterhose trug, und schlüpfte erst in den Petticoat, dann in das Kleid. Doch nun hatte er die Strumpfhose vergessen, ein braunes, geradezu gespenstisches Ding, das er, meinte Max, nur im Sitzen richtig anziehen könne. Schließlich aber sagte der Deutsche, zum Teufel damit, wenn die Schuhe auch ohne Strumpfhose gut passten – das Kleid gehe ja fast bis zum Boden. Max war so groß wie Tom. Das gürtellose Kleid fiel frei am Körper herab.

Tom setzte sich vor einen hochkant stehenden Spiegel, den Eric aus dem Schlafzimmer geholt hatte. Max hatte all sein Schminkzeug auf der Kommode ausgebreitet und machte sich jetzt an Toms Make-up. Eric verschränkte die Arme vor der Brust und sah stillvergnügt zu, wie Max dicke weiße Creme auf Toms Brauen klatschte und über die Stirn verteilte. Dabei summte er vor sich hin.

»Keine Angst«, sagte er, »die Brauen nehm ich mir hinterher vor. Ist genau richtig so.«

»Musik!«, rief Eric. »*Carmen,* das brauchen wir jetzt!«

»Nein, das brauchen wir *nicht.*« Schon die Vorstellung war Tom zuwider, vor allem weil *Carmen* zu dramatisch war – oder er nicht in Stimmung für Bizet. Er staunte über die Verwandlung seines Mundes: Die Oberlippe wirkte dünner, die Unterlippe voller. Beinah hätte er sich selbst nicht wiedererkannt.

»Jetzt die Perücke«, murmelte Max auf Deutsch und schüttelte das kastanienbraune, fast furchterregende Ding aus, das auf der Kommode gelegen hatte. Behutsam kämmte er die wallenden Locken.

»Singen Sie etwas«, sagte Tom. »Kennen Sie *Slick Little Girl*?«

»Ach ja: ›*The things you do to your face – make-up!*‹« Max war nicht mehr zu bremsen, er sang den Song von Lou Reed gekonnt nach: »›*Rouge and colouring, incense and ice …*‹« Er wiegte sich bei der Arbeit hin und her.

Tom musste an Frank denken, an Héloïse und Belle Ombre.

»›*Open* your *ice*!‹«, sang Max. Er meinte Tom, seine Augen, auf die er sich jetzt konzentrierte. Dann hielt er inne, musterte Tom, warf einen Blick in den Spiegel.

»Sind Sie heute Abend frei?«, fragte Tom auf Deutsch.

Max lachte, zog die Perücke zurecht und betrachtete sein Werk. »Ist das Ihr Ernst?« Sein breiter, großzügiger Mund wurde noch breiter, als er lächelte, und Tom meinte, ihn erröten zu sehen. »Ich schere mein Haar ganz kurz, damit diese Perücken besser passen, aber eigentlich ist das albern, soviel Aufwand. – *Mir* gefällt es so!«

»Ja.« Tom starrte sein Spiegelbild an, als sei das jemand anders. Allerdings war es ihm ziemlich egal. »Das ist mein Ernst, Max. Hätten Sie eine Stunde Zeit, mit mir an der Theke vom Hump zu stehen? Heute Abend, gegen Mitternacht oder auch früher? Bringen Sie Rollo mit, ich lade Sie beide ein. Nur für rund eine Stunde. Also?«

»Und ich darf nicht mit?«, fragte Eric auf Deutsch.

»Das liegt bei Ihnen, Eric.«

Max half Tom in die hochhackigen, halbhohen Lackstiefel. Das Leder war rissig.

»Gebraucht, ein Secondhand-Laden in Kreuzberg«, bemerkte Max. »Aber keine Folter für die Füße, wie sonst so oft bei hohen Absätzen. Sehen Sie – passen doch!«

Tom setzte sich wieder vor den Spiegel. Er kam sich vor wie in einer Fantasiewelt. Max zauberte einen Schönheitsfleck auf seine linke Wange, ein meisterhaft platzierter schwarzer Punkt.

Es klingelte an der Tür. Eric ging in die Küche.

»Wollen Sie Rollo und mich heute Abend wirklich dabeihaben?«, fragte Max.

»Sie glauben doch nicht, Max, dass ich da ganz allein wie ein Mauerblümchen herumsitzen will? Oder besser, herumstehen. Ich brauche Sie beide. Eric ist nicht der Richtige dafür.« Tom legte zur Übung einen leichteren Ton in seine Worte.

»Und das hier alles nur zum Spaß?« Max tätschelte noch einmal Toms braune Locken.

»Nur zum Spaß. Ich möchte jemanden versetzen, ein *blind date* sozusagen. Jedenfalls wird *er* mich nicht erkennen, wenn er hereinkommt.«

Max lachte.

»Tom!« Eric kam ins Wohnzimmer zurück.

Nenn mich nicht Tom, wollte er erwidern.

Eric verschlug es für einen Moment die Sprache. Er starrte auf das Spiegelbild von Toms verwandeltem Gesicht. »P-Peter ist unten, er – er findet keinen Parkplatz und fragt, ob Sie nicht runterkommen können.«

»Aber sicher.« Gelassen nahm Tom die Handtasche. Sie war ein bisschen groß, aus rotem und schwarzem, mattem und glänzendem Leder, das kreuz und quer zu einem

Korbmuster verflochten war. Genauso gelassen griff er in die Tasche seiner Jacke, die in Erics Garderobenschrank hing, nahm den Schlüssel, den er bei dem Italiener gefunden hatte, und langte nach Peters Pistole rechts hinten auf dem Schrankboden. Eric und Max unterhielten sich und betrachteten Toms Aufzug; keiner bemerkte, wie er die Pistole in die Handtasche steckte, weil er ihnen den Rücken zukehrte. »Fertig, Max? Wer kommt mit runter?«

Max ging mit. Er war schon leicht verspätet bei Eric eingetroffen und sagte nun, Rollo warte womöglich schon in der Bar; dennoch wollte er erst kurz nach Hause, um sich wenigstens »teilweise« umzuziehen, weil er das Hemd nach der Arbeit noch nicht gewechselt habe.

Peter fiel fast die Kippe aus dem Mund. Er saß in seinem Wagen.

»Tom«, sagte Tom. »Hallo, Peter.«

Peter und Max kannten sich offenbar. Max hatte Tom erzählt, er wohne so nah, dass er zu Fuß nach Hause gehen könne, außerdem liege der Hump genau in der anderen Richtung. Er werde in ein paar Minuten nachkommen. Peter und Tom fuhren los, Richtung Winterfeldtstraße.

»Also, was soll das? Alles nur zum Spaß?«, fragte Peter leicht gereizt.

Klang da eine Spur von Abweisung durch? »Nicht ganz«, erwiderte Tom. Er dachte daran, dass er Thurlow hätte anrufen können (was er nicht getan hatte), um zu erfahren, ob die Entführer den Termin am Abend einhalten würden. »Da wir gerade noch Zeit haben: Sie sind noch einmal zu jenem Schuppen gegangen, nicht?«

Peter wand sich (oder zuckte nur die Achseln): »Ja, zu

Fuß, ich wollte keine lauten Motorengeräusche. Stockfinster, so ganz ohne Licht.«

»Kann ich mir vorstellen.«

»Ich dachte, Sie könnten tot sein – oder verletzt, was noch schlimmer gewesen wäre. Dann sah ich den Mann dort liegen, nicht Sie. Da bin ich gegangen. Sie haben ihn nicht erschossen, oder?«

»Nein. Mit dem Koffer zu Boden geschlagen.« Tom musste schlucken. Er wollte nicht erwähnen, dass er ihm auch noch den Griff von Peters Pistole in die Schläfe geschmettert hatte. »Ich glaube, die Kidnapper dachten, ich wäre nicht allein. Habe mit Ihrer Pistole zweimal in die Luft geschossen und laut geschrien. Aber der Kerl, der da lag, war wohl tot.«

Peter lachte leise, vielleicht aus Nervosität; dennoch ging es Tom gleich besser. »Überprüft hab ich das nicht, bin nicht so lange geblieben. Ich hab auch die Abendzeitungen nicht gelesen oder die Nachrichten gesehen.«

Tom schwieg. Vorerst war er aus dem Schneider, dachte er, und daran, was *jetzt* war, musste er sich halten. Sollte er wagen, Peter zu bitten, wieder zu warten, draußen vor dem Hump? Peter könnte ihm heute Abend sehr nützlich sein.

»Dann sind sie weggefahren«, sagte Peter, »in ihrem Wagen. Ich habe das gesehen und weiter auf Sie gewartet – mindestens fünf Minuten, glaube ich.«

»Da bin ich gerade zu dieser Hauptstraße gegangen, dem Krüger-Damm, und habe den Bus genommen. Ohne auch nur einen Blick zur Kirche hinüber. Meine Schuld, Peter.«

An einer Ecke bog Peter ab. »Das ganze Geld – in Erics

Wohnung! Was werden die dem Jungen antun, wenn sie es nicht bekommen?«

»Ach, ich denke, der ist ihnen weniger wichtig als das Geld.« Sie hatten die Straße erreicht, in der die Bar lag, und Tom hielt nach dem Schriftzug »Der Hump« an der Seitenwand eines Hauses Ausschau, rosa Neon mit einem waagerechten Strich darunter. Doch noch war nichts zu sehen. Er musste Peter sagen, was alles am Abend passieren konnte, und tat sich schwer, damit anzufangen. In diesen Minuten kam er sich in den Frauenkleidern albern und verletzlich vor; nervös hob er die schwarzrote Handtasche in seinem Schoß, die schwer wog, wegen Peters Pistole. »Ich hab Ihre Waffe dabei. Vier Schuss sind noch im Magazin.«

»Die Pistole? Jetzt?«, fragte Peter auf Deutsch.

»Ja. Habe ein Treffen mit den Kidnappern ausgemacht. Heute Abend – kann sein, dass nur einer kommt, ich weiß es nicht. Im Hump, zwischen elf und Mitternacht. Also, Peter, wenn Sie bereit wären, auf mich zu warten … Es ist jetzt kurz nach elf. Drinnen werd ich die gar nicht beachten, und später kann ich sie hoffentlich beschatten. Kann sein, dass sie mit dem Auto kommen, aber das weiß ich nicht. Wenn nicht, werd ich ihnen zu Fuß folgen, so gut das geht.«

»Oh, oh.« Peter schien Bedenken zu haben.

Ob er an die hochhackigen Stiefel dachte, fragte sich Tom. »Falls gar keiner kommt, haben wir diesmal wenigstens unsern Spaß, und keiner kommt zu Schaden.« Soeben hatte er den rosa Schriftzug der Bar entdeckt, doch viel kleiner als in der Erinnerung. Peter suchte einen Parkplatz. »Da vorne!« Tom hatte eine Lücke in der Reihe rechts am Bordstein stehender Autos bemerkt.

Peter fuhr bis dorthin vor.

»Sind Sie bereit, eine Stunde zu warten? Auch länger?«

»Ja, sicher.« Peter parkte rückwärts ein.

Tom erläuterte den Plan: Die Entführer, falls sie zu dem Treffen kamen, sollten einen Barmann oder Kellner nach »Joey« fragen. Sollte Joey nach einer Weile nicht auftauchen, würden sie wieder gehen. Er wollte ihnen dann folgen. »Ich glaube kaum, dass sie bis zum Morgengrauen warten, wenn die Bar schließt. Gegen zwölf oder kurz danach werden sie wissen, was läuft. Aber wenn Sie pinkeln müssen, gehen Sie lieber jetzt.«

Peter fiel die Kinnlade herunter, er musste lachen. »Nein, alles okay. Sie gehen alleine da rein? Ohne Hilfe?«

»Sehe ich so zerbrechlich aus? Max kommt nach, vielleicht auch Rollo. Bis bald, Peter. Wenn bis Viertel nach zwölf nichts passiert ist, komme ich hierher, dann sehen wir weiter.«

Tom sah zur Tür vom Hump hinüber: Ein Mann trat heraus, zwei schlüpften hinein. Durch die geöffnete Tür dröhnte der Beat der Discomusik lauter als zuvor – BOOM-PA, BOOM-PA, BOOM-PA, wie Herzschläge, weder zu schnell noch zu langsam, aber stark. Und nicht gerade echt, dachte Tom: künstlich, elektronisch, alles andere als Menschenwerk. Er wusste, was Peter jetzt durch den Kopf ging.

»Finden Sie das klug, was Sie da vorhaben?«, fragte Peter auf Deutsch.

»Ich will wissen, wo der Junge ist.« Tom nahm die Handtasche. »Peter, wenn Sie nicht warten wollen, nehme ich das nicht übel. Falls ich schnell genug eines erwische, folge ich ihnen im Taxi.«

»Ich werde warten.« Peter lächelte angespannt. »Sollten Sie Ärger bekommen: Ich bin hier draußen.«

Tom stieg aus und überquerte die Straße. In der Abendbrise kam er sich nackt vor; er vergewisserte sich mit einem Blick, dass der Wind nicht sein Kleid hochwehte und ihn entblößte. Auf dem Bordstein knickte er um und mahnte sich zur Ruhe. Nervös betastete er seine Perücke und zog die Tür der Bar auf, den Mund leicht geöffnet. Die pulsierende Discomusik verschlang ihn, die Echos der Beats wummerten in seinen Ohren. Tom ging zur Theke und spürte die Blicke von mindestens zehn Männern auf sich; die meisten lächelten ihn an. Es roch nach Pot.

Wieder war kein Platz an der Theke frei, doch zu seinem Erstaunen trat eine Hand voll junger Männer beiseite, sodass er endlich die Hand auf die runde, chromglänzende Stange legen konnte.

»Und wer bist du?«, fragte ein junger Mann. Unter seinen zerschlissenen Levis trug er offensichtlich nichts.

»Mabel«, sagte Tom mit flatterndem Augenaufschlag. Gelassen öffnete er die Handtasche, suchte in ihr nach Markstücken und Kleingeld für einen Drink. Auf einmal fiel ihm ein, dass weder er noch Max an Nagellack gedacht hatte. Ach, zum Teufel damit. Anscheinend war es hier männlich, das Hartgeld nach englischer Manier auf die Theke zu donnern, also tat er das nicht.

Die Jungen und Männer auf der Tanzfläche wirbelten zum dröhnenden Hämmern der Popmusik herum: Der Boden unter ihren Füßen schien zu wogen, als würde er jeden Moment explodieren. Männer standen herum, schauten zu, schoben sich die Stufen im gläsernen Treppenhaus hinauf, das zu den Toiletten führte. Vor Toms Augen stürzte einer die Treppe herunter, wurde von zwei anderen wieder aufgerichtet und taumelte weiter, offenbar unverletzt. Tom bemerkte mindestens zehn andere Männer in langen Fummeln, doch er suchte jetzt Max. Langsam, ganz langsam holte er eine Zigarette aus der Schachtel in seiner Handtasche und zündete sie an. Er hatte es nicht eilig, den Blick eines Barmanns aufzufangen und einen Drink zu bestellen, jetzt jedenfalls noch nicht. Viertel nach elf: Tom sah sich um. Vor allem an der Theke, denn dort würde man logischerweise den Barkeeper nach Joey fragen, aber bislang war ihm niemand aufgefallen, der selbst mit einiger Fantasie als Hetero durchgehen konnte. Er nahm an, dass die Entführer nicht schwul waren.

Und da kam Max, in einem weißen Hemd mit Westernkragen und Perlenknöpfen, nach wie vor in schwarzen Lederhosen und Stiefeln, aus dem hinteren Teil der Bar, wo die meisten tanzten. Ein hoch gewachsener Mann folgte ihm; er trug ein langes Kleid aus einer Art beigem Seidenpapier, und in seinem kurzgeschorenen Haar steckten dünne gelbe Schleifen, die er irgendwie über den Ohren befestigt hatte.

»Guten Abend.« Max lächelte. »Rollo.« Er deutete auf den Mann in Beige.

»Mabel«, lächelte Tom gut gelaunt.

Rollo zog die Mundwinkel hoch. Schmale rote Lippen, sonst war sein Gesicht weiß wie die Wand. Die blaugrauen Augen glitzerten wie geschliffene Diamanten. »Warten Sie auf einen Freund?«, fragte Rollo. In der Hand hielt er eine lange, leere, schwarze Zigarettenspitze.

War das sein Ernst? »Ja.« Tom ließ seinen Blick noch

einmal über die Männer schweifen, die dort, wo die Tische standen, an der Wand lehnten. Er konnte sich kaum vorstellen, dass auch nur einer der Entführer tanzen würde, doch hier war wohl alles möglich.

»Was trinken wir?«, fragte ihn Rollo auf Deutsch.

»Geht auf mich. Ein Bier, Tom?«, fragte Max.

Bier schien ihm kein Drink für eine Dame, doch im nächsten Moment kam ihm das absurd vor, und er wollte schon ja sagen, als er hinter der Theke eine Espressomaschine bemerkte. »Kaffee, bitte.« Ebenfalls auf Deutsch. Tom fischte ein paar Münzen aus seiner Handtasche und legte sie auf die Theke. Seine Brieftasche hatte er nicht mitgenommen.

Max und Rollo bestellten Dornkaat.

Tom stellte sich so, dass er den Eingang im Blick hatte und, an die Theke gelehnt, mit Max und Rollo reden konnte, die ihm nun gegenüberstanden. Der Lärm machte eine Unterhaltung nicht ganz einfach. Alle paar Sekunden kamen Männer zur Tür herein, allein oder zu zweit. Hinaus gingen weniger.

»Wen wollen Sie versetzen?«, rief Max nahe an seinem Ohr. »Sehen Sie ihn?«

»Noch nicht!« Im selben Augenblick fiel Tom ein junger, dunkelhaariger Mann ganz hinten in der Ecke auf, am Ende der Theke, die sich rechts von Tom in einem Bogen bis zur Wand zog. Der Mann könnte ein Hetero sein. Er sah aus wie Ende zwanzig, trug eine hellbraune Segeltuchjacke und hielt eine Zigarette in der Linken, die auf der Theke ruhte. Der Mann trank Bier, sah sich unentwegt um, langsam und wachsam, und warf Blicke zur Tür. Aber das taten viele andere auch; Tom wusste also nicht, was er davon halten sollte. Doch früher oder später würde der Mann, auf den er wartete, den Barkeeper fragen – zum zweiten Mal, falls er das schon getan hatte –, ob er jemand namens Joey kenne, in der Bar sehe oder eine Nachricht von ihm habe.

»Tanzen?« Rollo beugte sich höflich zu ihm herab. Er war noch größer als Tom.

»Klar.« Zu zweit bahnten sie sich einen Weg zur Tanzfläche.

Kurz darauf musste Tom seine hochhackigen Schuhe ausziehen, die ihm Rollo, ganz der Kavalier, galant abnahm und wie Kastagnetten über dem Kopf gegeneinanderschlug. Wirbelnde Röcke, alle lachten, doch nicht über sie – niemand beachtete Rollo und ihn im Geringsten. DO IT … DO IT … DO IT … Die Worte hätten auch anders lauten können, CHEW IT oder BLOW IT oder SCREW IT, das war ganz egal. Der Boden fühlte sich gut an unter Toms bloßen Füßen. Ab und zu legte er die Hand auf den Kopf und strich die Perücke gerade, einmal tat Rollo das für ihn. Er war so vernünftig gewesen, in flachen Sandalen zu kommen. Tom war in Hochstimmung, er fühlte sich stark, so als schwitzte er gerade in einem Fitnessstudio. Kein Wunder, dass die Berliner Verkleidungen liebten! Verkleidet konnte man sich frei fühlen, sozusagen man selber sein.

»Gehen wir zur Theke zurück?« Es war bestimmt schon zwanzig vor zwölf, und Tom wollte sich noch einmal umsehen. Die Schuhe zog er erst an der Theke wieder an, wo noch seine halb volle Kaffeetasse stand. Max hatte auf die Handtasche aufgepasst. Tom stellte sich wieder so, dass er die Tür im Auge behielt. Der Mann von vorhin saß nicht mehr am Ende der Theke – Tom suchte ringsum nach einer braunen Jacke, musterte die Männer, die um die Tische kreisten, auch die an der Tanzfläche oder auf der Treppe, die nur dastanden und zuschauten. Dann sah er den Mann nur ein paar Meter weiter an der Theke, von anderen Gästen fast verdeckt, wie er sich bei einem Barmann bemerkbar zu machen versuchte. Max wollte Tom etwas zurufen, doch der hob warnend den Finger, bedeutete ihm zu schweigen und beobachtete den Mann aus seinen halb geschlossenen Augen mit den aufgeklebten Wimpern.

Der Barmann, der eine blonde Lockenperücke trug, beugte sich vor und schüttelte den Kopf.

Der Mann in der braunen Jacke sprach immer noch; Tom stellte sich auf die Zehenspitzen, um von den Lippen zu lesen. Sagte er gerade »Joey«? So sah es aus, und jetzt nickte der Barkeeper, was bedeuten könnte: »Ich sage Bescheid, wenn er kommt.« Darauf schob sich der Mann langsam durch die herumstehenden Grüppchen und einsamen Gestalten zur Wand gegenüber. Dort sprach er mit einem dunkelblonden Mann in hellblauem Hemd mit offenem Kragen, der an der Wand lehnte und sich wortlos anhörte, was der andere zu sagen hatte.

»Was wollten Sie gerade?«, fragte er Max.

»Ist *das da* Ihr Freund?« Max grinste und wies mit dem Kopf auf den Mann in der Jacke.

Tom zuckte die Achseln. Er schob den rosaroten Rüschenärmel zurück – elf Minuten vor Mitternacht –, trank seinen Kaffee aus, beugte sich zu Max vor und sagte: »Kann sein, dass ich gleich gehen muss. Bin nicht sicher. Also sag ich lieber schon jetzt gute Nacht und vielen Dank, Max – falls ich schnell wegmuss, wie Aschenputtel.«

»Brauchen Sie ein Taxi?«, fragte Max.

Tom schüttelte den Kopf. »Noch einen Dornkaat?« Er bestellte zwei, indem er auf Max' Glas deutete und zwei Finger hob. Tom ignorierte den Protest des anderen und legte zwei Zehnmarkscheine auf die Theke, ohne den Mann in der braunen Jacke aus den Augen zu lassen, der sich nun zur Theke zurückdrängte, zu seinem alten Platz an der Wand. Aber der war besetzt: ein Mann und ein Junge, tief ins Gespräch versunken. Tom sah, wie der Mann den Arm hob, um einen Barkeeper auf sich aufmerksam zu machen, der gerade am anderen Ende der Theke stand. Dieser schüttelte sofort den Kopf, und Tom war sich nun fast sicher, dass Braunjacke der Mann war, der Joey suchte. Der Unbekannte warf einen Blick auf seine Uhr, dann auf die Eingangstür. Drei Jungs kamen herein, alle unter zwanzig, sie machten große Augen und wussten nicht, wohin mit den Händen. Der Mann sah zu dem andern im blauen Hemd hinüber, wies mit dem Kopf zur Tür und ging hinaus.

»Gute Nacht, Max.« Tom hob seine Handtasche auf. »War mir ein Vergnügen, Rollo!«

Rollo verbeugte sich.

Der Mann im blauen Hemd schob sich zur Tür. Tom ließ ihn vorgehen. Dann schlenderte er zum Ausgang, als habe er es gar nicht eilig, und trat hinaus. Er sah beide Männer rechts von ihm auf dem Bürgersteig: Braunjacke wartete, während Blauhemd auf den Mann zuging. Tom wandte sich nach links, wo Peters Wagen stand, falsch herum, wie er feststellte. Ein paar junge Burschen betraten den Hump, einer pfiff Tom hinterher, die anderen kicherten.

Peter hatte den Kopf angelehnt, war aber gleich hellwach, als Tom leise an das halb heruntergelassene Fenster pochte.

»Ich bin's wieder!«, sagte er, ging um den Wagen herum und stieg ein. »Sie müssen wenden. Hab sie eben gesehen, hier auf dem Gehweg. Zwei Männer.«

Peter wendete schon. Die Straße war dunkel und vollgeparkt, doch gerade frei von Verkehr.

»Fahren Sie langsam, die sind zu Fuß«, sagte Tom. »Tun Sie so, als suchten Sie eine Parklücke.«

Tom hatte die beiden vor sich. Sie sahen sich nicht um, offenbar ins Gespräch vertieft. Vor einem geparkten Auto blieben sie stehen, und auf Toms Zeichen fuhr Peter noch langsamer. Von hinten näherte sich ein Wagen, aber die Straße war breit genug, und der andere fuhr vorbei. »Ich möchte ihnen folgen, ohne dass sie uns bemerken«, sagte Tom. »Tun Sie, was Sie können, Peter. Falls die Kerle Verdacht schöpfen, werden sie uns ... in die Irre führen wollen oder irgendwo abbiegen, um uns abzuschütteln – eines von beiden.« Tom hatte nach dem deutschen Wort für *bum steer* gesucht, doch Peter hatte ihn anscheinend auch so verstanden.

Gut fünfzehn Meter vor ihnen scherte der Wagen aus und bog an der nächsten Kreuzung scharf links ab. Peter folgte ihm, auch als dieser nach rechts auf eine belebtere Straße einbog. Zwei Autos fuhren nun zwischen ihnen, aber Tom behielt den Wagen der Männer im Blick und konnte bei der nächsten Linkskurve im Scheinwerferlicht eines entgegenkommenden Autos die Farbe des Wagens ausmachen: ein rostiges Rot.

»Dunkelrot – das ist der Wagen!«

»Sie kennen ihn?«

»Der war in Lübars!«

Sie folgten dem Wagen noch fünf Minuten (so lang kam es Tom vor, der Peter die ganze Zeit dirigierte; vielleicht war es nur halb so lang), der noch zweimal abbog, bis er vor einem Parkplatz links an einer Straße mit mehrstöckigen Mietshäusern abbremste. Um diese Zeit waren fast alle Fenster dunkel.

»Hier halten und ein Stück zurücksetzen, ja?«, sagte Tom schnell. Er wollte sehen, welches Haus sie betraten und dann, wenn möglich, in welchem Stock das Licht anging. Hier fanden sich wieder die hässlichen Mietshäuser der unteren Mittelschicht, die von den Bomben des Zweiten Weltkriegs verschont geblieben waren. Dank der hellbraunen Jacke konnte Tom vor dem dunkleren Hintergrund einen undeutlichen Schatten ausmachen, der die Stufen vor einer Haustür nahm. Der Mann verschwand im Haus.

»Bitte noch drei Meter weiter, Peter.«

Als Peter vorrollte, sah Tom, wie im zweiten Stock ein Licht heller wurde und ein anderes im ersten Stock erlosch. Ein Zeitschalter? Die Treppenhausbeleuchtung? Links im zweiten Stock wurde es jetzt heller, während rechts im ersten Stock das Licht genauso hell weiterbrannte. Tom tastete unten in der Handtasche im Durcheinander von Münzen und Scheinen herum, bis er den Schlüssel fand, den er dem Italiener abgenommen hatte.

»Gut, Peter, hier können Sie mich absetzen«, sagte er.

»Soll ich warten?«, flüsterte der Deutsche. »Was haben Sie vor?«

»Weiß ich noch nicht genau.« Peters Wagen stand rechts

an der Straße, hinter einer Reihe geparkter Autos, wo er niemandem im Weg war. Eine Viertelstunde könnte Peter hier stehen bleiben, aber Tom wusste nicht, wie lange er brauchen würde, und wollte den anderen nicht in Lebensgefahr bringen – für den Fall, dass einige Entführer später aus dem Haus hinter ihm herstürmen und auf ihn schießen würden und Peter dann versuchen sollte, ihn ins Auto zu zerren. Tom malte sich manchmal den schlimmsten Unsinn aus, das wusste er. Würde der Schlüssel des Italieners die Haustür oder die Wohnungstür öffnen? Oder keine von beiden? Tom sah sich draußen vor der Tür ein halbes Dutzend Klingeln drücken, bis ihn ein Unbeteiligter, keiner der Kidnapper, ins Haus ließ. »Ich will sie nur erschrecken«, sagte er, mit den Fingerspitzen auf den Türgriff trommelnd.

»Soll ich nicht lieber die Polizei rufen? Jetzt gleich oder in fünf Minuten?«

»Nein.« Tom würde alles daransetzen, den Jungen da herauszuholen, und ob er es schaffte oder scheiterte, er musste es tun, *bevor* die Polizei eintraf (rechtzeitig oder zu spät), denn sonst würde er mit in die Sache hineingezogen, und das wollte er nicht. »Die Polizei weiß nichts davon, und so soll es auch bleiben.« Tom stieß die Beifahrertür auf. »Warten Sie nicht, und ziehen Sie die Tür erst zu, wenn Sie weiter weg sind.« Er drückte die Tür hinter sich sanft ins Schloss, sodass sie nur leise klickte.

Eine Frau in einem hellen Kleid kam ihm auf dem Gehweg entgegen, sah ihn erstaunt an und ging weiter.

Peters Wagen glitt vorwärts, ins Dunkle, in Sicherheit. Tom hörte die Beifahrertür zuschlagen. Er konzentrierte sich darauf, die wenigen Eingangsstufen auf seinen hohen Absätzen zu bewältigen, und raffte das lange Kleid eine Handbreit, damit er nicht stolperte. Hinter der ersten Haustür stand er vor einer Tafel mit mindestens zehn Klingeln. Die meisten Namen auf den Schildern waren kaum lesbar, nicht überall stand die Wohnungsnummer dabei. Entmutigend, dachte Tom, denn hätte er Nummer 2a oder 2b gefunden, hätte er vielleicht gewagt zu klingeln. Das Licht, das er gesehen hatte, war nach europäischer Zählweise im Zweiten, nach amerikanischer im dritten Stock angegangen. Tom steckte den Schlüssel in seiner Hand, eine Art Sicherheitsschlüssel, in das Schloss der zweiten Tür. Er passte, die Tür ging auf. Tom erschrak. Womöglich hatte jeder der Bande einen solchen Hausschlüssel, und in der Wohnung war immer jemand, um aufzumachen. Welche Wohnung jetzt? Tom drückte auf den Zeitschalter und sah im Licht eine braune, unansehnliche, nicht gebohnerte Holztreppe und zwei geschlossene Türen vor sich, eine auf jeder Seite.

Er steckte den Schlüssel in die Handtasche, tastete nach der Pistole, entsicherte sie, ließ sie aber in der Tasche. Dann raffte er das Kleid vorn wieder hoch und stieg die Treppe hinauf. Kurz bevor er den ersten Stock erreichte, schlug eine Tür zu, ein Mann trat in den Flur, drückte einen Wandschalter, und die Treppenbeleuchtung ging für kurze Zeit erneut an. Tom sah sich einem untersetzten Mann mittleren Alters in Hosen und Sporthemd gegenüber, der auf dem Weg nach unten beiseite trat, wohl weniger aus Höflichkeit, sondern beunruhigt durch Toms Anblick.

Vermutlich hielt ihn der Mann eher für ein Callgirl, das einen Freier besuchte, als für einen Transvestiten. Tom nahm die nächsten Stufen und wandte sich der Treppe zum zweiten Stock zu.

»Wohnen Sie hier?«, fragte der ältere Mann auf Deutsch.

»Jawohl«, antwortete Tom leise, doch bestimmt.

»Seltsame Dinge gehen hier vor«, murmelte der Mann und ging weiter die Treppe hinunter.

Die nächste Treppe; die Stufen knarrten leise. Tom sah Licht unter zwei Türen, eine rechter, die andere linker Hand. Hinten lagen anscheinend noch zwei Wohnungen, jedenfalls waren da weitere Türen. Die Wohnung, die er suchte, müsste die linke sein, dennoch lauschte Tom kurz an der Tür zur Rechten, hörte eine Stimme, wohl aus dem Fernseher, und schlich zur linken Tür: leises Gemurmel, mindestens zwei Stimmen. Er zog Peters Pistole hervor. Den Minutenschalter in diesem Stock hatte er gedrückt; in etwa dreißig Sekunden würde das Licht ausgehen. Die Tür war allem Anschein nach mit nur einem Schloss gesichert, das aber ziemlich stabil wirkte. Was jetzt, zum Teufel? Tom wusste es nicht, doch seine Chance, so dachte er, lag darin, sie zu überraschen und auf dem falschen Fuß zu erwischen.

Als das Licht ausging, richtete Tom die Waffe auf das Türschloss. Dann pochte er mit den Knöcheln der linken Hand gegen die Tür, wodurch die Handtasche bis zum Ellbogen herunterrutschte.

Hinter der Tür wurde es plötzlich still. Kurz darauf fragte jemand auf Deutsch: »Wer ist da?« Eine Männerstimme.

»Polizei!«, schrie Tom auf Deutsch, kalte Entschlossenheit in der Stimme. »Aufmachen!«

Er hörte hastige Schritte, Stuhlbeine schabten über den Boden, aber nach Panik klang das noch nicht. Dann wieder

Stimmengemurmel. »Polizei, machen Sie auf!«, wiederholte er und hämmerte mit der Faust gegen die Tür. »Das Haus ist umstellt!«

Ob sie gerade aus dem Fenster kletterten? Zur Sicherheit wich Tom rechts neben die Tür aus, nur für den Fall, dass sie auf ihn schießen sollten, ließ aber die Linke auf dem Schloss gleich unter dem Türknauf, damit er es wiederfand.

Das Flurlicht ging aus.

Tom trat vor die Tür, hielt die Mündung der Waffe in den Spalt zwischen Holz und Metall und feuerte. Trotz des Rückschlags hielt er die Pistole fest, zugleich warf er sich mit der Schulter gegen die Tür. Sie gab nach, sprang aber nicht auf – offenbar war sie gesichert, durch eine Kette oder sonst was. Wieder schrie Tom: »Aufmachen!«, in einem Ton, der selbst den anderen Bewohnern dieses Stockwerks hinter ihren geschlossenen Türen gehörigen Schrecken einjagen dürfte: Hoffentlich blieben sie, wo sie waren. Doch ein Blick über die Schulter zeigte ihm, dass jemand die Tür in seinem Rücken einen Spaltbreit geöffnet hatte. Tom scherte das nicht. Er hörte, wie sich innen jemand an der Tür zu schaffen machte. Vielleicht gaben sie auf, dachte er.

Der junge blonde Mann im blauen Hemd hatte die Tür geöffnet; das Licht hinter ihm fiel auf Tom. Der Mann fuhr überrascht zusammen und griff in seine Gesäßtasche. Tom zielte mitten auf sein blaues Hemd und trat einen Schritt in die Wohnung.

»Sie sind umstellt!«, wiederholte er auf Deutsch. »Raus, aber über das Dach, nicht durch die Haustür! Wo ist der Junge? Hier in der Wohnung?«

Der Mann in der hellbraunen Jacke – den Mund weit

geöffnet, stand er mitten im Zimmer – antwortete mit einer ungeduldigen Geste und sagte etwas zu dem dritten Mann, einem stämmigen Burschen mit braunem Haar und aufgekrempelten Hemdsärmeln. Blauhemd hatte die eingedrückte, zerschossene Tür zugetreten (doch sie schloss nicht mehr und hing halb offen in den Angeln) und war dann in einen Raum links von Tom gerannt. Vermutlich ging dort ein Fenster zur Straße. Im Zimmer, das Tom betreten hatte, stand ein großer, ovaler Tisch. Jemand hatte das Deckenlicht ausgeschaltet, doch eine Stehlampe brannte noch.

In der völligen Verwirrung dieser ersten Sekunden dachte selbst Tom, dass er fliehen sollte, solange das noch ging. *Die* könnten flüchten und ihn dabei abknallen. War es ein Fehler gewesen, Peter nicht die Polizei rufen zu lassen, die sonst jetzt vielleicht mit Sirene und Blaulicht unten stehen würde? Plötzlich schrie Tom auf Englisch: »Haut ab, solange ihr könnt.«

Blauhemd wechselte ein paar Worte mit dem Mann in Hemdsärmeln, gab Braunjacke die Pistole und ging in den Raum zur Rechten Toms. Gleich darauf rumste es, als sei ein Koffer heruntergefallen.

Tom hatte Angst, nach dem Jungen zu suchen, denn dann könnte er Braunjacke nicht länger mit der Pistole in Schach halten – falls man das so nennen wollte, denn auch der andere hatte eine Waffe. Hinter ihm fragte ein Mann auf Deutsch: »Was ist denn hier los?«

Tom sah sich um. Anscheinend ein neugieriger Nachbar, der in Pantoffeln im Flur stand, die Augen weit aufgerissen, nackte Angst im Gesicht und schon auf dem Sprung zurück in seine Wohnung.

»Weg da!«, schrie Braunjacke.

Der Mann in Hemdsärmeln stürzte aus dem Vorderzimmer in den Raum, wo Tom stand. Der bemerkte aus den Augenwinkeln, wie der Nachbar hinter ihm verschwand.

»Okay, schnell!« Der Mann in Hemdsärmeln schnappte sich ein Jackett, das über einem Stuhl an dem ovalen Tisch hing. Er schlüpfte hinein (die freie Hand zeigte dabei kurz nach oben), rannte durchs Zimmer zur Tür rechts von Tom und stieß mit Blauhemd zusammen, der mit einem Koffer aus der Tür trat.

Tom fragte sich, ob sie wirklich unten auf der Straße etwas gesehen hatten. Ob die Polizei schon da war, wegen des Schusses, den er abgefeuert hatte? Wohl kaum. Blauhemd stürzte an ihm vorbei, den Koffer in der Hand, dann der Mann in der braunen Jacke. Sie liefen zur Treppe, die zum Dach führte, das sah er. Entweder wurde die Dachtür vorschriftsgemäß nie abgeschlossen, oder sie hatten den Schlüssel dazu. Tom kannte diese Häuser: Es gab keine Feuerleitern oder Nottreppen, nur Innenhöfe für die Feuerwehr und Notausgänge zum Dach. Jetzt rannte der Mann im Jackett mit einer braunen Aktentasche an ihm vorbei, die Treppe hinauf, stürzte und fing sich wieder. In der Eile hatte er Tom angerempelt und beinah zu Boden gestoßen. Tom schloss die Tür, so gut er konnte. Ganz ging sie nicht zu, ein großer Splitter alten Holzes verhinderte das.

Er lief in den Raum zur Rechten, Peters Pistole immer noch im Anschlag, wie auf einen Gegner gerichtet.

Die Küche: Auf dem Boden lag Frank auf einer Decke, mit einem Handtuch geknebelt, die Hände hinter dem Rücken gefesselt, die Knöchel zusammengebunden. Aber der

Junge bewegte sich, er rieb sein Gesicht an der Decke, wohl um den Knebel loszuwerden.

»Frank!« Tom kniete neben ihm nieder und zog das festgebundene Geschirrhandtuch über das Kinn zum Hals herunter.

Speichel lief dem Jungen aus dem Mund; er war betäubt, vermutlich von Drogen oder Schlaftabletten, sein Blick irrte blind umher.

»Mein Gott!«, murmelte Tom. Er suchte ein Messer, fand eines in der Küchentischschublade, prüfte es am Daumen – zu stumpf – und nahm ein Brotmesser vom Ablauf der Spüle. Dort standen auch etliche leere Coladosen. »Gleich bist du frei, Frank«, sagte er und ging daran, den Strick um die Handgelenke zu durchtrennen – ein starkes Seil, mehr als einen Zentimeter dick, doch der Knoten schien viel zu fest, als dass er ihn lösen könnte. Während Tom am Strick herumsäbelte, horchte er, ob jemand die Wohnung betrat.

Der Junge würgte, kurz davor, auf die Decke zu kotzen. Er gab ihm einen nervösen Klaps auf die Wange.

»Aufwachen! Ich bin's, Tom! Wir verschwinden gleich von hier.« Tom wünschte, er hätte die paar Minuten für einen Nescafé, und sei es nur einer mit kaltem Wasser von der Spüle, aber er nahm sich nicht einmal die Zeit, danach zu suchen. Stattdessen ging er den Strick um die Knöchel an, säbelte zuerst die falsche Schlinge halb durch und fluchte. Endlich. Er riss den Strick ab, hievte den Jungen hoch. »Frank, kannst du gehen?« Einen seiner hochhackigen Pumps hatte Tom verloren, den anderen schleuderte er weg. Besser barfuß in dieser Lage.

»T-t-tom?« Der Junge wirkte sturzbetrunken.

»Auf geht's, Frank!« Tom legte sich einen Arm des Jungen um den Hals und schleifte ihn in Richtung Wohnungstür. Er hoffte, durch die Bewegung würde der Junge wacher werden. Auf dem mühsamen Weg zur Tür sah Tom sich im Wohnzimmer (blanker Boden, kein Teppich) nach etwas um, das die Männer hinterlassen haben könnten, ein Notizbuch etwa oder einen Zettel. Doch da war nichts. Offenbar waren sie effizient vorgegangen und hatten ihre Sachen ordentlich zusammengehalten. Das Einzige, was ihm auffiel, war ein schmutziges Hemd in einer Ecke. Tom merkte, dass er immer noch die Handtasche am linken Arm trug, und entsann sich, dass er die Pistole hineingesteckt und die Tasche über den Arm gehängt hatte, bevor er Frank auf die Beine hievte. Im Flur stand er drei verblüfften, verängstigten Nachbarn gegenüber, zwei Männern und einer Frau.

»Alles in Ordnung!«, schrie Tom auf Deutsch – er klang schrill, ja verrückt, das spürte er. Die drei wichen zurück, als er auf die Treppe zusteuerte.

»Ist das eine Frau?«, fragte einer der Männer.

»Wir haben die Polizei gerufen!«, drohte die Frau.

»Alles in Ordnung!«, wiederholte Tom. Es klang so gut auf Deutsch.

»Der Junge steht ja unter Drogen!«, rief der andere Mann. »Wer sind diese Schweine?«

Aber Tom ging mit Frank die Treppe hinunter, stützte fast sein ganzes Gewicht, und auf einmal standen sie vor der Haustür – unterwegs waren sie an nur zwei angelehnten Türen vorbeigekommen, durch deren Spalt neugierige Augen lugten. Auf den steinernen Eingangsstufen wäre

Tom fast gestürzt, denn dort war keine Wand, an die er sich lehnen konnte.

»Ach du meine Güte!« Zwei junge Männer auf dem Gehweg, sie kamen lachend auf ihn zu. »Können wir Ihnen behilflich sein, gnädige Frau?«, fragte einer übertrieben höflich.

»Ja, danke, wir brauchen ein Taxi«, erwiderte Tom, ebenfalls auf Deutsch.

»Das ist nicht zu übersehen, ha, ha! Ein Taxi, meine Werteste. Aber sofort!«

»Nie hat eine Dame so sehr eines gebraucht!«, ergänzte der andere.

Mit ihrer Hilfe schaffte Tom den Jungen ohne große Mühe bis zur nächsten Ecke. Die jungen Männer feixten, als sie Toms bloße Füße sahen, und stellten Fragen wie: »Was habt ihr beiden bloß getrieben?« Doch sie blieben bei ihnen, und einer trat auf die Straße hinaus, wo er lautstark nach einem Taxi rief. Tom warf einen Blick auf das Schild über sich: Die Straße hinter ihnen, wo die Wohnung der Entführer lag, hieß Binger Straße. Jetzt hörte er Polizeisirenen. Aber da kam ein Taxi! Der Wagen fuhr rechts heran, Tom stieg zuerst ein und zog den Jungen hinterher, tatkräftig unterstützt von den fröhlichen jungen Männern.

»Glückliche Fahrt!«, rief einer, als er die Tür zuschlug.

»Zur Niebuhrstraße, bitte«, sagte Tom zum Fahrer, der ihn einen Moment länger als nötig ansah, dann das Taxameter anstellte und losfuhr.

Tom ließ das Fenster herunter. »Tief einatmen«, sagte er zu Frank und drückte fest seine Hand – der Junge sollte wacher werden, ganz gleich, was der Fahrer denken mochte. Er riss sich die Perücke herunter.

»Nette Party?«, fragte der Fahrer, starr nach vorne blickend.

»Ooh ja«, stöhnte Tom, als habe er einen tollen, wilden Abend hinter sich.

Die Niebuhrstraße, Gott sei Dank. Tom suchte nach Geld, fand sofort einen Zehnmarkschein, mehr als genug, denn er hatte nur sieben zu zahlen. Der Fahrer wollte herausgeben, aber Tom sagte: »Stimmt so.« Der Junge wirkte nun ein bisschen wacher, wenn auch immer noch schwach in den Knien. Tom hielt ihn fest am Arm und klingelte bei Lanz. Diesmal hatte er den Schlüssel nicht dabei, war aber sicher, dass Eric zu Hause war, schon wegen des Geldes in der Wohnung. Dann ertönte zum Glück der Summer, und Tom stieß die Tür auf.

Der schlaksige Peter kam schnell die Treppe heruntergelaufen. »Tom!«, flüsterte er, dann: »Oje, oje!«, als er den Jungen erblickte. Frank versuchte, den Kopf hochzuhalten, der wackelte, als ob der Hals gebrochen sei. Tom musste sich das Lachen verbeißen, so fertig war er mit den Nerven, und schleppte mit Peter den Jungen zum Aufzug.

Die Wohnungstür war angelehnt. Eric riss sie auf, als er die drei sah. »Mein Gott!«, stieß er auf Deutsch hervor.

Tom hielt noch immer die Perücke in der Hand. Er ließ sie fallen, die Handtasche auch, und half dem Jungen mit Peter auf das Rosshaarsofa. Peter ging ein feuchtes Handtuch holen, Eric eine Tasse Kaffee.

»Keine Ahnung, was die ihm gegeben haben«, sagte Tom. »Und Max' Schuhe hab ich auch verloren …«

Peter lächelte nervös und starrte den Jungen an, dem Tom das Gesicht abwischte. Eric stand mit dem Kaffee bereit.

»Der Kaffee ist kalt, wird dir aber gut tun«, sagte er sanft zu Frank. »Ich bin Eric, ein Freund von Tom. Hab keine Angst.« Und über die Schulter zu Peter: »Hergott, er ist völlig fertig!«

Tom aber sah, dass es dem Jungen schon besser ging, der am Kaffee nippte, jedoch noch zu schwach war, die Tasse selber zu halten.

»Hast du Hunger?«, fragte ihn Peter.

»Nein, nein – er könnte ersticken«, sagte Eric. »Im Kaffee ist Zucker. Der tut ihm gut.«

Frank strahlte sie an wie ein trunkenes Kind, vor allem Tom. Dem war der Mund trocken geworden; er hatte sich aus Erics Kühlschrank ein kaltes Pilsener Urquell geholt.

»Was ist passiert, Tom?«, fragte Eric. »Sind Sie da reingegangen? In deren *Wohnung*? Peter hat das erzählt.«

»Ich habe das Türschloss weggeschossen. Aber verletzt wurde niemand. Die haben – Angst bekommen.« Auf einmal verließen ihn die Kräfte. »Muss mich unbedingt waschen«, murmelte er und schleppte sich ins Bad. Er duschte, erst heiß, dann kalt. Gott sei Dank hing sein Morgenmantel an der Badezimmertür. Tom faltete Kleid und Unterrock ordentlich zusammen, um sie Max zurückzugeben.

Als er ins Wohnzimmer zurückkam, aß Frank gerade einen Bissen des Butterbrots, das Peter ihm hinhielt.

»Ulrich – das war der eine«, murmelte der Junge. »Dann Bobo …« Der Rest des Satzes war nicht zu verstehen.

»Ich hab ihn nach den Namen gefragt«, sagte Peter zu Tom.

»Morgen«, meinte Eric, »morgen wird er sich erinnern.«

Tom ging zur Wohnungstür und vergewisserte sich, dass die Kette vorgehängt war.

Peter lächelte ihn an, er schien glücklich: »Es ist ein Wunder! Wohin sind sie verschwunden? Nach unten, raus aus dem Haus?«

»Ich glaube, nach oben, zum Dach«, sagte Tom.

»Drei Mann«, sagte Peter, Ehrfurcht in der Stimme. »Kann sein, dass die Fummel ihnen Angst gemacht haben.«

Tom lächelte, zu müde zum Sprechen. Über alles könnte er vielleicht reden, nur nicht über das, was er hinter sich hatte. Plötzlich musste er lachen: »Eric, Sie hätten dabei sein sollen, vorhin im Hump!«

»Ich muss los«, sagte Peter, zögerte aber, wohl weil er eigentlich noch bleiben wollte.

»Ach, Peter, Ihre Pistole – und die Taschenlampe, bevor ich's vergesse.« Tom nahm die Waffe aus der Handtasche, holte die Lampe aus dem Schrank. »Vielen Dank! Drei Schuss abgefeuert, drei noch im Magazin.«

Peter steckte lächelnd die Pistole ein, sagte leise: »Gute Nacht, schlafen Sie gut«, und ging.

Eric wünschte ihm eine gute Nacht. Er hängte die Kette wieder vor. »Und jetzt sollten wir das Sofa ausklappen, Tom. Oder?«

»Ja. Komm, mein Junge.« Tom lächelte bei dem Anblick: Frank saß auf dem Sofa, den Ellbogen auf die Armlehne gestützt, und sah dümmlich grinsend zu ihnen herüber, die Augen halb geschlossen wie ein Zuschauer, der im Theater einzuschlafen droht. Tom hievte den Jungen hoch und setzte ihn in einen Sessel.

Dann klappten Eric und er das Sofa aus und bezogen es.

»Frank kann bei mir schlafen«, sagte Tom. »Wir werden beide sowieso nichts mitbekommen.« Er fing an, den Jungen auszuziehen, der ihm kaum dabei helfen konnte. Dann holte Tom ein großes Glas Wasser. Er wollte, dass Frank so viel wie möglich trank.

»Tom, sollten Sie nicht Paris anrufen?«, fragte Eric. »Sagen, dass es dem Jungen gut geht? Nur mal angenommen, die Bande erzählt denen etwas anderes!«

Eric hatte recht, aber schon die Vorstellung, im Lutetia anzurufen, langweilte ihn. »Ja, mache ich.« Er schaffte Frank zum Sofa, bettete ihn auf den Rücken und zog ihm das Laken und eine dünne Decke bis unters Kinn. Dann wählte er die Nummer des Hotels, an die er sich kaum noch erinnern konnte.

Eric blieb in der Nähe.

Thurlow hob ab. Er klang verschlafen.

»Hallo, hier ist Tom. Alles in Ordnung … Ja, das wollte ich damit sagen … Ganz gut, aber sehr schläfrig. Tranquilizer – ich will jetzt nicht in die Einzelheiten gehen … Nein, das erkläre ich später. Niemand hat es angerührt … Ja doch … Nicht vor Mittag, Mr. Thurlow, wir sind todmüde.« Thurlow sagte noch etwas, doch Tom legte auf. »Er hat nach dem Geld gefragt.« Tom lachte.

Eric auch. »Der Koffer steht im Schlafzimmerschrank. Gute Nacht, Tom.«

16

Zum zweiten Mal erwachte Tom in Erics Wohnung zum gemütlichen Summen der Kaffeemühle. Heute Morgen aber war er glücklicher. Frank lag auf dem Bauch, er schlief noch. Tom hatte dem Drang nachgegeben, sich zu versichern, dass der Junge atmete, und seinen Brustkorb beobachtet. Er schlüpfte in den Morgenmantel und ging in die Küche.

»Jetzt erzählen Sie mir mehr von gestern Nacht«, sagte Eric. »Ein Schuss nur …?«

»Ja, Eric. Nur einer. Auf das Türschloss.«

Eric stellte ein Tablett zusammen: mehrere Sorten Brot, Brötchen und Marmelade, vielleicht dem Jungen zu Ehren. »Wir lassen Frank ausschlafen, ja? Sieht er nicht gut aus?«

Tom lächelte. »Finden Sie? Ja, ziemlich gut, und er weiß es nicht. Das ist immer attraktiv.«

Sie saßen im Wohnzimmer, auf dem kleinen Sofa, weil dort ein Couchtisch stand. Tom erzählte genau, wie der Abend verlaufen war, erwähnte auch Max und Rollo, die im Hump bei ihm gestanden hatten. Er sagte, schließlich seien die beiden Männer, die Joey gesucht hätten, enttäuscht wieder gegangen.

»Klingt nach Amateuren. Dass Sie ihnen folgen konnten, meine ich«, sagte Eric.

»Ja, offenbar. Sie wirkten jung, keine dreißig.«

»Und die Nachbarn im Haus in der Binger Straße – glauben Sie, die haben den Jungen erkannt?«

»Nein, ich denke nicht.« Sie sprachen leise, obwohl der Junge fest schlief. »Was könnten die Nachbarn jetzt tun? Die Visagen der Kidnapper sollten sie gut kennen, denn die sind im Haus ein und aus gegangen. Eine Frau meinte, sie würde die Polizei rufen. Hat sie auch, glaube ich. Jedenfalls wird die Polizei die Wohnung sicher durchsuchen und jede Menge Fingerabdrücke nehmen, falls sie sich die Mühe macht. Aber wissen die Nachbarn, was wirklich vor sich ging? Die Beamten werden Max' Pumps dort finden – das wird sie ablenken.« Tom ging es schon viel besser, dank Erics starkem Kaffee. »Ich will den Jungen so schnell wie möglich aus der Stadt schaffen. Und ich will selber weg, am liebsten noch heute Nachmittag, nach Paris, aber ich glaube nicht, dass der Junge einen Flug durchsteht.«

Eric blickte zum Bett und zurück zu Tom. Er seufzte: »Sie werden mir fehlen. Berlin kann öde sein. Auch wenn Sie das vielleicht nicht glauben.«

»Wirklich? – Eines müssen wir heute noch erledigen, Eric: das Geld zu den Banken zurückbringen. Könnten wir nicht Boten dafür bekommen? Womöglich reicht einer. Ich will das auf keinen Fall machen.«

»Ja, klar. Wir rufen an.« Auf einmal gluckste Eric vor Lachen. In seinem glänzenden schwarzen Morgenmantel sah er aus wie ein Chinese. »Ich muss an das ganze Geld hier denken – und dieser *boob* sitzt in Paris und tut nichts!«

»Nichts stimmt nicht. Er schreibt seine Rechnung«, bemerkte Tom.

»Stellen Sie sich den Kerl in Fummeln vor«, fuhr Eric fort. »Ich wette, der hätte das nicht fertiggebracht! Gestern Abend im Hump wäre ich gern dabei gewesen. Ich hätte Fotos mit meiner Polaroid machen können: Sie mit Max und Rollo!«

»Bitte geben Sie Max die Kleider zurück, mit Dank von mir. Ach, und dann muss ich die Pistole dieses Italieners aus dem Koffer nehmen. Der Bankbote braucht die nicht unbedingt zu sehen. Darf ich?« Tom ging einen Schritt aufs Schlafzimmer zu.

»Selbstverständlich! Hinten im Schrank. Sie finden ihn schon.«

Tom holte den Koffer aus den Tiefen von Erics Schrank, trug ihn ins Wohnzimmer und zog den Reißverschluss auf. Der längliche Lauf der Pistole zielte genau auf ihn, weil der Griff der Waffe zwischen einen braunen Umschlag und die Seitenwand des Koffers gerutscht war.

»Fehlt etwas?«, fragte Eric.

»Nein, nein.« Tom nahm die Pistole vorsichtig heraus und vergewisserte sich, dass sie gesichert war. »Ich werde sie jemandem schenken. Kann sie wohl kaum in die Maschine nach Paris mitnehmen. Hätten Sie sie gern, Eric?«

»Ach, die Pistole von gestern Nacht. Sehr gern, Tom! Eine Waffe ist hier nicht leicht zu bekommen, und sei es nur ein Schnappmesser ab einer bestimmten Länge. Sehr strenge Vorschriften, hier in Berlin.«

»Ein Präsent des Hauses.« Tom reichte Eric die Pistole.

»Danke vielmals, Tom.« Eric verschwand mit der Waffe im Schlafzimmer.

Jetzt regte sich der Junge, drehte sich auf den Rücken.

»Ich s-sagte doch Nein … *Nein!*« Als müsse er jemanden überzeugen.

Tom sah ihn zornig die Stirn runzeln.

»Aufstehn soll ich – kann aber nicht, also … *Schluss damit!*« Der Junge krümmte sich.

Tom fasste ihn an der Schulter und schüttelte ihn. »He, ich bin's, Tom. Alles okay, Frank.«

Der Junge schlug die Augen auf, runzelte wieder die Stirn und schob sich auf dem Sofa hoch, bis er fast saß. *»Wow!«* Er schüttelte den Kopf, lächelte vage. »Tom!«

»Kaffee.« Tom schenkte ihm eine Tasse ein.

Frank musterte alles ringsum, die Wände, die Decke. »Ich … Wie sind wir hierher gekommen?«

Tom antwortete nicht. Er brachte den Kaffee und hielt ihm die Tasse hin; der Junge nahm einen kleinen Schluck.

»Ist das ein Hotelzimmer?«

»Nein. Wir sind bei Eric Lanz. Du weißt noch, der Mann, vor dem du dich in Belle Ombre verstecken musstest? Vor einer Woche etwa?«

»Ja … Klar.«

»Das ist seine Wohnung. Komm, noch einen Schluck Kaffee. Hast du Kopfschmerzen?«

»Nein – sind wir in Berlin?«

»Ja. Ein Mietshaus, zweiter Stock. Ich denke, wir sollten Berlin heute noch verlassen, wenn du dich stark genug fühlst. Vielleicht am Nachmittag. Zurück nach Paris.« Tom brachte ihm einen Teller mit Brot, Butter und Marmelade. »Was haben die dir dort gegeben? Schlaftabletten? Spritzen?«

»Tabletten. In Cola, ich musste das trinken. Im Auto

haben sie mir was gespritzt. In den Oberschenkel.« Frank sprach langsam.

Im Grunewald. Das klang schon eher nach Profis. Tom freute sich, dass der Junge nun einen Bissen Toast nehmen konnte. »Hast du zu essen bekommen?«

Frank war zu schwach für ein Achselzucken. »Ein paarmal hab ich mich übergeben. Und sie – ich d-durfte nicht oft genug aufs Klo. Habe mir in die Hosen gemacht, glaub ich … ekelhaft! Meine Sachen …« Der Junge blickte düster um sich, als wären die Unterhosen irgendwo zu sehen. »Das war so –«

»Ist wirklich nicht wichtig, Frank.« Eric kam zurück, und Tom stellte ihn vor: »Eric, das ist Frank. Jetzt ist er wacher.«

Das Laken bedeckte den Jungen bis zur Taille, dennoch zog er es höher. Er bekam die Augen noch immer kaum auf. »Guten Morgen, Sir.«

»Freut mich, dich kennenzulernen«, erwiderte Eric. »Geht es dir besser?«

»Ja, danke.« Frank musterte sichtlich verwundert die Rosshaarkante des Sofas, die das Laken nicht bedeckte. »Ihre Wohnung, hat Tom mir gesagt. Danke.«

Tom ging ins Schlafzimmer, nahm Franks braunen Koffer und holte den Pyjama des Jungen hervor. Drüben warf er ihn aufs Sofabett und sagte: »Damit du was zum Anziehen hast. Dein Koffer ist hier, Frank. Es fehlt nichts.« Und zu Eric: »Ich möchte gern mit ihm an die frische Luft, aber ich glaube, ein Spaziergang wäre keine gute Idee. Zunächst müssen wir wirklich eine der Banken anrufen. Die ADCA – oder die Diskonto, die ist größer, nicht?«

»Banken?«, fragte Frank, der unter der Decke seine Pyjamahose anzog. »Lösegeld?« Doch er klang noch immer verschlafen, als gehe ihn das alles nichts an.

»Dein Lösegeld«, sagte Tom. »Was glaubst du, Frank, wie viel bist du wert? Rate mal.« Er wollte den Jungen wach bekommen, indem er mit ihm redete. In seiner Brieftasche suchte er nach den drei Quittungen, auf denen die Telefonnummern der Banken stehen mussten.

»Das Lösegeld – wer hat das?«, fragte der Junge.

»Ich. Deine Familie bekommt es wieder. Davon später.«

»Ich weiß, die hatten etwas ausgemacht. Ein Treffen.« Der Junge schlüpfte in die Pyjamajacke. »Einer hat am Telefon englisch gesprochen. Dann sind sie weggegangen – einmal nur. Alle bis auf einen.« Er sprach immer noch langsam, schien sich seiner Worte nun aber sicher.

Eric nahm sich eine Zigarette mit dunklem Tabak aus der Silberschale auf dem Couchtisch.

»Wissen Sie«, fuhr Frank fort, dessen Blick wieder verschwamm, »ich war dort immer in der Küche – aber ... Ja, ich glaube, das stimmt.«

Tom schenkte ihm Kaffee nach. »Trink das.«

Eric hatte zum Telefon gegriffen und fragte gerade, ob er den Herrn Direktor sprechen könne. Tom hörte, wie er seine Adresse nannte und sagte, es gehe um das Geld, das Thomas Ripley gestern abgeholt habe. Er erwähnte auch die anderen beiden Banken. Tom war erleichtert; Eric machte seine Sache gut.

»Ein Geldbote wird noch vor Mittag vorbeikommen«, sagte er zu Tom. »Die haben die Schweizer Kontonummer, sie werden es per Telex zurücküberweisen.«

»Ausgezeichnet. Vielen Dank, Eric.« Tom sah zu, wie der Junge aus dem Bett kroch.

Frank bemerkte den aufgeklappten Koffer auf dem Boden mit den dicken braunen Umschlägen darin. »Ist es das?«

»Ja.« Tom nahm ein paar Sachen, denn er wollte ins Bad, sich anziehen. Zuvor warf er einen Blick über die Schulter: Frank schlich um den Koffer wie um eine giftige Schlange. Unter der Dusche fiel ihm ein, dass er versprochen hatte, Thurlow gegen zwölf anzurufen. Vielleicht würde der Junge auch gern mit seinem Bruder sprechen.

Als Tom wieder ins Wohnzimmer kam, sagte er Frank, er müsse Paris anrufen – in der Nacht habe er schon mit dem Privatdetektiv gesprochen, Thurlow wisse, dass Frank in Sicherheit sei. »Möchtest du nicht mit Johnny sprechen?«

»Na gut, mit ihm schon.« Frank lief im Zimmer herum, immer noch barfuß. Das tat ihm gut, dachte Tom.

Er wählte die Nummer des Lutetia und ließ sich verbinden. Thurlow war am Apparat, und Tom sagte: »Ja, der Junge steht neben mir. Wollen Sie ihn sprechen?«

Stirnrunzeln und Kopfschütteln bei Frank, aber Tom drückte ihm den Hörer in die Hand.

»Gib ihm ein Lebenszeichen«, flüsterte er lächelnd. »Und auf keinen Fall Eric erwähnen.«

»Hallo? … Ja, mir geht's gut … Klar, in Berlin … *Tom*. Tom hat mich gestern Nacht da rausgeholt … Weiß ich nicht genau … Ja, das ist hier.«

Eric zeigte auf die kleine Ohrmuschel, doch Tom wollte nicht mithören.

»Bestimmt nicht«, sagte Frank weiter. »Warum sollte

Tom was davon wollen? Es wird –« Dann hörte er längere Zeit zu. »Erwarten Sie etwa, dass ich so was am Telefon bespreche?«, versetzte er gereizt. »Das weiß ich nicht. Ich weiß es einfach nicht … Okay, gut.« Dann entspannte sich seine Miene, und er fuhr fort: »Hi, Johnny … Klar bin ich in Ordnung, hab ich doch gerade gesagt … Ach, keine Ahnung, bin eben erst aufgewacht. Aber mach dir keine Sorgen mehr. Ist nichts passiert, nicht mal etwas gebrochen oder so!« Jetzt redete Johnny lange auf ihn ein. Frank wand sich: »Okay, okay – aber was meinst du damit?« Er runzelte die Stirn. »Hat es nicht eilig?!«, wiederholte er spöttisch. »Was du wirklich meinst, was du eigentlich sagen willst: Sie kommt nicht, und ich – ich bin ihr egal.«

Tom hörte vom Pariser Ende der Leitung Johnnys leises, ungezwungenes Lachen.

»Na, wenigstens hat sie *angerufen*.« Der Junge war blass geworden. »Ja, ja, schon gut, verstehe«, sagte er ungeduldig.

Tom konnte von dort, wo er stand, Thurlows Stimme hören, der wieder übernahm, und griff zu der kleinen Ohrmuschel.

»… wenn du *hierher*kommst. Hält dich etwas in Berlin? – Frank? Bist du noch da?«

»Warum sollte ich nach Paris zurückkehren?«, fragte der Junge.

»Weil deine Mutter will, dass du nach Hause kommst. Weil wir wollen, dass du in Sicherheit bist.«

»Ich *bin* hier in Sicherheit.«

»Redet Tom Ripley dir zu, dortzubleiben?«

»Keiner redet mir hier zu.« Frank betonte jedes einzelne Wort.

»Wenn er da ist, würde ich gern mit ihm sprechen, Frank.«

Der Junge reichte Tom den Hörer mit finsterer Miene. »Das Arsch–« Er brach mitten im Wort ab. Auf einmal war er zu einem ganz normalen amerikanischen Jungen geworden, der wütend wurde.

»Tom Ripley«, meldete sich Tom. Frank ging in den Flur, wohl auf der Suche nach dem Bad, und fand es zu seiner Rechten.

»Mr. Ripley, Sie werden verstehen, dass wir den Jungen zurück nach Amerika bringen wollen, wo er sicher ist. Dazu bin ich hier. Können Sie uns sagen … Ich bin Ihnen wirklich dankbar für das, was Sie getan haben, aber ich muss seiner Mutter Tatsachen liefern – vor allem, wann der Junge nach Hause kommt. Oder soll ich nach Berlin fliegen und ihn abholen?«

»Nein. Ich werde das mit Frank besprechen. Er wurde ja tagelang gefangen gehalten, bis vor wenigen Stunden, und zwar unter unangenehmen Bedingungen. Er hat eine Menge Tranquilizer bekommen.«

»Aber er klang okay.«

»Er ist nicht verletzt.«

»Zu dem deutschen Geld: Frank sagte –«

»Mr. Thurlow, das Geld wird noch heute zurück auf die Bank, oder besser, die Banken, gebracht.« Tom musste kurz lachen. »Das richtige Thema, falls Ihr Telefon angezapft wird.«

»Warum sollte es?«

»Oh, wegen Ihres Berufs«, sagte Tom, als ginge der Mann einem bizarren Gewerbe nach oder wäre gar ein Callboy.

»Mrs. Pierson freut sich zu hören, dass die D-Mark in Sicherheit sind. Ich aber kann nicht bloß hier in Paris herumsitzen, bis Sie oder Frank entschieden haben, wann der Junge zurückkommt. Das werden Sie wohl verstehen, Mr. Ripley.«

»Nun, es gibt Schlimmeres als Paris«, entgegnete Tom verbindlich. »Könnte ich mit Johnny sprechen?«

»Ja. Johnny?«

Der junge Mann meldete sich. »Wir sind so froh, dass Frank frei ist! Kann gar nicht sagen, wie froh!« Er klang freundlich und offen. Der gleiche Akzent wie bei Frank, doch eine tiefere Stimme. »Hat die Polizei die Bande erwischt – oder was immer die sind?«

»Nein, die Polizei war außen vor.« Tom hörte Thurlow irgendwas sagen, anscheinend versuchte er, Johnny vom Thema Polizei abzubringen.

»Sie meinen, Sie haben Frank ganz allein da rausgeholt?«

»Nein. Wie heißt es? *With a little help from my friends.*«

»Meine Mutter ist überglücklich! Sie war, äh …«

Misstrauisch, was ihn anging. Tom wusste das. »Johnny, Sie sagten etwas zu Frank – jemand hätte angerufen. Aus Amerika?«

»Teresa. Sie wollte herkommen, aber das wird sie wohl nicht tun. Jetzt sicher nicht mehr, da Frank in Sicherheit ist. Außerdem … Es gibt da einen anderen, also kommt sie nicht her, das weiß ich. Sie hat mir nichts gesagt, aber ich kenne den Typ zufällig, weil ich die beiden einander vorgestellt habe. Und er hat's mir erzählt, vor meinem Abflug aus Amerika.«

Jetzt verstand Tom. »Und das haben Sie Frank gesagt?«

»Ich dachte, je eher er es erfährt, desto besser. Macht ihm ganz schön zu schaffen, ich weiß. Wer der Kerl ist, hab ich nicht gesagt, nur, dass ich wüsste, Teresa hätte einen andern.«

Diese Worte markierten für Tom den himmelweiten Unterschied zwischen den beiden Brüdern. Für Johnny hieß es offenbar, neues Spiel, neues Glück. Tom war nicht einmal danach zu sagen: Schade, dass Sie das gerade jetzt ausplappern mussten. »Tja, Johnny, ich muss Schluss machen.« Ganz schwach konnte Tom den Detektiv vernehmen, der noch einmal mit ihm sprechen wollte, jedenfalls hörte es sich so an. »Bye-bye«, sagte Tom und legte auf. »Idioten, alle beide!«, rief er.

Doch niemand hörte ihn. Der Junge lag auf dem Sofa und schlief wieder fest, Eric war irgendwo in der Wohnung.

Jeden Augenblick konnte der Bankbote eintreffen.

Als Eric ins Wohnzimmer kam, sagte Tom: »Wie wär's mit einem Essen im Kempinski? Haben Sie Zeit, Eric?« Tom wollte so gern sehen, wie der Junge ein Steak oder ein großes Wiener Schnitzel vertilgte und wieder Farbe bekam.

»Ja, hab ich.« Er war jetzt angezogen.

Es klingelte. Der Bote von der Bank.

Eric drückte den Türknopf in der Küche.

Tom rüttelte den Jungen an der Schulter: »Frank, alter Junge, aufstehen! Nimm meinen Morgenmantel.« Ein schneller Griff in seinen Koffer. »Geh ins Schlafzimmer. Eric und ich müssen hier kurz mit jemandem reden.«

Frank gehorchte. Tom breitete die Decke über die Laken, damit es ein bisschen ordentlicher aussah.

Der Geldbote, ein kleiner, stämmiger Mann im Straßenanzug, war in Begleitung eines größeren uniformierten Wachmanns. Er wies sich aus und sagte, unten warte ein Wagen mit Fahrer, doch er sei nicht in Eile. Der Bote trug zwei große Aktenkoffer. Tom hatte keine Lust, die Papiere des Mannes zu prüfen, und überließ das Eric. Beim Geldzählen sah er aber einen Moment zu: Einen Umschlag hatte die Bank versiegelt; das Siegel war intakt. Ebenso die Banderolen der D-Mark-Bündel in den anderen Umschlägen; allerdings wäre es möglich gewesen, einen Tausender aus einem oder mehreren der Bündel herauszuziehen. Eric sah beim Zählen zu.

»Kann ich Ihnen das überlassen, Eric?«, fragte Tom.

»Aber sicher, Tom!« Das auf Deutsch. »Sie müssen nur irgendwo unterschreiben, ja?« Eric und der Bote standen am Sideboard vor den säuberlich getrennten Umschlägen mit den einzeln gestapelten D-Mark-Bündeln.

»Bin gleich wieder da.« Tom ging, um mit Frank zu sprechen.

Der Junge wartete barfuß in Erics Schlafzimmer, ein feuchtes Handtuch gegen die Stirn gepresst. »Mir ist gerade kurz schwach geworden. Komisch ...«

»Wir gehen bald essen. Eine ordentliche Mahlzeit wird uns aufmuntern. In Ordnung, Frank? Willst du duschen? Kühl, aber nicht kalt?«

»Meinetwegen.«

Tom ging ins Bad und stellte die Dusche richtig ein. »Nicht ausrutschen«, sagte er.

»Was tun die da drinnen?«

»Geld zählen. Ich bringe dir etwas zum Anziehen.« Tom kehrte ins Wohnzimmer zurück und fand in Franks Koffer eine blaue Baumwollhose und einen Rollkragenpulli, aber keine Unterhosen, also nahm er eine seiner eigenen. Er klopfte an die angelehnte Badezimmertür.

Der Junge trocknete sich gerade mit einem großen Handtuch ab.

»Wie sieht's aus? Willst du zurück nach Paris? Heute Abend noch?«

»Nein.«

Tom bemerkte die glitzernden Tränen in den Augen des Jungen und seinen finsteren Blick. Er wirkte erwachsen und zu allem entschlossen. »Ich weiß, was Johnny dir erzählt hat – über Teresa.«

»Aber das ist nicht *alles*!« Frank warf das Handtuch neben die Badewanne, hob es sofort wieder auf, hängte es ordentlich über eine Stange, nahm die Unterhose, die Tom ihm hinhielt, und kehrte ihm den Rücken zu, während er sie anzog. »Ich will jetzt noch nicht zurück. Ich will einfach nicht!« Über die Schulter sah er Tom an, seine Augen funkelten vor Wut.

Tom verstand: Das wären zwei Niederlagen – er hätte Teresa verloren und sich wieder einfangen lassen. Möglich, dass der Junge nach dem Essen ruhiger werden, die Dinge anders sehen würde. Allerdings war Teresa wirklich sein Ein und Alles.

Eric rief ihn.

Er musste unterschreiben. Diese Quittung sah er sich nun allerdings genau an: Die drei Banken waren mit den Summen aufgelistet, die jede zu erhalten hatte. Der Bote telefonierte; Tom hörte ihn ein paarmal sagen, alles sei »in Ordnung«. Er unterschrieb. Auch hier tauchte der Name

Pierson nicht auf, nur die Kontonummer beim Schweizerischen Bankverein. Zum Abschied viel Händeschütteln; Eric begleitete die beiden Männer zum Lift.

Frank kam ins Wohnzimmer, angezogen bis auf die Schuhe, und kurz darauf Eric, der erleichtert strahlte und sich die Stirn mit einem Taschentuch abwischte.

»Meine Wohnung hat eine Gedenktafel verdient. Wie heißt das bei Ihnen, Tom?«

»Eine *plaque*? – Wie ich schon sagte, Lunch im Kempinski. Müssen wir reservieren?«

»Besser schon. Ich mache das. Ein Tisch für drei.« Eric ging zum Telefon.

»Oder wir schauen, ob wir Max und Rollo erreichen«, sagte Tom. »Wäre doch nett, sie auch einzuladen. Es sei denn, sie arbeiten.«

»Ach, ne!« Eric kicherte. »Rollo wird wohl noch schlafen. Er macht gern die Nacht durch, bis sechs oder sieben. Und Max, der ist selbstständig – er arbeitet als Friseur, wo man ihn gerade braucht. Ich kann sie kaum erreichen, nur manchmal abends gegen sechs.«

Er würde sich von Eric ihre Adresse geben lassen und ihnen aus Frankreich ein Geschenk schicken, beschloss Tom. Vielleicht ein paar ausgefallene Perücken. Lanz bestellte einen Tisch für Viertel vor eins.

Sie nahmen Erics Wagen. Tom hatte in dem Arzneischränkchen eine fleischfarbene Salbe gefunden, für Schnitt- und Schürfwunden, wie auf der Tube stand, und auf Franks besagtes Muttermal aufgetragen. Irgendwo war dem Jungen Héloïses Abdeckcreme aus der Gesäßtasche gefallen, was Tom nicht überraschte.

»Ich will, dass du was isst, mein Freund«, sagte Tom bei Tisch zu ihm. Er vertiefte sich in die übergroße Speisekarte. »Räucherlachs – ich weiß, das magst du.«

»Ah, ich nehme mein Lieblingsgericht!«, verkündete Eric. »Tom, die Leber hier ist ein Gedicht.«

Das Restaurant: hohe Decken, grüne, blattgoldverzierte Stuckschnörkel an den weißen Wänden, vornehme Tischdecken und großspurige Kellner in Livree. Im Kempinski Grill, einem anderen Teil des Restaurants, wurden Gäste bedient, die nicht ganz *comme il faut* gekleidet waren. Während die drei darauf warteten, zu ihrem Tisch geführt zu werden, waren Tom zwei Männer in Jeans aufgefallen, und obwohl sie passable Pullover und Jacketts trugen, hatte man ihnen auf Deutsch mehr oder weniger höflich zu verstehen gegeben, zum Grill gehe es dort entlang.

Frank aß tatsächlich etwas. Tom half ihm mit ein paar Witzen, zu denen er sich zwingen musste, weil ihm nicht nach Witzeln war. Er spürte, dass eine dunkle Wolke (Teresa) auf dem Jungen lag, und fragte sich, ob Frank vermute oder gar wisse, wer ihr Neuer war. Fragen konnte Tom natürlich nicht. Er wusste nur, dass der Junge am Anfang jenes schmerzlichen Prozesses stand, der Loslassen hieß: die Lösung von einem inneren Beistand, von einem aberwitzigen Ideal, von allem, was das eine, einzige Mädchen auf der Welt für ihn verkörpert hatte und was er immer noch in ihr sah.

»Schokoladentorte, Frank?«, schlug Tom vor und schenkte dem Jungen Weißwein nach. Ihre zweite Flasche.

»Die ist hier gut, der Apfelstrudel auch«, sagte Eric. »Ein denkwürdiges Essen, Tom!« Er tupfte sich sorgfältig die Lippen ab. »Und ein denkwürdiger Morgen, nicht? Ha, ha!«

Sie saßen in einem kleinen Alkoven an der Wand des Restaurants – nicht bloß eine Nische, eher schon ein romantisch geschwungenes Séparée, in dem sie halb für sich waren und doch die anderen Gäste ungehindert beobachten konnten. Niemand schien sie zu beachten. Und auf einmal kam Tom der angenehme Gedanke, dass der Junge Berlin unter falschem Namen, als Benjamin Andrews, verlassen würde. Der Pass steckte im Koffer des Jungen in Erics Wohnung.

»Wann werde ich Sie wiedersehen, Tom?«, fragte der Deutsche.

Tom steckte sich eine Roth-Händle an. »Vielleicht, wenn Sie wieder was Kleines für Belle Ombre haben? Und damit meine ich kein Geschenk für die Gastgeber.«

Eric kicherte, das Gesicht vom Wein und vom Essen leicht gerötet. »Dabei fällt mir ein, ich bin um drei verabredet. Bitte verzeihen Sie meine schlechten Manieren.« Er warf einen Blick auf seine Uhr. »Erst Viertel nach zwei. Ich habe noch Zeit.«

»Wir können zurück ein Taxi nehmen. Dann sind Sie frei.«

»Nein, nein, meine Wohnung liegt auf dem Weg. Kein Problem.« Eric polkte mit der Zungenspitze in einem Zahn herum, um einen Speiserest zu entfernen, und musterte den Jungen nachdenklich.

Frank hatte sein Stück Schokoladentorte fast aufgegessen und drehte gedankenverloren den Stiel seines Weinglases zwischen den Fingern.

Eric sah Tom an, zog die Augenbrauen hoch, doch Tom

schwieg, ließ die Rechnung kommen und zahlte. Im hellen Sonnenlicht gingen sie eine Straße weiter zu Erics Wagen. Tom lächelte, spontan schlug er Frank auf die Schulter. Er hätte gerne etwas gesagt wie: »Ist das nicht besser als der Küchenboden?«, aber das konnte er nicht. Eric war der Richtige für so eine Bemerkung, doch der schwieg. Tom wäre gern länger zu Fuß gegangen, allerdings fühlte er sich im Freien neben Frank Pierson zu exponiert, deshalb stiegen beide ein. Tom bekam die Schlüssel zu Haus und Wohnung, und Eric setzte sie an einer Ecke ab.

Vorsichtig näherte sich Tom dem Apartmenthaus, hielt Ausschau nach herumlungernden Gestalten, sah aber keine. Im Foyer war niemand. Der Junge sagte nichts. In der Wohnung zog Tom sein Jackett aus und öffnete das Fenster. Er brauchte frische Luft. »Nun zu Paris«, begann er.

Plötzlich vergrub der Junge das Gesicht in den Händen. Er saß auf dem kleinen Sofa neben dem Couchtisch, die Beine gespreizt, die Ellbogen auf die Knie gestützt.

»Das macht nichts«, sagte Tom verlegen. Ihm war es peinlich für den Jungen. »Heraus damit.«

Kurz darauf riss der Junge den Kopf hoch, stand auf, schob die Hände in die Hosentaschen und murmelte: »Tut mir leid.«

Tom schlenderte ins Bad und bürstete sich gut zwei Minuten lang die Zähne. Dann kehrte er ins Wohnzimmer zurück. Er gab sich gelassen. »Du willst nicht nach Paris, das ist mir klar. Wie wär's mit Hamburg?«

»Egal wohin!« Sein starrer, durchdringender Blick wirkte hysterisch – als sei er wahnsinnig geworden.

Tom sah zu Boden und musste blinzeln. »Frank, du

kannst nicht einfach ›egal wohin‹ sagen, wie einer, der nicht bei Verstand ist. Ich weiß schon – das mit Teresa verstehe ich. Das ist ein …« Was war das richtige Wort? »… herber Schlag.«

Frank stand versteinert da, wie um Tom zu provozieren, mehr zu sagen. »Trotzdem musst du dich irgendwann deiner Familie stellen«, wollte Tom sagen. Aber wäre das nicht gefühllos, gerade jetzt? Und war es nicht eine gute Idee, Reeves zu besuchen? Luftveränderung, eine andere Atmosphäre? Er jedenfalls konnte das gut gebrauchen. »Berlin kommt mir ein bisschen klaustrophobisch vor. Ich hätte Lust, Reeves in Hamburg zu sehen. Hab ich ihn nicht in Frankreich einmal erwähnt? Ein Freund von mir.« Tom gab sich Mühe, gut gelaunt zu klingen.

Der Junge wirkte wieder aufmerksamer, höflicher. »Ich glaube, ja. Ein Freund von Eric, sagten Sie.«

»Stimmt. Ich …« Tom zögerte, sah den Jungen an, der den Blick erwiderte, die Hände noch immer in den Taschen vergraben. Er könnte Frank ohne Weiteres in ein Flugzeug nach Paris setzen, hart bleiben und ihm auf Wiedersehen sagen. Aber er wurde das Gefühl nicht los, dass der Junge nach der Landung in Paris erneut abtauchen und nie im Hôtel Lutetia ankommen würde. »Ich rufe Reeves an«, sagte Tom und ging zum Telefon, das im selben Moment klingelte. Er überlegte kurz und hob ab.

»Hallo, Tom, hier ist Max.«

»Max! Wie geht es Ihnen? Ich habe Ihre Perücke hier und die Fummel, alles sicher verstaut.«

»Ich wollte Sie heute Morgen anrufen, aber ich bin, wie heißt das, versackt? War nicht zu Hause. Dann, vor einer

Stunde, hat bei Eric keiner abgehoben. – Also, gestern Nacht? Der Junge?«

»Er ist hier. Es geht ihm gut.«

»Sie haben ihn? Sie sind nicht verletzt, auch sonst niemand?«

»Nein.« Tom verdrängte ein aufblitzendes Bild: der Italiener mit zerschmettertem Schädel auf dem Feld in Lübars.

»Rollo fand Sie gestern Abend wunderschön. Ich bin fast eifersüchtig geworden, ha! Ist Eric da? Ich habe eine Nachricht für ihn.«

»Nein, er hat einen Termin um drei. Kann ich etwas ausrichten?«

Nein, sagte Max, er werde zurückrufen.

Tom schlug im Telefonbuch die Hamburger Vorwahl nach und wählte Minots Nummer.

»Hallo?« Eine weibliche Stimme, vermutlich Minots Putzfrau, die gelegentlich als Haushälterin einsprang – beleibter als Madame Annette, doch ebenso treu ergeben.

»Hallo. Gaby?«

»Ja?«

»Hier ist Tom Ripley. Gaby, wie geht es Ihnen? Ist Herr Minot zu Hause?«

»Nein, aber er – oh, ich höre was!«, fuhr sie auf Deutsch fort. »Einen Moment.« Kurz darauf: »Er kommt gerade herein.«

»Hallo, Tom!« Reeves war außer Atem.

»Ich bin in Berlin.«

»*Berlin!* Könnten Sie mich besuchen kommen? Was machen Sie dort?« Seine Stimme klang rau und unbedarft, genau wie immer.

»Darüber kann ich jetzt nicht sprechen, aber ich hatte selber daran gedacht, Sie zu besuchen – noch heute Abend, wenn's Ihnen recht ist.«

»Selbstverständlich, Tom. Sie kommen bei mir immer zuerst, außerdem habe ich heute Abend sowieso nichts vor.«

»Ich komme mit einem Freund, einem Amerikaner. Könnten wir eine Nacht bei Ihnen schlafen?«, fragte Tom. Reeves hatte ein Gästezimmer.

»Auch zwei. Wann sind Sie hier? Haben Sie die Tickets?«

»Nein, aber ich will noch heute Abend fliegen. Irgendwann zwischen sieben und neun. Wenn Sie zu Hause sind, rufe ich nicht noch mal an, sondern komme einfach vorbei, ja? Falls ich es nicht schaffe, hören Sie von mir.«

»Okay. Ich freue mich sehr!«

Tom drehte sich um und sagte lächelnd: »Das wäre geklärt. Reeves freut sich auf uns.«

Der Junge saß auf dem kleinen Sofa und rauchte, was er sonst selten tat. Als er aufstand, schien er mit einem Mal genauso groß wie Tom. War er in den letzten paar Tagen gewachsen? Möglich. »Tut mir leid, dass ich so niedergeschlagen bin. Ich komme darüber hinweg.«

»Na sicher tust du das.« Der Junge wollte höflich sein. Vielleicht wirkte er deshalb größer.

»Das mit Hamburg freut mich. Ich will diesen Detektiv in Paris einfach nicht sehen. – *Herrgott noch mal!*«, zischte er gehässig. »Warum fliegen die beiden nicht nach Hause?«

»Weil sie sicher sein wollen, dass du zurückkommst«, antwortete Tom geduldig.

Dann rief er Air France an und buchte zwei Plätze für

die 19:20-Maschine nach Hamburg, auf die Namen Ripley und Andrews.

Noch während er sprach, kam Eric zurück. Tom sagte ihm, was sie vorhatten. »Ah, Reeves. Gute Idee!« Eric warf einen Blick auf den Jungen, der gerade seine Sachen gefaltet in den Koffer legte, und bedeutete Tom, ihm ins Schlafzimmer zu folgen.

»Max hat angerufen«, sagte Tom hinter ihm. »Er versucht es später noch mal.«

»Danke, Tom. – Und dann das hier.« Eric schloss die Tür, zog eine Zeitung unter der Achsel hervor und zeigte Tom die Titelseite. »Ich dachte, das sollten Sie sehen.« In Erics Gesicht zuckte sein typisches Lächeln, eher nervös als amüsiert. »Anscheinend haben sie keine Spur. Noch nicht.«

Der Abend brachte auf der Titelseite ein zweispaltiges Foto des Schuppens in Lübars mit dem Italiener, wie Tom ihn zuletzt gesehen hatte: auf dem Boden liegend, den Kopf nach links gedreht, die linke Schläfe eine dunkel geronnene, blutige Masse. Das Blut war ihm über das ganze Gesicht gelaufen. Tom überflog die fünfzeilige Kurzmeldung unter dem Bild: Ein noch unbekannter Mann war am frühen Mittwochmorgen in Lübars tot aufgefunden worden. Er trug italienische Kleidung und deutsche Unterwäsche. Seine Schläfe war zertrümmert, die Schläge stammten von einem stumpfen Gegenstand. Die Polizei bemühte sich, den Toten zu identifizieren, und befragte die Anwohner, ob sie Ungewöhnliches gehört oder gesehen hätten.

»Verstehen Sie alles?«, fragte Eric.

»Ja.« Tom hatte zweimal in die Luft gefeuert. Bestimmt würde ein Anwohner die beiden Schüsse erwähnen, auch wenn *die* den Mann nicht getötet hatten. Jemand könnte einen Unbekannten mit Koffer gesehen und der Polizei beschrieben haben. »Gefällt mir gar nicht.« Tom legte die Zeitung zusammengefaltet auf den Schreibtisch und sah auf seine Uhr.

»Ich kann Sie nach Tegel fahren. Wir haben genug Zeit«, sagte Eric. »Der Junge will wirklich nicht nach Hause, oder?«

»Nein. Außerdem gab es heute schlechte Nachrichten – ein Mädchen in Amerika, das er gernhat. Sein Bruder hat ihm erzählt, dass sie einen neuen Freund hat. Das also auch noch. Wäre er zwanzig, würde er es wohl leichter nehmen.« Oder? Was Frank davon abhielt, nach Hause zu fliegen, war auch sein Vatermord.

17

Als die Maschine zum Landeanflug auf Hamburg ansetzte, erwachte der Junge aus seinem Schlummer. Er presste die Knie zusammen, um die Zeitung aufzufangen, die fast hinuntergefallen wäre, und warf einen Blick aus dem Fenster neben ihm, doch sie flogen noch zu hoch; außer Wolken war nichts zu sehen.

Tom rauchte verstohlen seine Zigarette zu Ende. Die Stewardessen eilten durch den Mittelgang, sammelten letzte Gläser und Tabletts ein. Er sah, wie Frank die deutsche Zeitung aufnahm und das Foto des Toten in Lübars betrachtete. Für ihn würde es nur irgendein Zeitungsbild sein. Tom hatte ihm nicht erzählt, dass er das Geld in Lübars hätte abliefern sollen, sondern nur, dass er zu einem Treffen mit den Entführern nicht erschienen sei. »Und dann sind Sie ihnen gefolgt?«, hatte Frank gefragt. Nein, hatte Tom geantwortet, er habe ihre Spur in der Schwulenbar aufgenommen – sie hätten von Thurlow die Nachricht erhalten, dort nach einem Joey zu fragen. Frank fand das amüsant; es beeindruckte ihn, dass Tom so dreist gewesen war – vielleicht auch so mutig, wollte Tom glauben –, allein über die Männer herzufallen. In dieser Zeitung hatte Tom nichts über die Entführer gefunden, nichts über die Festnahme auch nur eines der drei Männer, ob in der Nähe der

Binger Straße noch anderswo. Natürlich wusste nur er, dass sie Kidnapper waren. Möglich, dass die Männer vorbestraft waren und keinen festen Wohnort vorweisen konnten, doch mehr war da sicher nicht.

Nach einer eher flüchtigen Kontrolle erhielten sie ihre Pässe zurück, holten das Gepäck und nahmen ein Taxi.

Tom zeigte Frank die Wahrzeichen der Stadt, soweit er sie in der Dämmerung ausmachen konnte: einen Kirchturm, an den er sich erinnerte, den ersten von vielen Kanälen oder »Fleete«, über die schmale Brücken führten, dann die beiden Seen der Alster. Sie stiegen am Ende der Auffahrt aus, die zu Minots Apartmenthaus führte, einem großen, weißen Patrizierhaus, das aber später in mehrere Wohnungen unterteilt worden war. Tom war hier schon zwei-, dreimal zu Besuch gewesen. Er klingelte an der Haustür, und Reeves ließ sie ein, sobald Tom über die Gegensprechanlage seinen Namen genannt hatte. Er fuhr mit Frank im Lift nach oben. Reeves wartete vor der Wohnungstür.

»Tom!« Reeves sprach leise, denn im selben Stock lag noch eine weitere Wohnung. »Kommt herein.«

Tom stellte Frank vor: »Das ist – Ben. Ben, Reeves Minot.«

Reeves sagte: »Angenehm« und schloss die Tür hinter ihnen. Tom war einmal mehr überrascht, wie geräumig und makellos sauber die Wohnung war. An den weißen Wänden Impressionisten und Moderne, fast alle Bilder waren gerahmt. Darunter niedrige Regale, in denen vor allem Kunstbücher standen. Ein paar große Gummibäume und Philodendren, zwei große Fenster mit Blick auf die Außenalster, die gelben Vorhänge zugezogen. Der Tisch war für drei gedeckt. Der (echte) Derwatt in zartem Rosa, eine im Sterben liegende Frau in einem Bett, hing immer noch über dem Kamin.

»Den haben Sie neu rahmen lassen, nicht?«, fragte Tom.

Minot lachte. »Gut beobachtet, Tom! Der Rahmen war beschädigt – hat einen Sprung bekommen, als er bei der Bombenexplosion heruntergefallen ist. Dieser beige Rahmen gefällt mir besser, der andere war zu weiß. So, die Koffer hier hinein, bitte.« Reeves zeigte Tom das Gästezimmer. »Ich hoffe, Sie haben auf dem Flug nichts zu essen bekommen, weil ich nämlich etwas vorbereitet habe. Jetzt aber einen Drink, kühlen Weißwein oder was Sie wollen, und dann reden wir!«

Tom und Frank stellten ihre Koffer in das Gästezimmer. Das Bett, beinah ein Doppelbett, stand an der Wand neben der Tür. Tom musste daran denken, dass Jonathan Trevanny darin geschlafen hatte.

»Wie heißt Ihr Freund noch mal?«, fragte Reeves auf dem Weg ins Wohnzimmer gerade noch so laut, dass der Junge es hören konnte.

Sein Lächeln verriet Tom, dass er wusste, wer das war. Tom nickte. »Darüber reden wir später. In den –« Tom war verlegen, aber warum sollte er Reeves etwas verheimlichen? Frank stand am anderen Ende des Wohnzimmers und betrachtete ein Bild. »In den Zeitungen stand nichts davon, aber der Junge ist erst vor Kurzem entführt worden. In Berlin.«

»Ist nicht wahr!« Reeves hielt inne, den Korkenzieher in der einen, die Weinflasche in der anderen Hand. Eine unansehnliche rötliche Narbe auf seiner rechten Wange reichte fast bis zum Mundwinkel herunter. Jetzt wirkte sie noch länger, weil er den Mund vor Überraschung nicht zubekam.

»Letzten Sonntag«, sagte Tom. »Nachmittags im Grunewald. Sie kennen den großen Wald?«

»Ja. Entführt – wie denn?«

»Ich war bei ihm, hab ihn aber ein paar Minuten allein gelassen, und dann … Setz dich, Frank. Du bist unter Freunden.«

»Ja, nimm Platz«, sagte Reeves mit seiner heiseren Stimme und zog den Korken aus der Flasche.

Tom fing einen Blick des Jungen auf: Der nickte zum Zeichen, Tom könne die Wahrheit sagen, wenn er wolle. »Frank ist heute Nacht erst freigekommen. Die Männer, die ihn gefangen hielten, haben ihm Beruhigungsmittel gegeben – ich glaube, er ist noch immer nicht ganz da«, sagte Tom.

»Nein, ich merke kaum noch was«, widersprach Frank höflich, aber entschieden. Er stand von dem Sofa auf, wo er eben erst Platz genommen hatte, trat zu dem Derwatt über dem Kamin, um ihn sich genauer anzusehen, schob beide Hände in die Gesäßtaschen und warf Tom einen Blick zu, ein kurzes Lächeln. »Echt gut, Tom, oder?«

»Ja, nicht wahr?«, sagte Tom zufrieden. Er liebte die matten Rosatöne des Bildes, die wohl die Bettdecke der alten Dame oder ihr Nachthemd andeuten sollten. Der Hintergrund war schmutzigbraun und dunkelgrau gehalten. Lag sie im Sterben, oder war sie einfach nur lebensmüde und gelangweilt? Das Bild jedenfalls hieß *Sterbende Frau*.

»Mann oder Frau?«, fragte Frank.

Tom hatte gerade gedacht, dass der Titel eine Erfindung Edmund Banburys oder Jeff Constants von der Galerie Buckmaster sein dürfte – Derwatt hatte sich selten mit Titeln aufgehalten – und dass man kaum erkennen konnte, ob die Figur männlich oder weiblich war.

»Es heißt *Sterbende Frau,* Frank«, bemerkte Reeves. »Du magst Derwatt?« Er klang angenehm überrascht.

»Frank sagt, sein Vater hat einen zu Hause – in den Staaten. Einen oder zwei?«, fragte Tom den Jungen.

»Einen. *Der Regenbogen.*«

»Ah ja«, sagte Reeves, als sehe er das Bild vor sich.

Frank ließ sich weitertreiben, zu einem David Hockney.

»Haben Sie Lösegeld gezahlt?«, fragte Reeves.

Tom schüttelte den Kopf. »Nein, ich hatte das Geld, hab es aber nicht übergeben.«

»Wie viel?« Reeves schenkte Wein ein. Er lächelte.

»Zwei Millionen. Dollar.«

»Nicht schlecht. Und was jetzt?« Ein Kopfnicken in Richtung des Jungen, der ihnen den Rücken zuwandte.

»Oh, er kehrt nach Hause zurück. Reeves, ich dachte, wir bleiben, wenn möglich, noch einen Tag länger bei Ihnen und fliegen dann am Freitag nach Paris. Ich will nicht, dass man den Jungen in einem Hotel erkennt, außerdem würde ihm ein weiterer Ruhetag guttun.«

»Sicher, Tom, kein Problem.« Reeves runzelte die Stirn. »Ich verstehe nicht ganz: Die Polizei sucht noch nach ihm?«

Tom zuckte nervös die Achseln. »Das *hat* sie getan, *vor* der Entführung. Und ich nehme an, der Privatdetektiv in Paris hat zumindest die französische Polizei informiert, dass der Junge wiederaufgetaucht ist.« Erklärend fügte er hinzu, nirgendwo sei die Polizei von der Entführung in Kenntnis gesetzt worden.

»Und wohin sollen Sie ihn jetzt bringen?«

»Nach Paris, zu dem Privatdetektiv. Er arbeitet für die Familie. Franks Bruder Johnny begleitet ihn. – Danke, Reeves.« Er nahm sein Glas.

Minot brachte dem Jungen das zweite Glas und ging in die Küche. Tom folgte ihm. Aus dem Kühlschrank holte Reeves eine Platte mit Schinken, Weißkohlsalat, diversem Wurstaufschnitt und Mixedpickles. Gabys Werk, sagte er. Die Frau wohnte im Haus bei den Leuten, für die sie eigentlich arbeitete, und hatte es sich nicht nehmen lassen, um sieben nach den abendlichen Einkäufen vorbeizukommen, um alles »vorzubereiten«, was sie für seine Gäste besorgt hatte. »Zum Glück mag sie mich«, meinte Reeves. »Findet meine Wohnung interessanter als die, wo sie wohnt. Trotz der verdammten Bombe damals. Na ja, als die hier hochging, war sie gerade nicht da.«

Die drei setzten sich an den gedeckten Tisch und sprachen von anderen Dingen, nicht mehr von Frank, doch immer noch über Berlin: Wie ging es Eric Lanz? Wer waren seine Freunde? Hatte er eine Freundin? Reeves lachte bei der Frage. Und Reeves, hatte der eine Freundin?, fragte sich Tom. Oder waren Reeves und Eric so desinteressiert, dass Frauen einfach keine Rolle spielten? Nett, eine Frau zu haben, dachte Tom, während der Wein ihn allmählich erwärmte. Héloïse hatte einmal gesagt, sie habe ihn gern (oder hatte sie gesagt, sie liebe ihn?), weil sie beim ihm sie selbst bleiben könne und er ihr Raum zum Atmen lasse. Tom hatte die Bemerkung gefreut, auch wenn er nie einen

Gedanken daran verschwendet hatte, Héloïse »Lebensraum« zu geben.

Reeves beobachtete Frank. Der Junge schien todmüde.

Kurz nach elf brachten sie ihn ins Bett. Frank schlief im Gästezimmer.

Danach setzten sie sich mit einer zweiten Flasche Piesporter Goldtröpfchen auf das Wohnzimmersofa, und Tom erzählte, was zuletzt passiert war, von dem Tag an, als Frank Pierson, der nebenbei als Gärtner arbeitete, ihn in Villeperce aufgesucht hatte. Die Nummer mit den Fummeln in Berlin brachte Reeves zum Lachen; er wollte alles ganz genau wissen. Dann schien ihm ein Licht aufzugehen, und er sagte:

»Aha, das Foto aus Berlin ... War heute in der Zeitung. Lübars, das weiß ich noch.« Reeves sprang auf, suchte nach der Zeitung und fand sie auf einem Bücherregal.

»Das ist es«, sagte Tom. »Hab's in Berlin gesehen.« Für einen Moment wurde ihm übel, und er stellte das Weinglas ab. »Der Italiener, ich erwähnte ihn.« Reeves hatte er erzählt, er habe den Mann nur bewusstlos geschlagen.

»Hat Sie niemand gesehen? Auch hinterher nicht? Sind Sie da sicher?«

»Ja. Warten wir morgen die Nachrichten ab, okay?«

»Weiß der Junge Bescheid?«

»Nicht von mir. Bitte sagen Sie ihm nichts über Lübars. – Reeves, alter Junge, kann ich einen Kaffee bekommen?«

Tom kam mit in die Küche, denn er wollte nicht allein herumsitzen. Der Gedanke, einen Mann getötet zu haben, war nicht gerade angenehm, auch wenn der Italiener nicht der erste war. Er merkte, wie Reeves ihn kurz ansah. Eines hatte er ihm verschwiegen und würde es auch nicht sagen, nämlich dass Frank seinen Vater umgebracht hatte. Doch etwas anderes beruhigte ihn: Obwohl Reeves über den Tod von Pierson senior in der Zeitung gelesen hatte, auch über die bislang offene Frage Selbstmord oder Unfall, hatte er Tom nicht gefragt, ob jemand Mr. Pierson von der Klippe gestoßen und ermordet haben könnte.

»Warum ist der Junge weggelaufen?«, fragte Reeves. »War er verstört nach dem Tod seines Vaters? Oder ging es vielleicht um das Mädchen? Teresa heißt sie, nicht?«

»Nein, ich glaube, mit Teresa war alles in Ordnung, als er weglief. Er hat ihr aus Belle Ombre geschrieben. Erst gestern hat er erfahren, dass sie einen neuen Freund hat.«

Reeves lachte leise, wie ein guter Onkel. »Die Welt ist voll von jungen Dingern, sogar von hübschen. Jedenfalls in Hamburg! Wollen wir ihn nicht auf andere Gedanken bringen – ein Nachtclub, Sie verstehen?«

Tom bemerkte so beiläufig wie möglich: »Er ist erst sechzehn. Hat ihn ziemlich hart getroffen. Der Bruder ist dickfelliger, sonst hätte er das nicht einfach so hinausposaunt. Jedenfalls nicht jetzt.«

»Werden Sie den Bruder treffen? Und den Detektiv? Was meinen Sie?« Bei dem Wort »Detektiv« lachte Reeves, wie er wohl über jeden lachte, dessen Arbeit darin bestand, die Verbrecher dieser Welt zu jagen.

»Hoffentlich nicht«, sagte Tom. »Kann aber sein, dass ich ihnen den Jungen persönlich übergeben muss, weil er gar keine Lust hat, nach Hause zurückzukehren.« Er stand mit dem Kaffee in der Küche. »Ich werde müde, trotz Ihres ausgezeichneten Kaffees. Trinke noch eine Tasse.«

»Können Sie dann noch schlafen?«, fragte Reeves rau, doch besorgt wie eine Mutter oder Krankenschwester.

»In meinem Zustand kein Problem. Morgen zeige ich dem Jungen etwas von Hamburg. Eine Bootsfahrt auf der Alster. Ich will ihn aufmuntern. Können wir uns zum Lunch treffen, Reeves?«

»Danke, Tom, aber morgen habe ich einen Termin. Ich kann Ihnen einen Schlüssel geben. Das mache ich lieber gleich.«

Tom nahm die Tasse aus der Küche mit. »Wie gehen die Geschäfte?« Er meinte Minots Hehlerei und das bisschen Talentsuche unter deutschen Malern sowie den kleinen Kunsthandel, den er betrieb – letztere Aktivitäten waren Reeves' legitime Fassade, wenn nicht mehr.

»Ach …« Reeves drückte ihm einen Schlüsselbund in die Hand und warf einen Blick auf die Wände des Wohnzimmers: »Dieser Hockney ist sozusagen eine Leihgabe. Genauer gesagt, er ist gestohlen. Aus München. Ich hab ihn aufgehängt, weil ich das Bild mag. Schließlich bin ich vorsichtig und lasse nicht jeden hier herein. Der Hockney wird demnächst abgeholt.«

Tom lächelte. Er musste daran denken, dass Reeves ein herrliches Leben in einer Stadt führte, in der es sich sehr angenehm leben ließ. Immer war etwas los. Nie machte Reeves sich Sorgen; mit mehr Glück als Verstand mogelte er sich stets irgendwie durch und überlebte selbst die heikelsten Situationen, so wie einmal, als man ihn zusammengeschlagen und bewusstlos aus einem fahrenden Auto geworfen hatte. Damals, in Frankreich, das wusste Tom noch, hatte er sich nicht einmal die Nase gebrochen.

Als er am Abend ins Bett schlüpfte, regte der Junge sich nicht. Er lag auf dem Bauch, die Arme um das Kissen geschlungen. Tom fühlte sich hier sicherer als in Berlin. Trotz der Bombe damals, trotz eines möglichen Einbruchs kam er sich in Minots Wohnung so behütet vor wie in einer kleinen Burg. Er könnte Reeves fragen, wie er sich schützte, über den Einbruchsalarm hinaus, den er installiert haben mochte. Musste er Schutzgeld bezahlen? Hatte er die Polizei je um Bewachung gebeten, weil er gelegentlich mit wertvollen Gemälden handelte? Es wäre womöglich unhöflich, Minot nach seinen Sicherheitsmaßnahmen zu fragen.

Ein leises Klopfen weckte Tom. Er schlug die Augen auf und begriff, wo er war. »Herein!«, rief er auf Deutsch.

Gaby trat schüchtern und schwerfällig ins Zimmer. Sie trug ein Tablett mit Kaffee und Brötchen und sagte ihrerseits auf Deutsch: »Herr Tom, wir freuen uns wirklich, Sie nach so langer Zeit wiederzusehen! Wann war das …?« Sie sprach leise, Frank schlief noch. Gaby war in den Fünfzigern und trug ihr glattes schwarzes Haar zu einem Dutt geflochten. Ihre Wangen waren rot gefleckt.

»Und ich bin so froh, hier zu sein, Gaby. Wie geht es Ihnen? Stellen Sie's hierher, das geht schon.« Er meinte seinen Schoß. Das Tablett hatte Beine.

»Herr Reeves ist weggegangen, aber er sagte, Sie hätten die Schlüssel.« Lächelnd betrachtete sie den schlafenden Jungen. »In der Küche ist noch mehr Kaffee.« Gleichmütig klang das; sie gab lediglich eine Tatsache wieder, und nur ihre dunklen Augen verrieten lebhaftes Temperament und kindliche Neugier. »Ich bin noch fast eine Stunde hier. Bloß falls Sie etwas brauchen.«

»Danke, Gaby.« Mit dem Kaffee und einer Zigarette wurde Tom allmählich wach. Er ging ins Bad, um zu duschen und sich zu rasieren.

Als er ins Gästezimmer zurückkam, sah er den Jungen barfuß vor dem geöffneten Fenster stehen, einen Fuß auf dem Fensterbrett. Sein Gefühl sagte ihm, der Junge wolle jeden Augenblick springen. »Frank?« Er hatte ihn nicht hereinkommen hören.

»Tolle Aussicht, was?« Jetzt stand Frank mit beiden Füßen auf dem Boden.

War der Junge gerade zusammengezuckt, oder hatte er sich das nur eingebildet? Tom ging zum Fenster und betrachtete die Ausflugsdampfer, die das blaue Wasser der Alster nach links durchpflügten, das halbe Dutzend dahingleitender Segelboote und die Menschen auf der Uferpromenade. Überall flatterten leuchtende Fähnchen im Wind, die Sonne schien. Wie ein deutscher Dufy, dachte Tom. »Du wolltest doch nicht etwa springen, oder?«, fragte Tom wie im Scherz. »Sind nur ein paar Stockwerke. Nicht sehr befriedigend.«

»Springen?« Frank schüttelte rasch den Kopf und trat einen Schritt zurück, als scheue er sich, Tom zu nahe zu kommen. »Bestimmt nicht … Was dagegen, wenn ich mich wasche?«

»Geh nur. Reeves ist nicht hier, aber Gaby, die Haushälterin. Sag einfach ›Guten Morgen‹ zu ihr. Sie ist sehr freundlich.« Der Junge nahm seine Hose und ging über den Flur. Seine Angst war wohl doch unbegründet gewesen, dachte Tom: Heute Morgen wirkte Frank entschlossen und zielstrebig; die Wirkung der Tabletten schien verflogen.

Später am Vormittag waren sie in St. Pauli. Auf der Reeperbahn hatten sie in die Fenster der Sexshops geschaut, die grässlichen Fassaden der Non-Stop-Pornokinos betrachtet und die Dessous für sie und ihn in den Auslagen bestaunt. Irgendwo dröhnte Rockmusik. Selbst zu dieser Stunde gab es Kunden, die etwas suchten, fanden und kauften. Tom musste blinzeln, weil er so verblüfft war oder wegen der im gleißenden Sonnenlicht grellbunten Zirkusfarben. Er stellte fest, dass er eine prüde Seite hatte, vielleicht wegen seiner Kindheit in Boston, Massachusetts. Frank gab sich betont gelassen, aber angesichts von Dildos und Vibratoren mit Preisschildern war auch nichts anderes zu erwarten.

»Abends muss hier der Teufel los sein«, bemerkte er.

»Auch jetzt läuft das Geschäft.« Tom hatte zwei junge Frauen bemerkt, die entschlossen auf sie zusteuerten. »Nehmen wir eine Straßenbahn – oder ein Taxi. Zum Zoo, das ist immer lustig.«

Frank lachte: »Schon wieder!«

»Na ja, ich mag Zoos eben. Den hier musst du gesehen haben.« Tom erspähte ein Taxi.

Die beiden Frauen, eine noch unter zwanzig und auf anziehende Weise ungeschminkt, nahmen wohl an, das Taxi sei für sie vier bestimmt, doch Tom winkte ab, lächelte höflich und schüttelte den Kopf.

Am Kiosk vor dem Tierpark Hagenbeck kaufte er eine Zeitung und überflog sie erst kurz, dann noch einmal genauer. Er suchte nach ein paar Zeilen über die Entführer in Berlin oder Frank Pierson. Aber auch der zweite, eher oberflächliche Blick in *Die Welt* ergab nichts.

»Nichts Neues«, sagte er zu Frank. »Gut so. Gehen wir.«

Tom kaufte die Eintrittskarten, orangerote, perforierte Papierstreifen, mit denen sie die Minizüge benutzen konnten, die durch Hagenbecks Tierpark fuhren. Tom freute sich, weil Frank wie verzaubert war. Der kleine Zug bestand aus rund fünfzehn Waggons; man stieg einfach zu, es gab weder Türen noch Dächer. Fast lautlos rollten sie an den Abenteuerspielpätzen vorbei, wo Kinder an Gummireifen Stahlkabel hinabglitten oder in zweistöckigen Plastikbauten mit Löchern, Tunneln und Rutschen herumturnten. Sie fuhren an Löwen und Elefanten vorüber, die scheinbar kein Schutzzaun von den Menschen trennte. An den Vogelvolieren stiegen sie aus, kauften an einem Stand Bier und Erdnüsse und nahmen einen anderen Zug.

Dann ein Taxi, zu einem großen Hafenrestaurant, das Tom von einem früheren Besuch her kannte. Durch die Glaswände sah man auf den Hafen hinunter, wo Tanker, weiße Kreuzfahrtschiffe und Hafenbarkassen festgemacht hatten, die be- und entladen wurden, während ihre automatischen Lenzpumpen Seewasser spien. Möwen segelten über ihnen, stießen ab und zu herab.

»Morgen fliegen wir nach Paris«, sagte Tom, als sie beim Essen saßen. »Was denkst du?«

Frank wurde sofort misstrauisch, doch Tom sah, dass er sich zusammenriss. Entweder morgen nach Paris, dachte er, oder der Junge würde übermorgen durchdrehen und auf Biegen und Brechen von hier aus allein irgendwo hinfliegen. »Ich sage andern nicht gern, was sie tun sollen. Doch irgendwann musst du dich deiner Familie stellen, nicht?« Tom sah nach rechts und links, aber er hatte leise gesprochen, sie saßen gleich rechts neben der Glaswand, und der nächste Tisch hinter dem Jungen war mehr als einen Meter weg. »Du kannst nicht monatelang ein Flugzeug nach dem andern nehmen, oder? – Iss dein Bauernfrühstück.«

Der Junge aß weiter, wenn auch langsamer. Das Wort ›Bauernfrühstück‹ auf der Speisekarte hatte ihn amüsiert; er hatte das Gericht bestellt: Fisch, hausgemachte Bratkartoffeln, Speck und Zwiebeln, alles auf einem großen Teller vermischt. »Und Sie fliegen morgen nach Paris?«

»Klar – ich will nach Hause.«

Nach dem Mittagessen überquerten sie einen Kanal wie in Venedig, der von schönen alten spitzgiebeligen Häusern gesäumt war. Dann, auf dem Bürgersteig einer Geschäftsstraße, sagte Frank: »Ich möchte Geld wechseln. Kann ich hier schnell mal hinein?«

Er meinte eine Bank. »Meinetwegen.« Tom begleitete ihn und wartete, während sich der Junge in eine kurze Warteschlange vor einem Schalter einreihte, über dem »Geldwechsel« stand, und seine Franc umtauschte. Soweit Tom wusste, hatte Frank den Pass nicht dabei, der auf Benjamin Andrews lautete, doch würde er ihn beim Wechsel französischen Geldes in D-Mark auch nicht brauchen. Tom sah nicht zu, was der Junge tat. Noch am Morgen hatte er den Leberfleck mit einer anderen Creme abgedeckt. Warum dachte er dauernd an dieses verdammte Muttermal? Was, wenn irgendwer den Jungen jetzt doch erkannte? Lächelnd kam Frank zurück und steckte die Scheine in seine Brieftasche.

Sie gingen weiter zum Museum für Völkerkunde und Vorgeschichte, wo Tom schon einmal gewesen war. Schautafeln mit Modellen stellten den Brandbombenangriff nach, der im Zweiten Weltkrieg große Teile des Hamburger Hafens dem Erdboden gleichgemacht hatte: Aus über zwanzig Zentimeter hohen Lagerhäusern loderten holzgeschnitzte gelbe und blaue Flammen. Frank blieb vor einem anderen Tisch stehen, wo die Bergung eines Schiffes gezeigt wurde – das kleine Schiff, keine zehn Zentimeter lang, lag auf Sand, anscheinend metertief unter Wasser. Nach einer Stunde vor solchen und ähnlichen Nachbildungen und vor Ölporträts von Hamburger Bürgermeistern, gekleidet im Stil der Zeit Benjamin Franklins, rieb Tom sich wie immer die Augen und sehnte sich nach einer Zigarette.

Kurz darauf, in einer breiten Geschäftsstraße mit Blumen- und Früchtewagen auf dem Bürgersteig, fragte der Junge: »Warten Sie auf mich? Fünf Minuten?«

»Wo willst du hin?«

»Bin gleich zurück. Dort bei dem Baum.« Frank zeigte auf eine Platane unweit des Bordsteins, an dem sie standen.

»Aber ich will wissen, wo du hingehst«, beharrte Tom.

»Vertrauen Sie mir.«

»Na gut.« Tom drehte sich um, ging langsam ein paar Schritte. Er traute dem Jungen nicht und sagte sich gleichzeitig, er könne nicht ewig Frank Piersons Kindermädchen spielen. Sollte der Junge verschwinden (wie viel Geld hatte Frank gewechselt, wie viel Franc und Dollar blieben ihm noch?) – nun, dann würde er seinen Koffer nach Paris mitnehmen und ins Lutetia bringen. Ob der Junge seinen Pass dabeihatte? Tom machte kehrt und schlenderte auf die Platane zu, die er von den anderen Bäumen nur unterscheiden konnte, weil ein älterer Herr auf einem Stuhl darunter saß und eine Zeitung las. Von dem Jungen keine Spur.

Dann tauchte Frank lächelnd zwischen den wenigen Passanten auf. Er trug eine große, rotweiße Plastiktasche. »Danke«, sagte er.

Tom fragte erleichtert: »Hast du etwas gekauft?«

»Ja, ich zeig's Ihnen später.«

Dann zum Jungfernstieg. Den Namen dieser Uferpromenade hatte Tom behalten, weil Reeves ihm einmal erzählt hatte, das sei in alten Zeiten die Flaniermeile der hübschen Hamburgerinnen gewesen. Die Ausflugsschiffe für die Alsterrundfahrten legten von einem Kai direkt am Jungfernstieg ab. Tom und Frank gingen an Bord.

»Mein letzter Tag in der Freiheit!«, sagte Frank auf dem kleinen Schiff. Sein braunes Haar wehte in der steifen Brise, die ihm die Hose an die Beine presste.

Beide standen lieber und drückten sich in eine Ecke der Aufbauten, wo sie niemandem im Weg waren. Ein redseliger Mann mit weißer Mütze und einem Megafon vor dem Mund erklärte ihnen die Sehenswürdigkeiten, die das Schiffchen passierte, die großen Hotels mit den grünen, sanft abfallenden Rasenflächen und Blick auf die Alster – die Preise dort, versicherte er, seien »mit die höchsten auf der ganzen Welt«. Tom fand das amüsant; der Blick des Jungen dagegen ging starr in die Ferne. Vielleicht sah er eine Möwe, vielleicht auch Teresa. Tom wusste es nicht.

Als sie kurz nach sechs zurückkehrten, war Reeves nicht zu Hause, hatte aber mitten auf dem ordentlich gemachten Bett im Gästezimmer einen Zettel hinterlassen: »Bin spätestens um sieben zurück. R.« Tom war froh, dass Minot noch nicht da war, weil er mit dem Jungen allein sprechen wollte.

»Du erinnerst dich, was ich dir in Belle Ombre gesagt habe – über deinen Vater?«

Einen Augenblick schien Frank verwirrt, dann erwiderte er: »Ich glaube, ich weiß noch jedes Wort, das Sie zu mir gesagt haben.«

Sie waren im Wohnzimmer. Tom stand am Fenster, der Junge saß auf dem Sofa.

»Ich sagte, du solltest niemandem erzählen, was du getan hast. Kein Geständnis. Denk nicht mal daran, nicht für eine Sekunde.«

Frank wich seinem Blick aus, sah zu Boden.

»Und? Überlegst du, es irgendwem zu beichten? Deinem Bruder etwa?« Eine Frage ins Blaue hinein, in der Hoffnung, etwas herauszubekommen.

»Nein, tue ich nicht.«

Die tiefe Stimme des Jungen klang durchaus entschlossen, aber Tom wusste nicht, ob er ihm glauben konnte. Am liebsten hätte er ihn bei den Schultern genommen und so lange geschüttelt, bis er zur Vernunft kam. Würde er es wagen? Nein. Aber was hatte er selbst zu befürchten, fragte sich Tom – dass er bei der Aufgabe versagen könnte? »Das hier solltest du wissen. Wo ist sie?« Tom ging zu dem kleinen Stapel Zeitungen in der Sofaecke, suchte die Zeitung von gestern heraus und zeigte Frank das Foto des Toten in Lübars auf der Titelseite: »Gestern hast du das hier auf dem Flug betrachtet, ich habe dich beobachtet. Diesen … Den Mann habe ich getötet, in Lübars, im Norden von West-Berlin.«

»Sie?« Franks Stimme wurde vor Staunen heller.

»Du hast mich nie gefragt, wo das Geld übergeben werden sollte. Egal – ich hab ihn am Kopf getroffen, wie du siehst.«

Frank blinzelte ein paar Mal, sah Tom in die Augen: »Warum haben Sie mir das nicht früher gesagt? Klar, jetzt erkenne ich den Kerl wieder – der Italiener, er war in der Wohnung!«

Tom zündete sich eine Zigarette an. »Ich sage dir das jetzt, weil …« Weil was? Tom brach ab, er musste die richtigen Worte finden. Eigentlich war das nicht zu vergleichen: Den Vater von der Klippe zu stoßen und einem Kidnapper den Schädel einzuschlagen, der mit geladener Pistole auf einen zukam. Aber in beiden Fällen wurde einem Menschen das Leben genommen. »Dass ich diesen Mann umgebracht habe, wird mein Leben nicht verändern. Na gut, er war wohl selber ein Verbrecher. Und er war nicht der Erste, den ich getötet habe. Das brauche ich dir wohl kaum zu sagen.«

Frank schaute ihn verwundert an: »Haben Sie je eine Frau getötet?«

Tom lachte. Genau das hatte er gebraucht – lachen zu können. Und er war auch erleichtert, dass Frank ihn nicht nach dem Mord an Dickie Greenleaf gefragt hatte, dem Einzigen, dessentwegen er so etwas wie Schuld empfand. »Eine Frau? Niemals. Das brauchte ich nie«, fügte er hinzu und musste dabei an den Witz von dem Engländer denken, der einem Freund erzählte, er habe seine Frau begraben müssen, weil sie eben tot war. »In die Lage bin ich nie gekommen. Eine Frau … Daran denkst du doch sicherlich nicht, Frank, oder? … An wen?«

Nun musste Frank lächeln. »An niemand! Herrgott, nein!«

»Gut. Ich komme nur deshalb darauf, weil …« Wieder fehlten ihm die Worte, doch er stolperte weiter. »Er – ich meine, der –« Er deutete auf die Zeitung. »Die Tat sollte nicht dein ganzes Leben zerstören. Kein Grund zusammenzubrechen.« Wusste der Junge in seinem Alter, ja konnte er überhaupt wissen, was es bedeutete zusammenzubrechen? Aus dem Gefühl heraus, rundum gescheitert zu sein? Andererseits brachen viele Jugendliche zusammen, begingen sogar Selbstmord, wenn sie mit einem Problem nicht fertigwurden.

Manchmal nur wegen der Hausaufgaben.

Frank zog die Knöchel seiner rechten Faust schnell über die scharfe Ecke von Minots Couchtisch. War die Oberfläche aus Glas? Schwarzweiß, doch Marmor war es nicht. Die Geste des Jungen machte Tom nervös.

»Verstehst du, was ich sagen will? Entweder du lässt ein einziges Ereignis dein ganzes Leben ruinieren oder nicht. Die Entscheidung liegt bei dir – und du hast Glück, Frank, dass du das selbst entscheiden kannst, weil dich niemand verdächtigt.«

»Ich weiß.«

Und Tom wusste, dass der Junge mit seinen Gedanken zu einem (wie großen?) Teil bei Teresa war, bei der Liebe, die er verloren glaubte. Was diesen Wahn betraf, konnte Tom ihm nicht helfen; das war ganz etwas anderes als Mord. Nervös fuhr er fort: »Und hör auf, mit den Knöcheln gegen den Tisch zu schlagen, ja? Damit löst du nämlich nichts. Wirst nur in Paris mit blutigen Knöcheln ankommen. *Sei doch nicht blöd!*«

Der Junge ließ wieder die Faust fallen, verfehlte den

Tisch aber knapp. Tom versuchte, sich zu entspannen, und sah nicht mehr hin.

»Keine Sorge, so blöd bin ich nicht.« Frank stand auf, ging zum Fenster, die Hände in den Taschen vergraben, und drehte sich um. »Die Flugtickets für morgen – soll ich das erledigen? Ich kann doch die Plätze auf Englisch buchen, oder?«

»Bestimmt. Tu das.«

»Lufthansa.« Der Junge nahm das Telefonbuch zur Hand. »Wie viel Uhr? Morgens gegen zehn?«

»Oder auch früher.« Tom war zutiefst erleichtert. Der Junge schien endlich wieder auf die Beine zu kommen oder es wenigstens zu versuchen.

Reeves betrat die Wohnung, als Frank gerade die Abflugzeit wiederholte: 9:15 Uhr. Er nannte die Namen, Ripley und Andrews.

»Schönen Tag gehabt?«, fragte Reeves.

»Sehr schön, danke«, sagte Tom.

»Hallo, Frank. Muss mir nur eben die Hände waschen«, begrüßte ihn Reeves mit seiner krächzenden Stimme und zeigte dabei seine grau verfärbten Handflächen. »Habe heute mit Bildern hantiert. Keine schmutzige –«

»Ein richtiges Tageswerk, Reeves?«, unterbrach ihn Tom. »Ich bewundere Ihre Hände!«

Reeves räusperte sich (vergeblich) und setzte heiser noch einmal an: »Wollte sagen, keine schmutzige Arbeit, aber eine ehrliche, bei der man sich die Hände schmutzig macht. Hatten Sie schon einen Drink, Tom?« Er ging ins Bad.

»Reeves, würden Sie mit uns essen gehen?« Tom folgte ihm. »Ist unser letzter Abend.«

»Ehrlich gesagt, lieber nicht. Ich habe ja immer was hier, dafür sorgt Gaby. Ich glaube, sie hat einen Auflauf oder so vorbereitet.«

Restaurants hatte Reeves noch nie gemocht, erinnerte sich Tom. Wahrscheinlich wollte er in der Hamburger Szene so wenig wie möglich auffallen.

»Tom!« Der Junge winkte ihn ins Gästezimmer und zog eine Schachtel aus der rotweißen Plastiktasche. »Für Sie.«

»Für mich? Vielen Dank, Frank.«

»Sie haben sie ja noch gar nicht aufgemacht.«

Tom löste die Schleifen des blauen und roten Geschenkbands und öffnete die weiße Schachtel. Zwischen Lagen und Lagen von Seidenpapier fand er etwas rot und golden Glänzendes, nahm es heraus und hielt einen seidenen Morgenmantel mit einem Gürtel aus demselben dunkelroten Material und schwarzen Tasseln in den Händen. Die rote Seide des Mantels war mit goldenen Pfeilspitzen gemustert. »Wirklich hübsch«, sagte Tom. »Sehr elegant.« Er zog das Jackett aus. »Soll ich ihn anprobieren?«, fragte er und schlüpfte hinein. Der Morgenmantel passte genau, oder würde es, wenn Tom darunter Pyjama statt Pulli und Hose trüge. Er prüfte die Ärmellänge und sagte: »Perfekt.«

Frank zog den Kopf ein und wandte sich ab.

Behutsam legte Tom den Morgenmantel ab und breitete ihn über das Bett. Die Seide raschelte vornehm, sie hatte dieselbe Farbe wie das Auto der Berliner Entführer, dunkelrot. Tom mochte die Farbe nicht mehr, doch wenn er beim Rot des Mantels an Dubonnet dachte, konnte er den Wagen vielleicht vergessen.

18

Auf dem Flug nach Paris fiel Tom das Haar des Jungen auf: Es war so lang geworden, dass es ihm über die Wange fiel und das Muttermal bedeckte. Seit Mitte August war Frank nicht mehr beim Friseur gewesen – damals hatte Tom ihm geraten, es wachsen zu lassen. Zwischen zwölf und ein Uhr mittags würde er Thurlow und Johnny Pierson im Lutetia den Jungen übergeben. Am Abend zuvor, bei Minot, hatte er Frank eingeschärft, sich um einen echten Pass zu kümmern – für den Fall, dass Thurlow nicht daran gedacht haben sollte, den echten Pass aus Maine mitzubringen oder die Mutter zu bitten, ihn nachzuschicken.

»Sehen Sie?« Frank zeigte ihm eine Seite der Hochglanzbroschüre, die die Stewardessen an alle Passagiere verteilt hatten. »Da waren wir.«

Tom las den kurzen Artikel über das Romy Haag und seine Transvestitenshow. »Über den Hump schreiben sie sicher nichts. Das ist ein Touristenmagazin!« Tom lachte und streckte die Beine aus, soweit der Sitz vor ihm das zuließ. Fliegen wurde immer unbequemer. Er könnte erste Klasse reisen, wenn auch wohl nicht ohne schlechtes Gewissen wegen der hohen Zuschläge, zumal europäische Flüge ohnehin überteuert waren. Außerdem wäre es ihm peinlich, in der ersten Klasse gesehen zu werden. Aber warum? Immer wenn er ein Flugzeug betrat und durch die geräumigere, luxuriöse erste Klasse, wo schon vor dem Start die Sektkorken knallten, zu seinem Platz gehen musste, wäre er den dort Sitzenden am liebsten auf die Füße getreten.

Tom freute sich nicht gerade auf das Treffen im Lutetia. Deshalb schlug er vor, diesmal den Zug vom Flughafen zum Gare du Nord zu nehmen und erst von dort aus ein Taxi. Am Gare du Nord mussten sie nach einem Wagen anstehen; für Ordnung in der Schlange sorgten nicht weniger als drei Polizisten mit weißen Gamaschen und umgeschnallten Pistolen an den Hüften. Dann fuhren sie zum Hotel. Frank starrte aus dem Fenster, schweigsam und angespannt. Ob er sein Auftreten plante, fragte sich Tom, und wenn ja, was war zu erwarten? Eine Rührmichnichtan-Attitüde gegenüber Thurlow? Eine verlegene Erklärung für seinen Bruder Johnny? Oder gar Trotz? Und: Würde er sich weigern, Europa zu verlassen?

»Ich glaube, Sie werden meinen Bruder ganz in Ordnung finden«, sagte Frank nervös.

Tom nickte. Er wollte, dass der Junge sicher zu Hause ankam, dass er sein Leben weiterführte, was bestimmt College bedeutete, und dass er dem Unvermeidlichen ins Gesicht sah, damit leben lernte. Sechzehnjährige Kinder, zumindest aus einer Familie wie den Piersons, konnten nicht weglaufen und allein mit dem Leben fertigwerden, wie das ein Junge aus den Slums unter Umständen tun könnte oder ein Jugendlicher aus einer derart zerrütteten Familie, dass vielleicht selbst das Leben auf der Straße besser war. Das Taxi hielt vor dem Hôtel Lutetia.

»Ich habe Francs«, sagte der Junge.

Tom ließ ihn bezahlen. Der Portier trug ihre beiden Koffer hinein, doch in der eher protzigen Halle sagte Tom zu ihm: »Ich bleibe hier nicht. Könnten Sie meinen Koffer aufbewahren, eine halbe Stunde etwa?«

Auch Frank wollte sein Gepäck abgeben. Kurz darauf kam ein Page mit zwei Gepäckscheinen, die Tom einsteckte. Der Junge kehrte vom Empfangstresen zurück und meinte, Thurlow sei mit seinem Bruder weggegangen, werde aber in knapp einer Stunde zurückerwartet.

Erstaunlich, dass sie nicht im Hotel waren, dachte Tom. Er sah auf seine Uhr: 12:07. »Vielleicht sind sie zum Essen? Ich gehe ins nächste Café und rufe zu Hause an. Willst du mitkommen?«

»Klar!«, sagte Frank und ging voraus. Draußen auf dem Gehweg schlurfte er mit hängendem Kopf neben ihm her.

»Kopf hoch!«, sagte Tom.

Frank gehorchte sofort.

»Bestellst du mir einen Kaffee, Frank?« Sie betraten ein *tabac*, Tom ging die Wendeltreppe zu den *toilettes-téléphones* hinunter, steckte zwei Franc in den Schlitz, weil er nicht unterbrochen werden wollte, nur weil er ein paar Sekunden zu spät Geld nachwarf, und wählte die Nummer von Belle Ombre. Madame Annette meldete sich.

»Aah!« Als würde sie ohnmächtig beim Klang seiner Stimme.

»Ich bin in Paris. Alles in Ordnung bei Ihnen?«

»Mais oui! Aber Madame ist gerade nicht zu Hause. Sie ist zum Mittagessen. *Avec une amie.«*

Mit einer Frau also. »Sagen Sie ihr, ich komme heute Nachmittag zurück, so gegen vier, hoffe ich. – Spätestens halb sieben«, fügte er hinzu, als ihm einfiel, dass zwischen kurz nach zwei und kurz nach fünf Uhr vom Gare de Lyon keine Züge nach Moret fuhren.

»Soll Madame Héloïse Sie nicht in Paris abholen?«

Das wollte er nicht. Tom ging zu Frank und seinem Kaffee. Der Junge saß an der Theke, eine kaum angerührte Cola vor sich, und spuckte sein Kaugummi in eine leere, zerdrückte Zigarettenschachtel, die er aus einem großen Aschenbecher genommen hatte. »Verzeihung, aber ich hasse Kaugummi. Weiß gar nicht, wieso ich das Zeug gekauft habe. Oder das hier.« Er schob sein Glas weg.

Tom sah zu, wie er sich zur Musikbox schob, die gerade einen amerikanischen Song auf Französisch spielte.

Frank kam zurück. »Zu Hause alles in Ordnung?«

»Denke schon, danke.« Tom fischte Münzen aus der Hosentasche.

»Ist schon bezahlt.«

Sie gingen hinaus. Wieder ließ der Junge den Kopf hängen. Tom sagte nichts.

Wenigstens war Ralph Thurlow jetzt da. Auf Toms Bitte hin hatte Frank am Empfang gefragt. Sie fuhren in einem Lift hinauf, dessen Dekoration Tom an das Bühnenbild einer schlechten Wagner-Inszenierung erinnerte. Der Detektiv winkte den Jungen wortlos, doch enthusiastisch herein. Dann sah er Tom. Thurlows Lächeln gefror, und Frank bat Tom mit einer anmutigen Geste ins Zimmer. Niemand sagte ein Wort, bis die Tür geschlossen war. Der Detektiv – ohne Schlips, die Hemdsärmel hochgekrempelt – war ein bulliger Mann Ende dreißig mit welligem rötlichem Kurzhaar und einem harten Gesicht.

»Mein Freund, Tom Ripley«, sagte Frank.

»Ralph Thurlow. Bitte setzen Sie sich«, erwiderte Thurlow.

Platz war reichlich, auf Sesseln, Stühlen und Sofas, aber Tom blieb noch stehen. Die Tür zur Rechten war geschlossen, die zur Linken neben den Fenstern stand offen; Thurlow trat in diese Tür und rief nach Johnny. Der dusche gerade, sagte er darauf zu ihnen. Auf einem Tisch Zeitungen und eine Aktentasche, auf dem Boden weitere Zeitungen, ein Kofferradio und ein Kassettenrecorder. Vermutlich war dies das Wohnzimmer, mit Schlafzimmern auf beiden Seiten.

Johnny kam herein, hoch gewachsen, ein Lächeln auf den Lippen. Er trug das frische rosa Hemd noch über der Hose. Sein glattes braunes Haar war heller als Franks, das Gesicht schmaler. *»Franky!«* Er schüttelte dem Bruder kräftig die Hand, hätte ihn fast in die Arme genommen. »Wie geht's dir? Bist du okay?«

»Bist du okay?« Tom kam sich vor, als habe er mit Zimmer 620 amerikanischen Boden betreten. Er wurde Johnny vorgestellt und schüttelte ihm die Hand. Der Bruder wirkte offen und geradeheraus, jungenhaft, glücklich und unverkrampft, zudem jünger als seine neunzehn Jahre.

Dann kamen sie zur Sache. Tom überließ Thurlow den holprigen Anfang: Der Detektiv richtete Tom Mrs. Piersons Dank aus. Das Geld sei in Zürich eingetroffen, habe die Bank dort gemeldet.

»Bis auf die letzte D-Mark, abzüglich der Bankgebühren«, fuhr er fort. »Mr. Ripley, wir kennen die Einzelheiten nicht, aber …«

Und werden sie nie erfahren, dachte Tom. Er hörte dem Mann kaum noch zu. Zögernd nahm er auf einem beige gepolsterten Sofa Platz und steckte sich eine Gauloise an. Johnny und Frank standen am Fenster und redeten leise aufeinander ein. Der Junge wirkte wütend und angespannt. Hatte Johnny Teresas Namen erwähnt? Tom meinte, so etwas gehört zu haben. Der Bruder zuckte die Achseln.

»Keine Polizei, sagten Sie«, bemerkte der Detektiv. »Sie waren in deren Wohnung. Wie haben Sie das hingekriegt?« Thurlow lachte kurz auf – wie ein harter Kerl zum andern, glaubte er womöglich. »Einfach fantastisch!«

Mr. Thurlow war Tom hundertprozentig zuwider. »Berufsgeheimnis«, sagte Tom. Wie lange würde er das hier aushalten? Er stand auf. »Ich muss weiter, Mr. Thurlow.«

»So rasch, Mr. Ripley?« Der Detektiv stand immer noch. »Wir wollten Sie kennenlernen – Ihnen danken – und haben nicht mal Ihre genaue Adresse!«

Um ihm ein Honorar zu schicken? Tom sagte: »Ich stehe im Telefonbuch. Villeperce, siebenundsiebzig, Département Seine-et-Marne. Frank?«

»Ja, Sir?«

Auf einmal schien der Junge genauso verängstigt wie Mitte August in Belle Ombre. »Können wir dort kurz mal verschwinden?« Tom zeigte auf die offen stehende Tür, die wohl in Johnnys Zimmer führte.

Kein Problem, sagte Johnny, also gingen beide hinein, und Tom schloss die Tür.

»Verrate ihnen nicht alles über jene Nacht in Berlin«, sagte Tom. »Und vor allem kein Wort über den Toten, ja?« Tom sah sich um, konnte im Zimmer aber keinen Kassettenrecorder entdecken. Auf dem Boden neben dem Bett lag ein *Playboy*, auf einem Tablett standen mehrere große Flaschen Orangenlimonade.

»Natürlich nicht«, sagte Frank.

Die Augen des Jungen wirkten älter als die seines Bruders. »Meinetwegen kannst du ihnen sagen, ich wäre zur Geldübergabe nicht erschienen. Darum hätte ich das Lösegeld auch noch gehabt. In Ordnung?«

»Ja.«

»Und dass ich ein zweites Treffen ausgemacht hätte und einem der Kidnapper von dort gefolgt wäre, daher wusste ich, wo sie dich gefangen hielten. Aber nichts über diesen verrückten Hump!« Tom krümmte sich vor Lachen.

Beide lachten beinah hysterisch.

»Verstanden«, flüsterte Frank.

Plötzlich packte Tom den Jungen vorn an der Jacke, ließ ihn aber gleich wieder los. Der Ausrutscher war ihm peinlich. »Kein Wort über den Toten, niemals. Versprochen?«

Frank nickte: »Ja. Ich weiß, was Sie meinen.«

Schon auf dem Weg zur Tür, drehte Tom sich um. »Das ist mir ernst«, flüsterte er. »Bis hierher und nicht weiter – das gilt für alles. Solltest du Hamburg erwähnen, dann nicht Minots Namen. Sag, du hättest ihn vergessen.«

Schweigend blickte der Junge ihn unverwandt an, dann nickte er. Sie gingen hinüber ins andere Zimmer.

Mr. Thurlow saß jetzt in einem der beigebraunen Sessel. »Mr. Ripley, bitte nehmen Sie noch einmal kurz Platz.«

Aus Höflichkeit tat ihm Tom den Gefallen. Frank setzte sich sofort zu ihm auf das beige Sofa. Johnny stand immer noch am Fenster.

»Ich muss mich entschuldigen: Am Telefon war ich ein paarmal kurz angebunden«, begann Thurlow. »Sehen Sie, ich konnte ja nicht ahnen –« Er brach ab.

»Ich würde von Ihnen gern wissen«, sagte Tom, »wie es jetzt aussieht, was den Jungen betrifft. Wird er noch vermisst, wird er gesucht? Was genau haben Sie der Pariser Polizei erzählt?«

»Nun, zuerst habe ich Mrs. Pierson gemeldet, dass der Junge in Sicherheit ist – bei Ihnen in Berlin. Dann habe ich die Polizei hier informiert, mit Zustimmung der Mutter. Die ich selbstverständlich nicht brauchte.«

Tom biss sich auf die Unterlippe. »Ich hoffe, weder Sie noch Mrs. Pierson haben der Polizei hier oder sonst wo meinen Namen genannt. Das wäre völlig überflüssig.«

»In Frankreich nicht, das weiß ich«, versicherte Thurlow. »Mrs. Pierson – na ja, natürlich hab ich ihr Ihren Namen genannt, aber sie auch nachdrücklich gebeten, ihn der amerikanischen Polizei gegenüber nicht zu erwähnen. Die wurde auch gar nicht eingeschaltet, das war ein Fall für einen Privatdetektiv. Ich hab ihr gesagt, Reportern – die sie übrigens hasst – sollte sie erzählen, der Junge wäre auf Urlaub in Deutschland gesichtet worden. Sie hat nicht einmal gesagt, *wo* in Deutschland, denn dann wäre er womöglich noch mal entführt worden!« Thurlow lachte leise, lehnte sich im Sessel zurück und zog seinen Gürtel zurecht, den Daumen in die Messingschnalle gehakt.

Er lächelte, als hätte ein zweites Kidnapping ihn womöglich an einen weiteren angenehmen Ort geführt, etwa nach Palma de Mallorca.

»Ich wünschte, Sie würden mir sagen, was in Berlin passiert ist«, fuhr der Mann fort. »Wenigstens eine Beschreibung der Entführer hätte ich gern. Sie könnte –«

»Sie wollen doch nicht etwa nach ihnen suchen?«, unterbrach ihn Tom überrascht. »Das wäre völlig hoffnungslos.« Er lächelte, stand auf, Thurlow ebenfalls. Der Mann schien unzufrieden. »Ich habe die Telefongespräche mit ihnen aufgezeichnet. Na ja, vielleicht kann Frank mir mehr erzählen. – Warum sind Sie nach Berlin geflogen, Mr. Ripley?«

»Ach, Frank und ich wollten weg aus Villeperce. Mal was anderes sehen.« Worte wie aus einem Touristenführer oder der Broschüre eines Reisebüros, dachte Tom. »Und Berlin, weil es abseits der Touristenströme liegt. Frank wollte eine Weile unerkannt bleiben ... Übrigens, haben Sie seinen Pass hier?«, fragte er, bevor Thurlow nachhaken konnte, warum er den Jungen versteckt habe.

»Ja, hat meine Mutter per Einschreiben geschickt«, warf Johnny ein.

Tom sagte zum Jungen: »Den Andrews-Pass solltest du lieber loswerden. Du kannst mich nach unten begleiten und ihn mir mitgeben.« Tom überlegte, ob er ihn nach Hamburg zurückschicken sollte – Minot hätte bestimmt Verwendung dafür.

»Welchen Pass?«, fragte Thurlow.

Tom ging einen Schritt auf die Tür zu.

Thurlow, der offensichtlich nicht weiter nach dem Pass fragen wollte, trat zu ihm. »Vielleicht bin ich kein typischer Detektiv. Vielleicht gibt es solche Typen auch gar nicht. Wir sind alle anders – nicht jeder hat das Zeug, sich zu prügeln, wenn's dazu kommt.«

Aber war er nicht gerade der übliche Schnüffler? Toms

Blick fiel auf Thurlows gut genährten Körper und die fleischigen Hände mit dem Highschool-Ring am kleinen Finger der Linken. Er wollte den Mann schon fragen, ob er je Polizist gewesen sei, aber im Grunde war es ihm gleichgültig.

»Sie haben schon einige Erfahrung mit der Unterwelt, nicht wahr, Mr. Ripley?«, fragte Thurlow jovial.

»Wie alle«, erwiderte Tom, »die je einen Perserteppich gekauft haben. – Frank, mit deinem Pass bist du jetzt ja wohl reisefertig.«

»Ich bleibe hier nicht über Nacht.« Der Junge stand auf.

Thurlow sah ihn an. »Was meinst du damit, Frank? Wo ist dein Koffer? Hast du kein Gepäck?«

»Unten, wie Toms Koffer auch. Ich will jetzt mit ihm nach Villeperce fahren. Und dort auch schlafen. Wir fliegen doch nicht noch heute in die Staaten, oder? Ich jedenfalls nicht.« Er schien fest entschlossen.

Ein Lächeln zuckte über Toms Gesicht. Er sagte nichts. So etwas hatte er erwartet.

»Ich dachte, wir fliegen morgen.« Ebenso entschlossen und leicht verstört verschränkte Thurlow die Arme vor der Brust. »Willst du jetzt nicht deine Mutter anrufen? Sie wartet auf deinen Anruf.«

Sofort schüttelte der Junge den Kopf. »Wenn sie sich meldet, sagen Sie ihr einfach, es ginge mir gut.«

Thurlow erwiderte: »Mir wäre lieber, du würdest hier bleiben, Frank. Ist ja nur für eine Nacht. Ich will dich im Auge behalten.«

»Komm schon, Franky«, sagte Johnny. »Klar bleibst du hier, was denn sonst?«

Frank sah seinen Bruder an, als ob er gar nicht gern Franky genannt werde, und trat mit dem rechten Fuß aus, obwohl es vor ihm nichts zu treten gab. Er ging auf Tom zu. »Ich will hier weg.«

»Hör mal zu«, sagte Thurlow. »Eine Nacht –«

»Darf ich mitkommen nach Belle Ombre?«, fragte der Junge. »Ich darf doch, oder?«

Gleich darauf redeten alle durcheinander, nur Tom schwieg. Auf einen Notizblock neben dem Telefon schrieb er die Telefonnummer, darunter seinen Namen.

»Wenn wir meiner Mutter Bescheid sagen, geht das in Ordnung«, drängte Johnny den Detektiv. »Ich *kenne* Frank.«

Tom fragte sich, ob das stimmte. Offenbar vertraute er seinem jüngeren Bruder normalerweise.

»… verzögert die Sache nur«, entgegnete Thurlow gereizt. »Sie haben doch Einfluss auf ihn!«

»Hab ich nicht!«, sagte Johnny.

»Ich gehe jetzt.« Frank stand kerzengerade, den Kopf so hoch erhoben, wie man es sich nur wünschen konnte. »Tom hat seine Telefonnummer aufgeschrieben. Auf Wiedersehen, Mr. Thurlow. Bis bald, Johnny.«

»Morgen Vormittag, ja?« Johnny folgte Tom und Frank hinaus. »Mr. Ripley …«

»Nennen Sie mich Tom.« Sie gingen den Flur entlang zu den Aufzügen.

»Kein großer Erfolg, dieses Treffen«, sagte Johnny zu Tom. Er wirkte ernst. »War eine verrückte Zeit. Ich weiß, was Sie für meinen Bruder getan haben. Sie haben ihn gerettet.«

»Na ja …« Tom sah die Sommersprossen auf Johnnys

Nase und seine Augen, genau so geformt wie die seines Bruders, in deren Blick jedoch viel mehr Glück lag.

»Ralph kann ziemlich schroff sein – wie er so redet«, fuhr Johnny fort.

Thurlow folgte ihnen: »Wir wollen morgen Paris verlassen, Mr. Ripley. Kann ich Sie früh anrufen, so gegen neun? Bis dahin habe ich den Flug gebucht.«

Tom nickte gelassen. Der Junge hatte den Liftknopf gedrückt. »Ja, Mr. Thurlow.«

Johnny streckte die Hand aus. »Danke, Mr. ... Tom. Meine Mutter hat immer gedacht –«

Thurlows Geste verriet, Johnny solle besser den Mund halten.

Der aber fuhr fort: »Sie wusste nicht, was sie von Ihnen halten sollte.«

»Ach, hör schon auf!« Frank wand sich vor Verlegenheit.

Die Türen des Aufzugs öffneten sich wie zwei Arme, die ihn willkommen hießen, und Tom trat freudig ein. Frank folgte ihm auf dem Fuß, Tom drückte den Knopf, und sie fuhren hinab.

»Puh!« Der Junge schlug sich mit der offenen Hand gegen die Stirn.

Tom lachte, gegen das Wagner-Interieur des Aufzugs gelehnt. Zwei Stockwerke tiefer stiegen ein Mann und eine Frau zu. Sie trug ein Parfüm, dass es Tom schauderte, obwohl es vielleicht sogar teuer gewesen war – ihr gelb und blau gestreiftes Kleid wirkte alles andere als billig, und ihre schwarzen Glanzlederpumps erinnerten Tom an den Halbstiefel, den er in der Berliner Wohnung der Entführer verloren hatte. Oder waren es beide gewesen? Ein Fund, der die Nachbarn oder die Polizei überraschen dürfte. Unten in der Halle ging Tom ihre Koffer holen, aber erst draußen auf dem Bürgersteig konnte er wieder frei atmen. Der Portier rief ihnen ein Taxi. Gleich darauf hielt eines, zwei Frauen stiegen aus, Tom und der Junge stiegen ein. Sie konnten den 14:18 vom Gare de Lyon noch bequem erreichen. Das wäre gut, würde es ihnen doch die öde Warterei auf den nächsten Zug ersparen, der erst gegen fünf Uhr fuhr. Der Junge starrte angestrengt und verträumt zugleich zum Fenster hinaus; sein versteinerter Körper erinnerte Tom an eine Statue, an einen der Erzengel, die manchmal wie betäubt die Portale von Kirchen stützen. Am Bahnhof kaufte er zwei Fahrkarten erster Klasse und eine *Le Monde* am Zeitungskiosk auf dem Bahnsteig.

Als der Zug anfuhr, holte der Junge ein Taschenbuch hervor, das er in einem Hamburger Buchladen gekauft hatte (Tom wusste das noch): *The Country Diary of an Edwardian Lady* – ausgerechnet so etwas. Tom überflog seine *Le Monde,* las eine Kolumne über die *gauchistes,* die nichts Neues brachte, breitete die Zeitung auf dem Sitz neben Frank aus und legte die Füße hoch. Frank sah ihn nicht an. Tat er nur so, als sei er ins Buch vertieft?

»Gibt es irgendeinen Grund, warum …« Die restlichen Worte des Jungen gingen im Rattern des Zuges unter. Tom beugte sich vor: »Warum was?«

Frank fragte ernsthaft: »Gibt es einen einfachen Grund, warum der Kommunismus nicht funktioniert?«

Tom fürchtete, es könnte noch lauter werden, weil der rasende Zug demnächst würde halten und bremsen müssen. Auf der anderen Seite des Ganges heulte ein kleines Kind und bekam vom Vater einen sanften Klaps. »Wie kommst du denn darauf? Durch das Buch?«

»Nein, nein – Berlin.« Der Junge runzelte die Stirn.

Tom holte tief Luft. Er hasste es, gegen den Lärm anschreien zu müssen. »Er funktioniert ja. Der Sozialismus wenigstens. Was fehlt, ist der Ehrgeiz des Einzelnen – so sagt man. Die heutige russische Variante erlaubt nicht genug Eigeninitiative, also verlieren alle den Mut.« Tom sah sich um und war froh, dass niemand seinem improvisierten Vortrag folgte. »Es gibt einen Unterschied –«

»Vor einem Jahr dachte ich, dass ich Kommunist wäre. Ja, sogar moskautreu. Kommt darauf an, was man liest. Wenn man die *richtigen* Sachen liest …«

Was meinte Frank mit den »richtigen Sachen«? »Würdest du –«

»Warum brauchen die Russen die Mauer?«, unterbrach ihn Frank mit düsterer Miene.

»Tja, das ist das Problem: Entscheidungsfreiheit … Selbst heutzutage kann man versuchen, Bürger eines kommunistischen Landes zu werden, wahrscheinlich gelingt das auch. Aber versuch nur mal, ein solches Land zu *verlassen,* wenn du dort lebst!«

»Das ist so – ungerecht!«

Tom schüttelte den Kopf. Der Zug ratterte weiter, als läge Melun schon hinter ihnen. Doch das war unmöglich. Er war froh über Franks naive Fragen – wie sollte ein Junge sonst etwas lernen? Wieder beugte er sich vor: »Du hast doch die Mauer gesehen. Die Absperrungen sind auf *ihrer* Seite, dennoch behaupten sie, die Mauer hätten sie gebaut, damit die Kapitalisten *draußen* bleiben … Aber selbstverständlich, es hätte wunderbar sein können. Russland hat sich erst nach und nach in einen Polizeistaat verwandelt. Die glauben anscheinend, dass sie ohne all die Kontrolle ihrer Bürger nicht auskommen.« Wie nun zum Schluss finden, fragte sich Tom. Jesus Christus war ein früher Kommunist gewesen. »Doch die Idee ist natürlich *großartig*!«, schrie er. War das der Weg, die Jugend zu belehren? Banalitäten zu brüllen?

Melun. Der Junge vertiefte sich wieder in sein Buch, kurz darauf zeigte er auf eine Passage: »Die wachsen in unserem Garten. In Maine. Mein Vater hat sie aus England kommen lassen.«

Tom las etwas über eine englische Wildblume, von der er noch nie gehört hatte: Gelb, manchmal auch purpurrot, blühte zu Anfang des Frühlings. Er nickte – und machte sich Sorgen, grübelte über alles Mögliche, also über nichts, wie ihm klar wurde, was nützlich oder sinnvoll wäre.

In Moret stiegen sie aus. Tom nahm eines der beiden wartenden Taxis. Allmählich lebte er auf – dies war sein Zuhause, er kannte die Häuser, ja sogar die Bäume, die turmbewehrte Brücke über den Loing. Er erinnerte sich an das erste Mal, als er den Jungen hier vor Madame Boutins Haus abgesetzt hatte, an sein Misstrauen gegen ihn und seine Geschichte, an seine Verwunderung darüber, dass der Junge gerade ihn aufgesucht hatte. Das Taxi rollte durch das offene Tor von Belle Ombre auf den Kies und hielt bei der Vordertreppe. Tom lächelte beim Anblick des roten Mercedes in der Garage; die zweite Garagentür war geschlossen, also war der Renault vermutlich auch da und Héloïse zu Hause. Er bezahlte den Fahrer.

»Bonjour, Monsieur Tomme!«, rief Madame Annette von der Treppe. »Und Monsieur Billy – willkommen!«

Billy zu sehen schien sie nicht sonderlich zu überraschen.

»Und hier? Alles in Ordnung?« Er küsste sie flüchtig auf die Wange.

»Ja, alles bestens. Aber Madame Héloïse hat sich solche Sorgen gemacht – einen Tag lang oder so. Bitte, treten Sie ein.«

Im Wohnzimmer kam ihm Héloïse entgegen, dann lag sie in seinen Armen. »Endlich, *Tomme*!«

»War ich so lange weg? – Und hier ist Billy!«

»Hallo, Héloïse. Ich störe Sie schon wieder«, sagte der Junge auf Französisch. »Aber nur für eine Nacht. Wenn ich darf.«

»Du störst mich nicht. Hallo.« Sie musste blinzeln und reichte ihm die Hand.

Ihr Blinzeln verriet Tom, dass sie wusste, wer der Junge war. »Es gibt viel zu erzählen«, sagte Tom gut gelaunt, »doch zuerst will ich die Koffer nach oben bringen. Komm mit –« Er wusste einen Moment lang nicht, wie er den Jungen nennen sollte; deshalb bedeutete er ihm stumm zu folgen, und sie gingen mit dem Gepäck hinauf.

Im Haus roch es nach Orangen und Vanille, woraus Tom schloss, dass Madame Annette gerade am Backen war, denn sonst hätte sie sich die Koffer geschnappt – und er hätte sie ihr wieder abgenommen, weil er es noch immer nicht gern sah, wenn eine Frau einem Mann den Koffer trug.

»Herrgott, ist das schön, wieder zu Hause zu sein!«, verkündete er oben im Flur. »Nimm das Gästezimmer, Frank. Das heißt …« Ein kurzer Blick in den Raum zeigte ihm, dass er frei war. »Aber benutze mein Klo. Ich möchte dich sprechen, also komm gleich mal herüber.« Tom ging auf sein Zimmer und nahm ein paar Sachen aus dem Koffer, die er aufhängen oder waschen lassen wollte.

Der Junge kam herein. An seinem bedrückten Gesicht erkannte Tom, dass ihm Héloïses Reaktion nicht entgangen war.

»Na gut, sie weiß es«, sagte Tom. »Aber worum machst du dir Sorgen?«

»Solange sie nicht denkt, ich wäre nichts weiter als ein Lügner …«

»Auch darüber würde ich mir nicht den Kopf zerbrechen. – Ist dieser köstlich duftende Kuchen, oder was immer, für den Tee bestimmt oder für das Abendessen?«

»Und was ist mit Madame Annette?«, fragte Frank.

Tom lachte. »Offenbar will sie dich weiter Billy nennen. Aber sie wusste wahrscheinlich eher als Héloïse, wer du bist. Madame Annette liest die Klatschblätter. Wenn du morgen deinen Pass vorzeigst, ist es eh vorbei mit dem Versteckspiel. Was ist los? Schämst du dich etwa? – Gehen wir hinunter. Die Sachen zum Waschen wirfst du einfach hier auf den Boden. Ich sage Madame Annette Bescheid; morgen früh ist alles sauber und trocken.«

Frank kehrte auf sein Zimmer zurück, und Tom ging hinunter ins Wohnzimmer. Ein wunderschöner Tag, die Flügeltüren zum Garten standen offen.

»Natürlich wusste ich es, von den Fotos. Zwei hab ich gesehen«, sagte Héloïse. »Das erste hat Madame Annette mir gezeigt. Warum ist er weggelaufen?«

Gerade kam Madame Annette mit dem Teetablett herein.

»Er wollte eine Weile weg. Hat Amerika mit dem Pass seines älteren Bruders verlassen. Aber morgen fliegt er nach Hause, zurück in die Staaten.«

»Ach ja?«, fragte Héloïse überrascht. »Wirklich?«

»Ich habe vorhin seinen Bruder Johnny getroffen – und den Privatdetektiv, den die Familie engagiert hat. In Paris, sie wohnen im Lutetia. Ich hatte seit Berlin Verbindung zu ihnen.«

»Berlin? Ich dachte, du wärst die meiste Zeit über in *Hambourg* gewesen?«

Der Junge kam die Treppe herunter.

Héloïse schenkte Tee ein. Madame Annette war wieder in der Küche verschwunden.

»Na ja, Eric lebt in Berlin«, sagte Tom. »Eric Lanz, war letzte Woche hier. Setz dich, Frank.«

»Was hattest du in Berlin verloren?«, fragte Héloïse, als wäre die Stadt ein militärischer Vorposten oder ein Ort, bei dem kein Tourist jemals auch nur im Traum daran denken würde, ihn zu besuchen.

»Ach, habe mich nur mal umgesehen.«

»Freust du dich auf zu Hause, Frank?«, fragte Héloïse, als sie ihm ein Stück Orangenkuchen reichte.

Dem Jungen ging es gerade nicht gut. Tom tat, als bemerke er nichts, stand vom Sofa auf und ging einen Blick auf die Post werfen, die Madame Annette wie üblich neben dem Telefon gestapelt hatte. Nur sechs oder sieben Briefe, ein paar davon anscheinend Rechnungen. Einer von Jeff Constant: Tom war neugierig, öffnete ihn aber nicht.

»Hast du mit deiner Mutter gesprochen, als du in Berlin warst?«, fragte Héloïse weiter.

»Nein.« Frank schluckte den Bissen herunter, als sei der Kuchen staubtrocken.

»Und wie war Berlin?« Jetzt sah sie Tom an.

»Keine Stadt auf der Welt ist so wie Berlin. Was man ja auch von Venedig sagt. Jeder kann tun und lassen, was er will. Stimmt's, Frank?«

Der Junge rieb sich mit den Knöcheln das linke Auge und wand sich schweigend.

Tom gab es auf. »He, Frank, geh nach oben. Schlaf ein bisschen, wirklich. Ich bestehe darauf.« Zu Héloïse sagte er: »Gestern Nacht sind wir in Hamburg erst spät ins Bett gekommen, wegen Reeves. – Ich hole dich rechtzeitig zum Essen herunter.«

Frank stand auf und deutete vor Héloïse eine Verbeugung an. Er bekam kein Wort heraus.

»Ist was passiert?«, flüsterte Héloïse. »Gestern Nacht, in *Hambourg*?«

Der Junge war über die Treppe nach oben verschwunden.

»Ach, Hamburg ist unwichtig. Frank ist entführt worden, in Berlin. Vergangenen Sonntag. Erst in der Nacht auf Dienstag hab ich ihn gefunden. Die haben dem Jungen –«

»Entführt?«

»Ich weiß, es stand nicht in den Zeitungen. Die Kidnapper haben ihm eine Menge Tranquilizer gegeben, und die Auswirkungen spürt er immer noch.«

Héloïse blinzelte wieder, aber anders als vorher. So weit hatte sie die Augen aufgerissen, dass Tom die dünnen, dunkelblauen Radialen sah, die von den Pupillen über die blaue Iris ausstrahlten. »Nein, nichts hab ich davon gehört, kein Wort. Hat seine Familie Lösegeld bezahlt?«

»Nein. Na ja, schon, aber das Geld wurde nicht übergeben. Ich erzähle dir das irgendwann, wenn wir allein sind. Du erinnerst mich gerade an den Drückerfisch im Berliner Aquarium. Ein unglaublicher kleiner Bursche! Hab ein paar Postkarten von ihm, ich zeige sie dir. Wimpern hat der – als hätte sie jemand rund um die Augen aufgemalt. Lange, schwarze Wimpern!«

»Meine sind nicht lang und schwarz. – Tom, diese Entführung: Was meinst du damit, du hättest ihn gefunden?«

»Die Einzelheiten ein andermal. Wir sind unverletzt, das siehst du ja.«

»Und seine Mutter? Weiß sie davon?«

»Ließ sich nicht vermeiden, weil das Geld ja aufgebracht werden musste. Ich habe davon nur angefangen, damit du verstehst, warum der Junge heute ein bisschen seltsam wirkt. Er ist –«

»Sehr eigenartig. Warum ist er überhaupt weggelaufen? Weißt du das?«

»Nein, eigentlich nicht.« Tom wusste nur, dass er Héloïse niemals verraten würde, was ihm der Junge erzählt hatte. Sie brauchte nicht alles zu wissen, und er kannte die Grenze genau, wie den Markierungsstrich auf einer Skala.

19

Jeff Constants Brief beruhigte Tom, denn Jeff versprach ausdrücklich, dafür zu sorgen, dass sie die erst halb fertigen oder völlig misslungenen Skizzen des Mannes, der nach Bernard Tufts die Derwatts gefälscht hatte, »zerreißen« würden. Diese Versuche eines Schmierfinks schienen kein Ende zu nehmen. Tom hatte im Gewächshaus nach dem Rechten gesehen, eine reife Tomate gepflückt, die Madame Annettes Aufmerksamkeit entgangen sein musste, geduscht und saubere Jeans angezogen. Außerdem hatte er Héloïse geholfen, einen Kleiderständer zu polieren, den sie erst kürzlich gekauft hatte. An dessen Spitze sprangen gekrümmte Holzhaken hervor, die Tom an die Hörner amerikanischer Westernrinder erinnerten. Zu seiner Überraschung kam das Ding, wie Héloïse ihm gesagt hatte, tatsächlich aus Amerika, und das dürfte den Preis (den Tom gar nicht wissen wollte) noch höher getrieben haben. Ihr gefiel der Kleiderständer, weil er mit seiner amerikanischen Variante des *style rustique* in Belle Ombre komisch wirkte.

Gegen acht rief Tom den Jungen zum Essen herunter und öffnete zwei Bierflaschen für sie beide. Frank hatte nicht lange geschlafen, doch hoffentlich wenigstens kurz geschlummert. Héloïse berichtete Tom das Neueste von der Familie: Ihrer Mutter ging es wieder ganz gut; eine

Operation war nicht nötig, doch hatte der Arzt ihr Salz und Fett verboten – das altbewährte Rezept der Franzosen, dachte er, wenn der Doktor nicht mehr weiterwusste. Héloïse sagte, sie habe die Eltern am Nachmittag angerufen und wegen Toms Rückkehr das übliche Abendessen abgesagt.

Jetzt tranken sie Kaffee, im Wohnzimmer.

»Ich habe die Platte aufgelegt, die du so magst«, sagte Héloïse zu dem Jungen: *Transformer* von Lou Reed. »Make Up« hieß der erste Song auf der zweiten Seite:

Your face when sleeping is sublime,
And then you open up your eyes …
Then comes pancake Factor Number One,
Eyeliner, rose lips and lip gloss are such fun!
You're a slick little girl …

Der Junge ließ den Kopf über dem Kaffee hängen.

Tom suchte nach der Zigarrenkiste, die sonst auf dem Telefontisch stand. Vielleicht war sie leer, und die neuen Zigarren, die er gekauft hatte, lagen oben auf seinem Zimmer. Er sehnte sich nach einer, aber nicht genug, um hinaufzugehen. Tom bedauerte, dass Héloïse diese Platte aufgelegt hatte, weil er wusste, dass der Junge dabei an Teresa denken musste. Frank schien still zu leiden, und Tom fragte sich, ob er »sich entschuldigen« oder lieber bei ihnen bleiben wollte, trotz der Musik. Vielleicht war der zweite Song leichter zu ertragen:

Sa-tel-lites gone, way up to Mars ...
I've been told that you've been bold
With Harry, Mark and John ...
Things like that drive me out of my mind ...
I watched it for a little while ...
I love to watch things on TV ...

Das Lied ging weiter, mit dieser lässigen amerikanischen Stimme und den einfachen, eingängigen Worten, die doch, wenn man sie so verstehen wollte, die Krise eines Menschen beschrieben. Tom bedeutete Héloïse stumm, die Platte abzustellen, und stand aus dem Lehnstuhl auf. »Ich mag das, doch wie wär's mit Klassik? Vielleicht Albéniz? Das wäre nett.« Sie besaßen eine neue Aufnahme der *Iberia* mit Michel Block am Klavier, eine Einspielung, die laut den angesehensten Kritikern alle zeitgenössischen Aufnahmen dieses Werks in den Schatten stellte. Héloïse legte die Platte auf. Schon besser! Verglichen mit Reed war dies ein musikalisches Gedicht, doch ohne die Fesseln menschlicher Worte samt ihrer Botschaft. Als sich ihre Blicke kurz kreuzten, sah Tom Dankbarkeit in den Augen des Jungen aufblitzen.

»Ich gehe nach oben«, sagte Héloïse. »Gute Nacht, Frank. Hoffentlich seh ich dich morgen früh noch.«

Er stand auf. »Ja. Gute Nacht, Héloïse.«

Sie ging die Treppe hinauf. Tom spürte, dass ihr frühes Verschwinden ein Signal an ihn war, auch bald heraufzukommen. Natürlich wollte sie ihn weiter ausfragen.

Das Telefon klingelte. Tom stellte die Musik leiser und hob ab: Ralph Thurlow aus Paris, er wollte wissen, ob Tom und der Junge heil angekommen seien – ja, versicherte Tom.

»Ich habe einen Flug für morgen gebucht, 12:45 Uhr von Roissy«, sagte Thurlow. »Können Sie dafür sorgen, dass Frank rechtzeitig eintrifft? Ist er im Haus? Ich würde gern mit ihm sprechen.«

Tom sah den Jungen an, doch dessen Geste war eindeutig ablehnend. »Er ist nach oben gegangen. Ich glaube, er schläft schon. Aber ich sorge dafür, dass er nach Paris kommt. Kein Problem. Die Fluglinie?«

»TWA, Flug Nummer 562. Ich glaube, es wäre am einfachsten, wenn Frank morgen zwischen zehn und halb elf ins Lutetia käme. Wir nehmen dann ein Taxi.«

»In Ordnung, das geht.«

»Mr. Ripley, heute Nachmittag hab ich nichts davon gesagt, aber Sie hatten doch sicher Auslagen. Lassen Sie mich wissen, wie viel, und ich sorge dafür, dass die Sache erledigt wird. Schreiben Sie mir unter der Adresse von Mrs. Pierson. Frank wird sie Ihnen geben.«

»Danke.«

»Sehen wir uns morgen Vormittag? Mir wäre es lieber, wenn Sie den Jungen, äh, bis ins Hotel bringen würden.«

»Gut, Mr. Thurlow.« Beim Auflegen lächelte Tom. Zu Frank sagte er: »Thurlow hat Tickets für morgen, eine Mittagsmaschine. Du sollst gegen zehn im Hotel sein. Das schaffst du leicht, vormittags fahren jede Menge Züge. Ich könnte dich aber auch hinbringen.«

»Ach nein«, lehnte Frank höflich ab.

»Aber du fährst hin?«

»Ja.«

Tom gab sich Mühe, seine Erleichterung zu verbergen.

»Eigentlich wollte ich Sie bitten, mich zu begleiten – aber

das wäre wohl zu viel verlangt.« Frank ballte die Fäuste in den Hosentaschen, sein Kinn bebte.

Begleiten wohin, fragte sich Tom. »Setz dich, Frank.«

Der Junge blieb stehen. »Ich muss mich dem allen stellen, das weiß ich.«

»Was meinst du mit ›dem allen‹?«

»Denen sagen, was ich getan habe – das mit meinem Vater.« Als wäre das sein Todesurteil.

»Tu das nicht, habe ich gesagt.« Tom sprach leise, dabei wusste er, dass Héloïse in ihrem Zimmer war oder im Bad. Beide Räume gingen nach hinten hinaus. »Du musst das nicht tun, und das weißt du auch. Warum fängst du also wieder damit an?«

»Wenn ich Teresa noch hätte, würde ich das nicht tun, das schwöre ich. Aber nicht einmal sie bleibt mir noch.«

Da war er wieder, der tote Punkt, dachte Tom. Teresa.

»Vielleicht bring ich mich um. Was sonst? Das ist keine dumme leere Drohung. Ich bin nur vernünftig.« Er sah Tom in die Augen. »Mein ganzes Leben – heute Nachmittag hab ich es da oben im Zimmer überdacht.«

Mit sechzehn. Tom nickte und sagte etwas, das er selber nicht glaubte: »Vielleicht hast du Teresa ja gar nicht verloren. Vielleicht schwärmt sie nur ein paar Wochen für jemand anders, oder sie glaubt das bloß. Siehst du, Mädchen spielen gerne. Aber sie weiß bestimmt, dass du es ernst meinst.«

Frank lächelte dünn. »Was bringt mir das? Der andere Kerl ist *älter* als ich.«

»Jetzt hör mal zu, Frank …« Würde es irgendetwas nützen, den Jungen noch einen Tag in Belle Ombre zu halten und zu versuchen, ihn zur Räson zu bringen? Das schien

Tom sofort mehr als zweifelhaft. »Eines musst du nun wirklich nicht tun – jemandem davon erzählen.«

»Ich glaube, das muss ich selbst entscheiden«, erwiderte Frank erstaunlich kühl.

Sollte er den Jungen nach Amerika begleiten, ihm über die ersten ein, zwei Tage mit der Mutter hinweghelfen und sicherstellen, dass ihm nichts herausrutschte? »Nehmen wir an, ich käme morgen mit.«

»Nach Paris?«

»In die Staaten, meinte ich.« Tom hatte erwartet, der Junge würde sich entspannen und aufleben, aber Frank erwiderte nur achselzuckend: »Ja, aber was würde das letzten Endes –«

»Frank, du wirst nicht zusammenbrechen! – Hast du was dagegen, dass ich mitkomme?«

»Nein. Sie sind eigentlich mein einziger Freund.«

Tom schüttelte den Kopf. »Ich bin nicht dein einziger Freund, nur der einzige Mensch, mit dem du darüber gesprochen hast. Na gut, ich begleite dich. Und ich will es Héloïse gleich sagen. – Komm mit nach oben, schlaf ein bisschen, ja?«

Der Junge folgte Tom die Treppe hinauf. Oben sagte Tom: »Gute Nacht, bis morgen«, ging zu Héloïses Tür und klopfte. Sie lag im Bett und las, auf den Ellbogen gestützt, zwei Kissen im Rücken. Ein Taschenbuch, bemerkte Tom, ihre zerlesene Ausgabe von Audens *Selected Poems*. Sie mochte seine Gedichte; sie seien »klar«, sagte sie. Merkwürdige Zeit für Gedichte, dachte Tom, doch vielleicht auch nicht. Ihr verschwommener Blick richtete sich wieder auf die Gegenwart, auf ihn und den Jungen.

»Ich fliege morgen mit Frank nach Amerika«, sagte er. »Wahrscheinlich nur für zwei, drei Tage.«

»Warum? Tom, viel hast du mir nicht erzählt. Fast gar nichts.« Sie warf das Buch beiseite, war aber nicht wütend.

Auf einmal wurde Tom klar, dass es etwas gab, das er ihr nicht sagen konnte. »Er ist in ein Mädchen verliebt. Eine Amerikanerin. Seit Kurzem hat sie einen anderen, deswegen ist der Junge so niedergeschlagen.«

»Ist das ein Grund, ihn nach Amerika zu begleiten? Was ist wirklich in Berlin passiert? Du schützt ihn doch immer noch – vor was? Einer Bande?«

»Nein! Eine Entführung, das ist in Berlin passiert. Als Frank und ich einen Spaziergang machten, in einem großen Wald dort. Wir waren ganz kurz getrennt, und die haben ihn sich geschnappt. Ich habe ein Treffen mit den Kidnappern vereinbart –« Er hielt inne. »Na, jedenfalls konnte ich den Jungen aus ihrer Wohnung befreien. Er war ganz schläfrig von den Tranquilizern. Ein bisschen ist er das immer noch.«

Héloïse schien ihm nicht zu glauben. »Und all das in Berlin – in einer Stadt?«

»Ja. West-Berlin. Die Stadt ist größer, als du denkst.« Tom hatte sich ans Fußende ihres Bettes gesetzt, nun aber stand er auf. »Und mach dir wegen morgen keine Sorgen, weil ich schon sehr bald wieder hier bin, und … Wann genau gehst du eigentlich auf diese Kreuzfahrt? Nicht vor Ende September, oder?« Heute war der erste September.

»Am achtundzwanzigsten. – Tom, was bedrückt dich wirklich? Glaubst du, sie wollen den Jungen noch einmal entführen? Dieselben Leute?«

Tom lachte: »Nein, bestimmt nicht! Die Burschen in

Berlin waren wie eine Bande Halbstarker. Und bloß zu viert. Außerdem bin ich sicher, dass sie sich aus Angst verkrochen haben.«

»Du verschweigst mir doch etwas.« Héloïse klang weder wütend noch vorwurfsvoll. Irgendetwas dazwischen.

»Kann sein, aber das erzähl ich dir später.«

»Das hast du schon mal gesagt, als es um …« Sie verstummte und senkte den Blick auf ihre Hände.

Murchison? Meinte sie sein nach wie vor ungeklärtes Verschwinden? Ein Amerikaner, den Tom im Keller von Belle Ombre mit einer Weinflasche erschlagen hatte (ein guter Margaux, das wusste er noch). Nein, noch nie hatte er Héloïse erzählt, wie er Murchisons Leiche aus dem Haus geschleift hatte, nie hatte er ihr die Wahrheit über den großen, dunkelroten, hartnäckigen Fleck gesagt, der auf dem Zementboden ihres Kellers noch immer zu sehen war und nicht nur von Rotwein stammte. Er hatte lange an diesem Fleck herumgeschrubbt. »Na gut …« Tom zog sich langsam zur Tür zurück.

Héloïse hob den Blick und sah ihn an.

Er kniete neben dem Bett, nahm sie in Arme, so fest er konnte, und presste das Gesicht in das Laken, das sie bedeckte.

Sie strich ihm mit den Fingern übers Haar. »Ist diese Sache gefährlich? Wenn ja, wie? Kannst du mir das wenigstens sagen?«

Tom wusste es selber nicht. »Ist gar nicht gefährlich.« Er stand auf. »Gute Nacht, *chérie*.«

Draußen im Flur sah er, dass bei dem Jungen noch Licht brannte. Als er am Gästezimmer vorbeiging, öffnete Frank die Tür einen Spaltweit und winkte ihn herein. Tom trat ein, der Junge schloss die Tür. Er war im Pyjama, hatte das Bett schon aufgeschlagen, sich aber noch nicht hingelegt.

»Ich glaube, ich war feige, unten im Wohnzimmer«, begann er. »Ist wohl die Art, *wie* ich Sachen sage. Finde nicht die richtigen Worte. Und fast hätte ich geheult, Herrgott noch mal!«

»Na und? Was macht das schon.«

Der Junge ging hin und her, betrachtete seine bloßen Füße auf dem Teppichboden. »Ich würde mich gern verlieren – weniger mich umbringen als mich verlieren. Wegen Teresa, glaub ich. Wenn ich mich nur einfach in Luft auflösen könnte, wie Wasserdampf, verstehen Sie?«

»Dein Selbst verlieren, meinst du das? *Was* willst du verlieren?«

»Alles. Einmal, mit Teresa, da dachte ich, dass ich meine Brieftasche verloren hätte.« Er lächelte unvermittelt. »Wir saßen mittags beim Essen in einem New Yorker Restaurant, und ich wollte zahlen und konnte die Brieftasche nicht finden. Mir war so, als hätte ich sie ein paar Minuten zuvor herausgeholt, zu früh allerdings, und dachte, sie wäre vielleicht vom Tisch gefallen. Ich sah darunter nach – wir saßen auf einer Bank oder so – und konnte sie nicht finden. Dann dachte ich, womöglich hätte ich sie zu Hause vergessen! Ich glaube, mit Teresa bin ich immer wie benommen. So ist das – ich könnte in Ohnmacht fallen. Wenn ich sie wiedersehe, ist es jedes Mal, als bekäme ich kaum noch Luft.«

Tom schloss mitfühlend die Augen, nur für einen Moment. »Du darfst bei einem Mädchen niemals nervös wirken, Frank. Selbst wenn du es bist.«

»Ja, Sir. – An jenem Tag jedenfalls hat Teresa gesagt: ›Du hast sie bestimmt nicht verloren, sieh noch mal nach‹ – inzwischen half mir sogar der Kellner suchen, und Teresa sagte, sie würde zahlen, und als sie das tun wollte, fand sie das Ding in *ihrer* Handtasche, wohin ich es gesteckt hatte, weil ich's doch zu früh herausgeholt hatte und so nervös war. So ging es mir immer mit Teresa: Erst fand ich alles furchtbar, dann ging es doch ganz gut.«

Tom verstand ihn. Auch Freud hätte verstanden. War dieses Mädchen wirklich gut für den Jungen? Tom glaubte nicht.

»Ich könnte Ihnen noch so eine Geschichte erzählen, aber ich will Sie nicht langweilen.«

Worauf wollte er hinaus? Oder wollte er einfach nur über Teresa reden?

»Tom, ich will wirklich alles verlieren. Ja, sogar mein Leben. Ist schwer für mich, das in Worte zu fassen. Vielleicht könnte ich das Teresa erklären oder wenigstens irgendwas sagen, aber jetzt will sie es nicht mal mehr wissen. Ich langweile sie.«

Tom zog seine Zigaretten hervor und zündete sich eine an. Der Junge lebte in einer Traumwelt; er musste in die Wirklichkeit gestoßen werden. »Bevor ich's vergesse, Frank: dein Andrews-Pass. Darf ich?« Tom zeigte auf den Stuhl, über den Frank seine Jacke gehängt hatte.

»Ja klar, da ist er.«

Tom nahm den Pass aus der inneren Brusttasche. »Den schicke ich Reeves zurück.« Er räusperte sich und fuhr fort: »Soll ich dir erzählen, wie ich einmal einen Mann in diesem Haus ermordet habe? Furchtbar, nicht wahr? Unter diesem

Dach. Den Grund kann ich dir auch verraten, das Bild unten über dem Kamin, der *Mann im Sessel* –« Da fiel ihm plötzlich ein: Er konnte Frank nicht sagen, dass das Bild eine Fälschung war, genau wie inzwischen so viele Derwatts. Nicht wenn Frank es weitererzählen konnte, Monate oder auch Jahre später.

»Ja, ich mag das Bild«, sagte Frank. »Und der Mann wollte es stehlen?«

»Nein!« Tom warf den Kopf zurück und lachte. »Mehr will ich nicht sagen. Irgendwie sind wir uns gleich, nicht wahr, Frank?« Lag da nicht eine Spur von Erleichterung im Blick des Jungen? »Gute Nacht, Frank. Ich wecke dich gegen acht.«

In seinem Zimmer stellte Tom fest, dass Madame Annette seinen Koffer ausgepackt hatte. Er würde also wieder von vorn anfangen müssen, mit dem Rasierzeug und so weiter. Das Geschenk für Héloïse, die blaue Handtasche, lag nun auf dem Schreibtisch, noch immer in der weißen Plastiktüte. Die Tasche war in einer Schachtel verpackt. Tom beschloss, sie irgendwann morgen früh in ihr Zimmer zu schmuggeln – sie würde das Geschenk nach seiner Abreise finden. Fünf nach elf: Tom ging nach unten, um Thurlow anzurufen, obwohl auch in seinem Zimmer ein Apparat stand.

Johnny meldete sich. Er sagte, Thurlow dusche gerade.

»Ihr Bruder möchte, dass ich morgen mitkomme, also werde ich ihn begleiten«, sagte Tom. »Nach Amerika, meine ich.«

»Ach, wirklich? Na, schön!« Johnny klang erfreut. »Da kommt Ralph. – Tom Ripley.« Er gab den Hörer weiter.

Tom fing noch einmal an. Dann fuhr er fort: »Ob Sie mir wohl einen Platz in derselben Maschine besorgen könnten? Oder soll ich es gleich selber probieren?«

»Nein, ich erledige das. Geht bestimmt klar«, sagte Thurlow. »War das Franks Idee?«

»Sein Wunsch, ja.«

»Okay, Tom. Bis morgen dann, gegen zehn.«

Tom duschte noch einmal warm. Er freute sich auf sein Bett. Noch am Morgen war er in Hamburg gewesen – was der gute alte Reeves in diesem Augenblick wohl gerade machte? Wieder Geschäfte mit irgendwem, bei einem kühlen Weißwein in seiner Wohnung? Tom beschloss, das Packen auf morgen zu verschieben.

Im Bett, im Dunkeln, dachte Tom über die Kluft zwischen den Generationen nach (oder versuchte es wenigstens): Gab es sie zwischen allen? Und überlappten diese Generationen sich nicht, sodass man die Perioden der Veränderung nicht zeitlich genau auf fünfundzwanzig Jahre fixieren konnte? Tom versuchte sich vorzustellen, wie das für Frank sein musste, in dem Jahr geboren zu sein, als die Beatles in London, nach der Zeit in Hamburg, gerade ihre ersten Erfolge feierten, dann auf Amerikatour gingen und die Popmusik revolutionierten – etwa sieben Jahre alt zu sein, als der erste Mensch den Mond betrat und die Vereinten Nationen sich als Organisation zur Friedenswahrung allmählich lächerlich machten und politisch missbraucht wurden. Genau wie zuvor der Völkerbund, war es nicht so? Längst Geschichte, der Völkerbund, dem es nicht gelungen war, Franco oder Hitler zu stoppen. Jede Generation musste sich offenbar von irgendwelchen Dingen lösen und dann verzweifelt etwas anderes suchen, an das sie sich klammern konnte: Heute waren es für die Jugendlichen manchmal Gurus oder Hare Krischna oder die Sekte der Moonies – und immer und ewig die Popmusik. Hin und wieder sprachen ihnen Protestsongs aus der Seele. Sich zu verlieben galt dagegen als altmodisch, hatte Tom irgendwo gelesen oder gehört, jedoch nicht von Frank. Der Junge war womöglich schon darin anders als die andern, dass er zugab, verliebt zu sein. »Cool bleiben, keine tiefen Gefühle zeigen« war das Motto der Jugend. Viele junge Leute glaubten nicht mehr an die Ehe; sie wollten einfach zusammenleben und, manchmal, auch Kinder haben.

Aber er schweifte ab. Frank hatte gesagt, er wolle sich verlieren. Meinte er damit Verpflichtungen gegenüber der Familie Pierson, deren er sich entledigen wollte? Selbstmord? Einen Namenswechsel? Woran würde der Junge sich klammern wollen? Toms Müdigkeit setzte seinem Grübeln ein Ende. Draußen vor dem Fenster rief eine Eule: *»Chou-ette, chou-ette.«* Schon Anfang September glitt Belle Ombre in den Herbst und den Winter hinüber.

20

Héloïse fuhr Tom und den Jungen zum Bahnhof von Moret. Sie hatte angeboten, die beiden bis nach Paris zu bringen, aber da sie am Abend ihre Eltern in Chantilly besuchen musste, hatte Tom sie überredet, nicht auch noch in die Stadt zu fahren. Héloïse hatte die beiden verabschiedet, ihnen alles Gute gewünscht und Frank einen Extrakuss gegeben, was Tom nicht entgangen war.

Er konnte den *France-Dimanche,* das Klatschblatt, im Bahnhof von Moret nicht finden, doch als sie im Gare de Lyon ankamen, kaufte er sich als Erstes die Zeitung, blieb mitten im Bahnhof stehen und überflog sie. Es war erst kurz nach neun. Auf Seite zwei fand er Frank Pierson – das gewohnte alte Passfoto, diesmal nur ein- statt mehrspaltig: VERMISSTER AMERIKANISCHER MILLIONÄRSERBE WAR AUF URLAUB IN DEUTSCHLAND lautete die Schlagzeile. Tom durchsuchte die Meldung besorgt nach dem eigenen Namen, doch der wurde nicht genannt. Hatte Ralph Thurlow endlich doch noch gute Arbeit geleistet? Tom war erleichtert.

»Kein Grund zur Sorge«, sagte er zu Frank. »Willst du mal sehen?«

»Nein, danke, wirklich nicht.« Der Junge hob den Kopf, als koste das besondere Anstrengung. Er ließ sich wieder mal hängen.

Sie stellten sich nach einem Taxi an und fuhren zum Hôtel Lutetia. Thurlow stand in der Halle am Empfangstresen und stellte gerade einen Scheck aus, um die Rechnung zu begleichen.

»Guten Morgen, Tom. Hallo, Frank! Johnny ist noch oben, er bringt das Gepäck herunter.«

Sie warteten. Johnny trat aus einem Lift, er trug ein paar Reisetaschen verschiedener Fluglinien und lächelte seinem Bruder zu: »Heute Morgen die *Trib* schon gesehen?«

Sie hatten Toms Haus zu früh für die Zeitung verlassen, und Tom hatte vergessen, eine zu kaufen. Johnny sagte seinem Bruder, in der *Tribune* stehe, dass man ihn in Deutschland gefunden habe, auf Urlaub. Und wo sollte der Junge demnach jetzt sein, fragte sich Tom, doch er schwieg.

Frank sagte: »Ich weiß.« Ihm schien nicht wohl in seiner Haut.

Sie brauchten zwei Taxis. Frank wollte mit Tom fahren, der aber schlug vor, er solle sich zu seinem Bruder setzen. Tom wollte ein paar Minuten mit Thurlow allein sein. Mal sehen, was dabei herauskam.

»Sie kennen die Piersons schon eine ganze Weile, nicht?«, begann er verbindlich.

»Ja«, sagte Thurlow. »John seit sechs, sieben Jahren. Jack Diamond, ein Privatdetektiv, war ein Partner von mir. Dann ist er zurückgegangen nach San Francisco, woher ich komme, und ich bin in New York geblieben.«

»Ich bin froh, dass die Zeitungen nicht viel Wind um das Auftauchen des Jungen machen. Ist das Ihren Bemühungen zu verdanken?«, fragte Tom. Er wollte die Gelegenheit nicht auslassen, Thurlow ein Kompliment zu machen.

»Das hoffe ich doch«, meinte Thurlow selbstzufrieden. »Ich habe mein Bestes getan, die Sache niedrig zu hängen. Und ich hoffe auch, dass keine Reporter zum Flughafen kommen. Frank hasst Journalisten, das weiß ich.«

Thurlow roch nach etwas, das er wohl für männlich hielt. Tom rückte weiter weg in die Ecke. »Was war John Pierson für ein Mensch?«

»Ach …« Gemächlich zündete sich Thurlow eine Zigarette an. »Ein Genie, so viel steht fest. Kann sein, dass ich aus Leuten wie ihm nie recht schlau werde. Er lebte für die Arbeit. Oder für das Geld, das war wie ein Spiel für ihn. Vielleicht gab ihm das ein Gefühl der Sicherheit, mehr noch als seine Familie. Aber er verstand sein Geschäft, das ganz bestimmt. Und er hat sich selbst hochgearbeitet, ihm hat kein reicher Vater den Start finanziert. John hat angefangen mit einem Lebensmittelladen in Connecticut, der vor dem Bankrott stand. Den hat er gekauft und dann immer weiter expandiert, ausschließlich mit Lebensmitteln.«

Noch eine Quelle emotionaler Sicherheit: Essen. Tom hatte das schon oft gehört. Er wartete.

»Seine erste Ehe – er hatte ein Mädchen aus einer wohlhabenden Familie Connecticuts geheiratet, ich glaube, sie hat ihn gelangweilt. Keine Kinder, zum Glück. Dann lernte sie einen anderen Mann kennen, der vermutlich mehr Zeit für sie hatte. Also ließen sie sich scheiden. Ohne jedes Aufsehen.« Er warf Tom einen kurzen Blick zu. »In jenen Jahren kannte ich John noch nicht, aber später hörte ich alles darüber. John hat stets hart gearbeitet, er wollte das Beste für sich *und* für seine Familie.« Gehöriger Respekt schwang da mit.

»War er glücklich?«

Thurlow sah zum Fenster hinaus und wiegte den Kopf hin und her. »Wer kann schon glücklich sein, wenn er mit so viel Geld jonglieren muss? Das ist wie ein Imperium regieren. – Eine schöne Frau, Lily, gut aussehende Söhne, hübsche Häuser überall, doch das war für einen Mann wie ihn womöglich nebensächlich. Ich weiß es nicht. Bestimmt war er wesentlich glücklicher als Howard Hughes.« Thurlow lachte. »Der Mann ist ja wahnsinnig geworden!«

»Was glauben Sie, warum hat John Pierson sich umgebracht?«

»Ich weiß nicht, *ob* er sich umgebracht hat.« Er sah Tom an. »Was meinen Sie damit? Hat Frank das so gesagt?«, fragte Thurlow beiläufig.

Wollte der Mann ihn aushorchen? Oder den Jungen abklopfen? Auch Tom wiegte den Kopf betont langsam hin und her, obwohl das Taxi gerade in diesem Moment jäh ausscherte, um einen Laster zu überholen. Sie rasten auf der *périphérique* weiter nach Norden. »Nein, Frank hat gar nichts gesagt. Oder nur das wiederholt, was in den Zeitungen stand – dass es ein Unfall gewesen sein könnte. Oder Selbstmord. Was glauben Sie?«

Thurlow schien zu überlegen, doch auf seinen schmalen Lippen lag ein Lächeln, als sei er schon sicher. Tom sah das mit einem Blick. »Ich denke schon, es war eher Selbstmord als ein Unfall. Ich *weiß* es nicht«, versicherte er, »das ist bloß meine Vermutung. Er war schon in den Sechzigern. Wie kann ein Mann glücklich sein, der im Rollstuhl sitzt, halb gelähmt ist – und das seit zehn Jahren? John hat immer versucht, gute Laune zu zeigen, aber vielleicht hatte er einfach genug? Keine Ahnung. Doch ich weiß, dass er schon unzählige Male da draußen auf der Klippe gewesen war. Und an jenem Tag war es ruhig – kein Wind, der ihn von der Kante geblasen hätte.«

Tom war zufrieden: Den Jungen schien Thurlow nicht zu verdächtigen. »Und Lily, wie ist sie?«

»Ganz anders. In ihrer eigenen Welt. Sie war Schauspielerin, als John sie kennenlernte. Warum fragen Sie?«

»Weil ich sie wahrscheinlich treffen werde.« Tom lächelte. »Hat sie einen Lieblingssohn?«

Thurlow lächelte ebenfalls, erleichtert, denn die Frage war unverfänglich. »Sie denken wohl, dass ich die Familie gut kenne. So gut nun auch wieder nicht.«

Tom beließ es dabei. Sie hatten die *périphérique* an der Ausfahrt Porte de la Chapelle verlassen; jetzt lagen die langweiligen fünfzehn Kilometer Flughafenzubringer vor ihnen, die zu dem grauenvollen Bau namens Charles de Gaulle führten – eine Beleidigung für das Auge, wie Tom fand, fast so schlimm wie das Centre Beaubourg, doch im Beaubourg gab es wenigstens schöne Dinge zu sehen.

»Womit verbringen Sie Ihre Zeit, Mr. Ripley?«, fragte Thurlow. »Jemand erzählte mir, Sie hätten keinen gewöhnlichen Job – Sie wissen schon, im Büro und so weiter …«

Das war nun für Tom unverfänglich, weil er diese Frage schon so oft beantwortet hatte. Da war die Gartenarbeit, sagte er, dann nehme er Cembalounterricht, lese gern französische und deutsche Literatur und bemühe sich stets, in diesen Sprachen besser zu werden. Er spürte, dass Thurlow ihn ansah wie einen Außerirdischen. Vielleicht lag sogar Abscheu in seinem Blick. Tom war das völlig egal. Er hatte schon Schlimmeres überstanden als diesen Mann. Thurlow hielt ihn für eine zwielichtige Gestalt, fast schon für einen Gauner, womöglich für einen Gigolo, der das Glück gehabt hatte, eine wohlhabende Französin zu heiraten, für einen Schnorrer, Schmarotzer und Faulenzer. Tom wahrte seine ausdruckslose Miene, denn er könnte in den kommenden Tagen Thurlows Hilfe oder gar Loyalität brauchen. Hatte der Mann je so hart für etwas kämpfen müssen wie er für den Schutz von Derwatts Namen? Eigentlich für den Schutz der Derwatt-Fälschungen, doch die ältere Hälfte der Bilder war selbstverständlich echt. Hatte Thurlow Mafiamänner erschlagen, wie er das getan hatte? Oder musste man sie heutzutage »Mitglieder des organisierten Verbrechens« nennen, diese sadistischen Zuhälter und Erpresser?

»Und Susie?«, fuhr Tom fort, immer noch freundlich. »Ich nehme an, Sie kennen sie?«

»Susie? Ach so, die Haushälterin. Ja, sicher. Sie ist schon da, seit ich denken kann. Kommt langsam in die Jahre, aber sie wollen sie nicht ... in Pension schicken.«

Am Flughafen konnten sie keine Trolleys finden, also schleppten sie alles Gepäck zum Check-in-Schalter von TWA. Plötzlich tauchten zwei, drei Fotografen auf, die mit ihren Kameras beiderseits der Warteschlange in Stellung gingen. Tom senkte den Kopf und sah noch, wie der Junge sein Gesicht gelassen hinter der Hand verbarg. Thurlow, Tom zugewandt, schüttelte mitfühlend den Kopf. Ein Reporter sprach Frank in französisch gefärbtem Englisch an:

»Hatten Sie einen schönen Urlaub in Deutschland, Monsieur Pierson? Möchten Sie etwas über Frankreich sagen? Warum ... haben Sie sich versteckt?«

Groß und schwarz hing die Kamera um seinen Hals. Tom hatte Lust, sie zu packen und an seinem Schädel zu zerschmettern, doch der Mann riss sie hoch und schoss ein Foto von Frank, als der ihm den Rücken zudrehte.

Nachdem sie das Gepäck aufgegeben hatten, stürmte Thurlow voran und sprengte die Journalisten, vier oder fünf mittlerweile, wie ein Footballspieler mit den Schultern auseinander (bewundernswert, fand Tom), während sie sofort zu der Rolltreppe zum *satellite* Nummer fünf und zur Passkontrolle liefen, die ihre Verfolger abhalten würde.

»Ich sitze neben meinem Freund!«, verkündete Frank der Stewardess an Bord der Maschine. Tom, meinte er.

Tom ließ den Jungen die Sache regeln: Ein Mann war bereit, die Plätze zu tauschen, und so fanden sie Sitze nebeneinander in einer Sechserreihe. Tom saß am Gang. Die Concorde war das hier kaum – Tom freute sich nicht gerade auf die nächsten sieben Stunden. Schon eigenartig, dachte er, dass Thurlow nicht erste Klasse gebucht hatte.

»Worüber haben Sie mit Thurlow gesprochen?«, fragte der Junge.

»Nichts Wichtiges. Er wollte wissen, womit ich meine Zeit verbringe.« Tom lachte leise. »Und du mit Johnny?«

»Auch nichts Besonderes«, gab Frank brüsk zurück, doch Tom störte das nicht, denn er kannte den Jungen inzwischen.

Er hoffte nur, sie hatten nicht über Teresa gesprochen, denn Johnny schien in Sachen Liebesleid kein Mitleid zu kennen. Tom hatte in einer karierten Reisetasche drei Bücher als Reiselektüre dabei. Die unvermeidlichen, unermüdlichen kleinen Gören – alle drei amerikanisch – liefen bereits im Gang auf und ab, dabei hatte Tom gedacht, Frank und er könnten dem Radau entkommen, weil ihre Plätze mindestens achtzehn Reihen hinter der mutmaßlichen Basis der Kleinen lagen. Tom versuchte zu lesen, zu dösen, zu denken – obwohl angestrengtes Grübeln nicht immer ratsam war. Eingebungen, gute oder nützliche Einfälle kamen selten, wenn man es forcierte. Als er aus dem Halbschlaf erwachte, ging ihm das Wort »schauspielern« nicht aus den Ohren oder dem Kopf, er setzte sich auf, den blinzelnden Blick auf den Technicolor-Western gerichtet, der nun auf dem Bildschirm in der Mitte der Maschine lief, stumm für ihn, weil er auf den Kopfhörer verzichtet hatte. Schauspielern – aber wie? Was wurde von ihm erwartet, im Hause der Piersons?

Tom nahm erneut ein Buch zur Hand. Als einer der widerwärtigen Vierjährigen zum soundsovielten Mal durch den Gang auf ihn zurannte, unsinniges Zeug brabbelnd, lehnte er sich zurück und streckte den Fuß ein Stück in den Gang hinaus. Das kleine Monster fiel auf den Bauch und brüllte sofort los wie ein schwer gekränktes Schlossgespenst. Tom tat so, als schlafe er. Von irgendwoher tauchte eine gelangweilte Stewardess auf und stellte das kleine Biest wieder auf die Beine. Der Mann auf dem Platz gegenüber des Gangs grinste zufrieden: Tom war nicht allein. Die Stewardess brachte den Kleinen zurück zu seinem Platz vorne in der Kabine, sicher nur, um neue Kraft zu sammeln. *Reculer pour mieux sauter,* wie die Franzosen sagten – für diesen Fall wollte Tom einem anderen Passagier das Vergnügen lassen, ihm ein Bein zu stellen.

Am frühen Nachmittag erreichten sie New York. Tom

reckte den Hals und sah aus dem Fenster. Wie immer begeisterten ihn die Wolkenkratzer von Manhattan, die durch weißgelbe Wattewolken verschwommen wirkten, wie ein impressionistisches Gemälde. Hinreißend schön! Nirgendwo sonst auf der Welt ragten so viele Gebäude auf so kleiner Fläche so hoch empor. Dann ein dumpfer Schlag, und sie waren gelandet, bewegten sich wieder wie Rädchen in einem Getriebe: Pässe, Gepäck, das Abtasten auf Waffen. Und dann der rotbäckige Mann, den Frank ihm als Eugene vorstellte – der Chauffeur. Eugene, eher klein und ziemlich kahl, schien glücklich, den Jungen wiederzusehen.

»Frank! Wie geht es Ihnen?« Er wirkte freundlich, zugleich höflich und korrekt, sprach mit englischem Akzent und trug einen Straßenanzug mit Hemd und Schlips. »Mr. Thurlow – willkommen! Und Johnny!«

»Hallo, Eugene«, sagte Thurlow. »Das ist Mr. Ripley.«

Die beiden begrüßten einander, dann fuhr Eugene fort: »Mrs. Pierson musste heute früh nach Kennebunkport. Susie ging es nicht gut. Mrs. Pierson sagte, Sie sollten entweder in der Stadtwohnung übernachten oder einen Hubschrauber vom Heliport nehmen.«

Sie standen im hellen Sonnenlicht auf dem Gehweg, die Koffer neben sich, und Tom trug noch sein Handgepäck.

»Wer ist in der Wohnung?«, fragte Johnny.

»Im Augenblick niemand, Sir. Flora hat Urlaub«, sagte Eugene. »Ehrlich gesagt, wir haben sie dichtgemacht. Mrs. Pierson meinte, sie würde vielleicht Mitte der Woche in die Stadt kommen, falls Susie –«

»Fahren wir zur Wohnung«, unterbrach ihn Thurlow. »Sie liegt sowieso auf dem Weg. Irgendwas dagegen,

Johnny? Ich würde gern im Büro anrufen. Kann sein, dass ich da heute noch vorbeischauen muss.«

»Klar, das geht in Ordnung. Ich will auch nach meiner Post sehen«, sagte Johnny. »Was hat Susie denn, Eugene?«

»Weiß ich nicht genau, Sir. Klang nach einem leichten Herzinfarkt. Ich weiß, dass sie den Arzt gerufen haben. Das war heute Mittag. Ihre Mutter hat angerufen. Ich habe sie gestern hergefahren, wir haben in der Wohnung übernachtet. Sie wollte Sie vom Flughafen abholen.« Eugene lächelte. »Ich gehe nur schnell den Wagen holen. Bin gleich wieder da.«

Tom fragte sich, ob das Susies erster Herzinfarkt war. Flora dürfte ein Hausmädchen sein. Eugene kam in einem großen schwarzen Mercedes zurück. Alle stiegen ein, Frank vorne, neben Eugene.

»Alles okay, Eugene?«, fragte Johnny. »Mit meiner Mutter?«

»Ja, Sir, glaube schon. Sie hat sich Sorgen um Frank gemacht, ist ja klar.« Eugene fuhr steif und effizient; Tom musste an eine Rolls-Royce-Broschüre denken, die er gelesen hatte – Chauffeure sollten nie den Ellbogen auf den Fensterrahmen legen, hieß es dort, das wirke schlampig.

Johnny zündete sich eine Zigarette an und drückte einen Knopf in der beigebraunen Lederpolsterung. Ein Aschenbecher klappte heraus. Frank sagte kein Wort.

Third Avenue, dann Lexington. Verglichen mit Paris war Manhattan ein Bienenstock: überall kleine Zellen, die geschäftig summten; menschliche Insekten, die hinein- und herauskrabbelten, Sachen trugen, Autos beluden, eilig marschierten, sich anrempelten. Vor einem Apartmenthaus mit einer Markise bis zum Bordstein kam der Wagen fast lautlos zum Stehen; ein grau livrierter Portier legte lächelnd die Finger an den Mützenschirm und öffnete die Wagentür.

»Guten Tag, Mr. Pierson«, sagte er.

Johnny begrüßte ihn mit Namen. Glastüren, dann fuhren sie im Lift hinauf, das Gepäck folgte in einem anderen Aufzug.

»Wer hat den Schlüssel?«, fragte Thurlow.

»Ich«, antwortete Johnny nicht ohne Stolz und zog einen Schlüsselring aus der Tasche.

Eugene parkte inzwischen den Wagen.

12 A stand auf der Wohnungstür. Sie traten in eine geräumige Diele. Im großen Wohnzimmer trugen manche der Sessel vor den Fenstern weiße Schonbezüge, obwohl die Jalousien heruntergelassen waren, sodass ohne elektrisches Licht kaum etwas zu sehen war. Johnny kümmerte sich um alles: Er lächelte, als sei er glücklich, zu Hause zu sein, ja als wäre dies sein Zuhause, zog an den Jalousienschnüren, sodass mehr Licht einfiel, und knipste eine Stehlampe an. Frank stand immer noch in der Diele und sah die Post durch, gut ein Dutzend Briefe. Das Gesicht des Jungen blieb angespannt, die Miene düster. Nichts von Teresa dabei, dachte Tom. Aber als Frank ins Wohnzimmer kam, schlenderte er beinahe lässig. Er sah ihn an und sagte:

»Tja, Tom, das ist es. Oder doch ein Teil davon. Unser Zuhause.«

Tom lächelte höflich, weil Frank das so wollte, und ging zu einem mittelmäßigen Ölgemälde über dem Kamin (einem echten?), das eine Frau zeigte, vermutlich Franks Mutter: blond, hübsch, geschminkt und in Positur gesetzt;

die Hände ruhten nicht im Schoß, sondern auf der Lehne eines hellgrünen Sofas. Sie trug ein schwarzes, ärmelloses Kleid mit einer orangeroten Blume im Gürtel und ein sanftes Lächeln, das der Maler aber so oft überarbeitet hatte, dass Tom nicht erwartete, etwas von ihrer wirklichen Persönlichkeit darin zu finden. Was John Pierson wohl für diesen Mist bezahlt haben musste? Thurlow telefonierte in der Diele, vielleicht mit seinem Büro. Tom interessierte es nicht, was er zu sagen hatte. Dann sah er, wie Johnny einen Blick auf die Briefe warf, zwei davon einsteckte und einen dritten öffnete. Er schien guter Laune.

Im Wohnzimmer standen zwei große braune Ledersofas über Eck (Tom sah nur die Unterseite eines Sofas unter dem weißen Bezug) sowie ein Flügel mit einer Partitur auf dem Notenständer. Tom trat näher, wollte wissen, welches Stück es war, aber zwei Fotos auf dem Flügel lenkten ihn ab. Das eine zeigte einen dunkelhaarigen Mann mit einem blonden, lachenden Kleinkind, etwa zwei Jahre alt, vermutlich Johnny. Der Mann war John Pierson, keine vierzig anscheinend. Er lächelte aus freundlichen braunen Augen, die Tom an den Jungen erinnerten. Das zweite Foto war genauso vorteilhaft: John ohne Brille in einem weißen Hemd, kein Schlips, ein Lächeln auf den Lippen und in der erhobenen Hand eine Pfeife, aus der kräuselnder Rauch aufstieg. Bei diesen Bildern fiel es schwer, sich John Pierson senior als Familientyrannen oder auch nur als knallharten Geschäftsmann vorzustellen. Auf dem Umschlag des Notenblatts stand *Sweet Lorraine* in verschnörkelten Lettern. Ob Lily Klavier spielen konnte? Das Lied hatte Tom immer gemocht.

Eugene betrat die Wohnung, und zugleich kam Thurlow aus einem anderen Raum mit einem Drink herein, Scotch und Soda, wie es aussah. Sogleich fragte ihn der Chauffeur, ob er auch etwas wolle, Tee oder einen Drink, doch Tom lehnte ab. Dann besprachen Thurlow und Eugene das weitere Vorgehen: Thurlow wollte einen Helikopter nehmen, und Eugene meinte, das sei natürlich kein Problem – ob sie alle mitflögen? Tom sah Frank an. Es hätte ihn nicht überrascht, von dem Jungen zu hören, er wolle lieber mit Tom in New York bleiben, aber Frank sagte:

»Ja, okay. Wir kommen alle mit.«

Eugene ging zum Telefon.

Frank winkte Tom in einen Flur. »Möchten Sie mein Zimmer sehen?« Der Junge öffnete die zweite Tür rechts. Auch hier waren die Jalousien heruntergelassen, doch Frank zog an einer Schnur, sodass Licht einfiel.

Tom sah eine lange Tischplatte auf Böcken, ordentlich aufgereihte, gegen die Wand gelehnte Bücher, einen Stapel Spiralhefte für die Schule und zwei Fotos eines Mädchens – Teresa, er erkannte sie wieder. Ein Bild zeigte nur sie in einem weißen Kleid, mit einem hawaiianischen Blumenkranz als Tiara, strahlenden Augen und einem verschmitzten Lächeln auf den rosaroten Lippen. Vermutlich die Ballkönigin jener Nacht, dachte Tom. Das andere, ebenfalls farbig, war kleiner: Frank und Teresa Hand in Hand auf einem Platz, allem Anschein nach Washington Square. Teresa trug beige, weit ausgestellte Jeans und ein blaues Jeanshemd, sie hielt eine kleine Tüte in der freien Hand, vielleicht Erdnüsse. Frank sah gut aus und glücklich, wie ein Junge, der sich seines Mädchens sicher ist.

»Mein Lieblingsbild«, sagte er. »Ich wirke darauf älter. Das war nur … rund zwei Wochen bevor ich nach Europa geflogen bin.«

Also eine Woche bevor er seinen Vater umgebracht hatte. Erneut kamen Tom Zweifel, verstörende und höchst merkwürdige Zweifel: Hatte der Junge seinen Vater tatsächlich getötet? Oder war das eine Fantasie von ihm? Jugendliche hatten solche Wunschvorstellungen und hielten hartnäckig daran fest. Warum nicht auch Frank? Der Junge glühte auf eine Art, die Johnny völlig abging. So würde Frank zum Beispiel ewig brauchen, um über Teresa hinwegzukommen, und mit »ewig« meinte Tom etwa zwei Jahre. Andererseits: Wenn der Junge nur fantasierte, seinen Vater getötet zu haben, und Tom davon erzählte, dann vermutlich, um Aufmerksamkeit zu erregen, und das passte nicht zu ihm.

»Woran denken Sie?«, fragte Frank. »An Teresa?«

»Sagst du mir die Wahrheit, was deinen Vater betrifft?«, fragte Tom leise zurück.

Der Junge presste plötzlich die Lippen fest zusammen, so wie Tom das schon von ihm kannte. »Warum sollte ich Sie je belügen?« Dann, achselzuckend, als schäme er sich des ernsten Tons: »Gehen wir hinüber.«

Er könnte schlicht deshalb lügen, dachte Tom, weil er Wunschvorstellungen mehr glaubte als der Wirklichkeit. »Dein Bruder hat gar keinen Verdacht geschöpft?«

»Mein Bruder … Er hat mich gefragt, und ich sagte, ich hätte ihn nicht – gestoßen.« Er brach ab. Dann: »Er hat mir geglaubt. Ich fürchte, wenn ich Johnny die Wahrheit sagte, er würde sie nicht glauben wollen.«

Tom nickte und wies mit dem Kopf zur Tür. Bevor er

das Zimmer verließ, warf er einen Blick auf die Stereoanlage und das schöne, dreistöckige Plattenregal neben der Tür. Dann trat er ans Fenster und zog die Jalousien wieder dicht. Der Bettvorleger war rot, ein tiefes Purpurrot, genau wie die Bettdecke. Tom fand die Farbe angenehm.

Sie gingen alle hinunter und fuhren in zwei Taxis zum Midtown Heliport an der West Thirtieth Street. Er hatte von dem Heliport schon gehört, ihn aber noch nie gesehen. Der Privathubschrauber der Piersons bot Platz für rund ein Dutzend Passagiere. Allerdings zählte Tom die Sitze nicht. Es gab eine Bar, eine Miniküche und reichlich Beinfreiheit.

»Ich kenne diese Leute nicht.« Frank meinte den Piloten und einen Steward, der fragte, was sie essen und trinken wollten. »Sie arbeiten für den Heliport.«

Tom bestellte ein Bier und ein Sandwich, Roggenbrot mit Käse. Erst kurz nach fünf; der Flug würde rund drei Stunden dauern, hatte jemand gesagt. Thurlow saß neben Eugene, näher am Piloten. Tom sah aus dem Fenster zu, wie New York unter ihnen wegsackte.

Chop-chop-chop, wie in den Comics. Berghohe Gebäude versanken, als würden sie nach unten gesaugt. Tom musste an einen rückwärts laufenden Film denken. Frank saß neben ihm, doch getrennt durch den Gang. Hinter ihnen war niemand. Vorne erzählten der Steward und der Pilot Witze, nach dem Gelächter zu schließen. Zur Linken hing eine orangerote Sonne über dem Horizont.

Frank vertiefte sich in ein Buch, ein neues, das er aus seinem Zimmer mitgenommen hatte. Tom versuchte zu dösen; das schien ihm das Beste, schließlich würden sie alle heute Abend wohl erst spät ins Bett kommen. Für ihn wie auch für den Jungen, Thurlow und Johnny war es jetzt ungefähr zwei Uhr morgens. Thurlow schlief schon.

Ein anderes, höheres Motorengeräusch weckte Tom. Der Hubschrauber ging in den Sinkflug über.

»Wir landen hinten auf dem Rasen«, sagte Frank zu ihm.

Draußen war es fast dunkel, doch dann sah Tom ein großes weißes Haus, eindrucksvoll, aber auch einladend mit seinen Lichtern, die unter den überdachten Veranden an zwei Seiten des Hauses gelblich leuchteten. Und vielleicht würde Mutter auf der einen Veranda stehen, dachte Tom, um den Sohn zu begrüßen, der sich müde nach Hause schleppte, einen Stock über der Schulter mit seinen Siebensachen in einem zusammengeknoteten Taschentuch … Tom merkte, dass er neugierig auf dieses Haus der Piersons war – selbstverständlich nicht ihr einziges, aber doch ein wichtiges Domizil. Zu ihrer Rechten lag die See, und dort draußen bemerkte er einige Lichter, von Booten oder Bojen. Und da war sie auf einmal wirklich: Lily Pierson – Mama – stand winkend vor dem Haus! Sie trug schwarze Hosen und eine schwarze Bluse, soweit Tom das im Halbdunkel erkennen konnte, doch ihr blondes Haar schimmerte im Licht der Veranda. Neben ihr wartete eine dickliche, weiß gekleidete Frau.

Der Hubschrauber setzte auf, eine Treppe klappte aus, und sie stiegen die Stufen hinab.

»*Franky!* Willkommen zu Hause!«, rief seine Mutter.

Auch die Frau neben ihr, eine Schwarze, lächelte und kam ihnen entgegen, um mit dem Gepäck zu helfen, das Eugene und der Steward aus einer Seitenklappe holten.

»Hallo, Mom«, sagte Frank. Er legte ihr den Arm um die

Schulter, nervös oder leicht angespannt, und drückte einen flüchtigen Kuss auf ihre Wange.

Tom sah aus einiger Entfernung zu, er stand noch auf dem Rasen: Der Junge war schüchtern, aber es schien nicht so, als könne er seine Mutter nicht ausstehen.

»Das ist Evangelina«, bemerkte Lily Pierson zu dem Jungen und deutete auf die Schwarze, die mit einem Koffer auf sie zukam. »Mein Sohn Frank – und Johnny«, sagte sie zu der Frau. »Und Sie, Ralph, wie geht es Ihnen?«

»Sehr gut, danke. Das ist –«

Frank fiel ihm ins Wort: »Mom, Tom Ripley.«

»Ich freue mich so, Sie kennenzulernen, Mr. Ripley!« Ein prüfender Blick aus Lilys Lidschattenaugen, doch ein durchaus freundliches Lächeln.

Mrs. Pierson führte sie ins Haus und versicherte, sie könnten Jacken und Regenmäntel in der Diele oder woanders aufhängen. Ob sie schon gegessen hätten? Oder waren sie zu müde dazu? Evangelina habe ein kaltes Abendbrot gerichtet, falls sie etwas essen wollten. Sie klang nicht nervös, nur um die Gäste bemüht; ihr amerikanischer Akzent war eine Kombination aus New York und Kalifornien, fand Tom.

Sie nahmen im großen Wohnzimmer Platz. Eugene folgte Evangelina hinaus, zur Küche wahrscheinlich, wohin auch die Hubschraubercrew verschwunden sein dürfte. Und dort hing das Gemälde, der Derwatt, den Frank bei seinem zweiten Besuch in Belle Ombre erwähnt hatte: *Der Regenbogen,* eine von Bernard Tufts' Fälschungen. Tom hatte es noch nie gesehen, kannte den Titel nur von einem Verkaufsbericht, den ihm die Galerie Buckmaster vor etwa vier Jahren zugeschickt hatte. Tom erinnerte sich auch an Franks Beschreibung des Bildes – unten beige, die Häuserspitzen einer Stadt, darüber ein vorwiegend dunkelroter Regenbogen mit einem Schuss Blassgrün. »Alles verwischt und gezackt«, hatte der Junge gesagt. »Man weiß nicht, welche Stadt gemeint ist, Mexico-City oder New York.« Genau so war es. Bernard hatte gute Arbeit geleistet, hatte den Regenbogen mit schnellen Strichen sicher hingeworfen. Nur widerwillig wandte Tom den Blick wieder ab, doch er wollte nicht, dass Mrs. Piersons ihn fragte, ob er besonders viel für Derwatts übrighabe. Sie sprach gerade mit Thurlow; er berichtete von den Ereignissen in Paris (Telefongespräche) und sagte, Frank und Mr. Ripley hätten nach Berlin einige Tage in Hamburg verbracht, was Lily Pierson ja schon gehört haben musste. Seltsam, dachte Tom, auf einem Sofa zu sitzen, das größer war als das eigene, vor einem Kamin, der ebenfalls größer war und über dem ein gefälschter Derwatt hing, der so wenig echt war wie Belle Ombres *Mann im Sessel.*

»Mr. Ripley, von Ralph weiß ich, wie fantastisch Sie uns geholfen haben.« Lily musste mehrmals blinzeln. Sie saß auf einem großen grünen Sitzkissen zwischen Tom und dem Kamin.

»Fantastisch« war für Tom ein Wort, wie es Jugendliche verwandten. Er merkte, dass er es zwar dachte, aber niemals sagte. »Vielleicht hab ich ein bisschen praktisch nachgeholfen«, gab er bescheiden zurück. Frank hatte das Wohnzimmer verlassen, Johnny ebenfalls.

»Ich möchte Ihnen herzlich danken. Mir fehlen die Worte, weil – nun, zunächst einmal weiß ich von Ralph, dass Sie Ihr Leben riskiert haben.« Sie sprach wie eine Schauspielerin, klar und präzise.

War Ralph Thurlow wirklich so freundlich gewesen?

»Ralph sagte, Sie hätten in Berlin nicht mal die Polizei eingeschaltet.«

»Ich fand es besser, wenn möglich ohne sie auszukommen«, sagte Tom. »Kidnapper drehen manchmal durch. – Wie ich zu Thurlow schon sagte: Die Berliner Burschen waren meiner Meinung nach Amateure. Ziemlich jung und nicht gut organisiert.«

Lily Pierson beobachtete ihn genau. Sie sah aus wie Ende dreißig, war aber wahrscheinlich knapp darüber: schlank und sportlich, die Augen so blau wie auf dem Ölporträt in New York, das er gesehen hatte, was dafür sprach, dass ihr blondes Haar echt war. »Und Frank war völlig unverletzt?« Als grenze das für sie an ein Wunder.

»Ja«, sagte Tom.

Lily seufzte, sah kurz zu Thurlow hinüber, blickte dann wieder Tom an. »Wie haben Sie Frank kennengelernt?«

In diesem Moment kam der Junge ins Wohnzimmer zurück, einen verbissenen Zug um die Mundwinkel. Tom nahm an, dass er nach einem Brief oder einer Nachricht von Teresa gesucht hatte. Er hatte sich umgezogen, trug jetzt Jeans, Sportschuhe und ein gelbes Nylonhemd. Die letzte Frage hatte er mitbekommen und sagte zu seiner Mutter: »Ich habe Tom in dem Dorf, wo er wohnt, aufgesucht. Ich arbeitete in einem Nachbarort, als Gärtner.«

»Wirklich? Na, das wolltest du ja immer schon sein.« Die Mutter schien leicht schockiert, wieder blinzelte sie. »Und wo liegen diese Orte?«

»Moret, da hab ich gearbeitet«, sagte Frank. »Tom wohnt keine zehn Kilometer weiter. Das Dorf heißt Villeperce.«

»Villeperce«, wiederholte sie.

Bei ihrem Akzent musste Tom lächeln. Er sah zu dem Bild hinauf, betrachtete es liebevoll.

»Nur ein Stück südlich von Paris.« Frank stand kerzengerade und sprach ungewöhnlich deutlich. »Ich kannte Tom vom Namen her, weil Dad ihn ein paarmal erwähnt hat, in Verbindung mit unserem Derwatt. Weißt du noch, Mom?«

»Ehrlich gesagt, nein.«

»Tom kennt die Besitzer der Londoner Galerie. Nicht wahr, Tom?«

»Ja, das stimmt«, sagte Tom gelassen. Offenbar wollte Frank mit ihm, dem wichtigen Freund, gewissermaßen Eindruck schinden und zugleich vielleicht seiner Mutter oder Thurlow gezielt einen Vorwand liefern, die Frage nach der Echtheit einiger mit »Derwatt« signierter Bilder aufzuwerfen. Würde Frank nun Derwatt und seine sämtlichen Werke verteidigen, selbst die potenziellen Fälschungen? Doch dazu kam es nicht.

In einem Raum hinter Tom stellte Evangelina, die sich langsam und sicher bewegte, kalte Platten und Wein auf einen langen Tisch. Eugene half ihr dabei. Während sie auftrugen, schlug Lily vor, Tom sein Zimmer zu zeigen.

»Wie schön, dass Sie wenigstens eine Nacht bleiben können«, sagte sie und ging vor ihm die Treppe hinauf.

Sie führte ihn in einen großen, quadratischen Raum mit zwei Fenstern und Meeresblick – so sagte sie, obwohl jetzt nichts zu sehen war, nur schwarze Finsternis. Die Möbel waren weiß und golden, ebenso das angrenzende Bad, wo selbst die Handtücher gelb und Teile der Einrichtung, einschließlich einer kleinen Kommode, mit goldenen Schnörkeln verziert waren, nach dem Muster des Zimmermobiliars *(véritable Louis Quinze)*.

»Wie geht es Frank wirklich?«, fragte Lily. Drei Sorgenfalten zogen sich plötzlich quer über ihre Stirn.

Tom ließ sich Zeit. »Ich glaube, er liebt ein Mädchen namens Teresa. Wissen Sie etwas über sie?«

»Oh, Teresa ...« Sie warf einen kurzen Blick zur offenen Zimmertür. »Nun, sie ist die Dritte oder Vierte, von der *ich* gehört habe. Nicht von Frank selber, der erzählt mir gar nichts über seine Freundinnen. Und auch sonst nicht viel. Aber Johnny findet es immer irgendwie heraus. – Warum fragen Sie? Hat Frank viel von ihr gesprochen?«

»Nein, viel nicht. Aber mir scheint, er liebt sie immer noch. Sie haben sie kennengelernt?«

»Ja, sicher. Sehr nettes Mädchen. Aber erst sechzehn. Wie Frank auch.« Lily Pierson sah ihn an, als wolle sie sagen: Wie tief kann das schon gehen?

»Johnny hat mir in Paris gesagt, dass Teresa für einen anderen schwärmt. Angeblich für einen Älteren. Ich glaube, das hat den Jungen hart getroffen.«

»Ja, wahrscheinlich. Teresa ist so hübsch, sie hat schrecklich viele Verehrer. Und mit sechzehn will ein Mädchen lieber einen, der zwanzig ist oder noch älter.« Lily lächelte, wie zum Zeichen, für sie sei das Thema damit beendet.

Tom hatte gehofft, ihr ein paar Worte über Franks Wesen entlocken zu können.

»Frank wird über sie hinwegkommen.« Sie klang aufgeräumt, sprach aber leise, als könnte er im Flur lauschen.

»Eine Frage noch, Mrs. Pierson, da wir gerade dabei sind. Ich glaube, Frank ist weggelaufen, weil ihm der Tod seines Vaters so nahegegangen ist. War das nicht der wirkliche Grund? Eher als Teresa, meine ich, weil zu jener Zeit, wie Frank sagte, das Mädchen doch noch an ihm interessiert war.«

Lily schien die Worte sorgfältig zu wählen, bevor sie antwortete: »Frank war durcheinander nach Johns Tod, mehr als Johnny, das weiß ich. Johnny ist manchmal ein Träumer, in Gedanken bei der Fotografie und bei *seinen* Mädchen.«

Tom sah in ihr verzerrtes Gesicht. Sollte er es wagen, sie zu fragen, ob sie an einen Selbstmord glaube? »Der Tod Ihres Mannes wurde als Unfall bezeichnet. So stand es in den Zeitungen. Sein Rollstuhl ist von dieser Klippe gestürzt.«

Lily zuckte die Achseln, rasch, ruckartig. »Ich weiß es wirklich nicht.«

Die Zimmertür stand noch offen, und Tom überlegte, ob er sie schließen und Lily vorschlagen sollte, sich zu setzen – doch würde sie danach weiter die Wahrheit sagen, falls sie die überhaupt kannte? »Aber Sie glauben, dass es eher ein Unfall war als Selbstmord?«

»Ich *weiß* es nicht. Der Boden steigt dort leicht an, und John hat nie ganz vorn am Rand gesessen. Das wäre leichtsinnig gewesen. Außerdem hatte sein Rollstuhl natürlich Bremsen. Frank sagte, er wäre einfach urplötzlich schnell losgerollt – und warum hätte er den Motor anstellen sollen, wenn er es nicht tun wollte?« Wieder das besorgte Stirnrunzeln und ein kurzer Blick zu Tom hinüber. »Frank kam zum Haus gerannt –« Sie verstummte.

»Frank sagte mir, Ihr Mann wäre enttäuscht gewesen,

weil seine Söhne … Beide hätten nicht viel Interesse an seiner Arbeit gezeigt. Am Pierson-Konzern, meine ich.«

»Ach, das. Ja, stimmt. Ich glaube, die Jungs haben Angst vor der Firma. Sie finden das Geschäftliche zu kompliziert, oder sie haben einfach keine Lust dazu.« Sie sah zu den Fenstern hinüber, als wäre *die Firma* ein schwerer Sturm, der sich da draußen finster zusammenbraute. »Bestimmt war das eine Enttäuschung für John. Sie wissen ja, ein Vater will, dass wenigstens einer seiner Söhne in seine Fußstapfen tritt. Aber es gibt andere Leute in der Familie – John nannte auch seine Büroangestellten stets seine Familie –, die den Konzern tatsächlich übernehmen könnten. Nicholas Burgess zum Beispiel, Johns rechte Hand und erst vierzig. Ich glaube kaum, dass John sich aus Enttäuschung über die Jungs umgebracht hätte, doch ich denke, er könnte es deshalb getan haben, weil er sich wirklich … nun, schämte, im Rollstuhl zu sitzen. Dass er es leid war, weiß ich. Und wenn dann die Sonne unterging … Sonnenuntergänge stimmten ihn immer sentimental. Nein, nicht sentimental, sondern er war dann *bewegt* – glücklich und traurig zugleich, wie wenn etwas zu Ende geht. Es war nicht einmal die Sonne dort, sondern die einsetzende Dämmerung, die Dunkelheit auf dem Wasser da draußen.«

Frank war also zum Haus zurückgerannt. Lily hatte das gesagt, als habe sie ihn mit eigenen Augen gesehen. »Hat Frank seinen Vater oft begleitet? Zu dieser Klippe?«

»Nein.« Sie lächelte. »Er fand das langweilig. Sagte, John hätte ihn an jenem Nachmittag gebeten mitzukommen. Das hat er oft getan. Unter uns – John hat immer mehr auf Frank als auf Johnny gesetzt.« Sie lachte verhalten, verschmitzt. »John sagte: ›In Frank steckt etwas Solideres, ich muss es nur herausholen. Man sieht es ihm an.‹ Verglichen mit Johnny, meinte er. Der ist vom Typ her, wie soll ich sagen, eher ein Träumer.«

»Was ich über Ihren Mann las, hat mich an George Wallace erinnert. Vielleicht hatte John depressive Phasen.«

»Ach nein, eigentlich nicht.« Wieder lächelte sie. »Er konnte ernst und verbissen sein, was die Arbeit anging, auch mal enttäuscht, wenn etwas schlechtgelaufen war, doch das ist nicht dasselbe wie eine Depression. Pierson, die Firma, der Konzern, wie immer er es nannte, das war für John wie ein großes Schachspiel. Viele haben das gesagt. Am einen Tag gewinnt man, am andern verliert man, und das Spiel ist nie zu Ende – nicht einmal jetzt, da er tot ist. Nein, ich glaube, John war von Natur aus Optimist. Er konnte immer lächeln. Oder fast immer. Selbst in den Jahren, als er im Stuhl saß. Wir sagten immer ›Stuhl‹, nicht Rollstuhl. Aber für die Jungs war es traurig, denn sie hatten eigentlich keinen richtigen Vater, weil sie ihn die meiste Zeit ihres Lebens nur so gekannt haben: Als Geschäftsmann im Rollstuhl, der über Märkte und Geld und Menschen redete – alles blieb sozusagen unsichtbar. Er konnte mit den Jungs nicht wandern gehen, ihnen kein Judo beibringen oder was Väter sonst so tun.«

Tom lächelte. »Judo?«

»Früher hat John Judo trainiert. Hier in diesem Zimmer! Das war nicht immer ein Gästezimmer.«

Sie gingen zur Tür. Tom sah die hohe Decke, den Boden, der reichlich Platz bot für Matten und Würfe. Unten im Wohnzimmer kämpften die andern am Büfett – so nannte das Tom in Gedanken immer, wenn ihm das Wort ›Büfett‹

begegnete, aber in diesem Fall war reichlich Platz, und es gab keine drängende Meute, die ihre Ellbogen einsetzen musste. Frank trank Coca-Cola aus der Flasche; Thurlow stand mit Johnny am Tisch, einen Highball mit Scotch in der einen Hand, einen vollen Teller in der anderen.

»Gehen wir nach draußen«, sagte Tom zu dem Jungen.

Sofort stellte Frank die Flasche ab. »Wie, nach draußen?«

»Auf den Rasen.« Lily hatte sich zu Thurlow und ihrem Sohn gesellt. »Hast du gefragt, wie es Susie geht?«

»Ach, die schläft fest, wie eine Tote«, erwiderte Frank. »Hab Evangelina gefragt. Was für ein Name! Sie gehört zu einer dieser verrückten Seelenrettersekten. Ist erst seit einer Woche bei uns, sagt sie.«

»Susie ist hier?«

»Ja, ihr Zimmer liegt oben, im hinteren Flügel. Wir können hier hinausgehen.« Der Junge öffnete eine große Flügeltür in einem Raum, der wohl eigentlich das Esszimmer war: ein langer Tisch mit Stühlen ringsum, an den Wänden kleinere Tische mit Sesseln davor, Anrichten, ein paar Bücherregale. Auf dem Tisch standen Servierteller und ein Kuchen. Frank hatte das Verandalicht eingeschaltet, damit sie etwas sehen konnten. Sie gingen über eine Terrasse die wenigen Stufen zum Rasen hinab. Links von den Stufen befand sich die Rampe, die Frank erwähnt hatte. Dahinter war es dunkel, doch Frank meinte, er kenne den Weg. Gerade noch waren die fahlen Steine eines Plattenwegs auszumachen, der quer über den Rasen und dann in einer Kurve nach rechts führte. Als sich Toms Augen an die Dunkelheit gewöhnt hatten, konnte er vor sich hohe Bäume erkennen, Tannen oder Pappeln.

»Ist dein Vater gewöhnlich diesen Weg gegangen?«, fragte Tom.

»Na ja, nicht gegangen. Er saß in seinem Stuhl.« Frank ging langsamer, die Hände in den Hosentaschen. »Kein Mond heute Abend.«

Der Junge blieb stehen. Tom merkte, dass er wieder ins Haus wollte, atmete ein paar Mal tief durch und blickte zurück auf das zweistöckige weiße Gebäude mit den gelblichen Lichtern, dem Giebeldach und den Verandadächern, die links und rechts hervorragten. Es gefiel ihm nicht, sah zu neu aus, der Baustil war undefinierbar. Das Haus war anders als die Kolonialbauten des amerikanischen Südens oder Neuenglands. John Pierson hatte es wahrscheinlich nach seinen Vorstellungen errichten lassen, aber Tom hielt dennoch nicht viel vom Architekten. »Ich wollte die Klippe sehen«, sagte Tom. Konnte der Junge sich das nicht denken?

»Na gut. Hier entlang.« Sie folgten dem Plattenweg in die noch tiefere Dunkelheit.

Die Steinplatten waren noch sichtbar; Frank schritt voran, als kenne er jeden Zentimeter. Die Bäume schlossen sich über ihnen, dann teilten sich die Kronen, und vor ihnen lag die Klippe. Tom konnte den Rand erkennen, die hellen Steine oder Kiesel, die ihn markierten.

»Da draußen ist das Meer.« Frank zeigte hinaus. Er ging nicht bis zur Kante.

»Das hatte ich mir schon gedacht.« Tom hörte die Wellen unten sachte ans Ufer schlagen, nicht hämmernd, nicht rhythmisch, sondern eher plätschernd. Und weit draußen in der pechschwarzen Finsternis sah er das weiße Buglicht eines Bootes und seine rote Backbordlaterne. Etwas schoss über ihre Köpfe, vielleicht eine Fledermaus, doch der Junge schien sie nicht zu bemerken. *Hier ist es also geschehen,* dachte Tom. Er sah zu, wie Frank an ihm vorbei zur Kante der Klippe ging, die Hände hinten in den Hosentaschen vergraben, und hinabblickte. Für einen Moment hatte er Angst um ihn, weil es so dunkel war und der Junge dem Abgrund so nahe schien, doch dann bemerkte Tom, dass die Klippe zum Rand tatsächlich sanft anstieg. Plötzlich fuhr Frank herum und fragte:

»Sie haben vorhin mit Mom gesprochen?«

»Ja, kurz. Ich habe sie nach Teresa gefragt. Dass sie hier war, weiß ich. – Sie hat dir wohl nicht geschrieben?« Tom fand es besser, den Jungen freiheraus zu fragen, als einfach nichts zu sagen.

»Nein.«

Tom kam bis auf gut einen Meter heran. Der Junge stand kerzengerade. »Tut mir leid«, sagte Tom. Einmal, vor Tagen, hatte sich das Mädchen die Mühe gemacht, Thurlow in Paris anzurufen, dachte er, und nun, da Frank aufgetaucht und in Sicherheit war, ließ sie ihn ohne jede Erklärung fallen.

»Haben Sie nur über sie gesprochen – über Teresa?«, fragte der Junge leichthin, als sei das nicht gerade viel als Gesprächsthema.

»Nein, ich habe sie gefragt, ob sie den Tod deines Vaters für einen Unfall oder für Selbstmord hält.«

»Und was hat sie gesagt?«

»Sie wüsste es nicht. Sieh mal, Frank …« Tom senkte die Stimme. »Sie verdächtigt dich gar nicht – und du lässt besser Gras über die Sache wachsen. Mehr braucht es nicht. Vielleicht ist das schon geschehen. Es ist vorbei. Deine

Mutter sagte: ›Selbstmord oder Unfall, es ist vorbei‹ oder so ähnlich. Also reiß dich zusammen, Frank, und lass dieses … Steh lieber nicht so nah an der Kante.« Das Gesicht der See zugewandt, wippte der Junge auf den Zehen: Ob er wütend war oder nur tief in Gedanken versunken, ließ sich nicht sagen.

Dann machte er kehrt, kam auf Tom zu und ging links an ihm vorbei, drehte sich wieder um und sagte: »Aber Sie wissen, dass ich diesen Rollstuhl hinabgestoßen habe. Mit meiner Mutter haben Sie darüber gesprochen, was sie denken oder glauben *könnte,* doch ich hab es Ihnen *erzählt.* Ich meine, Mom habe ich gesagt, mein Vater hätte es selbst getan, und sie glaubt mir. Aber das ist nicht wahr.«

»Schon gut, schon gut«, sagte Tom sanft.

»Als ich meinen Vater hinabstieß, dachte ich sogar, dass Teresa bei mir wäre – dass sie mich liebhätte, meine ich.«

»Ist ja gut, ich verstehe.«

»Ich dachte, ich lasse meinen Vater verschwinden, aus meinem Leben, aus unserem, für mich und Teresa. Ich hatte das Gefühl, er verdirbt mir – das ganze Leben. Komisch, dass Teresa mir damals Mut gegeben hat. Und jetzt ist sie weg. Jetzt ist da nichts mehr, nur Stille. Nichts!« Seine Stimme versagte.

Seltsam, dachte Tom: Manche Mädchen bedeuteten Trauer und Tod. Sie versprachen Freude, Sonnenschein, Schaffenskraft, aber eigentlich bedeuteten sie den Tod. Und dabei verführten sie ihre Opfer nicht einmal; man könnte sogar den Jungs selbst die Schuld geben, weil sie sich täuschen ließen von – ja, von nichts und wieder nichts, nur von einem Hirngespinst. Auf einmal musste er lachen. »Frank, du solltest einfach begreifen: Es gibt noch andere Mädchen auf der Welt. Inzwischen dürftest du verstanden haben, dass Teresa … Sie hat sich von dir gelöst. Also musst du *sie* loslassen.«

»Das habe ich schon getan. In Berlin, glaube ich. Dort kam der eigentliche Einbruch, als ich hörte, was Johnny mir sagte.« Der Junge zuckte die Achseln, sah Tom aber nicht an. »Klar, ich habe nach einem Brief von ihr gesucht, zugegeben.«

»Also machst du jetzt weiter. Jetzt sieht alles beschissen aus, aber du hast noch viele Wochen und Jahre vor dir. Komm!« Tom klopfte ihm auf die Schulter. »Wir gehen zum Haus zurück. Nur eine Minute noch.«

Tom wollte die Kante der Klippe sehen. Er tastete sich vor zu den helleren Felsen, spürte Kiesel unter den Schuhen, ein Grasbüschel. Er fühlte auch die Leere dort unten, die jetzt schwarz war und ein Geräusch von sich gab wie ein hohler Raum. Und dort unten, jetzt unsichtbar, lagen die scharf gezackten Felsen, auf die Franks Vater gestürzt war. Tom fuhr herum, als er die nahenden Schritte des Jungen hörte, und trat sofort vom Abgrund weg. Auf einmal hatte er Angst, der Junge könne sich auf ihn stürzen und ihn hinabstoßen. War das verrückt von ihm, fragte sich Tom. Der Junge betete ihn an, das wusste er. Aber auch Liebe war sonderbar.

»Was ist, gehen wir zurück?«, fragte Frank.

»Sicher.« Tom spürte kalten Schweiß auf der Stirn. Er war müder, als er glaubte, und hatte durch den Flug jedes Zeitgefühl verloren.

21

Tom fiel ins Bett und schlief sofort ein. Irgendwann später erwachte er durch ein heftiges Zucken im ganzen Körper. Ein böser Traum? Wenn ja, wusste er nichts mehr davon. Wie lange hatte er geschlafen? Eine Stunde?

»*Nein!*« Jemand hatte das Wort im Flur vor seinem Zimmer eindringlich geflüstert.

Tom sprang aus dem Bett. Draußen ging das Geflüster weiter; eine gurrende Frauenstimme mischte sich mit der des Jungen. Franks Zimmer lag rechts nebenan. Nur wenige Worte der Frau waren zu verstehen: »… so *ungeduldig* … Ich weiß das doch … Was wirst du tun? Was nur? … ist *mir* doch ganz gleich!«

Das konnte nur Susie sein, und sie klang wütend. Tom hörte den deutschen Akzent heraus. Und hätte er das Ohr an die Tür gelegt, hätte er mehr verstanden, doch Leute zu belauschen war Tom zuwider. Er kehrte der Tür den Rücken zu, tastete sich zu seinem Bett vor und fand den Nachttisch, auf dem Zigaretten und Streichhölzer lagen. Dann machte er Licht, zündete sich eine Zigarette an und setzte sich aufs Bett. Schon besser.

Ob Susie bei Frank geklopft hatte? Eher als umgekehrt jedenfalls! Tom lachte, legte sich zurück. Er hörte, wie in der Nähe eine Tür leise geschlossen wurde – vermutlich Franks. Tom stand auf, drückte die Zigarette aus und schlüpfte in die Mokassins, die ihm wie in Berlin als Hausschuhe dienten. Er trat auf den Flur, sah Licht unter der geschlossenen Tür des Jungen und klopfte an, nur mit den Fingerspitzen.

Als er drinnen leise, schnelle Schritte näher kommen hörte, sagte er: »Tom.«

Frank öffnete die Tür, hohläugig vor Erschöpfung, doch er lächelte. »Herein!«, flüsterte er.

Tom trat ein. »Das war Susie?«

Frank nickte. »Haben Sie eine Kippe? Meine sind unten.«

Toms Zigaretten steckten in der Pyjamatasche. »Na, was hat sie denn?« Er steckte dem Jungen eine Zigarette an.

»Oje!« Frank stieß Rauch aus, ein Lachen unterdrückend. »Sie sagt nach wie vor, sie hätte mich auf der Klippe gesehen.«

Tom schüttelte den Kopf. »Sie bekommt bald noch einen Herzanfall. Soll ich morgen mit ihr reden? Bin neugierig auf sie.« Er sah sich um, weil Frank zur geschlossenen Tür geblickt hatte. »Wandert sie nachts im Haus herum? Ich dachte, sie wäre krank.«

»Dabei ist sie sicher bärenstark.« Frank schwankte, so müde war er, fiel zurück aufs Bett und streckte dabei für einen Moment die bloßen Füße in die Luft.

Tom sah sich im Zimmer um: ein brauner Tisch, antik, darauf ein Radio, eine Schreibmaschine, Bücher und ein Block Schreibpapier; auf dem Boden vor den halb offen stehenden Schranktüren Skischuhe sowie ein Paar Reitstiefel. Poster von Popsängern hingen an einer großen grünen Pinnwand über dem Tisch (die Ramones, lässig in Jeans), darunter Cartoons und ein paar Fotos, von Teresa vielleicht, doch Tom sah nicht genau hin, weil er das Thema vermeiden wollte. »Zum Teufel mit ihr.« Er meinte Susie. »Natürlich hat sie dich *nicht* gesehen. Du erwartest doch heute Nacht keinen weiteren Besuch von ihr, oder?«

»Alte Hexe«, sagte Frank, die Augen halb geschlossen.

Tom winkte ihm zu, ging hinaus und kehrte auf sein Zimmer zurück. Ein Schlüssel steckte innen im Türschloss, doch er schloss nicht ab.

Nach dem Frühstücksritual am nächsten Morgen fragte er Mrs. Pierson, ob er für Susie im Garten ein paar Blumen schneiden und sie ihr bringen könne. Natürlich, sagte Lily. Wie Tom vermutet hatte, wusste der Junge im Garten besser Bescheid als seine Mutter. Er versicherte Tom, ihr sei es egal, was er abschneide. Sie stellten einen Strauß weißer Rosen zusammen. Tom hätte Susie lieber unvorbereitet überrascht, bat aber dennoch Evangelina – ein passender Name –, seine Ankunft anzukündigen. Das schwarze Hausmädchen meldete ihn an und sagte, er möge doch bitte kurz auf dem Flur warten.

»Susie will sich noch kämmen!«, strahlte Evangelina.

Nach ein paar Minuten rief eine kehlige oder schläfrige Stimme: »Herein!« Tom klopfte erst und trat dann ein.

Susie saß in die Kissen gelehnt in einem weißen Zimmer, das jetzt im Sonnenlicht noch weißer schien. Hell auch ihr Haar, das gelblich-grau wirkte, das Gesicht war rund und runzlig, die Augen müde und weise. Sie erinnerte Tom an deutsche Briefmarkenporträts berühmter Frauen, von denen er gewöhnlich noch nie gehört hatte. Ihr linker Arm, der im langen Ärmel eines weißen Nachthemds steckte, lag über der Bettdecke.

»Guten Morgen. Tom Ripley«, sagte er. Ein Freund von Frank, wollte er schon anfügen, ließ es aber. Vielleicht hatte sie über Lily schon von ihm gehört. »Wie geht es Ihnen heute Morgen?«

»Ganz gut, danke.«

Gegenüber vom Bett stand ein Fernseher, was Tom an Krankenhauszimmer erinnerte, die er gesehen hatte, doch sonst wirkte der Raum durchaus persönlich: alte Familienfotos, gehäkelte Spitzendeckchen, ein Bücherregal voller Krimskrams, Souvenirs und sogar eine alte Sängerpuppe mit Zylinder, die noch aus Johnnys Kindheit stammen könnte. »Freut mich zu hören. Mrs. Pierson sagte mir, Sie hätten einen Herzanfall gehabt. Das macht einem sicher Angst.«

»Ja, beim ersten Mal schon«, grummelte sie. Die alte Frau fixierte Tom mit ihren scharfen, blassblauen Augen.

»Ich bin gerade … Frank war ein paar Tage bei mir, in Europa. Vielleicht hat Mrs. Pierson Ihnen das erzählt.« Keine Antwort. Tom sah sich vergeblich nach einer Vase für die Blumen um. »Die Rosen hab ich Ihnen mitgebracht. Sollen Ihr Zimmer ein bisschen aufheitern.« Lächelnd trat Tom vor, den Strauß in der Hand.

»Vielen Dank.« Susie nahm die Blumen mit der einen Hand (Frank hatte eine Serviette um die Stängel gewickelt) und drückte mit der anderen eine Klingel neben dem Bett.

Gleich darauf klopfte es, Evangelina trat ein, nahm den Strauß entgegen und wurde von Susie gebeten, eine Vase zu holen.

Die Alte bot Tom nicht an, sich zu setzen, doch er nahm sich trotzdem einen Stuhl. »Sie wissen wohl …« – Tom wünschte, er hätte nach ihrem Nachnamen gefragt – »… dass Frank der Tod seines Vaters sehr nahe gegangen ist. Der Junge hat mich in Frankreich aufgesucht. Ich lebe dort. So sind wir uns begegnet.«

Sie musterte ihn weiterhin scharf und erwiderte: »Frank ist kein guter Junge.«

Tom unterdrückte ein Seufzen, gab sich aber betont höflich und freundlich: »Mir kam er ganz nett vor – er war ein paar Tage bei mir zu Hause.«

»Und warum ist er dann weggelaufen?«

»Ich glaube, er war durcheinander. Na, und er hat ja nichts weiter getan …« Wusste sie, dass der Junge den Pass seines Bruders entwendet hatte? »Viele junge Leute laufen von zu Hause weg. Und kommen dann zurück.«

»Ich glaube, Frank hat seinen Vater umgebracht.« Susies Stimme zitterte; sie drohte mit dem Zeigefinger der Hand, die auf der Bettdecke lag. »Und das ist entsetzlich.«

Tom atmete tief durch. »Wie kommen Sie darauf?«

»Das überrascht Sie gar nicht? Hat er es Ihnen gestanden?«

»Wo denken Sie hin? Nein, ich frage Sie, warum Sie das glauben.« Tom runzelte die Stirn in gespieltem Ernst und täuschte auch eine gewisse Überraschung vor.

»Weil ich ihn gesehen habe – oder doch fast.«

Nach einer kurzen Pause fragte Tom: »Sie meinen, auf der Klippe dort draußen?«

»Ja doch.«

»Sie haben ihn gesehen? Vom Rasen aus?«

»Nein, ich war oben. Aber ich sah, wie Frank mit seinem Vater das Haus verließ. Er hat ihn sonst *nie* begleitet. Sie hatten gerade eine Partie Krocket gespielt. Mrs. Pierson –«

»Mr. Pierson hat Krocket gespielt?«

»Na klar! Er konnte den Stuhl steuern, wohin er wollte. Mrs. Pierson hat ihn immer ermutigt, ein bisschen zu spielen, um sich abzulenken. Von den Sorgen um die Firma.«

»Hat Frank an jenem Tag mitgespielt?«

»Ja, und Johnny auch. Ich weiß noch, Johnny war verabredet, er ging dann. Aber sie haben alle gespielt.«

Tom schlug die Beine übereinander. Er sehnte sich nach einer Zigarette, wollte hier aber nicht rauchen. »Sie haben Mrs. Pierson gesagt«, begann er, die Stirn in ernste Falten gelegt, »dass Sie glauben, Frank hätte seinen Vater von der Klippe gestoßen?«

»Ja«, erwiderte Susie bestimmt.

»Mrs. Pierson glaubt das offenbar nicht.«

»Sie haben sie gefragt?«

»Ja«, sagte Tom, genauso bestimmt. »Sie denkt, es war entweder ein Unfall oder Selbstmord.«

Susie rümpfte die Nase und starrte auf den Fernseher, als wünschte sie, er wäre an.

»Haben Sie der Polizei das mit Frank auch so gesagt?«

»Ja.«

»Und?«

»Ach, die meinten, ich könnte es gar nicht gesehen haben, weil ich oben war. Aber manches weiß man eben einfach. Hören Sie, Mr. – ?«

»Ripley. Tom. Tut mir leid, Ihren Nachnamen kenne ich nicht.«

»Schuhmacher.« In diesem Moment brachte Evangelina die Rosen herein, in einer rosa Vase. »Danke, Evangelina.«

Das Hausmädchen stellte die Vase auf den Nachttisch zwischen den beiden und ging.

»Wenn Sie nicht gesehen haben, dass Frank es getan hat – was laut der Polizei auch unmöglich gewesen wäre –, dann sollten Sie das auch nicht behaupten. Dem Jungen setzt es sehr zu.«

»Frank war bei seinem Vater.« Wieder hob sie die plumpe, schon etwas runzlige Hand und ließ sie auf die Decke fallen. »Wenn es ein Unfall oder gar Selbstmord war, hätte er ihn doch aufhalten können, oder?«

Zuerst glaubte Tom, sie müsse recht haben, dann aber fiel ihm ein, wie stark ein Rollstuhl über die Steuerung beschleunigen konnte. Doch darauf wollte er sich mit Susie nicht einlassen. »Könnte Mr. Pierson den Stuhl nicht selbst über den Rand gerollt haben, bevor Frank begriff, was vor sich ging? Das habe *ich* nämlich angenommen.«

Sie schüttelte den Kopf. »Frank ist zurückgerannt, sagen sie. Ich habe ihn erst gesehen, als ich nach unten ging. Da redeten schon alle durcheinander. Ich weiß, dass Frank sagt, sein Vater wäre selber vorgerollt.« Die blassblauen Augen ließen Tom nicht los.

»Das hat Frank mir erzählt.« Der Augenblick seiner Lüge musste dem Jungen wie ein zweites Verbrechen erschienen sein. Wenn er nur ruhig zurückgekommen wäre und eine halbe Stunde gewartet hätte, so als habe er seinen Vater auf der Klippe zurückgelassen … Tom wurde klar, dass er selbst genau das getan hatte: Vielleicht wäre er nervös gewesen, doch hätte er wenigstens einigermaßen planvoll gehandelt. »Was Sie denken oder glauben, kann sicher nie bewiesen werden«, sagte er.

»Frank leugnet, das weiß ich.«

»Wollen Sie, dass der Junge wegen Ihrer – Verdächtigungen zusammenbricht?« Wenigstens das schien sie zu treffen. Tom nutzte seinen Vorteil, wenn es denn einer war (und das wollte er glauben): »Solange es weder einen Zeugen noch einen zwingenden Beweis gibt, kann eine Tat, wie Sie sie schildern, niemals nachgewiesen werden – oder, wie in diesem Fall, auch nur Glauben finden.«

Tom fragte sich, wann die alte Dame wohl sterben würde, wie lange Frank noch am Haken hängen musste. Susie Schuhmacher schien noch etliche Jahre vor sich zu haben, und der Junge konnte ihr schwerlich entkommen, weil sie zum Haus in Kennebunkport dazugehörte und die Familie offenbar häufig dort wohnte und weil sie wahrscheinlich auch in die New Yorker Wohnung mitkam, wenn die Familie dort war.

»Was schert es mich, was Frank aus seinem Leben macht? Er –«

»Sie mögen ihn nicht?«, unterbrach Tom sie wie erstaunt.

»Er ist nicht … nett. Rebellisch, unglücklich. Man weiß nie, was er denkt. Er setzt sich etwas in den Kopf – eine Meinung, eine Vorstellung – und lässt nicht mehr los.«

Tom runzelte die Stirn: »Aber würden Sie sagen, dass er unehrlich ist?«

»Nein«, erwiderte Susie, »dazu ist er zu höflich. Was ich meine, geht weiter als Unehrlichkeit. Weiter sogar als …« Sie wurde sichtlich müde. »Aber was sollte es mich kümmern, was er mit seinem Leben anfängt? Er hat doch alles.

Und was er hat, weiß er nicht zu schätzen. Hat er nie getan. Angst und Sorgen hat er seiner Mutter gemacht, als er weggelaufen ist. Selbst das ist ihm egal. Er ist kein guter Junge.«

Nicht der richtige Zeitpunkt, dachte Tom, Franks Angst oder Abscheu vor dem Geschäftsimperium seines Vaters anzusprechen oder auch nur zu fragen, was sie womöglich über Teresas Einfluss wisse. Irgendwo weit weg klingelte ein Telefon. »Doch Mr. Pierson mochte den Jungen sehr gern, glaube ich.«

»Vielleicht zu gern. Hat Frank das verdient? Also ehrlich!«

Tom wand sich, die Beine nun nebeneinander gestellt. »Ich denke, ich hab Ihnen schon genug Zeit gestohlen, Mrs. Schuhmacher ...«

»Schon gut.«

»Morgen fahre ich, vielleicht auch bereits heute Nachmittag, also sage ich jetzt auf Wiedersehen und wünsche Ihnen alles Gute und gute Besserung. – Eigentlich sehen Sie übrigens kerngesund aus, finde ich«, fügte Tom hinzu. Das fand er wirklich. Er war aufgestanden.

»Sie leben in Frankreich?«

»Ja.«

»Ich meine mich zu erinnern, dass Mr. Pierson Ihren Namen einmal erwähnte. Sie kennen diese Kunstleute in London, nicht?«

»Das stimmt«, antwortete er.

Wieder hob sie die Linke, ließ sie fallen, blickte zum Fenster.

»Auf Wiedersehen, Susie.« Tom verbeugte sich, doch sie sah es nicht. Er verließ das Zimmer.

Im Flur traf er auf Johnny, lang und schlaksig, ein Lächeln im Gesicht. »Gerade wollte ich Sie retten! Lust, meine Dunkelkammer zu sehen?«

»Klar«, sagte Tom.

Johnny machte kehrt und führte Tom in einen Raum links im Flur. Er schaltete das Rotlicht ein, sodass der Raum wie eine schwarze, rosarot beleuchtete Höhle wirkte, wie ein Bühnenbild. Die Wände schienen schwarz, sogar das klobige Sofa, und drüben in einer Ecke konnte Tom gerade noch etwas Fahles ausmachen, wohl eine lange Spüle. Johnny knipste das Rotlicht aus und das normale Licht an. Ein paar Kameras standen auf Stativen im Raum. Die schwarzen Flächen wirkten jetzt klein. Die Dunkelkammer war nicht groß. Tom kannte sich mit Kameras nicht aus; er wusste nicht, was er sagen sollte, als Johnny auf einen Apparat zeigte, den er gerade gekauft hatte, außer: »Wirklich beeindruckend.«

»Ich könnte Ihnen ein paar meiner Arbeiten zeigen. Fast alle sind hier in den Mappen, nur eine hängt unten im Esszimmer. Ich nenne sie ›Weißer Sonntag‹, doch Schnee ist da nicht zu sehen. Jetzt aber würde Mom gern mit Ihnen sprechen, glaub ich.«

»Jetzt? Wirklich?«

»Ja, weil Ralph gerade abreist, und Mom sagte, sie wollte Sie sehen, wenn er gegangen wäre. – Wie war Susie?« Im amüsierten Lächeln des Jungen lag erwartungsvolle Vorfreude.

»Ganz freundlich. Ich fand, sie wirkte ziemlich stark. Natürlich weiß ich nicht, wie sie sonst ist.«

»Sie hat nicht alle Tassen im Schrank. Was sie sagt, sollten Sie nicht zu ernst nehmen.« Johnny stand aufrecht da, immer noch lächelnd, doch seine Worte klangen wie eine Warnung.

Toms Gefühl sagte ihm, dass Johnny seinen Bruder beschützte – dass er gewusst hatte, was Susie sagen würde. Und der Junge hatte Tom gesagt, dass Johnny ihr nicht glauben werde. Tom ging mit ihm nach unten, wo Mrs. Pierson und Mr. Thurlow standen. Der Detektiv, den Regenmantel über dem Arm, musste lange geschlafen haben, denn Tom sah ihn heute zum ersten Mal.

»Tom …« Thurlow streckte ihm die Hand entgegen. »Sollten Sie je einen wie mich brauchen …« Er fischte in seiner Brieftasche herum und reichte Tom seine Visitenkarte. »Rufen Sie mein Büro an, okay? Meine Privatadresse steht auch drauf.«

Tom lächelte. »Werd's nicht vergessen.«

»Das ist mein Ernst – treffen wir uns doch irgendwann mal für einen Abend in New York. Ich fliege jetzt in die Stadt zurück. Auf Wiedersehen, Tom.«

»Bon voyage.«

Tom hatte angenommen, Thurlow werde den schwarzen Wagen nehmen, der in der Einfahrt stand, doch Mrs. Pierson und Thurlow gingen hinaus auf die Veranda und wandten sich nach links: Dort war ein Hubschrauber gelandet oder auf den Zementkreis im Rasen hinter dem Haus gerollt worden. Das Anwesen war vermutlich so groß, dass die Piersons irgendwo am Ende der zwischen Bäumen verschwindenden Startbahn ihren eigenen Hangar haben könnten. Diese Maschine schien kleiner als der Helikopter in New York, aber vielleicht hatte er sich nur daran gewöhnt, dass die Piersons auf großem Fuß lebten. Tom warf einen Blick auf den schwarzen Mercedes, dessen Auspuff kaum sichtbar qualmte, und sah den Jungen allein hinter dem Steuer sitzen. Der Wagen rollte zwei Meter vor und glitt dann weich zurück.

»Was tust du da?«, fragte Tom.

Frank lächelte. Er trug das alte gelbe Nylonhemd, keine Jacke und saß kerzengerade, wie ein Chauffeur in Livree. »Nichts.«

»Hast du einen Führerschein?«

»Noch nicht, aber ich kann fahren. Gefällt Ihnen der Wagen? Ich mag ihn. Ist konservativ.«

Nicht viel anders als der Benz, den Eugene in New York gefahren hatte, nur dass hier die Lederpolster braun waren statt beige.

»Fahr niemals ohne Führerschein«, sagte Tom. Der Junge schien in Stimmung, einfach loszufahren, obwohl er die Gänge ganz langsam und sorgfältig einlegte. »Bis gleich. Ich muss noch mit deiner Mutter sprechen.«

»Ach ja?« Frank stellte den Motor ab und sah ihn durch das offene Wagenfenster an. »Und wie fanden Sie Susie?«

»Sie war – tja, wohl so wie immer.« Erzählte dieselbe alte Geschichte, das meinte er. Der Junge wirkte amüsiert und nachdenklich zugleich; er sah gerade sehr gut aus und um einige Jahre älter, als er war. Tom schoss der Gedanke durch den Kopf, Teresa könne ihn am Morgen angerufen haben, aber er wagte nicht zu fragen und ging zurück ins Haus.

Lily Pierson, heute in hellblauen Hosen, gab Evangelina Anweisungen für das Mittagessen. In Gedanken war Tom schon halb bei seiner Abreise: Sollte er versuchen, noch am

Abend New York zu erreichen und dort zu übernachten? Außerdem musste er heute noch Héloïse anrufen.

Lächelnd wandte sich Lily ihm zu. »Setzen Sie sich, Tom. Ach nein, gehen wir dort hinein – da ist es heiterer.« Sie führte ihn in einen sonnigen Raum, der vom Esszimmer abging.

Eine Bibliothek, das erkannte Tom auf einen Blick – überall Bücher über Wirtschaft in glänzend neuen Schutzumschlägen. Auf einem großen, quadratischen Tisch ein Pfeifenständer mit einer Handvoll Pfeifen. Der dunkelgrüne Ledersessel dahinter schien alt, aber auch unbenutzt, und Tom musste denken, dass John Pierson es womöglich nicht der Mühe wert gefunden hatte, sich vom Stuhl in den Sessel zu hieven, wenn er hier gewesen war.

»Und wie fanden Sie Susie?«, fragte Lily im selben Ton wie ihre Söhne. Sie lächelte dabei, die Lippen zusammengepresst, die Hände ebenfalls, wie wenn sie unbedingt unterhalten werden wollte.

Tom nickte nachdenklich. »Genau wie Frank sie beschrieben hat. Vielleicht ein bisschen stur.«

»Und sie glaubt nach wie vor, Frank hätte seinen Vater von der Klippe gestoßen?« Als sei der Gedanke absurd.

»Ja, allerdings«, sagte Tom.

»Keiner glaubt ihr. Da gibt's nichts zu glauben – sie hat nichts gesehen. Ich kann mir wirklich nicht immer weiter Sorgen um Susie machen. Sie bringt es fertig, dass man bald ebenso schrullig wird wie sie. – Eines wollte ich Ihnen sagen, Tom: Mir ist klar, dass Sie wegen Frank eine Menge Ausgaben hatten, also bitte nehmen Sie diesen Scheck an, von mir, von der Familie, und zwar ohne weitere Worte.«

Sie hatte ein gefaltetes Papier aus der Tasche ihrer Bluse gezogen.

Tom warf einen Blick darauf: zwanzigtausend Dollar. »Meine Ausgaben waren nicht annähernd so hoch. Außerdem war es mir ein Vergnügen, Ihren Sohn kennenzulernen.« Tom lachte.

»*Mir* wäre es ein Vergnügen …«

»Nicht einmal halb so viel hab ich ausgegeben.« Doch im selben Moment erkannte er an der Art, wie sie sich ohne Not die Haare aus der Stirn strich, dass es sie freuen würde, wenn er annähme. »Also gut.« Tom steckte den Scheck ein und ließ die Hand in der Hosentasche. »Und danke auch.«

»Ralph hat mir von Berlin erzählt. Sie haben Ihr Leben aufs Spiel gesetzt.«

Das interessierte ihn jetzt nicht. »Hat Frank heute Morgen vielleicht einen Anruf von Teresa bekommen?«

»Ich glaube nicht. Warum?«

»Er schien mir eben gerade besserer Laune. Aber ich kann mich auch irren.« Tom war sich wirklich nicht sicher. Er wusste nur, dass der Junge in einer Stimmung war, die er an ihm noch nicht kannte.

»Bei Frank weiß man das nie«, sagte Lily. »Ich meine, man sieht es nicht an seinem Verhalten.«

Sollte das heißen, der Junge könne sich genau anders geben, als er sich fühlte? Lily war wohl so erleichtert, ihn wieder zu Hause zu haben, dass Teresa für sie schlicht keine große Rolle mehr spielte, dachte Tom.

»Heute kommt noch ein Freund von mir, Tal Stevens. Ich würde Sie gern bekannt machen«, fuhr Lily fort, als sie die Bibliothek verließen. »Einer von Johns besten Anwälten, obwohl er nie fest für die Firma gearbeitet hat, sondern nur als freier Rechtsberater.«

Der Freund, den Lily nach Franks Worten »mochte«. Lily sagte, Tal habe am Nachmittag noch zu tun, könne also wahrscheinlich nicht vor sechs kommen. »Und ich muss sehen, wann ich fahren kann«, bemerkte Tom. »Ich will ein, zwei Tage in New York bleiben.«

»Aber ich hoffe, Sie reisen nicht heute schon ab. Rufen Sie doch Ihre Frau in Frankreich an, sprechen Sie mit ihr – das ist das Beste! Frank sagt, Sie hätten dort ein so schönes Haus. Er hat mir von Ihrem Gewächshaus erzählt – und von den beiden Derwatts im Wohnzimmer. Auch von Ihrem Cembalo.«

»Ach ja?« Das französische Cembalo, das Héloïse und ihm gehörte, inmitten von Hubschraubern, Maine-Hummern und einer amerikanischen Schwarzen namens Evangelina! Für Tom hatte das etwas Unwirkliches. »Wenn Sie gestatten, würde ich gern ein oder zwei Telefonate führen.«

»Fühlen Sie sich wie zu Hause, Tom!«

Vom Zimmer aus rief er das Hotel Chelsea in Manhattan an und fragte, ob sie für die Nacht noch ein Einzelzimmer hätten. Ein freundlicher Mann meinte, mit etwas Glück (dem Glück der Iren) könnte es klappen. Tom reichte das. Er würde nach dem Lunch abreisen. Um vier kämen Nachbarn, die Hunters, hatte Lily gesagt, die den Jungen sehr gern hätten und ihn sehen wollten. Tom nahm an, die Piersons würden ihn irgendwie nach Bangor bringen; von dort könnte er eine Maschine nach New York nehmen.

Hummer aus Maine, genau das gab es zum Essen, als

hätte er es geahnt. Vor dem Essen hatte Eugene den Jungen und ihn in einem Kombi nach Kennebunkport gefahren, wo sie die bestellten Hummer abholten. In dem Städtchen wurde Tom von einer Nostalgie überwältigt, die ihm fast die Tränen in die Augen trieb: Die weißen Fassaden der Häuser und Läden, die frische Seeluft, der Sonnenschein und amerikanische Spatzen im noch dichten Grün der Bäume – all das brachte Tom auf den Gedanken, es sei vielleicht falsch gewesen, Amerika zu verlassen. Doch schlug er sich diese Zweifel sofort aus dem Kopf, denn sie bedrückten und verwirrten ihn nur und erinnerten ihn daran, dass er Héloïse mit nach Amerika nehmen wollte, Ende Oktober oder wann immer sie sich von ihrer Abenteuerkreuzfahrt erholt haben würde – in die Antarktis, wie er noch wusste.

Als er dem Jungen gesagt hatte, er werde am Nachmittag abreisen, hatte das Frank zwar sichtlich überrascht und enttäuscht, doch beim Mittagessen schien er guter Laune. War die nur vorgetäuscht, fragte sich Tom. Frank trug jetzt eine schöne hellblaue Leinenjacke, aber noch immer die Jeans dazu. »Diesen Wein haben wir auch zu Hause bei Tom getrunken«, sagte er zu seiner Mutter und hob feierlich das langstielige Glas. »Sancerre. Ich habe Eugene gebeten, nach ihm zu suchen – bin sogar mit in den Keller gegangen, die Flaschen zu holen.«

»Er ist köstlich.« Lily lächelte Tom zu, als wäre es sein Wein, nicht ihrer.

»Héloïse ist sehr hübsch, Mom.« Frank tunkte eine Gabel voll Hummerfleisch in seine flüssige Butter.

»Findest du? Ich werd es ihr ausrichten«, sagte Tom.

Frank legte eine Hand auf den Bauch und tat so, als

rülpse er – eine stumme Vorstellung nur für Tom, zugleich eine halbe Verbeugung.

Johnny konzentrierte sich auf das Essen und sagte wenig, nur dass ein Mädchen namens Christine gegen sieben kommen könnte – er wisse nicht, ob sie irgendwo essen gehen oder zum Dinner bleiben würden.

»Mädchen, nichts als Mädchen«, höhnte Frank.

»Halt die Klappe, du Idiot«, murmelte Johnny. »Wohl neidisch, wie?«

»Hört auf, ihr beiden!«, sagte Lily.

Ein ganz normales Mittagessen *en famille*.

Bis drei war Tom so weit: Er hatte einen Platz auf einem Frühabendflug von Bangor zum Kennedy-Flughafen gebucht; Eugene würde ihn nach Bangor fahren. Er packte den Koffer, klappte ihn aber noch nicht zu, ging in den Flur und klopfte an Franks angelehnte Tür. Keine Antwort. Tom stieß die Tür weiter auf und trat ein. Das Zimmer war leer und ordentlich aufgeräumt, das Bett gemacht, wahrscheinlich von Evangelina. Auf dem Schreibtisch des Jungen saß der Berliner Bär – dreißig Zentimeter hoch, braune, gelb umringte Knopfaugen und ein fröhliches Grinsen auf dem geschlossenen Mäulchen. Tom dachte daran, wie sich Frank über das handgeschriebene Schild amüsiert hatte: »3 WÜRFE 1 MARK« – Frank hatte das deutsche Wort »Würfe« komisch gefunden, weil es wie etwas klang, das man essen konnte, oder wie das Bellen eines Hundes. Wie hatte der kleine Bär es geschafft, eine Entführung, einen Mord und etliche Flüge zu überleben und immer noch genauso flauschig-fröhlich auszusehen wie zuvor? Tom hatte Frank fragen wollen, ob er ihn noch einmal zur Klippe begleiten würde;

sein Gefühl sagte ihm, falls er den Jungen an die Klippe gewöhnen könnte (auch wenn »gewöhnen« nicht ganz das richtige Wort war), würde sich Frank vielleicht weniger schuldig fühlen.

»Ich glaube, er ist mit Johnny weg, sein Fahrrad aufpumpen«, sagte Lily unten.

»Dachte nur, er und ich könnten ein paar Schritte gehen, schließlich bleibt mir noch etwa eine Stunde«, sagte Tom.

»Sie müssten jede Minute zurückkommen. Ich bin sicher, Frank würde sehr gerne mitgehen. Er denkt, die Erde dreht sich nur Ihretwegen, Tom.«

Diese Wendung hatte Tom seit seiner Jugend in Boston nicht mehr gehört. Er ging hinaus auf den Rasen, zum Plattenweg, denn er wollte die Klippe bei Tageslicht sehen. Der Weg kam ihm irgendwie länger vor, doch auf einmal hatte er die Bäume hinter sich, und vor ihm lag das blaue Wasser, ein wunderschöner Anblick – vielleicht nicht so blau wie der Pazifik, aber doch gerade jetzt ein tiefes, reines Blau. Seemöwen schwebten im Wind, und ein paar kleine Boote, eines davon unter Segeln, glitten langsam über das weite Wasser. Und dann die Klippe, jäh und hässlich. Er trat näher an die Kante, sah hinab auf das Gras und die Steine, dann auf den nackten Fels, und blieb schließlich stehen, die Füße zwei Handbreit vom Abgrund entfernt. Unten lagen weiße und hellbraune Felsbrocken, groß wie Findlinge, wirr durcheinander, genau wie er es sich vorgestellt hatte – als sei vor nicht allzu langer Zeit das Land oder der Felsen weggebrochen. Wo das Meer begann, sah er flache weiße Wellen gegen die kleinen Felsen plätschern. Wie betäubt suchte er nach einer Spur der Katastrophe, etwa einem

Stück vom verchromten Rollstuhl John Piersons. Doch da unten war nichts von Menschenhand. Hätte Pierson seinen Stuhl gemächlich über den Rand gerollt, wäre er zehn Meter tiefer auf den scharfzackigen Felsen aufgeschlagen und wahrscheinlich noch ein paar Meter weiter hinabgestürzt. Tom konnte nicht einmal mehr Blutflecken auf den Felsen ausmachen. Er erschauerte, trat vom Abgrund zurück und drehte sich um.

Durch die Bäume war das Haus kaum zu sehen, nur der dunkelgraue Dachfirst ragte über die Kronen. Und dann erblickte er auf dem Weg den Jungen, immer noch in der blauen Jacke, der auf ihn zukam. Ob er nach ihm suchte? Ohne nachzudenken, wich Tom nach rechts in eine Baumgruppe aus und verbarg sich hinter einem Gebüsch. Würde der Junge sich nach ihm umsehen, seinen Namen rufen, falls Frank dachte, hier könne er sich verborgen halten? Tom war neugierig, das merkte er – vielleicht nur auf den Gesichtsausdruck des Jungen, wenn er sich der Klippe näherte. Jetzt da er so nahe war, konnte Tom sehen, wie sein glattes braunes Haar bei jedem Schritt ein klein wenig wippte.

Frank musterte die Bäume links und rechts von ihm, doch Tom hatte sich gut versteckt. Außerdem hatte Mrs. Pierson ihrem Sohn wahrscheinlich nicht erzählt, Tom sei zur Klippe gegangen, weil er davon nichts gesagt hatte. Frank rief jedenfalls nicht seinen Namen und sah sich auch nicht noch mal um. Er hatte die Daumen vorn in die Taschen seiner Levis gehakt und näherte sich langsam der Kante der Klippe, ein wenig großspurig, mit langen, schlenkernden Schritten. Jetzt zeichnete sich der ganze Körper des Jungen gegen das schöne Blau des Himmels ab, kaum mehr als fünf Meter von Tom entfernt. Der Junge blickte hinab, dann aber lange hinaus auf die See, und Tom kam es so vor, als atme er tief durch, um sich zu entspannen. Dann trat er ein paar Schritte zurück, genau wie Tom, und senkte den Blick auf die Sportschuhe an seinen Füßen. Ein Tritt nach hinten mit dem rechten Fuß – ein paar Steine flogen auf. Er nahm die Daumen aus den Hosentaschen, beugte sich vor und lief sofort los.

»Hey!«, schrie Tom und stürzte vorwärts. Irgendwie fiel er hin oder warf sich waagerecht nach vorn – jedenfalls streckte er die Arme aus und bekam einen Knöchel des Jungen zu fassen.

Frank lag flach auf dem Boden. Er keuchte, sein rechter Arm hing über die Kliffkante.

»Herrgott!«, stieß Tom hervor und zog Frank nervös am Fuß zu sich. Er stand auf, riss ihn an einem Arm in die Höhe.

Der Junge rang nach Luft, sein glasiger Blick ging ins Leere.

»Was sollte das werden, zum Teufel noch mal?« Seine Stimme war plötzlich heiser geworden. »Wach auf!« Tom stützte den Jungen, obwohl er selbst unter Schock stand, und zog ihn am Arm zum Wald, zum Weg. In diesem Moment schrie ein Vogel seltsam schrill, als sei auch er entsetzt. Tom richtete sich vollends auf und sagte: »Na gut, Frank: Du hast es beinah geschafft. Das ist das Gleiche, oder? Was war das, ein schneller Reflex, wegen meiner Stimme? Du hast dich hingeworfen wie ein Footballspieler!« Oder doch nicht? Hatte *er* nicht den Jungen daran gehindert, indem er seinen Knöchel packte? Nervös schlug ihm Tom auf den Rücken. »Du hast es jetzt einmal getan, ja? In Ordnung?«

»Okay«, erwiderte Frank.

»Du meinst das auch so«, sagte Tom. Es klang wie eine Frage. »Sag nicht bloß ›okay‹ zu mir. Du hast dir bewiesen, was du beweisen wolltest. Verstanden?«

»Ja, Sir.«

Sie gingen zum Haus zurück. Allmählich hörten Toms Beine auf zu zittern, er atmete mehrmals tief durch. »Ich werde das nicht erwähnen. Und du sagst auch nichts, zu niemandem. In Ordnung, Frank?« Er warf einen Blick auf den Jungen, der auf einmal genauso groß schien wie er selber.

Frank starrte nach vorn, nicht auf das Haus, sondern weiter weg, in die Ferne. »Klar, Tom. Sicher.«

22

Als die beiden ins Haus zurückkehrten, waren die Hunters schon da: Frank hatte Tom den grünen Wagen in der Einfahrt gezeigt, sonst hätte Tom gedacht, das Auto gehöre den Piersons.

»Ich bin sicher, sie sind oben, im *Ocean-View*-Zimmer.« Frank betonte *Ocean View,* als stünden die Worte in Anführungszeichen. »Mom lässt den Tee stets dort servieren.« Er warf einen Blick auf Toms Koffer, den jemand heruntergebracht und nahe der Haustür abgestellt hatte.

»Lass uns was trinken. Ich kann einen Drink gebrauchen«, sagte Tom. Er ging zu einem fast drei Meter langen Tisch, einer Art Sideboard oder Bartheke. »Drambuie, habt ihr den?«

»Drambuie? Bestimmt.«

Der Junge beugte sich über die doppelte Reihe der Flaschen, den Zeigefinger ausgestreckt, erst nach links, dann nach rechts, fand die richtige und nahm sie lächelnd zur Hand.

»Ich weiß noch, Drambuie. In Belle Ombre.« Frank goss den Likör in zwei Brandygläser.

Tom sah, dass seine Hand nicht zitterte, doch als der Junge das Glas hob, war er immer noch blass im Gesicht. Tom trat hinzu und stieß mit ihm an. »Das wird dir guttun.«

Sie tranken einen Schluck. Tom bemerkte, dass der unterste Knopf seines Jacketts nur noch an ein, zwei Fäden hing, riss ihn ab, steckte ihn ein und klopfte sich den Staub ab. Die Jacke des Jungen war über der linken Brust mehrere Zentimeter lang eingerissen.

Frank drehte sich auf dem Absatz einmal um sich selbst und fragte: »Wann müssen Sie fahren?«

»Gegen fünf.« Tom sah auf seine Uhr: Viertel nach vier. »Mir ist nicht danach, Susie auf Wiedersehen zu sagen.«

»Ach, dann lassen Sie's doch!«

»Aber deiner Mutter ...«

Sie gingen nach oben. Frank hatte etwas Farbe bekommen, sein Schritt war federnd. Er klopfte an eine weiße, weit offen stehende Tür, und sie betraten ein großes Zimmer mit Teppichboden. Drei große Fenster mit Meeresblick nahmen die ganze Wand gegenüber ein. Lily Pierson saß vor einem runden, niedrigen Tisch, ein Paar mittleren Alters in Lehnstühlen. Vermutlich die Hunters, dachte Tom. Johnny stand mit einer Handvoll Fotos dabei.

»Wo warst du bloß?«, fragte Lily. »Herein und Sie bitte auch, Tom. Betsy, das ist Tom Ripley, von dem ich dir so viel erzählt habe. Wally – endlich ist Frank wieder zu Hause!«

»Frank!«, sagten beide Hunters fast gleichzeitig, während der Junge heranschlenderte, sich knapp verbeugte und Wally die Hand schüttelte. »Langweilst du die Leute schon wieder mit deinem Mist?«, fragte er seinen Bruder.

»Endlich lerne ich Sie kennen.« Wally schüttelte Tom die Hand und sah ihm in die Augen, als könne Tom Wunder wirken – oder als gebe es ihn eigentlich gar nicht. Tom tat die Hand trotzdem weh.

Die Hunters waren das perfekte Abbild von modischem Schick à la Maine, er in einem senfgelben Sommeranzug, seine Frau in einem lila Baumwollkleid.

»Tee, Frank?«, fragte Mrs. Pierson.

»Ja, bitte.« Der Junge stand noch.

Tom lehnte ab. »Ich sollte jetzt gehen, Lily.« Sie hatte ihn gebeten, sie so zu nennen. »Eugene sagte, er fährt mich nach Bangor.«

Johnny und seine Mutter sprachen gleichzeitig: Natürlich werde Eugene ihn fahren. »Oder ich«, sagte Johnny. Aber er habe noch Zeit bis zur Abfahrt, meinten sie, mindestens zehn Minuten. Tom wollte nicht über die Entführung in Europa sprechen, und Lily gelang es, Wally Hunter von dem Thema abzubringen. Sie versprach, ihm ein andermal von Berlin und Frankreich zu erzählen. Betsy Hunter fixierte Tom mit ihren kühlen grauen Augen, doch ihm war es gleich, was sie von ihm hielt. Auch die Ankunft von Talmadge Stevens, früher als erwartet, interessierte ihn nicht. So wie die Hunters den Mann begrüßten, kannten und mochten sie ihn offenbar.

Lily stellte ihn vor: ein bisschen größer als Tom, dem Aussehen nach Mitte vierzig, ein kräftiger Mann, der womöglich joggte. Tom spürte sofort, dass Lily und Tal eine Affäre hatten. Und wenn schon. Wo war Frank? Er hatte sich aus dem Zimmer gestohlen. Tom tat das auch. Er meinte, eben noch Musik gehört zu haben – vielleicht eine Platte des Jungen.

Franks Zimmer lag im selben Flur gegenüber, zum hinteren Teil des Hauses hin. Tom klopfte. Keine Antwort. Er öffnete die Tür einen Spaltweit: »Frank?«

Im Zimmer war niemand. Jemand hatte den Deckel des Plattenspielers abgenommen; eine Platte lag auf dem Teller, drehte sich aber nicht mehr: Lou Reeds *Transformer* – Héloïse hatte damals in Belle Ombre die zweite Seite gespielt. Tom sah auf die Uhr, es war fast fünf, und um fünf sollten Eugene und er fahren. Wahrscheinlich wartete der Chauffeur im Erdgeschoss hinten im Haus, wo wohl auch die Dienstbotenräume lagen.

Tom ging die Treppe hinunter in das Wohnzimmer (auch dort niemand), als er kurz Gelächter aus dem *Ocean-View*-Zimmer im ersten Stock hörte. Er durchquerte ein zweites Wohnzimmer in der Mitte des Hauses mit Fenstern zum Garten, fand die Diele wieder und suchte im hinteren Teil des Hauses weiter, wo er die Küche vermutete. Die Küchentür stand offen; an den Wänden schimmerten die Kupferböden von Töpfen und Pfannen. Ein rotbäckiger Eugene hielt eine Tasse in der Hand und redete mit Evangelina. Als er Tom sah, nahm er eine respektvolle Haltung ein. Aus irgendeinem Grund hatte Tom erwartet, Frank hier zu finden.

»Verzeihung«, sagte er, »haben Sie –«

»Ich denke an die Abfahrtszeit, Sir: fünf Uhr. Ich habe sieben vor fünf. Kann ich Ihnen mit dem Gepäck helfen?« Eugene hatte Tasse und Untertasse abgestellt.

»Nein, danke, ist schon unten. Wo ist Frank, wissen Sie das?«

»Oben, glaube ich, Sir. Beim Tee.«

Nein, ist er nicht, wollte Tom sagen und verkniff sich die Antwort. Auf einmal bekam er Angst. »Danke«, sagte er zu Eugene, dann lief er durch das Haus zur Vordertür, dem nächsten Ausgang, wie er vermutete, hinaus auf die Veranda und rechts herum zum Rasen. Vielleicht war Frank schon wieder oben in dem Zimmer, wo die anderen Tee tranken; Tom aber wollte zuerst zur Klippe. Er stellte sich vor, wie der Junge erneut am Abgrund stand und überlegte, ob er – was? Tom rannte den ganzen Weg. Der Junge war nicht auf der Klippe. Tom lief langsamer, er keuchte, nicht aus Atemnot, sondern vor Erleichterung. Als er der Kante näher kam, packte ihn wieder die Angst. Er ging weiter.

Da unten war sie – die blaue Jacke und das dunklere Blau der Levis, der dunkle Haarschopf, umrahmt von Rot, wie eine Blüte gegen die fast weißen Felsen, unwirklich und doch wieder nicht. Tom riss den Mund auf, als müsse er schreien, tat es aber nicht, atmete nicht einmal, mehrere Sekunden lang, bis er merkte, dass er am ganzen Leibe zitterte und Gefahr lief, selbst hinabzustürzen. Der Junge war tot, und es wäre sinnlos, irgendetwas zu unternehmen, um ihn zu retten. Seine Mutter, dachte Tom, schon auf dem Weg zurück zum Haus. Er musste es ihr sagen. Herrgott, all die Leute da oben!

Im Haus begegnete er Eugene, rotwangig und hellwach. »Stimmt etwas nicht, Sir? Es ist erst zwei Minuten nach fünf, also haben wir –«

»Ich glaube, wir müssen sofort die Polizei rufen, einen Krankenwagen, was immer.«

Eugene musterte ihn von Kopf bis Fuß; vermutlich suchte er nach Verletzungen.

»Frank, nicht ich – dort draußen, an der Klippe!«

Plötzlich begriff der Mann: »Ist er hinabgestürzt?« Er wollte schon loslaufen.

»Er ist tot, das ist ganz sicher. Könnten Sie den Krankenwagen rufen oder was man sonst tun sollte? Ich sage es Mrs. Pierson. – Zuerst den Krankenwagen!«, sagte Tom, als Eugene durch die Verandatür hinausstürmen wollte.

Tom wappnete sich für den ersten Stock und ging hinauf, klopfte an die Tür der Teegesellschaft und trat ein. Alle schienen sich wohl zu fühlen; Tal lehnte am Sofaende neben Lily, Johnny stand noch immer und unterhielt sich mit Mrs. Hunter. »Kann ich Sie kurz sprechen?«, fragte Tom Mrs. Pierson.

Sie erhob sich. »Ist etwas, Tom?«, fragte sie, als denke sie, er habe nur seine Reisepläne geändert, was niemandem Umstände bereiten würde.

Tom sagte es ihr erst auf dem Flur, nachdem er die Tür geschlossen hatte: »Frank ist gerade von der Klippe gesprungen.«

»*Was?* O nein!«

»Ich habe nach ihm gesucht. Dann sah ich ihn dort unten liegen. Eugene ruft den Krankenwagen – aber ich glaube, er ist tot.«

Plötzlich stand Tal in der Tür. Sofort verdüsterte sich seine Miene: »Was ist passiert?«

Lily brachte kein Wort heraus, also sagte Tom: »Frank ist eben von der Klippe gesprungen.«

»Von *der* Klippe?« Tal wollte schon loslaufen, doch Tom winkte ab, wie um zu sagen: Es ist vorbei.

»Was ist denn los?« Johnny kam heraus, gefolgt von den beiden Hunters.

Tom hörte Eugene die Treppe hinaufpoltern und ging ihm auf dem Flur entgegen.

»Krankenwagen und Polizei müssten in wenigen Minuten hier sein, Sir«, stieß Eugene hervor und hastete an ihm vorbei.

Tom folgte ihm mit den Augen und sah weiter hinten im Flur eine weiße Gestalt – nein, blassblau, heller als Franks Jacke: Susie. Eugene war auch an den andern vorbeigegangen, er wechselte ein paar Worte mit ihr. Susie nickte; Tom meinte sogar, sie habe dünn gelächelt. In diesem Moment rannte Johnny auf dem Weg zur Treppe an ihm vorüber.

Zwei Krankenwagen trafen ein, einer mit Wiederbelebungsgerät, soweit Tom das erkennen konnte, als die zwei weiß gekleideten Männer hinter Eugene über den Rasen liefen. Dann folgten andere Sanitäter mit einer ausziehbaren Leiter. Hatte Eugene die Männer entsprechend eingewiesen, oder wussten sie noch, von John Piersons Unglück damals, wo die Klippe war? Tom blieb nahe am Haus. Auf keinen Fall wollte er das zerschmetterte Gesicht des Jungen sehen, wollte sogar sofort fahren, wusste aber, dass das nicht ging: Er würde warten müssen, bis die Leiche geborgen war, bis er Lily mehr hatte sagen können. Tom ging ins Haus zurück, warf einen Blick auf seinen Koffer, der immer noch vor der Haustür stand, und stieg die Treppe hinauf. Es drängte ihn, noch einmal, ein letztes Mal, das Zimmer des Jungen zu sehen.

Oben im Flur erblickte er Susie Schuhmacher, die am anderen Ende stand, die Hände gespreizt hinter sich an die Wand gelegt. Sie schaute ihn an und nickte, jedenfalls kam es Tom so vor. Er ging zur Tür von Franks Zimmer, dann daran vorbei. Susie nickte ihm zu. Was wollte sie? Tom starrte sie an wie gebannt, finster und ablehnend.

»Sehen Sie?«, sagte Susie.

»Nein«, erwiderte Tom bestimmt. Ob sie ihn einschüchtern wollte, ihn von ihrer Sicht überzeugen? Tom spürte eine instinktive Feindseligkeit gegen die Frau – ein Selbsterhaltungstrieb, der dafür sorgen würde, dass er ungeschoren davonkam. Er ging weiter auf sie zu und blieb zwei Meter vor ihr stehen. »Wovon reden Sie eigentlich?«

»Von Frank natürlich. Er war ein böser Junge. Wenigstens hat er das eingesehen.« Sie näherte sich Tom, wollte zurück in ihr Zimmer zu seiner Linken. Schwach kam sie ihm kaum noch vor. »Und Sie sind vielleicht genauso«, fügte sie hinzu.

Tom trat einen Schritt zurück, vor allem, um Abstand von ihr zu halten. Er drehte sich um, ging zur Tür und betrat das Zimmer des Jungen. Wütend schlug er die Tür zu, doch sein Zorn verebbte schnell: Das Bett, so furchtbar ordentlich, in dem Frank nie mehr schlafen würde. Und der Berliner Bär. Tom näherte sich ihm langsam, er wollte ihn haben. Wenn er ihn nähme, wer würde es je erfahren? Und selbst wenn? Sachte fasste er seine flauschigen Flanken, hob ihn hoch. Dann bemerkte er einen quadratischen Zettel, der links neben dem Teddy gelegen hatte. »Teresa, ich werde dich ewig lieben«, hatte der Junge geschrieben. Absurd! Aber selbstverständlich wahr, denn kurz darauf war er tot gewesen; keine halbe Stunde war das her. Tom rührte den Zettel nicht an, obwohl er daran gedacht hatte, ihn einzustecken und zu vernichten – ein letzter Dienst an einem toten Freund. Doch er nahm nur den Bären mit und schloss die Tür hinter sich.

Unten steckte Tom den Teddy in eine Ecke seines Koffers,

mit der Nase nach innen, damit sie nicht zerdrückt würde. Im Wohnzimmer war niemand. Tom sah hinaus: Alle standen auf dem Rasen, ein Krankenwagen fuhr gerade weg. Tom wollte nicht noch einmal hinausschauen. Er ging im Wohnzimmer auf und ab und steckte sich eine Zigarette an.

Eugene trat ein, sagte, er habe den Flughafen in Bangor angerufen, und wenn Tom wolle, könnten sie in einer Viertelstunde fahren, dann würde er eine andere Maschine noch erreichen. Eugene war wieder der Diener, doch kreidebleich im Gesicht.

»Gut, das geht«, sagte Tom. »Danke, dass Sie sich darum gekümmert haben.« Er ging hinaus auf den Rasen, um mit Franks Mutter zu sprechen. In diesem Augenblick wurde eine weiß bedeckte Trage hinten in den zweiten Krankenwagen geschoben.

Lilys Kopf sank auf seine Schulter. Alle redeten viel, doch Lilys feste Umarmung sagte mehr als ihre Worte. Dann saß Tom im Fond eines großen Wagens und wurde von Eugene nach Bangor gefahren.

Gegen Mitternacht kam er im Hotel Chelsea an. In der Halle mit einem rechteckigen Kamin und schwarzweißen Plastiksofas, die gegen Diebstahl an den Boden gekettet waren, sangen ein paar Leute. Tom kannte den Text, ein Limerick. Unter großem Gelächter suchten die Jungs und ein paar Mädchen, alle in Levis, auf Gitarren nach der passenden Melodie dazu. Ja, sie hätten ein Zimmer für Mr. Ripley, sagte der Mann in der Tweedjacke hinter dem Tresen. Tom warf einen Blick auf die Ölgemälde an den Wänden. Manche waren, wie er wusste, dem Hotel von Gästen überlassen worden, die ihre Rechnung nicht bezahlen konnten.

Als Farbton überwog Tomatenrot. Tom betrat den altmodischen Aufzug.

Tom duschte, zog seine ältesten Hosen an und legte sich für ein paar Minuten aufs Bett, um zu entspannen, doch es war hoffnungslos. Das Beste wäre, etwas zu essen (obwohl er nicht hungrig war), ein bisschen in der Stadt herumzulaufen und dann zu versuchen zu schlafen. Am Kennedy-Flughafen hatte er für den nächsten Abend einen Flug nach Paris gebucht.

Also verließ er das Hotel und ging die Seventh Avenue entlang, an den *Delis,* Schnellrestaurants und Imbissbuden vorbei, die geschlossen oder noch geöffnet waren. Bierdosenringe glänzten matt metallisch auf dem Bürgersteig; Taxis taumelten trunken in Schlaglöcher, fuhren rumpelnd weiter. Groß, schwerfällig und aggressiv, erinnerten sie Tom an die Citroënlimousinen in Frankreich. Vor ihm und beiderseits der breiten Straße ragten hohe schwarze Gebäude, Büro- oder Apartmenthäuser, gleich massigen, kantigen Auswüchsen des Landes in den Himmel über der Stadt. Viele Fenster waren erleuchtet. New York schlief nie.

Tom hatte zu Lily gesagt: »Es gibt keinen Grund mehr für mich, länger zu bleiben.« Bis zur Beerdigung, hatte er gemeint, aber auch, dass er nichts mehr für den Jungen tun konnte. Dessen ersten Selbstmordversuch keine Stunde zuvor hatte er nicht erwähnt, denn Lily hätte womöglich einfach erwidert: »Warum haben Sie ihn danach nicht im Auge behalten?« Nun, er hatte eben angenommen, Frank habe seinen Tiefpunkt hinter sich. Zu Unrecht.

Er betrat einen Eckimbiss mit Hockern am Tresen und bestellte einen Hamburger und Kaffee. Setzen wollte er sich nicht, und hier konnte man sicher im Stehen essen. Zwei schwarze Gäste stritten über eine Wette, die sie abgeschlossen hatten, und über den Buchmacher, zu dem beide gingen – ob er ein Schwindler sei oder nicht. Es klang furchtbar kompliziert, Tom hörte nicht weiter hin. Morgen könnte er ein paar New Yorker Bekannte anrufen, nur mal hallo sagen. Doch der Gedanke war wenig verlockend. Er fühlte sich schrecklich, verloren und ziellos. Den Hamburger aß er nur zur Hälfte, trank den schwachen Kaffee nicht aus, zahlte und ging. Weiter, zur Forty-second Street. Inzwischen war es fast zwei Uhr morgens.

Hier war die Stimmung besser, wie in einem verrückten Zirkus oder auf einer Theaterbühne, wo man in den Kulissen herumlaufen durfte. Riesige Polizisten in blauen, kurzärmeligen Hemden schwangen ihre hölzernen Schlagstöcke und scherzten mit den Huren, die sie eigentlich festnehmen sollten. Tom hatte unlängst davon gelesen. Ob sie dieselben Huren so oft aufs Revier gebracht hatten, dass sie es leid waren? Oder hatte die Razzia eben erst begonnen? Jungs, keine zwanzig, mit Make-up und Augen, die alles gesehen hatten, musterten die älteren Männer, die sie kaufen wollten – manche hielten die Scheine schon in der Hand.

»Nein«, sagte Tom leise und zog den Kopf ein, als eine Blondine auf ihn zukam: scheußlich pralle Schenkel, in glänzend schwarze Kunstfaser gezwängt. Verblüfft las er die derben, banalen Filmtitel über den Kinoeingängen. So wenig Talent in der Pornoindustrie! Aber deren Kunden wollten weder Feinheit noch Wortwitz. Und dann all die überdimensionalen Farbfotos von Nackten, von Männern und Frauen, Männern und Männern, Frauen und Frauen, die es allem Anschein nach miteinander trieben, und Frank hatte es mit Teresa nicht einmal tun können, als er es versucht hatte! Grotesk, aber amüsant – Tom lachte kurz auf. Mit einem Mal reichte es ihm, und er schob sich schnell durch die dahinschlurfenden Schwarzen und die teiggesichtigen Weißen auf den dunklen Klotz der großen New Yorker Stadtbibliothek an der Ecke zur Fifth Avenue zu. So weit ging er nicht, sondern wandte sich nach Süden, als er die Sixth Avenue erreichte.

Ein Seemann schoss aus einer Bar rechts von Tom und stieß mit ihm zusammen. Er fiel hin, Tom zog ihn hoch, stützte ihn mit der einen Hand und griff mit der anderen nach der weißen Mütze, die ihm vom Kopf gefallen war. Der Junge schien keine zwanzig, er schwankte wie ein Mast im Sturm.

»Wo sind deine Kumpel?«, fragte Tom. »Da drin?«

»Ich willn Taxi und ich willn Mädchen.« Der Junge grinste.

Er wirkte gesund und kräftig; an seinem Zustand waren wahrscheinlich nur ein paar Scotch und ein Sechserpack Dosenbier schuld. »Los, komm.« Tom fasste ihn am Arm und stieß die Tür zur Bar auf. Er sah sich nach anderen Matrosen um: Zwei Seeleute in Uniform saßen an der Theke, doch der Barkeeper kam dahinter hervor und sagte zu Tom:

»Wir wollen ihn hier nicht haben, er wird hier nicht bedient!«

»Sind das seine Kameraden?« Tom zeigte auf die beiden Matrosen.

»Wir wolln ihn nicht!«, verkündete der eine, auch er nicht mehr nüchtern. »Er soll sich verpissen!«

Toms Schützling lehnte am Türpfosten und wehrte sich gegen den Barmann, der ihn hinausschieben wollte.

Tom ging zu den beiden Männern an der Theke – ob sie ihm für seine Mühen einen Kinnhaken verpassen würden, war ihm völlig egal – und sagte im härtesten New Yorker Akzent, den er aufbieten konnte: »Sorgt gefälligst für euern Kumpel! Eine beschissene Art ist das, einen von euch zu behandeln.« Tom sah den zweiten Seemann an, der nicht ganz so betrunken war: Seine Worte waren durchgedrungen, der Mann stieß sich von der Theke ab. Tom ging zur Tür und blickte zurück.

Zögernd näherte sich der nüchternere Seemann seinem betrunkenen Kameraden.

Na also, wenigstens etwas, wenn auch nicht viel, dachte Tom auf dem Weg hinaus. Er ging zum Chelsea zurück. Auch dort, in der Hotelhalle, waren die Leute nicht mehr nüchtern, es ging feuchtfröhlich zu, doch gemäßigt, verglichen mit dem Times Square. Das Chelsea war für seine seltsamen Gäste bekannt, achtete aber gewöhnlich auf die Einhaltung gewisser Grenzen.

Tom überlegte, Héloïse anzurufen – drüben dürfte es etwa neun Uhr morgens sein –, und ließ es doch bleiben. Er merkte, wie völlig fertig er war, erledigt, am Ende. Und wie hatte er es geschafft, sich in jener Bar keine Schläge von den Seeleuten einzufangen? Tom ging auf, dass er wieder einmal Glück gehabt hatte. Er fiel ins Bett; wann er aufwachen würde, war ihm egal.

Sollte er morgen Lily anrufen? Oder würde sie das nur verstören und durcheinanderbringen? Kümmerte sie sich gerade um solche Sachen wie die Auswahl eines angemessenen Sarges? Würde Johnny mit einem Mal erwachsen werden und die Dinge in die Hand nehmen? Oder könnte Tal das tun? Würden sie Teresa benachrichtigen, würde sie zur Beerdigung kommen, zur Einäscherung, was auch immer? Während Tom sich hin und her wälzte, fragte er sich, ob er heute Nacht über all das nachdenken müsse.

Erst gegen neun am nächsten Abend hatte er sich einigermaßen gefangen und war wieder er selbst. Als die Triebwerke der Maschine aufheulten, war es, als erwache er mit einem Mal, als sei er schon zu Hause. Er war glücklich, oder doch glücklicher, und er war entkommen – nur was? Einen weiteren Koffer hatte er gekauft, diesmal bei Mark Cross, weil Gucci so ultrasnobistisch geworden war, dass Tom die Marke lieber boykottierte. Der neue Koffer steckte voller Mitbringsel: ein Pullover für Héloïse, ein Kunstbuch von Doubleday, eine blau-weiß gestreifte Schürze für Madame Annette mit einer roten Tasche und der Aufschrift BIN ZUM ESSEN sowie eine kleine goldene Anstecknadel in Form einer fliegenden Gans über kleinen, spitzen, goldenen Schilfhalmen, ebenfalls für Madame, die bald Geburtstag hatte, und schließlich ein elegantes Passetui für Eric Lanz. Peter aus Berlin hatte Tom nicht vergessen, er würde in Paris etwas Besonderes für ihn suchen. Er sah, wie sich Manhattans märchenhafte Lichterstadt mit dem Steigen und Fallen der Maschine sanft hob und senkte, und dachte an Frank, den sie bald in diesem Land beerdigen würden. Als die amerikanische Küste außer Sicht war, schloss Tom die Augen und versuchte zu schlafen. Aber er musste immerzu an den Jungen denken; dass er tot war, konnte er kaum glauben. Sein Tod war eine Tatsache, und doch empfand er sie noch nicht als wirklich. Er hatte gehofft, der Schlaf würde helfen, doch als er morgens erwachte, hatte der Tod des Jungen immer noch etwas Fantastisches – so als könne er Frank jetzt sehen, jenseits des Mittelgangs der Maschine, wie er ihm überraschend zulächelte. Tom musste sich das weiße Tuch über der Trage in Erinnerung rufen: Kein Notarzt würde jemandem das Tuch über den Kopf ziehen, der nicht tot war.

Er würde Lily Pierson schreiben müssen, einen richtigen handschriftlichen Brief, und traute sich auch zu, höflich und mitfühlend zu sein und so weiter. Aber was würde Lily je von dem kleinen Gartenhaus in Moret erfahren, wo Frank geschlafen hatte, von Berlin oder gar von Teresas Macht über ihren Sohn? Woran hatte der Junge beim Fall auf die Felsen als Letztes gedacht? An Teresa? An den Vater, an dessen tödlichen Sturz von ebenjener Klippe? Oder womöglich an ihn? Tom rutschte auf seinem Sitz herum und schlug die Augen auf. Die Stewardessen gingen schon durch den Gang. Er seufzte, bestellte irgendwas, Bier oder Scotch, Essen oder nichts, es war ihm egal.

Was für ein Witz, dachte er: Wie sinnlos waren nun die doch einigermaßen durchdachten Vorträge, die er dem Jungen über Geld oder Macht und Geld gehalten hatte! Nutze es, ja genieße es, aber beides in Maßen, hatte er gesagt, und hör auf mit den Schuldgefühlen. Gib ein bisschen für wohltätige Zwecke, für Kunstprojekte, für was du willst, gib es jenen, die es brauchen. Und genau wie Lily hatte auch er gesagt, dass andere bei Pierson die Führung der Firma übernehmen könnten, wenigstens bis Frank das College hinter sich hätte, vielleicht sogar noch länger. Aber er müsse ein wenig bei Pierson hineinschnuppern, seinen

Namen (unter Umständen neben dem seines Bruders) ganz oben auf die Liste der Vorstandsmitglieder setzen lassen, und nicht einmal das hatte Frank gewollt.

Irgendwann, irgendwo, kilometerhoch in einem schwarzen Himmel, schlief Tom unter der Decke ein, die eine rothaarige Stewardess gebracht hatte. Als er aufwachte, ging strahlend die Sonne auf – scheinbar zur falschen Zeit, wie alles andere auch –, und die Maschine flog über Frankreich; so hieß es in der Durchsage, die ihn geweckt hatte.

Wieder Roissy und die schimmernden Rolltreppen der *satellites*. Eine nahm er nach unten, mit seinem Handgepäck. Tom hätte Probleme mit dem neuen Koffer samt Inhalt bekommen können, legte sich aber einen starren, gleichgültigen Blick zu und passierte ungehindert die Schranke »NICHTS ZU VERZOLLEN«. Er suchte sich aus dem Fahrplan in seiner Brieftasche einen Zug heraus und rief Belle Ombre an.

»Tomme!«, sagte Héloïse. »Wo bist du denn?«

Sie konnte nicht glauben, dass er in Charles de Gaulle war, er nicht, dass sie ihm so nah sein sollte. »Ich kann um halb eins in Moret sein, kein Problem. Habe gerade nachgeschaut.« Auf einmal lächelte er. »Alles in Ordnung?«

Ja, nur dass Madame Annette auf der Treppe ausgerutscht oder gestürzt war und sich das Knie verstaucht hatte. Doch selbst das schien nicht ernst – sie laufe herum wie immer, sagte Héloïse. »Warum hast du nicht geschrieben? Oder angerufen?«

»Ich war doch nur so kurz drüben«, erwiderte Tom. »Zwei Tage, mehr nicht! Erzähle dir mehr, wenn ich bei dir bin. 12:31 Uhr.«

»A bientôt, chéri!« Sie würde ihn abholen.

Tom nahm ein Taxi zum Gare de Lyon (sein Gepäck war trotz allem nicht zu schwer gewesen) und bestieg mit dem *Figaro* und *Le Monde* unterm Arm den Zug nach Moret. Erst als er die Zeitungen fast vollständig überflogen hatte, merkte er, dass er gar nicht nach Meldungen über den Jungen gesucht hatte. Allerdings war die Zeit für diese Blätter auch zu kurz gewesen, einen Bericht über seinen Tod zu bringen. Würde er auch diesmal wieder als möglicher »Unfall« hingestellt werden? Was würde seine Mutter sagen? Dass ihr Sohn sich das Leben genommen habe, nahm er an. Sollten die Geschichte oder die Klatschblätter sich ihren eigenen Reim machen auf zwei Todesfälle am selben Ort, im selben Sommer.

Héloïse wartete neben dem roten Mercedes. Ihr Haar wehte im Wind. Sie sah ihn und winkte, doch er konnte nicht zurückwinken, nicht mit zwei Koffern plus einer Plastiktasche voller Taschenbücher, Zeitungen und holländischer Zigarren. Er küsste sie auf beide Wangen und auf den Hals.

»Wie geht es dir?«, fragte Héloïse.

»Aah …« Tom lud das Gepäck in den Kofferraum.

»Ich dachte, du kommst vielleicht mit Frank zurück.« Sie lächelte.

Tom staunte, wie glücklich sie aussah. Als sie vom Bahnhof losfuhren, fragte er sich, wann er ihr von dem Jungen erzählen sollte. Héloïse hatte fahren wollen; nun lagen die Ampeln und der dichte Verkehr von Moret hinter ihnen, und sie fuhr in Richtung Villeperce. »Ich kann es dir auch gleich sagen: Frank ist vorgestern zu Tode gekommen.« Bei den Worten warf er einen Blick auf das Lenkrad, doch ihre Hände verkrampften sich nur ganz kurz.

»Was meinst du mit ›zu Tode gekommen‹?«, fragte sie auf Französisch.

»Er ist von derselben Klippe gesprungen, an der sein Vater umgekommen ist. Ich erkläre es dir zu Hause genauer, aber irgendwie wollte ich vor Madame Annette nichts dazu sagen, nicht mal auf Englisch.«

»Welche Klippe meinst du?« Héloïse sprach weiter französisch.

»Die bei ihrem Anwesen, in Maine. Direkt am Meer.«

»Ach ja!« Plötzlich erinnerte sie sich, vielleicht von den Zeitungsberichten. »Du warst dabei? Hast ihn *springen* sehen?«

»Ich war im Haus. Gesehen hab ich ihn nicht, die Klippe ist weiter weg. Ich wollte –« Das Sprechen fiel ihm schwer. »Viel gibt es eigentlich nicht zu erzählen. Ich hatte eine Nacht im Haus verbracht, wollte am nächsten Tag abreisen – was ich dann auch getan habe. Seine Mutter und ein paar ihrer Freunde saßen gerade beim Tee. Ich bin nach draußen gegangen, den Jungen suchen.«

»Und du hast gesehen, dass er gesprungen war?«, fragte Héloïse, nun auf Englisch.

»Ja.«

»Wie furchtbar, *Tomme*! Darum wirkst du so … geistesabwesend.«

»Geistesabwesend?« Sie näherten sich Villeperce. Tom sah ein Haus, das er kannte und mochte, dann kam die Post und die Bäckerei, bevor Héloïse links abbog. Sie hatte den Weg durch das Dorf gewählt, entweder zufällig oder weil sie nervös war und langsamer fahren wollte. »Ich habe ihn gefunden, sagen wir zehn Minuten nachdem er gesprungen ist. Ich weiß nicht genau. Dann musste ich zurück und es der Familie sagen. Die Klippe ist ziemlich steil, unten liegen Felsen. Später vielleicht mehr davon, *chérie.*« Aber was sollte er noch sagen? Tom sah zu seiner Frau hinüber, die durch das Tor von Belle Ombre fuhr.

»Ja, du *musst* mir mehr erzählen!« Sie stieg aus.

Tom begriff, dass sie erwartete, diese Geschichte in voller Länge zu hören, weil er diesmal nichts Unrechtes getan hatte und nichts vor ihr verbergen musste.

»Weißt du, ich mochte den Jungen«, bemerkte sie und sah ihn aus lavendelblauen Augen an, nur einen Moment lang. »Zuletzt, meine ich. Anfangs nicht.«

Tom wusste das.

»Ist der Koffer neu?«

Er lächelte. »Und ein paar Sachen darin auch.«

»Oh! – Und danke für die Handtasche aus Deutschland, *Tomme*!«

»Bonjour, Monsieur Tomme!« Madame Annette stand auf den sonnenbeschienenen Stufen vor der Haustür. Tom fiel nur eine fleischfarbene elastische Binde unter ihrem Rocksaum auf, die sie unter beigen Strümpfen oder Strumpfhosen um das Knie trug.

»Wie geht es Ihnen, *chère Madame Annette*?« Er legte ihr den Arm um die Schulter, und sie sagte, es gehe ihr bestens, küsste ihn flüchtig auf die Wange und ging dann sofort über den Kies zu Héloïse, um ihr den Koffer abzunehmen.

Madame Annette bestand darauf, beide Koffer nacheinander hinaufzutragen, trotz ihres verstauchten Knies; Tom ließ ihr den Willen, weil es ihr Freude machte.

»So schön, wieder zu Hause zu sein!«, sagte Tom. Er sah sich im Wohnzimmer um: der Esstisch, fürs Mittagessen gedeckt, das Cembalo, der falsche Derwatt über dem Kamin. »Wusstest du, dass die Piersons den *Regenbogen* besitzen? Hatte ich das erwähnt? Du weißt, das ist einer der – ein sehr guter Derwatt.«

»Ach, wirklich?« Héloïse klang spöttisch, als sei dieser spezielle Derwatt keiner, von dem sie gehört haben müsste – oder als argwöhne sie, er könne gefälscht sein.

Was es war, wusste Tom nicht, aber er lachte erleichtert, ja glücklich. Madame Annette kam die Treppe herunter, vorsichtig noch, eine Hand auf dem Geländer. Wenigstens hatte er sie vor Jahren davon abbringen können, die Stufen zu bohnern.

»Wie kannst du so gut gelaunt sein, wenn der Junge tot ist?« Héloïse hatte auf Englisch gefragt, und Madame Annette, die gerade den zweiten Koffer zur Hand nahm, beachtete sie nicht weiter.

Héloïse hatte recht, Tom verstand auch nicht, warum. »Kann sein, dass ich es noch gar nicht ganz begriffen habe. Das kam so plötzlich – es war ein Schock, für alle im Haus. Franks älterer Bruder Johnny war auch da. Frank war todunglücklich, wegen eines Mädchens. Ich hab's dir erzählt: Teresa. Dann der Tod seines Vaters …« Weiter wollte er nicht gehen. Der Tod von John Pierson senior würde zwischen Héloïse und ihm immer ein Unfall oder Selbstmord bleiben.

»Aber das ist schrecklich – Selbstmord mit sechzehn! Weißt du, heute bringen sich immer mehr junge Leute um. Andauernd lese ich in den Zeitungen davon. – Möchtest du auch? Oder etwas anderes?« Sie hielt ihm das volle Weinglas mit Perrier hin, das sie sich gerade eingeschenkt hatte.

Tom schüttelte den Kopf. »Ich will mich frisch machen.« Er ging zur Toilette im Erdgeschoss, wo es ein Waschbecken gab, und warf dabei einen Blick auf den kleinen Stapel Briefe auf dem Telefontisch: vier Stück, die Post von gestern und heute. Das hatte Zeit.

Beim Mittagessen erzählte Tom seiner Frau von dem Haus der Piersons in Kennebunkport, von der seltsamen Dienerin namens Susie Schuhmacher, die vor Jahren Haushälterin und gewissermaßen Gouvernante der Jungs gewesen war, nun aber, nach einem Herzanfall, nicht mehr arbeiten konnte. Es gelang ihm, das Haus als eine Mischung aus Luxus und Düsterkeit zu schildern – was die Wahrheit war, dachte er, oder jedenfalls seine Sicht der Dinge. Héloïses missbilligender Blick zeigte Tom, dass sie wusste, es war nicht die ganze Wahrheit.

»Und du bist am selben Abend abgereist, kurz nach dem Tod des Jungen?«, fragte sie.

»Ja. Ich sah keinen Sinn darin, länger zu bleiben. Bis zur Beerdigung konnten zwei Tage vergehen, wer weiß.« Vielleicht war sie heute, am Dienstag, dachte er.

»Ich glaube, du hättest das Begräbnis nicht ertragen«, sagte Héloïse. »Du hast den Jungen sehr gemocht, nicht wahr? Ich weiß es.«

»Ja.« Jetzt konnte Tom seiner Frau ins Gesicht sehen. Seltsam war es gewesen, ein junges Leben so zu steuern, wie er es versucht hatte – und dann zu scheitern. Vielleicht konnte er das eines Tages ihr gegenüber zugeben. Andererseits wohl doch nicht, da er ihr niemals verraten würde, dass der Junge seinen Vater von der Klippe gestoßen hatte – und das war die wahre Erklärung für seinen Selbstmord, wichtiger als Teresa, wenigstens in Toms Augen.

»Hast du Teresa kennengelernt?«, fragte Héloïse. Sie hatte sich schon Lily Pierson ausführlich schildern lassen, die frühere Schauspielerin, die schwerreich geheiratet hatte, und Tom hatte sein Bestes getan und auch eine Beschreibung des hilfsbereiten Tal Stevens geliefert, den sie vermutlich heiraten würde.

»Nein, nein, Teresa nicht. Ich glaube, sie war in New York.« Tom nahm nicht an, dass sie auch nur zu Franks Beerdigung kommen würde. Und was machte das schon? Teresa war für den Jungen eine fixe Idee gewesen, beinah ungreifbar, und das würde sie bleiben – »ewig«, wie er geschrieben hatte.

Nach dem Essen ging Tom nach oben, um seine Post durchzusehen und auszupacken. Noch ein Brief von Jeff Constant und der Galerie Buckmaster in London: Alles lief gut, wie Tom auf einen Blick erkannte. Die Neuigkeit war, dass die Academia Derwatt in Perugia neue Geschäftsführer bekommen hatte, zwei junge Männer aus London mit künstlerischen Neigungen (Jeff nannte die Namen), die nun die Idee hatten, einen Palazzo unweit der Akademie zu kaufen und zu einem Hotel für die Kunststudenten umzubauen. Was Tom davon halte? Ob er den Palazzo südwestlich der Kunstschule vielleicht kenne? Die neuen Londoner Jungs würden ihm mit der nächsten Post ein Foto schicken. Jeff schrieb:

Das bedeutet, wir expandieren, was nur gut sein kann, meinst Du nicht, Tom? Es sei denn, Du als Italienkenner hast Informationen über die Lage dort vor Ort, die gegen einen Kauf zum jetzigen Zeitpunkt sprechen.

Solche Informationen hatte Tom nicht. Hielt Jeff ihn etwa für ein Genie? Ja. Tom wusste, dass er dem Kaufplan zustimmen würde. Weiter wachsen, ja, jedenfalls mit Hotels. Die Kunstakademie würde das meiste Geld mit dem Hotel machen. Und der echte Derwatt hätte sich vor Scham gewunden.

Tom zog den Pulli aus, schlenderte in sein blau-weiß gekacheltes Bad und warf ihn hinter sich auf einen Stuhl. Er meinte zu hören, wie die Holzameisen beim Geräusch seiner Schritte verstummten – oder hatte er gar nichts gehört? Er horchte, das Ohr seitlich an das Holzregal gelegt. Nein, er hatte sie vernommen, und sie waren nicht verstummt: Ein ganz leises Surren und Summen ertönte, das nun, da er lauschte, schon wieder lauter wurde. Immer noch am Werk, die fleißigen kleinen Biester! Auf einer Pyjamajacke, die gefaltet in einem Regal lag, bemerkte Tom eine Miniaturpyramide aus feinem rotbraunem Sägemehl, von den Grabungsarbeiten darüber. Was bauten die bloß da drinnen? Betten für sich oder Eierablagen? Ob diese kleinen Zimmerleute all ihren Grips zusammengenommen hatten und sich dort drinnen womöglich ein winziges Bücherregal bauten, nur aus Sägemehl und Spucke, ein kleines Denkmal ihrer technischen Fertigkeiten und ihres Überlebenswillens? Tom musste laut loslachen. Verlor er etwa den Verstand?

Aus der Ecke des Koffers nahm er den Berliner Bären,

flauschte sacht sein Fell auf und setzte ihn hinten auf seinen Schreibtisch, gegen ein paar Wörterbücher gelehnt. Der kleine Teddy war zum Sitzen gemacht; seine Beine ließen sich nicht so verbiegen, dass er stehen konnte. Die glänzenden Augen schauten Tom ebenso unschuldig-fröhlich an wie damals in Berlin. Tom lächelte zurück, er dachte an die »3 Würfe 1 Mark«, die Frank den Bären eingebracht hatten. »Für den Rest deines Leben hast du ein gutes Zuhause gefunden«, sagte er zu dem Teddy.

Er würde duschen, auf dem Bett liegen und seine restliche Post lesen, dachte Tom. Versuchen, wieder zum normalen Zeitgefühl zurückzufinden: zwanzig vor drei, französische Zeit. Sicher würden sie Frank heute zu Grabe tragen, und er hatte keine Lust, sich auszurechnen, wann das sein würde, weil Zeit für den Jungen nicht mehr wichtig war.

Anhang

Nachwort

Zeit ihres Lebens war Patricia Highsmith, was ihren Marktwert an der literarischen Börse betraf, in der Gattung »Thriller«, »Suspense« oder »Kriminalroman« gefangen. Das Korsett hat ihr wohl ebenso geschadet wie genützt; sie selbst jedenfalls akzeptierte dessen Enge ohne Weinerlichkeit. Der Nachteil der Kriminalautorin bestand darin, geringere Vorschüsse, oft winzige Rezensionen und nie den Nobelpreis zu erhalten, zu schweigen von dem rauen Umgang, den sich besonders amerikanische Verlage mit ihren Büchern herausnahmen. Ein grelles Beispiel ist Patricia Highsmiths siebzehnter (!) Roman *Ediths Tagebuch*, den Alfred A. Knopf mit der Begründung ablehnte, er sei weder als Thriller noch als Literatur verkäuflich, ein anderes der mehrfach umgeschriebene, erstmals in Großbritannien erschienene Roman *Die zwei Gesichter des Januars* (ihr neunter), den Patricia Highsmith für die amerikanische Ausgabe um gut dreißig Seiten kürzen musste, damit er in die Programmkalkulationen des New Yorker Verlags Harper & Row passte.

Doch es gab auch unbestreitbare Vorteile, als Suspense-Autorin zu firmieren. Highsmith-Romane zielten von Anfang an auf ein großes Publikum und wurden in Deutschland, Frankreich oder Spanien sichere Verkaufserfolge.

Auch das Interesse von Filmregisseuren war garantiert, wie die illustre Reihe von Alfred Hitchock über René Clément bis zu Anthony Minghella belegt. Ein drittes Moment hat wenig Beachtung gefunden, führt aber ins Zentrum der Highsmith-Welt: Suspense fungiert als Tarnung für jedes beliebige Thema. Mit ihren Geschichten von Mord, Geistesstörung oder Flucht aus der gesellschaftlichen Normalität kehrte Patricia Highsmith ein ums andere Mal zu den Themen ihres Lehrmeisters Dostojewskij zurück. Was ihre Figuren umtreibt, ist die Angst vor einem missglückten Leben, die verzweifelte Suche nach Liebe und der zerstörerische Effekt persönlicher Schuld.

Nur Tom Ripley, ihre berühmteste Schöpfung, scheint vor Gewissensbissen verschont zu bleiben. Der anfangs komplexbeladene, später immer souveräner auftretende amerikanische Emporkömmling, der seine materielle Existenz dem Mord an seinem Freund Dickie Greenleaf verdankt, richtet sich dauerhaft in einem Kokon aus Betrug und Verstellung ein. Dort, in einem französischen Landhaus mit dem aparten Namen Belle Ombre, könnte man ihm bei seinen genau durchdachten Machenschaften zuschauen, seinen erlesenen Geschmack, seinen Weinkeller oder seine Fortschritte auf dem Cembalo bewundern und sich allenfalls fragen, warum ein vielfacher Mörder auf den Leser so viel Faszination ausübt. Band vier der *Ripley*-Serie gibt darauf eine überraschende Antwort. Der Gentleman-Verbrecher kommt zu sich selbst. Nicht Geldgier und schon gar nicht Mordlust, sondern Fürsorge und Freundschaft treiben die Handlung des Romans *Der Junge, der Ripley folgte* voran. Im selben Maß, wie sich die Beziehung zwischen Tom Ripley und dem sechzehnjährigen Frank Pierson als eigentliches Thema in den Vordergrund schiebt, verliert die Kriminalhandlung an Bedeutung. Sie nimmt Züge einer Travestie an, erfüllt die Konventionen der Gattung also nur noch mit halbem Ernst. Offen bleibt, ob die Autorin diesen Effekt beabsichtigt hat.

Sammeln wir ein paar Indizien. Tom Ripley bietet sich an, im Entführungsfall Frank Pierson die Übergabe des Lösegeldes zu arrangieren. In einem geliehenen Koffer trägt er die atemberaubende Summe von zwei Millionen Dollar mit sich herum. Doch der Gedanke, das Geld zu stehlen und seinen jungen Freund im Stich zu lassen, kommt Ripley nicht in den Sinn. Seine Amoral – der Zug, der ihn über seine Mitmenschen hinaushebt und ihn zu dem gemacht hat, der er ist – wirkt wie tiefgefroren. Sie erwacht erst wieder in einem besonders heiklen Augenblick, nämlich als er den Geldkoffer nachts an einem einsamen Ort übergeben soll und es leichtsinnigerweise nicht tut. Warum ermordet er einen der Entführer und riskiert so Franks Leben, zumal ihm der Tod des Entführers gar nichts einbringt?

Jenseits der Annahme, der Instinktmörder habe eben nicht anders gekonnt, gibt es darauf keine Antwort. So wenig wie auf die Frage, warum Ripley sich zutraut, es in unpraktischer Frauenkleidung und auf Stöckelschuhen mit einer Handvoll bewaffneter Entführer aufzunehmen. Es überfordert die Fantasie, sich die Befreiungsszene des fünfzehnten Kapitels in einer Verfilmung vorzustellen. Patricia Highsmith, die in ihrem Leben Dutzende raffinierte Kriminalplots konstruiert hat und die sich viel darauf zugute halten durfte, den Details des Verbrechens größte

Aufmerksamkeit zu schenken – diese erfahrene, von ihrem Handwerk besessene Schriftstellerin streift in *Der Junge, der Ripley folgte* ausgerechnet im Kriminalistischen die Grenzen der Glaubwürdigkeit.

Erst bei genauerem Hinsehen wird klar, dass Patricia Highsmith mit der Romanform dasselbe tut wie Tom Ripley mit seiner Garderobe: Die Autorin benutzt Verkleidung, Gesichtspuder und Camouflage. Unter einem dünnen Fummel von Kriminal- oder Suspense-Roman, der auf die schummrigste Barbeleuchtung angewiesen ist, um echt zu wirken, verbirgt sich eine Geschichte um geteilte Schuld und einsam erlittene Sühne, deren Grundstimmung nur eine einzige Bezeichnung verdient: Verlust. Kein anderer *Ripley*-Roman lässt den Helden so ernüchtert und schwermütig zurück wie dieser.

Denn zum ersten Mal, nachdem sein verbrecherischer Aufstieg geglückt ist, muss Tom Ripley sich eingestehen, gescheitert zu sein. *Failure,* Scheitern, ist das Angstwort, das die kapitulierenden Highsmith-Helden heimsucht, bevor sie den Handschellen entgegengehen oder sich resigniert in den Abgrund stürzen. Natürlich ist Ripley nicht *selbst* gescheitert. Er hat lediglich bei dem Versuch versagt, »ein junges Leben zu lenken«, und kann dessen Selbstauslöschung am Ende nicht verhindern. Wenig ist das allerdings nicht. Innerhalb der *Ripley*-Reihe macht sich ja immer stärker bemerkbar, dass freundschaftliche Männerbünde der geheime Nährstoff von Ripleys Existenz sind. Es ist hier, wo er im vierten Band wirklich etwas zu gewinnen hat, wo er sein Leben und seine Reputation aufs Spiel setzt – und fast alles verliert. »Du hast den Jungen sehr gemocht, nicht wahr? Ich weiß es«, sagt Héloïse zu ihm zwei Seiten vor Schluss. Zum ersten Mal erkennt die Ehefrau an (und sie tut es im diskreten Ton der Wissenden, die machtlos ist), dass Tom Ripleys Gefühle seinen Freunden gehören.

Das schließt Dickie Greenleaf ein, um den Tom im *Talentierten Mr. Ripley* (1955) zunächst wirbt und den er dann eigenhändig mit einem Ruder erschlägt, um sich seiner Kleider und seiner Identität zu bemächtigen. Es setzt sich fort mit dem Bilderfälscher Bernard Tufts aus *Ripley Under Ground* (1970), der aus Verzweiflung Suizid begeht. Bei Jonathan Trevanny in *Ripley's Game* (1974) überwiegt erstmals Toms fürsorgliche Seite; der Freund wird von der Kugel eines Mafiakillers niedergestreckt, die andernfalls wohl Tom getroffen hätte. Und in *Der Junge, der Ripley folgte* (1980) gibt es nicht einmal mehr ein Verbrechen, in das der charmante Verführer einen Arglosen hineinziehen könnte; vielmehr wird er selbst zum Mitwisser fremder Schuld gemacht, eine bemerkenswerte Abkehr von dem Prinzip der früheren Romane. Ripley avanciert damit zum Freund, Mentor und Beichtvater in einer Person. Das ganze Wertesystem der *Ripley*-Welt erscheint in neuem Licht.

Welche Idee Patricia Highsmith mit der Entwicklung ihres Helden verfolgte, hat sie weder notiert noch öffentlich gemacht, ein Umstand, der angesichts ihrer Kompositionsmethode keineswegs überrascht. Ihre Aufzeichnungen in den Notizbüchern dienen fast immer der Handlung und den Figuren, nicht aber deren Deutung. Weil Abstraktionen der Autorin verhasst waren, findet sich in ihren Notaten kaum jemals ein Wort darüber, wie sie ihre Bücher verstanden wissen wollte. Es reichte ihr, dass sie gelesen wurden.

Ihren achtzehnten Roman entwickelte sie ungewöhnlich langsam und mit erheblichen Unterbrechungen. Manchmal liegen zwischen zwei Eintragungen mehrere Monate. Die ersten Ideen zu *Der Junge, der Ripley folgte* notiert Patricia Highsmith am 1. September 1976 im Notizbuch Nummer 34, das auf hundertzehn Seiten mehr als drei Jahre umspannt. Es handelt sich um eine Skizze zu Tom Ripley, der in seinem Haus Holzameisen bekämpft (aus der ersten Zeile wird auch die erste Szene des fertigen Romans) und der im Dorf einen Sechzehnjährigen bemerkt, der sich für ihn zu interessieren scheint. Der Junge, heißt es, »sollte seinen Großonkel getötet haben«. Drei Tage später wird daraus der Großvater. Und erst zehn Monate darauf der zur Häfte gelähmte Vater, der nach einem Attentat im Rollstuhl sitzt.

Zwei weitere Ideen des ersten Entwurfs werden im Lauf der Zeit fallen gelassen, verraten jedoch viel über die ursprünglichen Konfliktlinien des geplanten Romans. Erstens: Franks wichtigstes Motiv für seine Flucht aus Amerika sei die Abscheu vor Geld, seine Weigerung, den Materialismus seiner steinreichen Familie zu kopieren und dem ökonomischen Imperativ die eigene Zukunft zu opfern. Und zweitens: Héloïse finde den Jungen unsympathisch. Den frühen Notizen zufolge erkennt sie sofort, dass Frank ihren Mann uneingeschränkt bewundert und zu ihm aufblickt wie zu einem Vater. Franks Anhänglichkeit lässt Héloïse sogar homosexuelle Neigungen argwöhnen. Natürlich wäre der vierte *Ripley*-Roman ein völlig anderes Buch geworden, wenn dieser Entwurf sich durchgesetzt hätte. Die ganze Handlung beruht ja darauf, dass Toms Haushalt so reibungslos funktioniert wie eh und je und dass Héloïse einerseits häufig abwesend ist, andererseits aber das Kommen und Gehen der Freunde ihres Mannes ohne Murren hinnimmt, also weder Misstrauen noch Eifersucht zeigt. Während sich eine extravagante Geschichte um Entführung, heimliche Fluchten, falsche Pässe und verlorene Illusionen entspinnt, muss über Belle Ombre die Aura der Normalität liegen.

Die Garantin dieser Ordnung – neben der stillen Präsenz und den schmackhaften Mittagsgerichten Madame Annettes – ist niemand anderer als Héloïse. Solange sie Toms kühne Unternehmungen billigt, deren wahre Dimensionen sie weder kennt noch kennen will, handelt es sich bei allen Abenteuern um Privatexkursionen eines zuverlässigen Ehemanns und Landhausbesitzers. Entfernte man Héloïse aus dem Bild, sähe die Sache ganz anders aus. Aus Tom Ripley würde ein einsamer Exzentriker, der sein Geld und seine Energie an merkwürdige, ja anrüchige Aktivitäten verschwendet. Eine Notiz vom 25. Juli 1977 legt nahe, dass das Verhältnis zwischen Tom und Héloïse auf einem schwierigen Balanceakt beruht, der im Roman freilich unsichtbar bleibt: »T. R. [Tom Ripley] kann es H. [Héloïse] eigentlich nie recht machen, denn wenn er in ihre Privatsphäre eindringt, ist es zu viel, & wenn er es bleiben lässt, ist es ein Zeichen von Gleichgültigkeit.« Bei dieser kalten Schönheit mit einem bezifferbaren Quantum an Luxusbedarf kann man vielleicht verstehen, dass es den Mann so oft von zu Hause wegzieht.

Warum Ripley allerdings mit dem polizeilich gesuchten Frank Pierson ausgerechnet nach Berlin fliegt, um dort ein stattliches Besichtigungsprogramm abzuspulen, wo doch

Öffentlichkeit für Frank das Allergefährlichste ist, versucht der Roman nicht plausibel zu machen. Die Begründung lautet, Rom oder Venedig sei noch gefährlicher, was zweifellos stimmt, die Berlin-Idee aber um keinen Deut sinnvoller erscheinen lässt. Mit anderen Worten, nicht nur die Kriminalhandlung, auch die Ortswechsel gehorchen kaum den Gesetzen der hergebrachten Logik. Man ahnt vielmehr, dass Patricia Highsmith gewisse Konstellationen *herbeiführen* wollte.

Das ist in ihrem Schreiben nicht üblich, hier aber unübersehbar. Die Autorin, so scheint es, denkt nicht mehr in Kategorien von Stimmigkeit oder Wahrscheinlichkeit, sondern von erwünschten Situationen, die sie eben erzählerisch arrangieren muss. Sie will zum Beispiel – man spürt es an der Sorgfalt, mit der sie das Motiv mehrmals wiederholt –, dass Tom Ripley *den Leberfleck seines jungen Freundes überpudert*. Befremdlich, aber wahr. Als sie später nach Paris fliegen, im achtzehnten Kapitel, ist Franks Haar schon so lang gewachsen, dass es teils über die Wange mit dem Leberfleck fällt, und man möchte ergänzen: wie bei einem Mädchen. (Kurz zuvor hat Frank seinem Meister einen Morgenmantel aus dunkelroter Seide geschenkt, auch das ja eine Gabe, die unter Liebenden eher am Platz wäre, zumal noch gesagt wird, wie tadellos der Morgenmantel sitzen wird, wenn Tom darunter nicht mehr Hose und Pullover, sondern einen Schlafanzug trägt.)

Patricia Highsmith will ferner, dass der keusche Ripley sich in der Berliner Transvestitenszene bewegt, als Teil von ihr und zugleich außerhalb, und dass er in langem Kleid und *high heels* ein Berliner Mietshaus stürmt. So konstruiert die

Autorin einen Bund unter Männern und Freunden, der all dies ermöglicht. Es ist der größte, exotischste Bund ihrer bisherigen Romane, was nicht gerade wenig heißt. Unablässig zieht er Kreise und holt selbst Figuren an der Peripherie in die Handlung hinein, vergleichbar dem überraschenden Gemeinschaftserlebnis auf einer Party, die aus Fremden innerhalb eines Abends Freunde macht. Dass dieser Roman in Berlin spielt, der seinerzeit noch belagerten Stadt, dem Fluchtpunkt von Künstlern und gesellschaftlichen Randfiguren, erscheint plötzlich als zwingende Entscheidung. Die Maskeraden des Karnevals und die sexuellen Ambiguitäten der *drag party* erlauben es, Identitäten auszustellen, ohne sie enthüllen oder als dauerhaft beglaubigen zu müssen. Erinnern wir uns: Schon der erste *Ripley*-Roman machte sich in seinem Venedig-Teil den metaphorischen Mehrwert von Verkleidungen zunutze.

Eines der schönsten Bilder, gewissermaßen im Herzen des Romans, ist der schlafende, noch drogenvernebelte Frank, dem fünf oder sechs Männer, die mehrheitlich einem homoerotischen Schattenmilieu angehören, zur Freiheit verholfen haben, von Ripley über Reeves bis zu Lanz, Peter Schubler, Max und Rollo. Das Bild hat den Charme der drei Geier im *Dschungelbuch*, die sich um den unschuldigen Mowgli kümmern. Der Junge weiß nicht, was seine Retter schon alles gesehen haben, und er wird es nie erfahren. Unablässig spielt der Roman mit Franks Ahnungslosigkeit und inszeniert, gleichsam über seinen Kopf hinweg, beziehungsreiche Witze für Eingeweihte, selbst in einer frühen Szene mit Ripleys Bekanntem Antoine Grais, der nach seiner nächtlichen Ankunft in Belle Ombre fragt: »Sie haben

Besuch? Pardon, wenn ich störe […] Mann oder Frau?« Die neugierige Frage hat symbolisches Gewicht. Der Roman verwischt die Grenzlinien sexueller Identität ja nicht nur durch Schauplätze wie Berliner Männerbars. Selbst vor einem Derwatt-Gemälde in Reeves' Hamburger Wohnung rätselt Frank: »Mann oder Frau?«

Patricia Highsmith dürfte an dem seltsamen Kontrast Gefallen gefunden haben, den ihr Roman unter der Hand herstellt: Einerseits wird Franks idealisierte Liebe, die untreue Teresa, auf ähnliche Weise in den Schrein konventioneller Paarbeziehungen gestellt, wie es auch anderen fernen Geliebten bei Highsmith widerfährt. Mit Worten unablässig beschworen, bleibt die Alibi-Frau des Romans substanziell ungreifbar und nebulös. Andererseits besteht die handfeste Wirklichkeit des jungen Amerikaners in Europa aus tatsächlicher Lebensgefahr, aus der ihn nur die solidarische Aktion einer buntscheckigen Männerbande befreit, die in ihrer Mitte keine Frauen duldet.

Keine Silbe davon steht im Notizbuch. Was aber dann? Blättert man in den Aufzeichnungen aus der Frühphase, stößt man vor allem auf Pläne, die nicht realisiert wurden. Etwa den, Frank werde mit Tom Ripley zeitweise brechen. Oder die Idee, Frank verhalte sich seinen Entführern gegenüber arrogant, weil er ihre finanziellen Motive hinter der Entführung verachte (beides am 14. Oktober 1976). »Der Roman sollte davon handeln«, heißt es am 5. September 1976 in programmatischem Ton, »wie F. [Frank] mit Verbrechen, Mord, Reichtum, Wirklichkeit, Wahrheit umgeht – mit der Tatsache, dass er sich an irgendeinem Punkt mit Geld beschäftigen muss.« Mag sein, dass diese Motive im Hintergrund des Romans auf halber Höhe umherschweben; hier und da tauchen sie sogar in den Dialogen zwischen Tom und Frank auf. Doch obwohl die genannten Motive zusammen völlig ausreichend wären, das Gemüt eines Sechzehnjährigen niederzudrücken, wirken sie eher behauptet als zum Leben erweckt. Eine eigentümliche Unwirklichkeit umgibt sie, als wären sie eine Tarnung für etwas anderes.

Denn *Der Junge, der Ripley folgte* ist seinerseits, und zwar auf allen Ebenen, ein Roman über verschleiertes Wissen und angenommene Masken. Ripley, Reeves und Lanz stehen in einem komplexen Beziehungsgeflecht, das wesentlich von Zonen genau begrenzten Vertrauens und noch größeren Zonen des Geheimnisses bestimmt wird. Tom darf nicht genau wissen, welchen Aktivitäten sich seine Kompagnons in Hamburg und Berlin widmen. Umgekehrt gilt dasselbe. Und Frank Pierson darf natürlich noch viel weniger erfahren: nicht Reeves' Identität, nicht die Zahl von Ripleys Morden, nicht die Quelle von Ripleys Einkommen oder die Qualität des Derwatt-Gemäldes in seinem, Franks, vornehmen Elternhaus. Hunderte Einzelheiten könnten eine Wahrheit ausplaudern, an der wie beim Käsefondue ein Schweif weiterer gefährlicher Wahrheiten hängt. »Irgendwie sind wir uns gleich, nicht wahr, Frank?«, fragt Tom seinen jungen Freund, doch sein Hintergedanke verrät, dass dies nicht der Fall ist: Er kann Frank nichts von den Derwatt-Fälschungen erzählen. Auch die im Notizbuch auftauchende Idee, der Junge töte auf Ripleys Geheiß einen seiner Entführer (»Frank feuert die Pistole ab. Eine Taufe«, heißt es am 30. Juni 1977), wird nicht umgesetzt.

Frank Pierson ist im emphatischen Sinne *nicht* wie Tom Ripley. Er ist ein Unschuldiger im Geiste, der sich weder beruhigen noch trösten lässt, bis seine Schuld gesühnt ist.

Die ganze *Ripley*-Welt erscheint somit als mehrfach geflicktes Boot, das man nur äußerst vorsichtig über das Wasser steuern darf, weil es bei der nächsten Komplikation sinken würde. Nehmen wir die Verkleidungen und das Karnevaleske beim Wort, dann lässt sich das Ambiente des Kostümballs auch so verstehen: Toms Gefährten simulieren große Aktionen, um ihm und seinem sechzehnjährigen Freund gefällig zu sein. Materiell geht es in diesem Roman, anders als in den drei Vorgängern, um gar nichts mehr. Gewiss, zwei Millionen Dollar werden ein wenig durch die Gegend gefahren, und eine Handvoll Männer rackert sich mit Passfälschung, Chauffeursdiensten, Kostümverleih und der erforderlichen Logistik ab. Doch ihre Arbeit – nimmt man die zweitausend Dollar, die Reeves in Rechnung stellt, einmal aus – ist kostenlos.

Erfinder literarischer Serienhelden müssen sich im Lauf der Zeit darüber klar werden, wohin die Reise ihrer Figur gehen soll. Abgesehen von den unvermeidlichen Schwankungen, die schon allein das verstreichende Leben des Autors bewirkt, lassen sich grundsätzlich zwei Figurentypen unterscheiden: solche, die sich im Wesentlichen gleich bleiben (von Seriendetektiven wie Sherlock Holmes oder Hercule Poirot bis zu vielen Kriminalermittlern unserer Tage); und Figuren, die sich wandeln. Innerhalb dieses Schemas gehört der Serienverbrecher Tom Ripley in die zweite Gruppe. Seine sich summierenden Morde, auf die Patricia Highsmith in Band zwei, drei, vier und fünf gelegentlich

Bezug nimmt, um das Vorleben ihres Helden präsent zu halten, lassen sich nicht wie austauschbare Episoden auf eine Schnur reihen. Jeder Tote bedeutet eine Erfahrung, die den Mann Ripley verändert. Einmal gemachte Erfahrungen müssen nicht wiederholt oder bestätigt werden, um wirksam zu sein, und Patricia Highsmith erliegt nicht der Versuchung, ihren Helden künstlich auf einer überwundenen Stufe festzuhalten.

Im Gegenteil. Die Figur spiegelt auf chiffrierte Weise Erfahrungen wider, die auch die Autorin macht, wobei sich Ästhetik und Moral kaum voneinander trennen lassen. Grundlegend ist das Gefühl der Befreiung von starren moralischen Kategorien, das Patricia Highsmith nach Beendigung des ersten *Ripley*-Romans empfindet und am 6. April 1955 im Notizbuch festhält. Sie hat die brave Dichotomie von Gut und Böse, an der nicht nur die amerikanische Kinoindustrie, sondern auch die Masse der Suspense-Autoren festhält, ein für alle Mal hinter sich gelassen. Der Jubel, den Ripley am Ende des *Talentierten Mr. Ripley,* nach geglücktem Versteckspiel und erfolgreicher Flucht, in die Welt hinausrufen will, ist also in mancherlei Beziehung Patricia Highsmiths eigener. Mit ihrem vierten Roman, veröffentlicht im Alter von vierunddreißig Jahren, hat sie sich freigeschrieben. Die Identifizierung mit Tom Ripley ist so stark, dass die Autorin auf der Verleihungsurkunde des »Edgar Allan Poe Award«, den ihr der Verband der Kriminalschriftsteller Amerikas im April 1956 zuspricht, handschriftlich den Namen ihrer berühmtesten Figur ergänzt: »[presented to] *The Talented Mr. Ripley and* [Patricia Highsmith]«.

Doch wenn es wahr ist, dass Autoren von ihrer literarischen Schöpfung in die Höhe gezogen werden können, so trifft ebenfalls zu, dass die Figuren mitzutragen oder gar zu büßen haben, was die Autoren im Privatleben erleiden. Schon *Ripley's Game,* der dritte Roman der Serie, wirkt düster, verschattet, dem Gedanken an den Tod näher als die beiden Vorgänger. Patricia Highsmith beginnt das Buch im Februar 1971, wenige Wochen nach ihrem fünfzigsten Geburtstag. Wieviel Arbeit sie in ihrem Leben auch hinter sich gebracht haben mag (bis dahin vierzehn Romane und einiges mehr), in aktuellen Krisen zählt bei ihr die ungetane Arbeit: als Druckmittel, Rechtfertigung und einziger Trost.

Mit fünfzig scheint die Schriftstellerin angreifbarer zu sein als in früheren Jahren. Sie spürt das Alter, hat das Scheitern einiger Partnerschaften erlebt und registriert Krankheit oder Tod ihrer wenigen Angehörigen. In ihrer eigenen Generation vermerkt sie schwindenden Idealismus. Erst wenige Monate zuvor ist sie von Montmachoux bei Fontainebleau in die achtzehn Kilometer entfernte Ortschaft Moncourt umgezogen. Wohin sie auch schaut, auf den nicht perfekten Garten, in Zimmer, in denen noch nackte Glühbirnen baumeln, die Unzufriedenheit nagt an ihr. Nur ihre stoische Arbeitsethik – eines der lebenslang wiederkehrenden Themen ihrer Tage- und Notizbücher – bewahrt sie davor, sich vollständig dem Trübsinn zu überlassen. »Niemals innehalten, um sich das Ergebnis anzusehen«, schreibt sie am 15. Mai 1971. »Das Ergebnis kommt von ganz allein.« Mehr als ein Jahr später, im August 1972, sinniert sie über die äußere Erscheinung der Dinge und findet sie hochsymbolisch: »Mein französisches Haus ist wie mein Leben und mein Körper. Der Garten stellt Arbeit dar, sehr harte Arbeit, die niemals vollkommen oder beendet ist, und in meinen Augen gibt es kaum einen Tag im Jahr, an dem ich sagen kann: ›*Alles* sieht schön aus.‹ Im Gegenteil, es bricht mir das Kreuz, und die Befriedigung liegt in der Arbeit, nicht im Ergebnis. Das Haus repräsentiert den Körper, der ständig im Begriff ist zusammenzubrechen, und ich versuche ständig, ihn zu reparieren, dabei weiß ich ja, dass es eines Tages hoffnungslos sein wird und er in den Staub sinkt.«

Die Romane dieser verhangenen Siebzigerjahre heißen: *Lösegeld für einen Hund,* ein Buch über Gewalt im New Yorker *low life,* die sich ausbreitet wie ein Virus. *Ripley's Game,* die Auseinandersetzung mit verrinnender Lebenszeit und einer Krankheit zum Tode. *Ediths Tagebuch,* die Geschichte einer alternden, verlassenen Künstlerin, die in ihre private Wahnwelt flieht, bevor ein Unfall ihr Leben auslöscht. Und *Der Junge, der Ripley folgte,* ein Buch über die Unmöglichkeit, einen Vatermord wegzuwaschen und der eigenen Schuld zu entkommen. Oder darüber, wie Tom Ripley zum Ersatzvater wird (und Héloïse ein wenig zur Ersatzmama). Oder wie ein tatkräftiger Männerverein einen Sechzehnjährigen aus einer lebensgefährlichen Lage befreit, ohne seine Seele mit zu retten. Alles davon trifft zu, doch nichts wäre vollständig ohne den Hinweis auf den tragischen Ausgang. Einmal ist Tom Ripley gerade noch zur Stelle, als Frank Pierson sich umbringen will. Beim zweiten Mal kommt er zu spät.

Das Motiv des Vatermords – eine ausgesprochen seltene Spezies im Highsmith-Universum – schlägt von dem Roman *Der Junge, der Ripley folgte* einen Bogen von genau dreißig Jahren zurück, nämlich bis zu dem Debütwerk *Zwei Fremde im Zug*, mit dem die Karriere der Schriftstellerin 1950 glanzvoll begann. Dort plant Charles Bruno, der junge, plappernde, fahrige Säufer, seinen Vater mit einem Mord »überkreuz« aus dem Weg räumen zu lassen. Vielsagend an diesem Vatermörder und Muttersöhnchen sind nicht nur die Attribute homosexueller Liebesverzweiflung, die Bruno in der Ästhetik des Romans mit einer Gloriole der Unschuld umgeben, sondern auch der erschütternde Detailrealismus seines Elends als Trinker. Patricia Highsmith hatte die schrecklichen Folgen des Alkoholismus dicht vor Augen, als sie sich in den Vierzigerjahren auf dem luxuriösen Anwesen der Eltern ihrer Freundin Virginia (»Ginnie«) in Kennebunkport aufhielt. Der körperliche Zusammenbruch Brunos im Roman ist ziemlich genau einer Beschreibung Ginnies in Patricia Highsmiths frühen Tagebüchern nachgebildet.

Zu jener Zeit führte die Fünfundzwanzigjährige ihre Aufzeichnungen noch auf Deutsch, der Sprache ihrer Vorfahren väterlicherseits, in einem fehlerhaften Idiom von eigentümlicher Literarizität. »Das Tisch wunderschön versehen, als wir ankamen«, heißt es am 24. Juli 1946 über die Familienresidenz des Tycoons Atwater Kent. »Um Mitternacht. Und obgleich es zwanzig Zimmer gibt, schlafen wir im selben Zimmer.« Patricia Highsmith zeichnet ein widersprüchliches Bild dieser enorm reichen Leute und ihrer Lebenswelt, wie eine Landschaft, die nur in ihrer Fantasie existiert. »Ein großes weißes Haus, das man oft für den Landsklub West Hills hält! 14 Plätze für die Autos der

Dienstler allein!« *Nouveau riche,* kommentiert eine ihrer New Yorker Freundinnen, und Patricia Highsmith führt weiter aus: »Habe nichts wogegen zu klagen, nur dass sie kein Buch, keine Musik im Hause haben. Sie sind verloren, faul, ziemlich wie Kinder. Und alle sehr süß!« (Tagebuch vom 9. Dezember 1946).

Manches spricht dafür, dass die Autorin in *Der Junge, der Ripley folgte,* so viele Jahre nach ihrer Freundschaft mit »Ginnie« (der frühe Roman ist »allen Virginias« gewidmet) und den extravaganten Wochen in Kennebunkport, die Leere extremen Reichtums schildern wollte. Was sie erzielt, ist jedoch weniger Gesellschaftskritik als das Bewusstsein unüberbrückbarer Distanz. Wie ein Gespenst wandelt Frank Pierson nach seiner mehrmals verschobenen Rückkehr durch die weiten Hallen und langen Flure des Anwesens, das immer noch sein »Zuhause« heißt, es aber längst nicht mehr ist.

Vielleicht erkennen Leser der *Ripley*-Serie irgendwann die unheimliche Parallele, den tieferen Grund für die Schwermut dieser Seiten. Während Tom Ripley es im ersten Roman von 1955 *ablehnt,* einen jungen Industriellensohn aus dem frivolen und bohemehaften Europa in das pragmatische Amerika der Ostküsten-Eliten zurückzubringen (weil er selber dem Diktat der Geschäftswelt entsagen, weil er Dickie Greenleaf ermorden und sich die Haut des Freundes anziehen will), erfüllt im vierten Roman von 1980 ein älterer, weicherer Tom Ripley buchstabengetreu den Willen von Franks Familie: Er bringt den Jungen nach Amerika zurück – und überlässt ihn damit dem Scheitern und dem Suizid.

Der Kreis schließt sich. Zweimal hat Tom Ripley beim Tod eines reichen, verheißungsvollen jungen Mannes seine Hände im Spiel. Seine Entwicklung ist daran abzulesen, dass er den ersten Tod selbst herbeiführt, den zweiten dagegen hilflos und tatenlos miterlebt. Wie der Vater, der er nie war, behält er von Frank als Andenken einen Berliner Plüschbären zurück. »Du hast den Jungen sehr gemocht, nicht wahr? Ich weiß es.« Die Trauer muss groß sein, wenn Tom Ripley des Trostes von Héloïse bedarf.

Paul Ingendaay

Editorische Notiz

Zwischen September und November 1976 hält Patricia Highsmith in ihrem Notizbuch unter den Arbeitstiteln ›Ripley and the Inheritor‹ und ›Ripley and the Money Boy‹ erste Ideenskizzen zu ihrem vierten *Ripley*-Roman fest, *The Boy Who Followed Ripley*. Die Arbeit geht zunächst nur stockend voran. Bis zum Jahresende entstehen 52 Seiten, im August 1978 sind es achtzig. Am 9. November ist eine erste (unvollständig erhaltene) Typoskriptfassung fertig. Am 3. April 1979 schickt die Autorin ihrer New Yorker Agentin Pat Schartle Myrer eine (ebenfalls unvollständig erhaltene) stark überarbeitete und gestraffte zweite Fassung; sie entspricht größtenteils dem Text der Originalausgabe. Diese erscheint jedoch nicht in Amerika, sondern wie schon die Erstausgabe der beiden vorhergehenden *Ripley*-Romane, *Ripley Under Ground* und *Ripley's Game*, Anfang 1980 bei William Heinemann, London. Aus New York erreichen die Autorin zuerst zwei Absagen mit der Begründung, der Roman sei *»not enough of a thriller«*, und erst Anfang Juni 1979 kann die amerikanische Agentin berichten, dass – dank Vermittlung des bewährten Lektors aus früheren Verlagshäusern, der soeben gewechselt hat – dessen neuer Verlag Lippincott & Crowell das Buch gekauft hat; die amerikanische Erstausgabe erscheint im Frühling 1980.

Zeitgleich mit der englischen Originalausgabe veröffentlicht der Diogenes Verlag, Zürich, die leicht gekürzte deutsche Erstausgabe in der Übersetzung von Anne Uhde unter dem Titel *Der Junge, der Ripley folgte;* die Taschenbuchausgabe folgt 1982 (detebe 20 649). Die von Matthias Jendis vorgelegte vollständige Neuübersetzung basiert auf dem Text der englischen Originalausgabe unter Berücksichtigung einiger Korrekturen der amerikanischen Erstausgabe.

Anna von Planta

Krimi
Herausgegeben von Paul Ingendaay und Anna von Planta
Aus dem amerikanischen Englisch von Matthias Jendis
Mit einem Nachwort von Paul Ingendaay und einer editorischen Notiz von Anna von Planta
448 Seiten
Auch erhältlich als eBook

Der Amerikaner Tom Ripley liebt tadellose Manieren, den richtigen Burgunder zum Hummer und allmorgendlich die schönste Blume aus dem liebevoll gehegten Garten seines Landsitzes südlich von Paris. Niemand käme auf die Idee, im Keller eines solchen Herrn nach Blutspuren zu suchen. Niemand außer Ripleys neuem Nachbarn, der davon träumt, Tom Ripleys Leben zu führen.